全国高职高专汽车类规划教材
国家技能型人才培养培训系列教材

纯电动汽车

CHUNDIANDONG QICHE

吴兴敏　杨军身　主编

李　琤　副主编

化学工业出版社

·北京·

内 容 提 要

本书内容包括纯电动汽车的类型、整体结构原理,动力电池及其管理系统的结构原理、应用及检修,动力电池充电方法及原理,车用电动机及其控制器结构原理、应用及检修,纯电动汽车变速驱动桥、DC/DC、动力转向系统、制动助力和再生制动系统、纯电动汽车仪表、纯电动汽车空调系统的组成原理,纯电动汽车使用与维护,纯电动汽车常见故障的诊断方法。书中列举了大量典型实例,并通过图文结合的形式讲解。为方便教学,配套电子课件、工作单等资源。

本书可作为职业院校师生相关专业的教材和从事汽车维修的技术人员培训用书,也可供纯电动汽车使用、维修人员学习参考。

图书在版编目(CIP)数据

纯电动汽车/吴兴敏,杨军身主编. —北京:化学工业出版社,2020.7
全国高职高专汽车类规划教材 国家技能型人才培养培训系列教材
ISBN 978-7-122-36716-7

Ⅰ.①纯… Ⅱ.①吴… ②杨… Ⅲ.①电动汽车-高等职业教育-教材 Ⅳ.①U469.72

中国版本图书馆 CIP 数据核字(2020)第 082182 号

责任编辑:韩庆利　　　　　　　　　　　文字编辑:葛瑞祎
责任校对:王佳伟　　　　　　　　　　　装帧设计:史利平

出版发行:化学工业出版社(北京市东城区青年湖南街 13 号　邮政编码 100011)
印　　刷:三河市航远印刷有限公司
装　　订:三河市宇新装订厂
787mm×1092mm　1/16　印张 17　字数 450 千字　2020 年 8 月北京第 1 版第 1 次印刷

购书咨询:010-64518888　　　　　　　　售后服务:010-64518899
网　　址:http://www.cip.com.cn
凡购买本书,如有缺损质量问题,本社销售中心负责调换。

定　　价:49.00 元　　　　　　　　　　　　　　　　　版权所有　违者必究

前言

当今关于节能和环保的问题备受关注，生产和使用节能环保型汽车成为解决这些问题的重要途径之一。目前，节能环保型汽车可分为两大类：一类是电动汽车；另一类是新燃料汽车。新燃料汽车主要指使用非石油燃料的汽车，新燃料汽车除了可一定程度减少污染物排放外，主要特点是缓解石油危机的压力。而电动汽车在节约能源和改善环保方面均有突出的表现，所以专家预测：电动汽车在未来50年内将有可能取代燃油汽车。

电动汽车包括纯电动汽车、混合动力电动汽车和燃料电池汽车。目前，纯电动汽车技术已经取得了长足发展，就技术方面而言，中国与国外发达国家相差很小，几乎处于相同的水平。近年来，各大汽车厂商纷纷推出自己的纯电动汽车产品，国家有关新能源汽车的消费政策、配套措施也陆续出台，消费者对纯电动汽车的认知程度逐渐提高，纯电动汽车的社会保有量保持持续增长。

为满足社会各类人员（包括中、高等职业院校师生）对纯电动汽车技术知识的需求，本书编写团队在充分总结前人的成果、结合目前纯电动汽车的发展前沿技术、充分研究典型纯电动汽车（比亚迪e6轿车）的基础上，编写了这本教材。

本书采用职业教育教学普遍认可的项目式教学方法来组织内容，项目下设多个学习任务，每个学习任务对应一个或多个具体的实操内容，符合"任务驱动"式教学要求，也符合"做中学"的职业技能学习规律。每个学习任务先介绍具体技能所必要的相关理论知识，然后具体介绍观察、使用及检修等相关操作方法。

本书共设三个学习项目，分别是纯电动汽车总体认识、纯电动汽车检修和纯电动汽车使用与维护。以图文结合的方式，以国内典型纯电动汽车为例，详细介绍了纯电动汽车的类型、整体结构原理；动力电池及其管理系统的结构原理、应用及检修；动力电池充电方法及原理；车用电动机及其控制器结构原理、应用及检修；纯电动汽车变速驱动桥、DC/DC、动力转向系统、制动助力和再生制动系统、纯电动汽车仪表、纯电动汽车空调系统的组成原理；纯电动汽车使用与维护；纯电动汽车常见故障的诊断方法。

本书为从事汽车维修的技术人员、中/高职院校师生和汽车新技术培训参考教材，也是纯电动汽车使用、爱好者的学习参考用书。

本书由辽宁省交通高等专科学校吴兴敏和营口农业工程学校杨军身主编，安徽机电职业技术学院李珶副主编。参与本书编写工作的其他人员有张丽丽、翟静、高元伟、金艳秋、沈沉、任佳君等，在此对他们为本书编写工作所付出的努力深表感谢。

本书针对每个学习任务，均配备了充足的习题库（包括简答题、选择题和判断题）和学员实操用工作单、配套的教学PPT等教学资源，可登录www.cipedu.com.cn下载。

纯电动汽车科学技术的飞速发展导致各生产厂商生产的纯电动汽车技术设计差异很大，技术含量不尽相同，且多数的关键技术仍处于商业保密阶段，加之作者的水平有限，难免会有疏漏及不足之处，希望读者不吝指正。

编　者

目 录

项目一　　　　　　　　　　　　　　　　　　　　　1
纯电动汽车总体认识

学习任务一　纯电动汽车类型认识 / 1
　　相关知识学习 / 1
　　　　一、纯电动汽车与新能源汽车 / 1
　　　　二、纯电动汽车的分类 / 2
　　　　三、纯电动汽车的特点与要求 / 4
　　　　四、纯电动汽车的历史与现状 / 5
　　　　五、国内外主要纯电动汽车品牌 / 8
　　　　六、纯电动汽车高压安全基本注意事项 / 18
　　能力提升训练 / 21
　　小结 / 21
　　学习效果检验 / 22

学习任务二　纯电动汽车总体结构认识 / 24
　　相关知识学习 / 24
　　　　一、纯电动汽车的基本组成与工作原理 / 24
　　　　二、增程式电动汽车 / 33
　　能力提升训练 / 35
　　小结 / 35
　　学习效果检验 / 36

项目二　　　　　　　　　　　　　　　　　　　　　38
纯电动汽车检修

学习任务三　纯电动汽车高压安全认识 / 38
　　相关知识学习 / 38
　　　　一、高电压与人体伤害 / 38
　　　　二、纯电动汽车安全隐患与措施 / 40
　　　　三、维修车间高压作业安全 / 49
　　　　四、高压系统终止与检验 / 53
　　　　五、急救与应急处理 / 56
　　能力提升训练 / 58
　　　　一、高压终止与检验 / 58
　　　　二、人工呼吸 / 60

三、干粉灭火器（MF）的使用 / 61
　　四、能力提升训练考核 / 62
　小结 / 62
　学习效果检验 / 63

学习任务四　纯电动汽车维修工具与仪器使用 / 67
　相关知识学习 / 67
　　一、常用纯电动汽车维修工具种类 / 67
　　二、拆装工具 / 68
　　三、检测仪表 / 69
　能力提升训练 / 70
　　一、安全防护 / 70
　　二、绝缘拆装工具的使用 / 70
　　三、用数字电流钳测量电流 / 70
　　四、数字式绝缘测试仪的使用 / 71
　　五、手摇绝缘电阻表的使用 / 79
　　六、故障诊断仪的使用 / 80
　　七、能力提升训练考核 / 84
　小结 / 84
　学习效果检验 / 84

学习任务五　电源系统检修 / 87
　相关知识学习 / 88
　　一、电源系统认识 / 88
　　二、动力电池的性能指标 / 89
　　三、铅酸蓄电池 / 92
　　四、镍氢电池 / 95
　　五、锌空气电池 / 97
　　六、锂电池 / 100
　　七、石墨烯电池 / 102
　　八、应用于纯电动汽车的其他储能装置 / 103
　　九、蓄电池管理系统 / 108
　能力提升训练 / 115
　　一、电源系统的维护 / 115
　　二、电池容量的测试 / 118
　　三、动力电池的安装与连接 / 119
　　四、BMS常见故障检修 / 121
　　五、电池组常见故障及检修 / 122
　　六、能力提升训练考核 / 128
　小结 / 128
　学习效果检验 / 130

学习任务六　充电系统检修 / 135
　相关知识学习 / 135

一、动力电池充电功能　/　135
　　二、纯电动汽车充电系统结构　/　135
　　三、纯电动汽车充电方式　/　143
　　四、智能充电管理　/　150
　　五、充电站　/　151
　　六、充电操作基本步骤及注意事项　/　154
　能力提升训练　/　155
　小结　/　155
　学习效果检验　/　156

学习任务七　驱动电机系统检修　/　157
　相关知识学习　/　158
　　一、驱动电机认识　/　158
　　二、驱动电机的结构原理　/　160
　　三、电动机控制器　/　180
　能力提升训练　/　181
　　一、驱动电机检修　/　181
　　二、驱动电机常见故障检查与排除　/　184
　　三、能力提升训练考核　/　185
　小结　/　186
　学习效果检验　/　187

学习任务八　纯电动汽车其他相关技术认识　/　189
　相关知识学习　/　189
　　一、变速器　/　189
　　二、功率变换器　/　191
　　三、制动助力与再生制动　/　193
　　四、电动空调系统　/　196
　　五、信息显示系统　/　200
　　六、冷却系统　/　204
　　七、整车控制系统及整车控制器　/　205
　　八、CAN 总线通信网络　/　210
　能力提升训练　/　213
　小结　/　214
　学习效果检验　/　215

项目三　纯电动汽车使用与维护　217

学习任务九　纯电动汽车使用　/　217
　相关知识学习　/　217
　　一、典型纯电动汽车简介（比亚迪 e6）　/　217
　　二、典型纯电动汽车配置与功能（比亚迪 e6）　/　220
　能力提升训练　/　235

一、典型纯电动汽车使用 / 235
　　二、纯电动汽车使用注意事项 / 244
　　三、能力提升训练考核 / 244
小结 / 245
学习效果检验 / 246

学习任务十　纯电动汽车维护与故障诊断 / 248
能力提升训练 / 248
　　一、整车保养 / 248
　　二、应急处理 / 252
　　三、线路检查 / 254
　　四、常规故障处理 / 255
　　五、能力提升训练考核 / 258
小结 / 259
学习效果检验 / 259

参考文献 ──────────────────── **262**

项目一

纯电动汽车总体认识

学习任务一　纯电动汽车类型认识

纯电动汽车以蓄电池的电能作为动力源，具有环保性能好、行驶平稳、乘坐舒适、操纵稳定性好及驾驶轻便等优点，使得纯电动汽车受到越来越多人的喜爱，其市场保有量快速递增，纯电动汽车的维修已经成为汽车维修行业急需学习和掌握的重要技能。

汽车维修人员应该做到能够通过阅读纯电动汽车维修手册，并借助对实车的观察分析，掌握所维修纯电动汽车的类型及特点，以便正确制订和实施相应的维修计划。

通过本任务相关知识的学习，应该具备如下能力。

(1) 能够正确描述新能源汽车的种类。
(2) 能够正确描述纯电动汽车的特点。
(3) 能够正确描述纯电动汽车的类型。
(4) 能够针对具体的纯电动汽车，通过观察，说明其类型及其结构特点。
(5) 能够注意培养劳动保护意识、安全与环保意识和团队协作意识。

相关知识学习

一、纯电动汽车与新能源汽车

1. 新能源汽车发展背景

汽车是现代社会的重要交通工具，为人们的出行提供了便捷与舒适。然而传统燃油汽车在使用过程中会产生大量的有害废气，并加剧了对不可再生的石油资源的依赖。为解决原油资源的紧张形势和解决汽车排放对环保的严重影响，开发新型的汽车能源势在必行。

汽车产业技术未来发展趋势是低碳化，如图1-1所示。实现汽车低碳化的技术除了动力技术、传动技术、制造技术等之外，新能源技术也是关键技术之一，其对汽车低碳化发展起着不可或缺的作用。

2. 新能源汽车定义

(1) 新能源　新能源又称非常规能源，是指传统能源之外的各种能源形式，包括刚开始开发利用或正在积极研究、有待推广的能源，如太阳能、地热能、风能、海洋能、生物质能和核聚变能等。新能源越来越多地被用到风电产业、地热利用产业、沼气发电产业、生物质产业、太阳能光伏产业、新能源汽车产业。

(2) 新能源汽车　新能源汽车定义是随历史发展不断修订的。我国2009年7月1日正式实施了《新能源汽车生产企业及产品准入管理规则》，明确指出：新能源汽车是指采用非常规的车用燃料作为动力来源（或使用常规的车用燃料、采用新型车载动力装置），综合车辆的动力控制和驱动方面的先进技术，形成的技术原理先进且具有新技术、新结构的汽车。

非常规的车用燃料指除汽油、柴油、天然气（NG）、液化石油气（LPG）、乙醇汽油

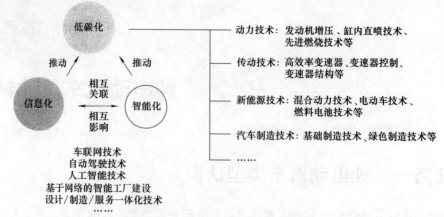

图 1-1 汽车产业技术未来发展趋势

（EG）、甲醇、二甲醚之外的燃料。目前业内人士普遍认为，只要使用了新能源的汽车即可称为新能源汽车。

(3) 新能源汽车种类　2009 年，我国《新能源汽车生产企业及产品准入管理规则》中述及的新能源汽车包括纯电动汽车（Battery Electric Vehicle，简称 BEV，包括太阳能汽车）、混合动力电动汽车、燃料电池电动汽车（Fuel Cell Electric Vehicle，简称 FCEV）、氢发动机汽车、其他新能源（如高效储能器、二甲醚）汽车等各类产品。

2012 年，在我国《节能与新能源汽车产业发展规划（2012-2020 年）》中，新能源汽车包括纯电动汽车、插电式混合动力电动汽车和燃料电池电动汽车，其主要特征是采用新型动力系统，完全或主要依靠新能源驱动。

2017 年 1 月 6 日，工信部颁布的《新能源汽车生产企业及产品准入管理规定》中所指的新能源汽车，是指采用新型动力系统，完全或者主要依靠新型能源驱动的汽车，包括插电式混合动力（含增程式）汽车、纯电动汽车和燃料电池汽车等。

二、纯电动汽车的分类

1. 按驱动系统组成和布置形式分类

按照驱动系统的组成和布置形式，纯电动汽车分为机械传动型、无变速器型、无差速器型和电动轮型四种，如图 1-2 所示。

(1) 机械传动型　机械传动型纯电动汽车的结构如图 1-2（a）所示，它是以燃油汽车发动机前置、后轮驱动的结构为基础发展而来的，保留了内燃机汽车的传动系统，不同之处是把内燃机换成了电动机。这种结构可以确保纯电动汽车的启动转矩及低速时的后备功率，对驱动电机要求低，因此，可选择功率较小的电动机。

(2) 无变速器型　无变速器型纯电动汽车的一种结构如图 1-2（b）所示，该结构的最大特点是取消了离合器和变速器，采用固定速比减速器，通过控制电动机来实现变速功能。这种结构的优点是机械传动装置的质量小、体积小，但对电动机的要求比较高，不仅要求其具有较高的启动转矩，而且要求其具有较大的后备功率，以保证纯电动汽车的起步、爬坡、加速等动力性能。

无变速器型纯电动汽车的另外一种结构如图 1-2（c）所示，这种结构与传统燃油汽车的发动机横向前置、前轮驱动的布置方式类似，它把电动机、固定速比减速器以及差速器集成为一个整体，两根半轴连接驱动车轮，这种结构在小型电动汽车上应用十分普遍。

(3) 无差速器型　无差速器型纯电动汽车的结构如图 1-2（d）所示，这种结构采用了

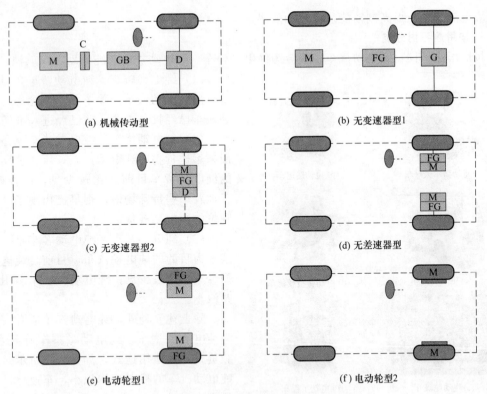

图 1-2 纯电动汽车驱动系统的组成和布置形式
C—离合器；D—差速器；FG—固定速比减速器；GB—变速器；M—电动机

两台电动机，通过固定速比减速器来分别驱动两个车轮，可以实现对每个电动机转速的单独调节。因此，当汽车转向时，可以通过电动机的电子控制系统控制两个车轮的差速，从而达到转向的要求。但是，这种结构的电动机控制系统相对来说比较复杂。

（4）电动轮型 电动轮型纯电动汽车的一种结构如图 1-2（e）所示，这种结构是将电动机直接装在驱动轮内（也称轮毂电动机），可以进一步地缩短电动机到驱动车轮之间的动力传递路径，减少能量在传动路径上的损失，但要实现纯电动汽车的正常工作，还需要添加一个速比较大的行星齿轮减速器，将电动机的转速降低到理想的转速以驱动车轮。

电动轮型纯电动汽车的另一种结构如图 1-2（f）所示，这种结构将低速外转子电动机的外转子直接安装在车轮的轮缘上，去掉了减速齿轮，因此电动机和驱动车轮之间没有任何机械传动装置，没有机械传动损失，能量的传递效率高，空间的利用率最大。但是这种结构对电动机的性能要求较高，要求其具有很高的启动转矩和较大的后备功率，以确保车辆的可靠工作。

2. 按车载电源数不同分类

按车载电源数不同，纯电动汽车可以分为单电源型和多电源型两种。

（1）单电源型 在单电源型纯电动汽车上，主要电源一般是蓄电池，如铅酸电池、镍氢电池、锂离子电池等。单电源纯电动汽车的结构较为简单，控制也比较简单，其主要缺点是主电源的瞬时输出功率容易受蓄电池性能的影响，车辆制动能量的回馈效率也会受制于蓄电池的最大可接受电流及蓄电池的荷电状态。

（2）多电源型 多电源型纯电动汽车一般由蓄电池加储能装置构成。采用蓄电池加超级电容或蓄电池加飞轮电池的电源组合，可以降低对蓄电池的容量、比能量、比功率等的要求。当汽车起步、加速、爬坡时，辅助蓄能装置（超级电容、飞轮电池）可短时间内输出大功率，协助蓄电池供电，使电动汽车的动力性提高；当汽车制动时，则利用辅助蓄能装置可接受大电流充电,提高制动能量回馈的效率。

3. 按用途不同分类

按照用途不同,纯电动汽车主要分为纯电动轿车、纯电动货车和纯电动客车三种。

(1) 纯电动轿车 纯电动轿车是目前最常见的纯电动汽车。除了一些概念车,纯电动轿车已经批量生产,并已经进入市场。

(2) 纯电动货车 纯电动货车就是主要用来运送货物的纯电动汽车,用作公路运输的纯电动货车目前还比较少见,而在矿山、工地及一些特殊场地,则早已出现了一些大吨位的纯电动载货汽车。

(3) 纯电动客车 纯电动客车是一种以载客为目的的纯电动汽车,目前,纯电动小型客车也比较少见;纯电动大客车多用作公共汽车。

除上述三种外,纯电动汽车还有一种称为纯电动微型车。纯电动微型车有载客式、载货式及其他用途式,如图1-3所示。这种纯电动汽车的特点是体积小,车速低,一般最高车速在 50～60km/h,行驶里程较短,成本低。

(a) 电动高尔夫球车

(b) 电动巡逻车

(c) 电动观光车

(d) 电动微型载货车

(e) 电动垃圾车

(f) 电动工程车

图1-3 纯电动微型车示例

三、纯电动汽车的特点与要求

1. 纯电动汽车的特点

(1) 优点

① 排放污染物少。纯电动汽车以清洁的电能作为能源,不会产生有害气体,也不会产生 CO_2 等温室气体,基本上可以实现"零排放"。

即使按所耗电量换算为发电厂的排放,除硫和微粒外,其他污染物也显著减少。由于发电厂地址大多远离人口密集的城市,对人类伤害较少,而且电厂是固定不动的,废弃物集中排放,各种有害排放物清除较容易,也已有了相关处理技术。

② 噪声低。电动机工作过程中产生的噪声远小于传统汽车内燃机的噪声。

③ 能源利用率高。在城市工况下,汽车行驶的平均速度较低,时常处于走走停停的状态。对于传统内燃机汽车来说,这种工况下发动机效率不高,燃油消耗较大;而纯电动汽车对这种工况的适应性较好,能明显提高能源利用率。有关研究表明,同样的原油经过粗炼,送至电厂发电,经充入电池,再由电池驱动汽车,其能量利用效率比经过精炼变为汽油,再经汽油机驱动汽车高,因此纯电动汽车有利于节约能源和减少 CO_2 的排放量。

纯电动汽车还可以充分利用晚间用电低谷进行充电,使发电设备日夜都能充分利用,大大提高了其经济效益。纯电动汽车可以实现制动能量回收,也会节省部分能源。

④ 能源来源广泛。由于电力可以从多种一次能源获得,如煤、核能、水力、风力、光、热等,解除了人们对石油资源日见枯竭的担心。

⑤ 制造与维修成本低。纯电动汽车相对内燃机汽车结构简单,运转部分少,使用维修方便,维护工作量少。

(2) 缺点
① 目前动力电池生产技术尚不完善。
② 整车价格高。电动汽车的电池较贵，又没形成经济规模，故购买价格较高。
③ 高压安全技术有待提高。

2. 纯电动汽车的要求

2007年11月1日，国家发政委《新能源汽车公告管理办法和实施细则》颁布实施。细则规定，符合国际和市场需求的纯电动汽车必须遵守以下几项要求。

① 纯电动汽车的研发、制造、运营必须符合国家各项相关法规。整车、零部件性能必须满足国家技术标准和各项具体要求。

② 纯电动汽车是以电为能源，由电动机驱动行驶的，不能产生新的污染，不能产生易燃、易爆的隐患。

③ 纯电动汽车储能用的电池必须是无污染、环保型的，且具有较长的寿命，具备快速充电的性能。车辆根据用途确定一次充电的续驶里程，据此装备具有足够电量的电池组，并可充分利用公用充电站快速充电以延长续驶里程。

④ 纯电动汽车电动机组应有高效率的能量转换能力。制动、减速能量可直接利用和回收，力求提高车辆综合能源利用的效率。

⑤ 根据车辆用途及行驶场合设定最高车速，且不得超过交通法规的限定值，以便合理选择电动机的功率和配置电池组容量。

⑥ 车辆驾驶操纵简单有效、工作可靠，确保行车安全。

⑦ 机械、电气装置耐用，维修少，车辆运营费用低廉。

⑧ 以目标市场需求为依据，提供实用、合适车型满足市场需求，力求做到技术、经济、实用、功能等各方面的综合统一。

2012年5月11日，GB/T 28382—2012《纯电动乘用车 技术条件》正式发布实施，该标准适用于使用动力电池驱动、5座以下的纯电动汽车，对车速、安全、质量分配、加速性能、爬坡性能、低温性能、可靠性等方面的技术指标做了详细的规定。这标志着今后各汽车生产商将会按统一的标准生产纯电动乘用车。

四、纯电动汽车的历史与现状

1. 纯电动汽车的历史

1834年，苏格兰人德文博特（T. Davenport）制造了一辆电动三轮车，它由一组不可充电的简单玻璃封装的干电池驱动，只能行驶一小段距离。1835年，荷兰教授斯特拉廷（S. Stratingh）设计了一款小型电动车。1839年，苏格兰发明家罗伯特使用了不可充电电池制造了第一辆纯电动汽车。1859年，法国人普兰特（G. Plante）发明了世界上第一块可充电的蓄电池，为后来纯电动汽车的发展奠定了基础。1867年，奥地利发明家克拉沃格尔（F. Kravogl）在巴黎世界博览会推出了一款双轮驱动电动车。1881年，法国工程师特鲁夫（C. Trouve）第一次将直流电动机和可充电的铅酸蓄电池用于私人车辆，并在同年巴黎举办的国际电器展览会上展出了一辆能实际操作使用的电动三轮车。

1885年，德国人卡尔·本茨（K. Benz）发明了汽油机驱动的汽车，并于1886年1月26日获得专利，成为人类历史上的伟大创举。但是，由于当时纯电动汽车比燃油汽车结构简单，且只需配有电动机和电池，制造起来比较容易，而燃油汽车性能比较差，发动机启动也很困难，在此阶段，纯电动汽车得到了初步发展。

19世纪末，许多美国、英国和法国的公司都开始生产纯电动汽车。最早的纯电动汽车制造厂是由Morria和Salam拥有的电动客车和货车公司。另一个比较早的纯电动汽车生产商是 Pope 制造公司，到 1898 年底，Pope 生产了大约 500 辆 Calumlria 型纯电动汽车。1896～1920 年期间，Riker 纯电动汽车公司生产了多种不同类型的纯电动汽车，其中 1897 年生产的 Victoria 是一种设计较好的车型。除了美国纯电动汽车制造厂外，英国的伦敦电动出租汽车公司在 1897 年生产了 15 辆电动出租车。法国的 BGS 公司在 1899～1906 年也生产了几种不同类型的商用型纯电动汽车，包括小汽车、货车、客车和豪华轿车。1899 年，比利时人卡米勒杰纳茨（Camille Jenatzy）驾驶的电力驱动汽车 Jamais Contente 首次实现了每小时百公里以上的车速。

1895～1915 年是早期纯电动汽车的黄金时代。1900 年，在美国销售的 4200 辆汽车中有 38% 是纯电动汽车，22% 是燃油汽车，40% 是蒸汽机汽车。在当时，纯电动汽车是金融巨头的代步工具及财富的象征。

进入 20 世纪以后，由于发现大量油田，石油开采提炼和内燃机技术进步迅速，而纯电动汽车则由于电池技术进步缓慢，在性能、价格等方面都难以与燃油车竞争而逐步被燃油汽车取代。1911 年，凯特林（Kettering）发明了汽车发动机启动机，使得燃油汽车更具吸引力，从此打破了纯电动汽车在市场的主导地位。而福特汽车公司的出现几乎彻底停止了纯电动汽车的发展，到 19 世纪 30 年代，纯电动汽车几乎消失了。

直到 20 世纪 70 年代初，由于石油危机和空气污染等原因，人们重燃对纯电动汽车的兴趣。

2. 纯电动汽车的现状

20 世纪 70 年代初期，美国、英国、法国、德国、意大利和日本开始发展纯电动汽车。20 世纪 70 年代后期，许多国家和地区的公司都开始研制纯电动汽车。但是石油价格在 20 世纪 70 年代末开始下跌，在纯电动汽车成为商业化产品发展起来之前，能源危机和石油短缺变得不再严重，因而纯电动汽车的商业化发展失去了动力，纯电动汽车的发展显著变慢，又开始走入低谷。

20 世纪 80 年代，由于人们日益关注空气质量和温室效应所产生的影响，纯电动汽车的发展再次获得生机。20 世纪 90 年代初，一些国家和城市开始实行更严格的排放法规，1990 年，美国加利福尼亚州大气资源管理局（CARS）颁布了一项法规，规定 1998 年在加利福尼亚州出售的汽车中，2% 必须是零排放车辆（ZEVs），到 2003 年零排放车辆应达到 10%。受加利福尼亚州法规的影响，美国其他州以及世界其他国家开始制定类似的法规，纯电动汽车被认为是符合零排放标准的唯一可用的技术，所以纯电动汽车开始迅速发展起来。

汽车制造商在不断推动纯电动汽车技术发展的同时，开始将纯电动汽车商业化。在世界范围内，尤其在美国、日本和欧洲，许多汽车生产商开始生产纯电动汽车或者涉及纯电动汽车领域。美国的通用、福特、克莱斯勒等为了响应加州的法规，极大地推动了纯电动汽车的发展；在日本，几乎所有的汽车生产商，如丰田、日产、本田、马自达、大发、三菱、铃木和五十铃等汽车公司等都制定了自己的商业化纯电动汽车的发展计划；欧洲的许多国家，尤其是法国、德国、意大利和英国也都启动纯电动汽车发展计划，其中较活跃的汽车公司有雪铁龙、雷诺、宝马、奔驰、奥迪、沃尔沃、大众、欧宝和菲亚特等。除了汽车生产商以外，还有一些电力公司和电池生产商在纯电动汽车的示范中也起着积极的作用，其目的都是促进以充电电池为动力的纯电动汽车的商业化，并最终获得商业利益。通常他们和汽车生产商合作来发展纯电动汽车，或者选购纯电动汽车用于电池评估和演示。虽然在这一阶段，纯电动汽车得到了各大企业的重视，但是由于电力电子学尚未建立，既没有完善的科学理论作指导，也缺乏高科技含量的电力电子装置可供采用，特别是，当时几乎只有铅酸蓄电池可供使用，而铅酸蓄电池体积大、质量大、能量密度小、功率密度低、充电时间长以及每次充足电后续驶里程较短，再加上电力传动系统的制造成本过高等因素困扰，阻碍了纯电动汽车的大规模发展。

2000年以来，随着各国对纯电动汽车技术研发投入的不断加大，车用动力电池、电动机及其控制系统等瓶颈技术取得了重大进展，电力电子技术、控制技术和信息技术的广泛应用促使纯电动汽车技术深入发展、日臻完善，产品的可靠性、寿命得到明显提升，成本得到有效控制，纯电动汽车技术在世界范围内得到快速发展，一批装备了先进动力电池的纯电动汽车已经进入或即将进入消费市场。

3. 我国纯电动汽车的发展现状

"八五"期间，国家计委和国家科委将电动汽车项目正式列入国家研究和攻关计划。"九五"期间，国家科技部把电动汽车列入国家重大产业工程项目，完成了纯电动汽车先导车的研制和全新纯电动汽车概念车的开发，建成了我国唯一的国家电动汽车运行试验示范区。另外，还研制了我国首辆纯电动大客车YW6120DD和我国首辆具有完全自主知识产权的纯电动公交车BJD6100EV，并完成了为期3年的载客示范试验。

通过多年的努力，尤其是"十五"以来的重点攻关，我国逐步围绕纯电动客车和纯电动汽车形成了一个品种齐全、配套能力较强的产品技术链，在使用大容量锂离子动力电池方面克服了成组使用时充/放电性能、安全性能和快速更换等技术难题，技术逐步成熟。

在电动汽车产品开发的同时，其示范应用同步进行。在各地政府的大力支持下，科技部在全国范围内建立了电动汽车商业化示范城市，在北京、天津、杭州、株洲、威海和深圳等城市开展了不同车型、不同示范运营主体、不同运营管理方式和不同线路的小规模示范。

关于纯电动汽车的研发，我国已掌握车辆动力系统匹配与车辆集成设计、整车控制系统等领域的核心技术，在电池、电动机和整车研发与产业化等方面均取得重大突破。但在高性能纯电动汽车产品的可靠性和工程化能力上，仍落后于国外先进产品。相对于国外的全新结构车型，国内纯电动汽车多以改装车为主，车辆在产品能耗水平、轻量化技术、产品竞争力、品牌溢价能力等诸多方面存在不足，具体参数对比见表1-1。从表1-1可以看出，多数国产纯电动汽车型在电动机输出功率、最高车速、加速性能、续驶里程等方面均落后于国外先进产品。

此外，部分电动机和电池所需零部件材料、控制器基础硬件、芯片等核心零部件仍依赖进口，车辆整体成本较高。

表1-1 国内外部分纯电动汽车技术参数对比

	车型	同悦	e6	EV200	荣威E50	启辰晨风	逸动EV	腾势EV	Leaf	i3EV	Model S
	生产企业	江淮	比亚迪	北汽	上汽	东风启辰	长安	比亚迪·戴姆勒	日产	宝马	特斯拉
整车参数	车长/mm	4155	4560	4025	3569	4467	4620	4642	4445	4006	4978
	整备质量/kg	1200	2295	1295	1080	1494	1610	2090	1493	1195	2090
驱动电机	电机类型	永磁同步	永磁同步	永磁同步	永磁同步	永磁同步	永磁同步	永磁同步	永磁同步	永磁同步	三相异步
	最大功率/kW	27	90	53	52	109	90	86	80	125	225
	最大扭矩/(N·m)	170	450	180	155	254	280	290	280	250	600
动力电池	电池类型	磷酸铁锂	磷酸铁锂	三元锂	磷酸铁锂	磷酸铁锂	锂离子	磷酸铁锂	锂离子	锂离子	锂离子
	电池能量/(kW·h)	18	63	30.4	18	24	26	47.5	24	19	70
整车性能	最高车速/(km/h)	95	140	130	130	145	140	120	150	150	200
	0~100km/h加速时间/s	—	10	15	14.6	—	4(0~50km/h)	14	9.9	7.2	6.2
	续驶里程/km	150	300	245	120	175	200	253	200	160	370
	参考价格(人民币万元,补贴后)	7.5	30.98	22.69	23.49	26.78	23.49	36.9	18	41.68	39

近年来，我国在纯电动乘用车产品及技术研发领域取得了阶段性成果，部分中高端产品

达到国际一流水平,具备了商业化推广条件。代表性的产品有腾势电动汽车、启辰晨风电动汽车等,由于采用新型的三元锂电池代替磷酸铁锂电池,纯电动乘用车的续驶里程得到大幅度提高。

五、国内外主要纯电动汽车品牌

1. 国外主要纯电动汽车品牌

（1）美国车系

① 特斯拉（纯电动汽车品牌）。特斯拉（Tesla）是一家美国电动汽车及能源公司,产销电动汽车、太阳能板及储能设备。

特斯拉第一款汽车产品 Roadster（图 1-4）发布于 2008 年,是全球首款量产版电动敞篷跑车。这是第一辆使用锂电池技术每次充电能够行驶 320km 以上的纯电动汽车,它的电池采用松下生产的 18650 电池,它的电机采用富田电机。

2012 年,特斯拉发布了其第二款汽车产品——Model S（图 1-5）,是一款四门纯电动豪华跑车。在 Tesla 汽车公司中,Model S 拥有独一无二的底盘、车身、发动机以及能量储备系统。

2012 年 2 月 9 日,美国 Tesla Motors 公司发布了全尺寸纯电动 SUV 车型 Model X（图 1-6）,其后门采用设计前卫的鹰翼门

图 1-4　Tesla Roadster 纯电动跑车

造型,可依靠动力强劲的电动机驱动,其 0~96km/h 加速时间为 5s。这款全尺寸纯电动 SUV 在 2015 年量产。Model X 将 MPV 的大空间、SUV 的优势、电动汽车的优点融合在一起。

图 1-5　Tesla Model S 纯电动跑车

图 1-6　Tesla Model X 纯电动 SUV

2014 年 10 月,特斯拉在加利福尼亚州的霍桑召开"D 计划"新闻发布会,活动现场发布了搭载双电动机的 Model S P85D（图 1-7）,于 2014 年年底交付。特斯拉 Model S P85D 配备全驱系统,最高时速可以达到 250km/h,增设的雷达和摄像头可以识别行人和路标,实现自动泊车、高速公路自动驾驶、堵车自动跟随等功能。

新车型对于驾乘者而言最大的变化是由原来的两轮驱动升级为四轮全驱,而这背后依托的是两个电动机,一个电动机驱动后轮,另一个较小的电动机驱动前轮。

得益于装载的全新四轮全驱技术,Model S P85D 的百公里加速时间较之前的版本提升至 3.2s。新车型会比同型号的 Model S 续驶里程上提升 16km,即最大续驶里程可达到 442km。

2015 年 7 月 20 日,特斯拉推出了三款车型,分别是旗舰版 Model S P90D、最长里程版 Models S 90D/Model S 90 和入门版 Model S 70。其中 P90D、90D 都是双电动机四轮驱动的

版本，Model S 90 则是单电动机后轮启动的版本。

2016 年 3 月，特斯拉首次公开新款纯电动汽车为 Model 3，并于 2017 年末交付，有 SUV 版和旅行版（图 1-8）。

图 1-7　Tesla Model S P85D 纯电动跑车　　　图 1-8　Tesla Model 3 旅行版纯电动汽车

2016 年 6 月，特斯拉发布了两款廉价的 Model S 车型，分别是 Model S 60 和 60D，后轮驱动的 Model S 60 最高时速可达 130mile（1mile＝1.609344km），0～60mile 加速为 5.5s，一次充电可以行驶 210mile。60D 则为全轮驱动，一次充电可以行驶 218mile，0～60mile 加速为 5.2s。

② 通用雪佛兰 VOLT（沃蓝达，见图 1-9）。雪佛兰 VOLT 是增程式纯电动汽车（也有将其归入混合动力汽车），整个系统采用串联式结构。发动机的动力经过发电机转化后再传递给驱动电机。动力系统由 1.0L 三缸涡轮增压柔性燃料发动机和 16kW·h 锂电池组组成，可实现最大行驶里程 1030km，单靠电池驱动行驶里程为 64km。用家用 220V 电源 3.5h 可将电池充满，同时也可以在行驶中使用发动机充电。如果使用汽油，通过能源转换后，每升汽油可以使汽车行驶 17km，超过传统汽车的两倍。

2017 年通用推出的一款平价纯电动汽车——雪佛兰 Bolt（图 1-10）。它的售价与特斯拉 Model 3 接近，续驶里程略有优势，但这两款车体现出来的是完全不同的两种风格。雪佛兰 Bolt 是一款强调实用主义的车型，均衡的性能参数、简约大方的设计都体现了它对实用性的追求。雪佛兰 Bolt 搭载了容量为 60kW·h 的电池和最大功率为 149kW 的电动机，令它拥有 383km 的续驶里程，以及不到 7s 的百公里加速时间。

图 1-9　通用雪佛兰 VOLT 纯电动汽车　　　图 1-10　通用雪佛兰 Bolt 纯电动汽车

在 2016 巴黎车展上，纯电动汽车雪佛兰 Bolt 推出的双胞胎车型——欧宝 Ampera-e 在欧洲正式亮相（图 1-11），新车于 2017 年初登陆欧洲市场。除了前格栅车标两旁的镀铬装饰条之外，欧宝 Ampera-e 与雪佛兰 Bolt 是完全一致的产物，产地同样在美国密歇根州。欧宝 Ampera-e 采用容量为 60kW·h 的锂电池，电动机最大功率为 149kW。新车可在 7s 内加速至 100km/h，极速可达 146km/h，单次充电续驶里程可达 322km。座舱内配备集成 10.2 寸（长×宽＝207mm×155mm）液晶屏的 MyLink 娱乐系统、安吉星 4G LTE 等设备。

③ 福特福克斯（图 1-12）。福克斯电动版在 2011 国际消费电子展（CES）上首发。仪

表盘借鉴了福特 Fusion 混动和福特锐界的基本造型，拥有三个表盘，分别显示相关的行驶信息。在福特 Myford 触摸屏系统可显示电池充电状态、预计的续驶里程和充电站位置。

福特利用 LG Chem 开发的 23kW·h 锂铁电池组，最大功率可达 91kW，电动机峰值扭矩为 245N·m，动力通过单级减速器传递到车轮。此外，福克斯电动版还配备其他的节能技术，比如电动助力转向和能量回收四轮盘式制动系统。

福克斯电动版可通过 120V 和 240V 插座充电。用 240V 充电站充电，锂铁电池组可以在 3～4h 完成。快充则在 30min 内可以充电 80%。而用 120V 家用电源，锂铁电池组可以在 18～20h 充满。

图 1-11　欧宝 Ampera-e 纯电动汽车

图 1-12　福特福克斯电动汽车

(2) 欧洲车系

① 宝马。早前，宝马集团董事长科鲁格透露了在电动汽车方面的战略规划，到 2025 年，将提供 25 款电动汽车型，其中 12 款为纯电动汽车型。当前宝马在市场比较热销的电动汽车是 i3 和 i8（混合动力车型）。

宝马 i3 长宽高分别为 3999mm、1775mm、1578mm，轴距为 2570mm，如图 1-13 所示。采用了四座式设计，拥有 200L 的行李箱容积，适合城市代步。纯电动版车型将搭载一款名为 Connected Drive 的信息系统，它将提供所在地附近的充电站信息。新车拥有三种驾驶模式：舒适、经济、超级经济。

宝马 i3 纯电动版是第一款车体主要由碳纤维材料制成的量产汽车。i3 的电动机最大输出功率可达 125kW，配备后轮驱动系统，0～100km/h 加速时间为 7.2s，最高车速可达 150km/h。采用高速充电器，只需 1h 就可为电池充满 80% 的电。

此外，宝马 i3 还配备自动导航系统来实现自动驾驶功能，整套系统包括了自动刹车、自动停车系统，在车速低于 40km/h 的状态下，该车还可以实现自动变道。

② 奔驰。奔驰早期的纯电动汽车为微型 Smart 系列（图 1-14），2016 年发布了三款纯电动版本——Smart Fortwo、Smart Fortwo 敞篷版和 Smart Forfour，是由戴姆勒的全资子公司 Smart（精灵）汽车有限公司研发生产。

图 1-13　宝马 i3 纯电动汽车

图 1-14　微型 Smart 纯电动汽车

三款 Smart 电动汽车都将采用奔驰和雷诺共同研发的后置电动机进行驱动,最大输出功率 55kW,扭矩峰值为 130N·m,内置 17.6kW·h 的锂电池,最高时速为 125km/h,续驶能力可达 450km。百公里加速时间为 11.5s,充满电时间约为 6~7h。

奔驰的首款纯电动汽车为奔驰 EQ (图 1-15),是一辆纯电动 SUV。EQ 采用纯电力驱动,动力系统将由两台电动机和锂电池组构成。其中,两台电动机的综合输出功率将达 300kW,峰值扭矩为 700N·m,电池组电量为 70kW·h。0~100km/h 加速时间不超过 5s,性能相当出色。它的电池组位于底盘,满电续驶里程为 500km,支持快充和无线充电,快充系统充电 5min,就能行驶 100km。

③ 大众。在 2016 年巴黎车展前夕,大众发布了旗下全新紧凑级纯电动 I.D. 概念车(见图 1-16),为大众基于电气模块化平台打造的首款紧凑级车型。

图 1-15　奔驰 EQ 纯电动汽车

图 1-16　大众 I.D. 概念车

I.D. 概念车是大众汽车全新电动汽车产品序列中的首款车型,采用了大众全新的设计基因,具有很高的辨识度。新车尺寸与大众高尔夫相仿,车体采用了银色涂装搭配代表新能源的蓝色装饰,而车顶为黑色设计。

I.D. 概念车通过采用开放空间 (Open Space) 设计带来宽敞的内部空间感受。I.D. 概念车还展示了大众全自动驾驶技术,开启 "I.D. 巡航" 模式 (全自动驾驶模式) 时,I.D. 概念车的多功能方向盘收入仪表盘下方。据悉,大众计划在 2025 年推出具备全自动驾驶模式的 I.D. 概念车量产版车型。此外,官方介绍 I.D. 概念车还具有在用户外出时代收快递的功能。

I.D. 概念车由电机驱动,最大功率为 125kW,单次充电后续驶里程可达 400~600km。其量产版车型计划已在 2019 年正式发布,并在 2020 年正式投产,未来还有望在上汽大众进行国产。

④ 雷诺。雷诺早期纯电动汽车为微型纯电动汽车 Twizy (图 1-17),其长宽高分别为 2337mm、1191mm、1461mm。车内设有两个座椅,采用纵向布局。该车搭载了一台最大功率为 15kW 的电动机,最高车速可达 75km/h。这款纯电动汽车完全充电过程仅需要 3.5h,而新车的续驶里程可达 100km,能满足城市日常通勤需求。

雷诺新能源汽车在欧洲市场已经取得了一定程度的发展,目前有四款比较成熟的纯电动汽车型在售 (图 1-18)。其中风朗 Z.E. 于 2017 年引入中国,并由东风雷诺生产。Twizy 车型有望在雷诺后引入中国的电动汽车型之列,并命名为 "特翼"。

自 2015 年 3 月以来,雷诺一直在改

图 1-17　雷诺微型纯电动汽车 Twizy

图 1-18 雷诺四款比较成熟的纯电动汽车

进 ZOE 电动汽车。目前在售的 ZOE 有一个 22kW·h 的电池组,续驶里程为 241km,但实际使用距离只有 145km。新的 ZOE 将采用 LG 的新电池和体积更小更高效的电动机,续驶里程将增至 400km。

2016 年巴黎车展上,雷诺正式发布了全新 TREZOR 概念车(图 1-19)。TREZOR 概念车可以看作 2010 年雷诺推出的 DeZir 概念车的延续,展现了雷诺品牌对于未来出行模式以及对未来汽车制造的展望,设计上采用了多项新技术。雷诺 TREZOR 概念车将采用完全独立驾驶的模式,可实现完全不需要驾驶者干预的独立驾驶功能,采用纯电力驱动,将会搭载来自 LG 的全新锂电池组,并将拥有最高 402km 的续驶里程。

(3) 日本车系

日本在电动汽车方面成绩突出的企业是日产(NISSAN)。日产 Leaf(聆风)为五门五座掀背轿车,如图 1-20 所示,由层叠式紧凑型锂离子电池驱动,日产聆风在 2010 年底于欧美以及日本市场上市,这款车型从 2011 年开始进入中国销售。

图 1-19 雷诺 TREZOR 概念车

图 1-20 日产 Leaf 纯电动汽车

作为全球销量最多的纯电动汽车,2017 年日产第二代 Leaf 上市。新款车型除在外形、内饰采用更具科技感的设计以外,还加入了高级自动驾驶、单踏板操作等新技术。

日产 Leaf 使用新研发的锂电池组,其性能表现与普通经济型掀背车接近,电池组最大能支持 88kW 的电动机。日产 Leaf 此次配搭的电动机的峰值输出扭矩为 280N·m。Leaf 的快充模式能够在 30min 内将电池组电量补充到 80%,大大改善了电池组不能迅速补给的难题。但快速充电仅适用于紧急之需,将电池充满仍然需要 8h,车主可以利用夜间进行充电。

2. 国内主要纯电动汽车品牌

（1）纯电动客车

纯电动客车是指以车载电源为动力，用电机驱动车轮行驶，符合道路交通、安全法规各项要求的客车。我国有很多客车生产厂家在研发和生产纯电动客车，如牡丹汽车、宇通客车、金龙客车、中通客车、海格客车、安凯客车、申龙客车、少林客车、比亚迪汽车工业有限公司等。

比亚迪纯电动客车有多个车系，如K系列（如K8、K9等）纯电动公交车；C系列（如C7、C8等）旅游团体客车；BYD6110系列客运客车等，图1-21所示为由广汽与比亚迪合作研发生产的纯电动客车K9，已经在大连、广州、北京、三亚、桂林、蚌埠、青岛等多座城市投入公交运输服务。该款车型城市公交工况续驶里程≥250km。

图1-21 广汽比亚迪K9纯电动客车

（2）纯电动货车

据工信部提供的信息，在我国研发生产纯电动货车的六大知名企业为比亚迪汽车工业有限公司、成都大运汽车集团有限公司、东风汽车公司、安徽华菱汽车有限公司、一汽解放青岛汽车有限公司和湖北三环专用汽车有限公司。其生产的主要车型和基本数据见表1-2。

表1-2 我国主要纯电动货车生产企业及其主要产品

序号	生产企业	车型	产品型号	总质量/kg	额定质量/kg	整备质量/kg	续航里程/km	搭载电量/kWh
1	比亚迪汽车工业有限公司	纯电动自卸车	BYD3310EH9BEV	31000	15375	15495	260	324
2		纯电动自卸车	BYD3250EEFBEV	25000	12375	12495	240	311
3		纯电动混凝土搅拌运输车	BYD5320GJBBEV2	32000	16370	15500	260	324
4		纯电动半挂牵引车	BYD4180D8DBEV	18000	—	9950	210	350
5	成都大运汽车集团有限公司	纯电动牵引汽车	CGC4180BEV1AACJNALD	18000	—	8030	105	130.1
6		纯电动牵引汽车	CGC4250BEV1AADKRCGD	24700	—	14000	170	290.61
7	东风汽车公司	纯电动教练车	EQ5120XLHTBEV1	12400	—	4610	90	58.34
8		纯电动翼开启厢式车	EQ5180XYKTBEV	18000	8575	9230	100	122.57
9		纯电动厢式运输车	EQ5180XXYTBEV1	18000	8605	9200	100	122.57
10		纯电动厢式运输车	EQ5180XXYTBEV	18000	9005	8800	102	130
11	安徽华菱汽车有限公司	纯电动混凝土搅拌运输车	HN5250GJBB25D4BEV	25000	8805/8870	16000	108	164.51
12	一汽解放青岛汽车有限公司	纯电动自卸汽车	CA3251P66T1BEV	25000	12440/12375	12430	120	130
13		平头纯电动牵引车	CA4181P25BEVA80	18000	—	8300	100	130
14	湖北三环专用汽车有限公司	纯电动牵引汽车	STQ4181L02Y4NBEV	18000	—	6940	100	130
15		纯电动厢式运输车	STQ5181XXYNBEV	18000	9105	8700	100	130

比亚迪于2013年开始研发电动卡车，是国内最早投入新能源卡车研发的企业，也是国内最早将新能源卡车投入商业化运营的企业。尤其是针对技术门槛高的新能源重卡，比亚迪已积累了多年的规模化运营经验，早于戴姆勒、特斯拉发布纯电动重卡及商业化运营时间。

图1-22所示为比亚迪T10纯电动自卸车，总质量为31000kg，额定载质量为15375kg，

图 1-22　比亚迪 T10 纯电动自卸车

搭载型号为 BYD-3425TZ-XS-A 的永磁同步电动机，以及自主研发的磷酸铁锂电池，动力蓄电池组总能量为 324kWh，续驶里程（等速法）达 260km。

（3）纯电动场地车

作为国内最早研究电动汽车的企业，东风汽车公司在"八五"计划初期展开电动汽车研究。2007 年 8 月，东风电动汽车公司正式与北京奥组委签约，东风纯电动场地车成为北京奥运会各比赛场馆的唯一服务用车。自 2007 年 8 月到 2008 年奥运会期间，500 余台纯电动场地车服务于各个奥运会场馆检测赛、预赛、决赛及开/闭幕式等。

东风电动车辆股份有限公司主要场地车有电动观光车、电动游览车、电动警车、电动巡逻车、电动货车、电动高尔夫球车、电动多功能车等，图 1-23 所示为一款东风电动观光车。

（4）纯电动汽车

① 比亚迪纯电动汽车。作为国内新能源汽车领域的领导者，比亚迪销量优势显著，占比超国内新能源同期销量的 1/5，其中销量比较好的纯电动汽车有比亚迪秦 EV300、比亚迪 e6、比亚迪 e5。比亚迪 e6 是全球首款纯电动出租车，提倡"减排、低碳"，比亚迪 e6 纯电动汽车如图 1-24 所示，一次充满电可行驶 300km。

图 1-23　东风电动观光车

图 1-24　比亚迪 e6 纯电动汽车

② 奔腾纯电动汽车。奔腾 B50 EV 采用一汽技术中心自主研发的纯电动乘用车动力平台，整个平台由电动机、电池、减速器、整车控制器、电动附件和专用显示仪表等组成，该动力系统具有启动电爬行、纯电动、再生制动、电子驻车制动、家用充电、快速充电等功能。

2014 年上市的奔腾 B50 纯电动汽车（见图 1-25）在外观造型和车身尺寸方面，与现款汽油版 B50 保持一致。动力方面，采用的是富奥汽车零部件有限公司提供的电动机和三元锂电池，电动机额定功率为 35kW。

图 1-25　奔腾 B50 EV 纯电动汽车

③ 北汽纯电动汽车。北汽新能源作为纯电动汽车领航者，专注纯电动汽车领域，已经推出 EH、EU、EX、EV、EC、LITE 六大系列车型十余款纯电动乘用车。北汽 301 EV 电动汽车曾经出现在 2008 年 4 月的北京车展上，当时命名为 C30 EV。该车型配备可输出 47kW 的交流感应电动机，峰值扭矩 82N·m，聚合物锂电子的电池容量为 100 A·h。301 EV 电动汽车的最高车速为 160km/h，一次充电最高可行驶 200km 以上，最大可爬 30°的斜坡。北汽 2016 款纯电动汽车为 EH 300，如图 1-26 所示，共有行政版和尊享版两款车型。

北汽新能源 EH 300 是一款主打高端商务的纯电动汽车型，总体来说更适合商务接待或是有公务需求的人群；而且不仅是北汽新能源首款 B 级纯电动汽车，也是目前纯电动行政级商务汽车这一细分市场的唯一车型。综合工况续驶里程可达 300km，60km/h 等速情况下里程超过 380km。

图 1-26　北汽 EH 300 纯电动汽车

北汽新能源 EH 300 搭载一台最大功率为 100kW 的电动机，还配备能量密度高、低温性能好、体积小、衰减率低的三元锂电池，具备高能量储备和高输出效率的特点，电池容量为 54.6kW·h。

电动汽车充电具有快充和慢充两种充电方式，普通慢充 10h 可将电池充满；快充 45min 即可充到电池电量的 80%。快充接口被隐藏在车头车标内，通过按压方式即可打开，而慢充接口被设计在车身后方右侧位置，即常见的加油口位置。

北汽 ET 400（见图 1-27）是北汽推出的一款纯电动 SUV。动力方面，新车搭载北汽新能源 e-Motion Drive 超级电驱技术，同时还有望配备更大功率的电池组，最大续驶里程将超过 400km。

④ 奇瑞纯电动汽车。奇瑞瑞麒 M1 EV 纯电动汽车是在奇瑞 S18 平台基础上开发的一款纯电动汽车，于 2008 年 11 月 5 日在电动汽车大会现场宣布上市销售。瑞麒 M1 EV 纯电动汽车搭载了的大功率电驱动系统，并配备了 45/60A·h 的高性能锂电池，最高时速为 120km/h，最大巡航续驶里程为 150km。在普通 220V 民用电源上慢充，充电时间在 6~8h 左右，利用专业充电站充到电池电量的 80%需要 0.5h。

目前市场上在销售的奇瑞纯电动汽车为奇瑞 eQ，如图 1-28 所示。

图 1-27　北汽 ET 400 纯电动 SUV

图 1-28　奇瑞 eQ 纯电动汽车

奇瑞 eQ 搭载的是一台永磁同步电动机，其最大输出功率为 42kW，峰值扭矩为 150N·m。传动系统与电动机匹配的是单一速比直驱无级变速系统。而换挡杆上则有两种设计形式，舒适型为传统换挡手柄，豪华型则为换挡旋钮。

⑤ 长城哈弗纯电动汽车。继长城哈弗 M3 EV 电动汽车问世，经历电动汽车欧拉等车款，2017 年，首款纯电动轿车长城 C30 EV 正式上市，共推出 3 款车型。

如图 1-29 所示，长城 C30 EV 采用了蓝色 Logo 和前进气格栅装饰条；前脸采用运动风格蜂窝中网和横贯式前保险杠，搭配 U 形曲线的电镀装饰条，与机舱盖棱线相互衔接，更加动感。这款车拥有 2610mm 的轴距，空间充裕；后排座椅 4/6 分割放倒，空间灵活多变，方便装载大件行李。

长城 C30 EV 采用三元锂电池，综合工况续驶里程为 200km，同时配备快充、慢充两种模式，常温情况下，仅需 40min 即可充满 80％的电量。长城 C30 EV 搭载水冷永磁同步交流电动机，最大功率为 90kW，最大扭矩为 240N·m，可消除换挡冲击，操控简单省心；0～50km/h 加速仅需 5.5s，最高车速可达 140km/h；同时还标配能量回收系统，增加 5％～15％的续驶里程的同时，可辅助制动。

新车充分考虑了电池的安全问题，配备了全方位电池防护系统，雨天充电和普通涉水均可正常工作，极端碰撞条件下仍能保障安全。

⑥ 长安纯电动轿车。继第一款纯电动车型奔奔 MINI 纯电动汽车研发成功后，经历欧尚、欧力威、逸动等车型的发展，长安 CS15 EV 而过，如图 1-30 所示。

图 1-29　长城 C30 EV 纯电动汽车

图 1-30　长安 CS15 EV 纯电动汽车

长安 CS15 EV 基于燃油版的 CS15 打造，共推出 350e 和 350i 两款车型，60km/h 等速续驶里程可达 350km，综合续驶里程为 300km。

长安 CS15 EV 搭载由一台永磁同步电动机和一组 42.92kW·h 的三元锂电池。最大功率为 55kW，峰值扭矩为 170N·m，综合工况续驶里程为 300km，在 60km/h 等速工况下最大续驶里程可达 350km。采用快充模式只需 40min 即可充满 80％电量，慢充模式下充满需要 10h 左右。

⑦ 吉利纯电动汽车。继吉利熊猫纯电动微型汽车（A00 级），2015 年首款吉利系列帝豪 EV 正式上市。2017 款吉利帝豪 EV 300（见图 1-31），分为精英型、尊贵型和进取型 3 种车型。

电池类型为三元锂电池，最高时速为 140km/h，续驶里程达 300km，快充模式下 45min 内可从 0 充至 80％电量。

⑧ 荣威纯电动轿车。荣威 E1（图 1-32）是上海汽车集团股份有限公司旗下一款代表新能源汽车产业"中国水平"的纯电动概念车。也是 2010 年上海世博会中国国家馆内唯一的新能源汽车展品，是上汽瞄准国际先进水平，自主开发的一款纯电动汽车，在

图 1-31　吉利帝豪 EV 300 纯电动轿车

2012年年底实现量产。荣威E1为单厢三门四座A00级轿车，车身设计运用"One Box"概念，最大限度拓展车辆内部空间。

荣威E1搭载了性能安全的磷酸铁锂电池系统，最高时速为120km/h，最大续驶里程为135km，0~100km/h加速时间为16s。该车具备快速充电功能，30min内可充满80%的电量。

经多年的研发，上汽设计生产了多款纯电动汽车，主要有荣威E50、荣威E550、荣威E950等。2017荣威RX5纯电动版SUV车型正式上市，如图1-33所示。新车共推出3款车型（EV400电动互联豪华版、EV400电动互联旗舰版、EV400电动互联至尊版）。搭载一台最大功率为85kW的永磁同步电动机，其最大扭矩为255N·m。新车综合工况续驶里程可达320km，等速最大续驶里程则达425km。同时，新车支持快充技术，直流快充40min即可充满80%的电量，交流慢充则需要7h充满。

图1-32　荣威E1纯电动轿车

上汽荣威"光之翼"概念车（图1-34），是上汽荣威于2017年上海车展推出的一款纯电动超级轿跑SUV，最大续驶里程超过500km。2018年，基于"光之翼"Vision-E概念车打造的纯电动超级轿跑SUV和纯电动互联网商旅车正式上市。

图1-33　荣威RX5纯电动汽车（SUV）

图1-34　上汽荣威"光之翼"概念车

⑨日产启辰晨风纯电动汽车。启辰晨风（图1-35）是东风启辰在中国市场上的第一辆量产纯电动汽车，其电池、电动机、电控等核心技术与全球畅销超过25万台的日产聆风一脉相承，日产聆风在海外已久经考验，从无任何电池安全事故。启辰晨风是2014年正式上市的，代表着全球纯电动汽车的先进技术水平。2016年4月，启辰晨风智联版重磅上市。同年11月，晨风领航极地版于广州车展首次亮相，电池安全再度升级。

晨风纯电动汽车充满电后可行驶180km（比之前透露的数据更长），使用220V普通电源充满电时间为8h。如果有快速充电桩，充3min可以让车子行驶30km，充5min可以行驶60km，充30min可以达到电池电量的80%。

⑩江淮纯电动汽车。数据显示，2013年以前，中国投放到市场上的纯电动轿车，江淮汽车占近50%，经近几年的研发，江淮也不断使用迭代开发的技术，每年市场都有一定的投放，其中江淮IEV4、江淮IEV5、江淮IEV6S（图1-36）均有不小的销量。

图 1-35　日产启辰晨风纯电动汽车

图 1-36　江淮 IEV6S 纯电动汽车

六、纯电动汽车高压安全基本注意事项

纯电动汽车高压系统的电压高达数百伏，放电电流高达 200A 以上。整个高压系统有直流高压电和交流高压电，对绝缘安全性要求较高。车身和电器存在高压安全危险。

学习、使用、维护和检修纯电动汽车时，应该严格按纯电动汽车高压安全操作规程进行操作。操作不当可能会发生触电、火灾基础爆炸等事故，导致人身伤亡和财产损失。

1. 高压安全注意事项

① 在地面或车辆附近明显位置放置安全警示牌，以明示高压工作区域。不同企业生产的安全警示牌形式不同，图 1-37 所示为典型的高压安全警示牌式样。

② 正确选择和佩戴高压安全防护用具。维修带有高压电的车辆时，维护人员必须做好防止被高压电击伤的安全防护。虽然现有的纯电动汽车都设计有良好的防止意外触电功能，但是事故车辆及这些车辆的高压动力电池组总成是始终存在高压电的。

防止触电的个人防护设备主要有绝缘手套、护目镜、绝缘安全鞋以及绝缘工作服等。

a. 绝缘手套。如图 1-38 所示，用于高压车辆维修用的绝缘手套通常有两种独立的性能，一是在进行任何有关高压组件或线路的操作时，需要使用橡胶制成的电工绝缘手套，并能够承受 1000V 以上的工作电压；二是具备抗碱性，当工作中接触来自高压动力电池组的氢氧化物等化学物质时，可防止这些物质对人体组织的伤害。

图 1-37　高压安全警示牌
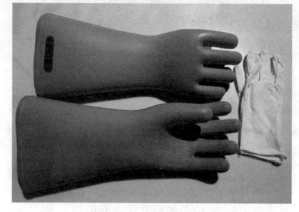
图 1-38　绝缘手套

绝缘手套需要定期检验，而且在每次使用前必须自行进行检查是否泄漏。检查的方法是向手套内吹入一定的空气，观察手套是否有漏气的风险。

图 1-39 所示为绝缘手套的使用、检查与注意事项。

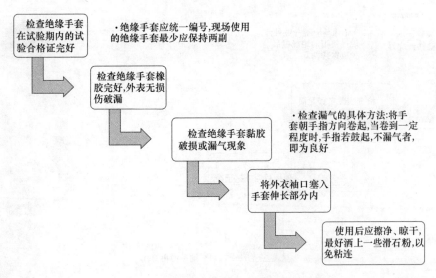

图 1-39 绝缘手套使用、检查与注意事项

b. 护目镜。如图 1-40 所示,护目镜可防止电池液的飞溅。高压电车辆维修用的护目镜应该具有侧面防护功能,防止维修过程中产生的电火花对眼睛的伤害。

c. 绝缘安全鞋。绝缘安全鞋(靴)的作用是使人体与地面绝缘,防止电流通过人体与大地构成通路,对人体造成电击伤害,把触电时的危险降低到最小程度。因为触电时电流是经接触点通过人体流入地面的,所以电气作业时不仅要戴绝缘手套,还要穿绝缘安全鞋。

如图 1-41 所示,绝缘安全鞋根据 GB 21146—2007 标准进行生产,电阻值范围为 $100k\Omega \sim 1000M\Omega$,该产品具有透气性能好、防静电、耐磨、防滑等特点。

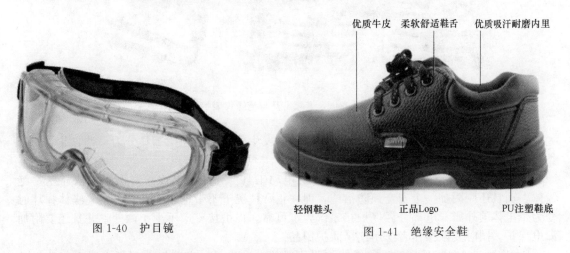

图 1-40 护目镜   图 1-41 绝缘安全鞋

绝缘安全鞋也要定期进行检验,图 1-42 所示为绝缘安全鞋的使用方法与注意事项。

d. 绝缘工作服。维修高电压系统时,必须穿非化纤类的绝缘工作服,如图 1-43 所示。化纤类的工作服主要会产生静电,并且当发生火灾事故时,化纤会在高温环境下粘连人体皮肤,导致维修人员产生严重的二次伤害。

③ 使用绝缘的维修工具。维护高电压类车辆时,必须使用带有绝缘功能的工具,这些工具包括常用的套筒、开口扳手、螺丝刀、钳子、电工刀等,也包括专用的仪表,如数字万用表,如图 1-44 所示。

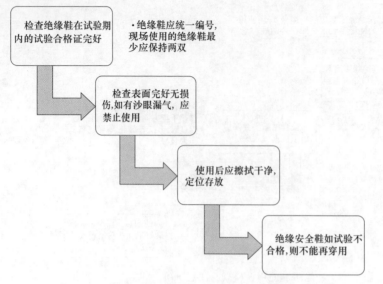

图 1-42　绝缘安全鞋使用方法与注意事项　　　　图 1-43　绝缘工作服

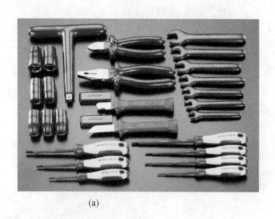

(a)　　　　　　　　　　　　　　　(b)

图 1-44　绝缘工具与绝缘仪表

使用绝缘工具可以有效防止意外触电事故的发生，我国的绝缘工具分为Ⅰ类、Ⅱ类和Ⅲ类 3 个类型，具体要求如下。

a. Ⅰ类工具是指采用普通基本绝缘体的电动工具。在防触电保护方面不仅依靠基本绝缘体，而且还应附加一个安全预防措施，即在正常情况下不带电，而在其基本绝缘体损坏时变为带电体的外露导电部分做保护接零。为了可靠，保护接零应不少于两处，并且还要附加漏电保护，同时要求操作者使用绝缘防护用品。

b. Ⅱ类工具是指采用双重绝缘或加强绝缘的电动工具。在防触电保护方面不仅依靠其基本绝缘体，而且有将其正常情况下的带电部分与可触及的不带电的可导电部分作双重绝缘或加强绝缘隔离措施，相当于将操作者个人绝缘防护用品以可靠的、有效的方式设计制作在工具上。

c. Ⅲ类工具是指采用特低安全电压供电的电动工具。在防触电保护方面依靠安全隔离变压器供电。在高电压纯电动汽车维修时，要求使用Ⅱ类以上绝缘工具。

④ 注意分辨高压电缆和高压部件。橙色电缆及其所连接部件为交、直流高压电系统，存在高压电危险，严禁肢体直接接触。

⑤ 车主及非电动汽车专业维修人员不得私自开启、拆装高压电气设备。

⑥ 如果高压熔断丝熔断，表明高压系统存在较大的故障，应与授权经销商联系，由专业人员进行维修。

2. 纯电动汽车使用注意事项

① 充电。纯电动汽车不宜过充过放，最理想的充电时机是蓄电池放电深度为50%~70%，建议每天充一次电，使电池经常处于浅循环状态，可延长电池寿命。要用16A专用电线来接线，充电线路要选择合适的线径，线路敷设应固定安装，要加装短路和漏电保护装置。长期使用快充会造成电池寿命衰减，在具备充足充电时间的情况下，建议使用慢充补电。若电动汽车长期不用，要保持定期充电。

② 停放。长时间停放应将辅助蓄电池的电源线拔下来。不要长时间放置于潮湿、高温、阳光暴晒等环境下。

③ 使用。启动车辆之前（上电之前）检查一下所有的线路连接是否紧固、正确。确保电池电量充足，避免过放电。开车时尽量避免急加速制动等情况的出现。假如出现撞车等事故，首先要拔下钥匙，切断电源，并远离车辆，再寻求厂家或汽车维修4S店的帮助。

④ 检修。纯电动汽车专业维修人员需具备国家颁发的强电低压（1000V以下低压电）电工维修资质才能进行维修操作。维修前，应首先切断动力电池高压输出回路的维修开关（一般正规厂家出的电动车的电池包上都有一个检修开关），然后再维修操作。操作步骤：拔下钥匙，关掉检修开关，等10min以上（不同厂家生产的纯电动汽车要求不同），让高压部件的电容器件充分放电；然后，再对纯电动汽车车辆电器零部件及电缆线路进行检查、维修。

能力提升训练

1. 准备工作

在技能学习工位准备好纯电动汽车（经高压终止并检验合格）及其相关技术资料。工具箱和防护用品柜内需有足够的专用维修工具和各类防护用品。

2. 学员工作

① 在各自工位分组学习。

② 在充分学习本任务相关知识的基础上，通过查阅相关技术资料和观察纯电动汽车，完成技能学习工作单（见本书配套教学资源包中"技能学习工作单1"）中规定的工作任务，并记录相关信息。

③ 5S工作。

④ 自我评价。

3. 指导教师工作

① 向学员讲解安全注意事项，并要求学员在技能学习工作单中做记录。

② 观察、指导学员进行相关操作，及时制止可能发生危险的操作。

③ 实操结束后审阅学生完成的工作单，并结合其操作情况给出评价。

小结

1. 按照驱动系统的组成和布置形式，纯电动汽车分为机械传动型、无变速器型、无差速器型和电动轮型四种。

2. 按车载电源数不同，纯电动汽车可以分为单电源型纯电动汽车和多电源型纯电动汽车两种。

3. 按照用途不同，纯电动汽车主要分为纯电动轿车、纯电动货车和纯电动客车等。

4. 纯电动汽车的优点主要有排放污染物少、噪声低、能源利用率高、能源来源广泛、制造与维修成本低等。

5. 纯电动汽车的缺点主要是目前动力电池生产技术尚不完善、整车价格高、高压安全技术有待提高。

6. 国外知名纯电动汽车品牌：特斯拉；通用雪佛兰 VOLT；福特福克斯；宝马 i3；奔驰 Smart 系列、EQ；大众 I.D. 概念车；雷诺风朗、特翼、ZOE 等；日产 Leaf。

7. 国内知名纯电动客车生产企业：比亚迪、宇通、海格等。

8. 国内知名纯电动货车的六大知名企业：比亚迪汽车工业有限公司、成都大运汽车集团有限公司、东风汽车公司、安徽华菱汽车有限公司、一汽解放青岛汽车有限公司和湖北三环专用汽车有限公司。

9. 东风电动车辆股份有限公司主要场地车有电动观光车、电动游览车、电动警车、电动巡逻车、电动货车、电动高尔夫球车、电动多功能车等。

10. 国内纯电动乘用车品牌：比亚迪秦 EV300、比亚迪 e6、比亚迪 e5；奔腾 B50 EV；北汽 EH、EU、EX、EV、EC、LITE 六大系列车型；奇瑞瑞麒 M1 EV、eQ；长城哈弗 M3 EV、欧拉、C30 EV；长安奔奔 MINI、历欧尚、欧力威、逸动、CS15 EV；吉利熊猫、帝豪 EV、帝豪 EV 300；荣威 E1、E50、E550、E950、RX5；日产启辰晨风；江淮 IEV4、IEV5、IEV6S 等。

11. 纯电动汽车高压系统的电压高达数百伏，放电电流高达 200 A 以上。

12. 防止触电的个人防护设备主要是绝缘手套、护目镜、绝缘安全鞋以及绝缘工作服等。

13. 我国的绝缘工具分为 Ⅰ 类、Ⅱ 类和 Ⅲ 类 3 个类型，在高电压电动汽车维修时，要求使用 Ⅱ 类以上绝缘工具。

14. 纯电动汽车不宜过充过放，最理想的充电时机是蓄电池放电深度为 50%～70%。

15. 假如纯电动汽车出现撞车等事故，首先要拔下钥匙，切断电源，并远离车辆，再寻求厂家或汽车维修 4S 店的帮助。

16. 纯电动汽车专业维修人员需具备国家颁发的强电低压（1000V 以下低压电）电工维修资质才能进行维修操作。

学习效果检验

一、简答题

1. 国家法规对新能源汽车是如何定义的？它包括哪些种类？
2. 两用燃料汽车与双燃料汽车的区别是什么？
3. 按驱动系统组成和布置形式分类，纯电动汽车分为哪几类？
4. 纯电动汽车有哪些优缺点？
5. 举例说明国外知名的纯电动汽车品牌。
6. 举例说明我国知名的纯电动汽车品牌。
7. 在使用与维修纯电动汽车时，有哪些高压安全注意事项？

二、单项选择题

1. 下列（　　）不属于电动汽车。
   A. 纯电动汽车　　B. 混合动力汽车　　C. 燃料电池汽车　　D. 氢燃料汽车

2. 下列关于纯电动汽车类型的选项中，（　　）保留了内燃机汽车的传动系统，不同之处是把内燃机换成了电动机。
   A. 机械传动型　　B. 无变速器型　　C. 无差速器型　　D. 电动轮型

3. 下列关于纯电动汽车类型的选项中，（　　）可以完全取消传动系统。
   A. 机械传动型　　B. 无变速器型　　C. 无差速器型　　D. 电动轮型

4. 甲说：如果电动汽车的电能来源于水力、风力、光、热等，可真正实现环保；乙说：即使电动汽车的电能来源于煤、石油产品也可明显改善环保。（　　）描述正确。
   A. 甲　　　　　　　B. 乙　　　　　　　C. 甲和乙　　　　　　D. 甲和乙都不正确
5. 纯电动汽车的英文缩写为（　　）。
   A. EV　　　　　　　B. BEV　　　　　　C. HEV　　　　　　　D. PHEV
6. （　　）年，苏格兰人德文博特（T. Davenport）制造了一辆电动三轮车。
   A. 1886　　　　　　B. 1885　　　　　　C. 1859　　　　　　　D. 1834
7. 1859年，（　　）人普兰特（G. Plante）发明了世界上第一块可充电的蓄电池，为后来纯电动汽车的发展奠定了基础。
   A. 德国　　　　　　B. 英国　　　　　　C. 法国　　　　　　　D. 美国
8. 1881年，（　　）工程师特鲁夫（G. Trouve）第一次将直流电动机和可充电的铅酸蓄电池用于私人车辆。
   A. 德国　　　　　　B. 英国　　　　　　C. 法国　　　　　　　D. 美国
9. （　　）年，比利时人卡米勒杰纳茨（Camille Jenatzy）驾驶的电力驱动汽车Jamais Contente首次实现了每小时百公里以上的车速。
   A. 1885　　　　　　B. 1899　　　　　　C. 1902　　　　　　　D. 1911
10. （　　）年，我国研制了首辆纯电动大客车YW6120DD（远望号）。
    A. 1885　　　　　　B. 1899　　　　　　C. 1902　　　　　　　D. 1995
11. 下列选项中，（　　）是奔驰纯电动汽车品牌。
    A. Tesla　　　　　　B. VOLT　　　　　　C. i3　　　　　　　　D. Smart Fortwo
12. 下列选项中，（　　）是日产纯电动汽车品牌。
    A. Twizy　　　　　　B. Ampera-e　　　　C. Leaf　　　　　　　D. ZOE
13. 下列选项中，（　　）是北汽纯电动乘用车品牌。
    A. e6　　　　　　　B. B50 EV　　　　　C. EH 300　　　　　　D. M1 EV
14. 绝缘手套能够承受（　　）V以上的工作电压。
    A. 288　　　　　　　B. 360　　　　　　　C. 500　　　　　　　D. 1000
15. 标准规定，绝缘鞋的电阻值最小为（　　）。
    A. 1kΩ　　　　　　B. 10kΩ　　　　　　C. 100kΩ　　　　　　D. 1000MΩ
16. 在高电压电动汽车维修时，要求使用（　　）类以上绝缘工具。
    A. Ⅰ　　　　　　　　B. Ⅱ　　　　　　　　C. Ⅲ　　　　　　　　D. Ⅳ
17. 加强绝缘的电动工具属于（　　）类绝缘工具。
    A. Ⅰ　　　　　　　　B. Ⅱ　　　　　　　　C. Ⅲ　　　　　　　　D. Ⅳ
18. 最理想的充电时机是蓄电池放电深度不要超过（　　）%。
    A. 50　　　　　　　B. 60　　　　　　　C. 70　　　　　　　　D. 80
19. 纯电动汽车上的高压电缆颜色为（　　）色。
    A. 红　　　　　　　B. 橙　　　　　　　C. 黑　　　　　　　　D. 粉
20. 对纯电动汽车，在拔下钥匙，关掉检修开关后，要等待（　　）min以上再进行维修操作。
    A. 2　　　　　　　　B. 3　　　　　　　　C. 5　　　　　　　　D. 10

三、多项选择题

1. 按照驱动系统的组成和布置形式，纯电动汽车分为（　　）。
   A. 机械传动型　　　B. 无变速器型　　　C. 无差速器型　　　　D. 电动轮型
2. 下列关于纯电动汽车类型的选项中，（　　）可选择功率较小的电动机。
   A. 机械传动型　　　B. 无变速器型　　　C. 无差速器型　　　　D. 电动轮型
3. 下列关于纯电动汽车类型的选项中，（　　）通过控制电动机来实现变速功能。
   A. 机械传动型　　　B. 无变速器型　　　C. 无差速器型　　　　D. 电动轮型
4. 下列关于纯电动汽车类型的选项中，（　　）采用了两台驱动电机。
   A. 机械传动型　　　B. 无变速器型　　　C. 无差速器型　　　　D. 电动轮型
5. 多电源型纯电动汽车的动力能源可能来自（　　）。

A. 动力电池　　　　B. 辅助电池　　　　C. 超级电容　　　　D. 飞轮电池

6. 从事电动汽车高压作业时，不能穿化纤类的工作服，主要原因是化纤类的工作服（　　）。
   A. 会产生静电　　　　　　　　　　B. 发生火灾时，衣服会粘连人体皮肤
   C. 太滑　　　　　　　　　　　　　D. 耐电解液

7. 下列选项中，（　　）是绝缘手套通常具有的性能。
   A. 绝缘性　　　　B. 耐酸性　　　　C. 抗碱性　　　　D. 保温性

四、判断题

1. 如果还使用石油燃料产品，则就不能称为新能源汽车。（　　）
2. 电动汽车指仅使用电能驱动的汽车。（　　）
3. 纯电动汽车的英文缩写为EV。（　　）
4. 机械传动型纯电动汽车是指有机械传动系统的纯电动汽车。（　　）
5. 无变速器型纯电动汽车的一种结构与发动机横向前置、前轮驱动的布置方式类似。（　　）
6. 燃料电池汽车是将燃料燃烧后转化为电能，从而由电动机驱动汽车行驶。（　　）
7. 电动轮型纯电动汽车采用两台电动机，通过固定速比减速器来分别驱动两个车轮，可以实现对每个电动机转速的独立调节。（　　）
8. 北汽新能源EH300是目前纯电动行政级商务轿车这一细分市场的唯一车型。（　　）
9. 奇瑞瑞麒M1 EV是全球首款纯电动出租车。（　　）
10. 上汽荣威"光之翼"概念车，是上汽荣威于2017年上海车展推出的一款纯电动超级轿跑SUV。（　　）
11. 高压电车辆维修用的护目镜应该具有侧面防护功能。（　　）
12. 在高电压电动汽车维修时，要求使用Ⅲ类以上绝缘工具。（　　）
13. 对于车辆维修过程中拆下的高压配件必须立即标识明显的"高压勿动"警示。（　　）
14. 使纯电动汽车的动力电池经常处于浅循环状态，可延长电池寿命。（　　）
15. 纯电动汽车长期使用快充会造成电池寿命衰减。（　　）

学习任务二　纯电动汽车总体结构认识

纯电动汽车相对燃油汽车而言，主要差别体现在四大部件上，即驱动电机、调速控制器、动力电池及车载充电机。也就是说，纯电动汽车的品质差异取决于这四大部件，其价格高低也取决于这四大部件的品质，纯电动汽车的用途也与四大部件的选用配置直接相关。

通过本任务相关知识的学习，应该具备以下能力。

(1) 能够正确描述纯电动汽车的整体结构组成及各组成部分的功能。
(2) 能够正确描述纯电动汽车驱动系统布置方式的种类及各类型组合方式的特点。
(3) 能够正确描述增程式电动汽车的定义及其与插电式混合动力汽车的差异。
(4) 能够正确描述增程式电动汽车各工作模式的工作原理。
(5) 能够针对具体纯电动汽车，说明其结构特点与工作原理。
(6) 能够注意培养劳动保护意识、安全与环保意识和团队协作意识。

相关知识学习

一、纯电动汽车的基本组成与工作原理

1. 纯电动汽车的基本组成

纯电动汽车由车载电源、电池组管理系统、电源辅助设施、电动机、控制器、底盘、车身等部分组成。沿用传统的汽车构造结构划分方式，也可将纯电动汽车分成电动机、底盘、车身和电气四部分。图1-45所示为典型的纯电动汽车主要总成布置图。

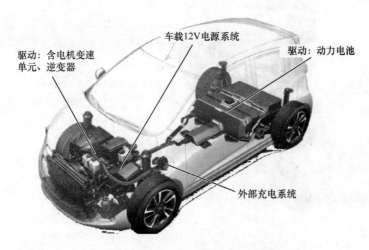

图 1-45 典型纯电动汽车的主要总成布置图

(1) 含电机变速单元、逆变器　变速单元是纯电动汽车的动力输出部分，内部主要包括电动机和减速齿轮机构，如果是前驱的车辆，该系统部件通常安装在前机舱内。

① 电动机。电动机是纯电动汽车的动力装置，它是根据电磁感应原理实现电能转换的一种电磁装置，在电路中用字母 M 表示。它的主要作用是产生旋转运动，作为用电设备或各种机械的动力源。

② 逆变器。逆变器是变速单元的主控部件，通常位于电机变速单元的上部，图 1-46 所示为典型纯电动汽车的逆变器安装位置。逆变器一端连接来自动力电池的高压电，另一端连接驱动电机单元的三相交流电缆。逆变器主要用于将来自动力电池的直流电转换为可用于驱动电机的三相交流电，同时在制动能量回收时，也可将来自电机产生的交流电转换成直流电，反馈给动力电池。大多数车辆将逆变器与控制模块集成在一起，实现逆变器的功能和管理电机的运转。

(2) 发电机　发电机的主要作用是将机械能转化为电能，它在电路中用字母 G 表示。

(3) 冷却系统　冷却系统一般由散热器、水泵、风扇、节温器、冷却液温度表等组成。纯电动汽车电动机采用两种冷却方式，即空气冷却和水冷却，一般纯电动汽车电动机多采用水冷却。

(4) 传动系统　如图 1-47 所示，由于电动机具有良好的牵引特性，因此纯电动汽车的传动系统可不需要离合器和变速器。车速控制由控制器通过调速系统改变电动机的转速即可实现。

(5) 行驶系统　行驶系统与燃料汽车似，主要包括车架、车桥、车轮和悬架等。纯电动汽车行驶系统的作用是接受电动机经传动系统传来的转矩，并通过驱动轮与路面间的附着作用，产生路面对纯电动汽车的牵

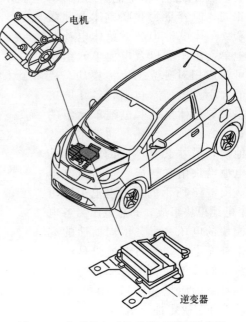

图 1-46 典型纯电动汽车逆变器安装位置

图 1-47 典型的纯电动传动系统示意图

引力,以保证整车正常行驶。此外,它应尽可能缓和不平路面对车身造成的冲击和振动,保证电动汽车正常行驶。

(6) 转向系统 纯电动汽车转向系统的作用是保持或者改变汽车的行驶方向,包括转向操纵机构、转向器、转向传动机构等部件。转向系统由转向盘、转向器、转向节、转向节臂、横拉杆、直拉杆等组成。纯电动汽车在转向行驶时,要保证各转向轮之间有协调的转角关系。驾驶人通过操纵转向系统,使车辆保持在直线或转弯运动状态,或者在上述两种运动状态间互相转换;还要保证在行驶状态下,转向轮不会产生自振,转向盘没有摆动,转向灵敏,最小转弯直径小,操纵轻便。纯电动汽车多采用电动式转向助力装置。

(7) 制动系统 制动系统是纯电动汽车装备的全部制动和减速系统的总称,它的作用是使行驶中的纯电动汽车降低速度或停止行驶,或使已停驶的纯电动汽车保持不动。制动系统包括制动器、制动传动装置。现代纯电动汽车制动系统中还装设了制动防抱死装置。与燃料汽车相似,纯电动汽车的制动系统也有行车制动和驻车制动两套装置。

(8) 电气设备 纯电动汽车电气设备主要由电池组、外部充电系统、辅助电源(车载12V电源系统)、发电机、灯具、仪表、音响装置、刮水器等组成。

① 电池组。电池组的作用是给辅助电池及电动机供电。为了满足纯电动汽车对高电压的需要,纯电动汽车大多数是以由多个单体电池串、并联形成的动力电池组作为动力源。单体电池也称为电池单元,是构成动力电池的最小单元,一般由正极、负极、电解质及外壳等构成,即常说的一节电池。几个单体电池并联在一起构成一个电池单元组,其电压与单体电池相同,但容量为并联单体电池数的和。单体电池串联或单体电池与电池单元组串联以及电池单元组串联可构成相对独立的电池模块,模块的大小及电压(包括容量)取决于串联的单体电池和电池单元组的数量,所以同一台纯电动汽车的各电池模块尺寸会有不同的规格。几个电池模块串联构成一个动力电池组,图1-48所示的动力电池组即由8个电池模块组成,其总电压为各电池模块的电压之和,用周期性的充电来补充电能。动力电池组是纯电动汽车的关键装备,它储存的电能及其自身的质量和体积对纯电动汽车的性能起决定性作用。

动力电池组在纯电动汽车上占

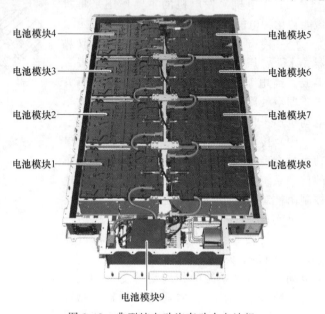

图 1-48 典型纯电动汽车动力电池组

据很大一部分有效的装载空间，在布置上有相当的难度，通常有集中布置和分散布置两种形式。通用公司的 EV-1 纯电动汽车采用的 Delco 电池组，采用集中布置形式，动力电池组的支架为 T 形架（见图 1-49）。T 形架装在车辆的地板下面和行李舱下面的车架上，动力电池组固定在 T 形架上，有很好的稳定性，它在车辆的尾部安装。在 T 形架上装有动力电池组的通风系统、电线保护套等，用自动和手动断路器在车辆停车和车辆出现故障时切断电源，可保证高压电路的安全。

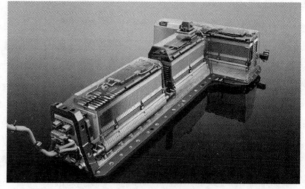

图 1-49 通用 EV-1 动力电池组的集中布置方式

日本丰田汽车公司的 RAV4 EV 是将动力电池组用支架固定在车架上，动力电池组由 24 节 12V 的镍氢电池组成，总电压为 288V。动力电池组分成若干个分组，呈分散式布置在车架上，然后串联起来，这样可以充分利用车辆底盘上的有效空间。典型动力电池组的分散布置形式如图 1-50 所示。动力电池组布置在纯电动汽车地板下面是最常见的布置方法，这样方便安装和拆卸。

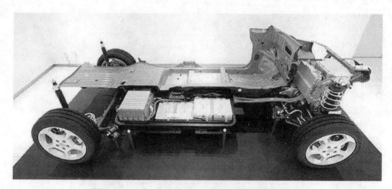

图 1-50 典型动力电池组的分散布置形式

② 外部充电系统。外部充电主要包括车载充电器和充电接口，如图 1-51 所示。充电系统通常利用外接 220V 交流电源，通过充电接口进入车载充电器，车载充电器再通过交直流转换，使得 220V 交流电转变成动力电池组充电的直流电压。

③ 灯具、仪表。灯具、仪表是提供照明并显示电动汽车状态的部件组合。仪表一般能

(a) 充电接口

(b) 车载充电器

图 1-51 充电接口与车载充电器

够显示蓄电池电压、整车速度、行驶状态、灯具状态等，智能型仪表还能显示整车各电气部件的故障情况。

(9) 能量回收系统　能量回收系统的作用是在纯电动汽车制动、下坡或滑行时，将惯性机械能转化为电能，并将其存储在电容器或为动力电池充电，在使用时可将能量迅速释放。

(10) 散热系统　由于蓄池组在车辆运行的过程中会产生大量的热量，因此，拥有一个良好的散热系统，无论是对纯电动汽车的安全还是其蓄电池的寿命长短都至关重要。

(11) 车身　早期纯电动汽车的车身分为车头和车厢两个部分。车头是驾驶人乘坐的位置，一般可乘坐驾驶人和副驾驶人两人；车厢是根据客户需求改装而来，包括车厢配置、用料、空间设计等。随着纯电动汽车的发展，现在多数纯电动汽车是以某种燃料车改型而成，所以其车身结构基本与燃油车型相同。为了使乘客获得最大的舒适感，纯电动汽车一般采用单人座并排的方式，至于座椅的数量则根据具体车型而有所不同。随着纯电动汽车向 B 级车和 SUV 方向发展，乘客室空间尺寸有增大的趋势，座位数也有所增多。

(12) 工业装置　工业装置是工业用纯电动汽车上用来完成作业要求而专门设置的，如电动叉车的起升装置、门架、货叉等。货叉的起升和门架的倾斜通常由电动机驱动的液压系统完成。

2. 纯电动汽车系统构成

纯电动汽车的基本结构包括三个子系统，即电力驱动子系统、能源子系统和辅助子系统，如图 1-52 所示。

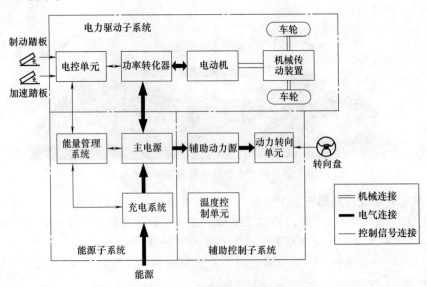

图 1-52　纯电动汽车的基本结构

电力驱动子系统的功能是通过控制器电路与制动踏板和加速踏板相连，将制动踏板和加速踏板信号输入到控制器，以获得驾驶人的驾驶意图；通过控制电动机驱动车辆并且进行制动能量回收。

能源子系统的功能是对驱动系统及辅助子系统供能，保证汽车上各元件有稳定的能量来源；当动力电池能量不足时，能够对动力电池进行充电，以及时补充车辆的能量。

同传统汽车一样，纯电动汽车也配备有助力转向、空调、音响等系统，不同的是这些系统完全利用存储在动力电池中的电能，辅助子系统的作用就是完成助力转向、车内空调温度调节及夜间照明等功能。

不同子系统又可分为不同的部分，就驱动子系统而言，又可分为电气和机械两大系统。

其中电气系统包括电动机、功率变换器和电子控制器等子系统；机械系统主要包括变速装置和车轮等。电力驱动子系统的电气与机械系统有着多种组合方式，其基本布置方式通常可分为机械驱动布置方式、电动机-驱动桥组合式、电动机-驱动桥整体式和轮毂电动机分散式4种。

（1）机械驱动布置方式　机械驱动布置方式是指在纯电动汽车中，电动机通过机械方式驱动汽车行驶。这一布置方式是在保持传统汽车传动系统基本结构不变的基础上，用电动机替换传统汽车的内燃机，其驱动系统的整体结构与传统燃油汽车的区别很小。图1-53所示为机械驱动布置方式的基本原理。

电动机输出的转矩经过离合器传递到变速器，利用变速器进行减速增扭后，经传动轴传递到主减速器，然后经过差速器的差速作用后，由半轴将动力传输至驱动轮驱动汽车行驶。

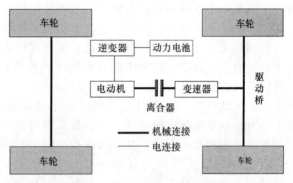

图1-53　机械驱动布置方式

机械驱动布置形式的工作原理类似于传统汽车，离合器用来接通或在必要时切断驱动电机到车轮之间的动力传递；变速器是一套能够提供不同速比的齿轮机构，驾驶人按照驾驶需要来选择不同的挡位，使车辆在低速时获得大转矩，而在高速时获得小转矩；驱动桥内的机械式差速器可以实现汽车转弯时左右车轮以不同的转速行驶，这一点与传统汽车相同。

机械驱动布置形式纯电动汽车的变速器可相应简化，挡位数一般有两个就够，不需要像传统汽车上变速器那样需设置多个挡位，并且无须设置倒挡，而是利用驱动电机的反转实现倒退行驶，因此其变速器相对简单。这种结构形式保留了传统汽车的变速器、传动轴、后桥和半轴等传动部件，省去了较多的设计工作，控制也相对容易，适于在原有传统汽车上进行改造。但是，由于电动机至驱动轮之间的传动链较长，所以它的传动效率也相对较低，这也就降低了电动机效率，但有利于研发人员集中精力进行电动机及其控制系统的开发，所以早期的纯电动汽车常采用这种布置方式。

（2）电动机-驱动桥组合式　在机械驱动布置方式的结构基础之上进一步简化，可以得到电动机-驱动桥组合式布置方式，如图1-54所示，这也是目前纯电动汽车广泛采用的驱动系统布置方式。

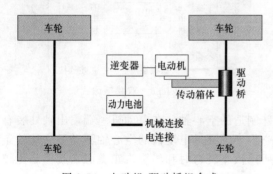

图1-54　电动机-驱动桥组合式

同机械驱动布置方式相比，这一布置方式省掉了离合器和变速器，采用一个固定速比的主减速器，使传动系统更加简化，传动效率得到提高，同时还使整车机械系统的质量和体积得到缩小，有利于整车布置。另外，减速器的使用还能够改善车辆行驶时电动机工作点的分布，从而提高电动机利用效率。这种驱动系统布置形式即在驱动电机端盖的输出轴处加装主减速器和差速器等，电动机、固定速比减速器、差速器一起组合成一个驱动整体，如图1-55所示，通过固定速比的减速作用来放大驱动电机的输出转矩。这种布置形式的传动部分比较紧凑，效率较高，而且便于安装。

纯电动汽车的驱动电机具有比较宽的调速范围。此外，电动机的输出特性曲线与车辆行

图 1-55 典型的整体式驱动桥

驶时所要求的理想驱动特性曲线比较接近，电动机-驱动桥组合驱动布置方式能够充分利用驱动电机的这一优点。这一布置方式的传动系统采用固定速比的减速器、差速器和半轴等较少的机械传动零部件来传递电动机的驱动转矩，使动力传动系统得到简化，因此能够有效地扩大汽车动力电池的布置空间和汽车的乘坐空间。除此之外，此布置方式还具有良好的通用性和互换性，便于在传统汽车底盘上安装、使用，维修也较方便。但这种布置形式对驱动电机的调速要求比较高，与机械驱动布置方式相比，此布置方式要求电动机在较窄速度范围内能够提供较大转矩。按照传统汽车的驱动模式，可以有电动机前置前驱（FF）或电动机后置后驱（RR）两种方式。

（3）电动机-驱动桥整体式　同电动机-驱动桥组合式相比，整体式驱动系统更进一步减少了动力传动系统的机械传动元件数量，因而使整个动力传动系统的传动效率进一步提高，同时可以节省很多的空间，其结构原理如图 1-56 所示。

电动机-驱动桥整体式布置方式，已不再是在传统汽车驱动系统上进行改动，其结构与传统汽车存在很大差异，已形成了电动汽车所独有的驱动系统布置形式。这一布置方式便于采用电子集中控制，使汽车网络化和自动化控制的逐步实现成为可能。

电动机-驱动桥整体式把电动机、固定速比减速器和差速器集成为一个整体，通过两根半轴驱动车轮，和发动机横向前置前轮驱动的传统内燃机汽车的布置方式类似。根据电动机同驱动半轴的连接方式不同，电动机-驱动桥整体式驱动系统布置形式有同轴式和双联式两种，如图 1-57 和图 1-58 所示。

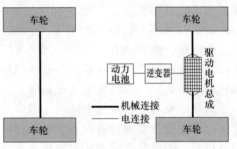

图 1-56　电动机-驱动桥整体式

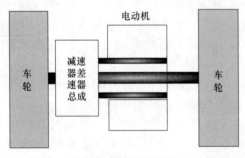

图 1-57　同轴整体式

图 1-58　双联整体式

同轴式驱动系统的电动机轴是一种经过特殊制造的空心轴，在电动机一端输出轴处装有减速机构和差速器。半轴直接由差速器带动，一根半轴穿过电动机的空心轴驱动另一端的车轮。由于这一种布置方式采用机械式差速器，所以汽车转弯时和传统汽车类似，其控制比较简单。

双联式驱动系统也称双电动机驱动系统，这一布置方式的左右两侧车轮分别由两台电动机通过固定速比减速器直接驱动。这一结构取消了机械差速器，在左右两台电动机中间安装有电子差速器，利用电子差速实现汽车的转向，每台驱动电机的转速可以独立地调节控制。

电子差速的一大突出优点是能使电动汽车具有更好的灵活性，而且可以方便地引入牵引力控制系统（Traction Control System，TCR，也称为ASR）控制，通过控制车轮的驱动转矩或驱动轮主动制动等措施提高汽车的通过性和在复杂路况上的动力性。另外，电子差速器还具有体积小、质量小的优点，在汽车转弯时可以通过精确的电子控制来提高纯电动汽车的性能。由于增加了驱动电机和功率转换器，使初始成本增加，结构也较为复杂。与同轴式驱动系统相比，在不同条件下对两台驱动电机进行精确控制的可靠性还需要进一步提高。这样的布置形式与前面的几种有着很大的不同，电动汽车的驱动系统布置形式发展到这一步时，才有可能把纯电动汽车的优势充分地体现出来。

电动机-驱动桥整体式驱动系统在汽车上的布局也有电动机前置前驱（FF）和电动机后置后驱（RR）两种形式。整体式驱动系统具有结构紧凑、传动效率高、质量小、体积小、安装方便等优点，并具有良好的通用性和互换性，已在小型电动汽车上得到了应用。

（4）轮毂电动机分散式　在电动机-驱动桥整体式基础上更进一步地简化机械驱动系统、减少机械传动零件，便可得到轮毂电动机分散式布置方式。这一驱动方式就是把驱动电机安装在电动汽车的车轮轮毂中，电动机输出转矩直接带动驱动轮旋转，从而实现汽车的驱动，如图1-59所示。

这种布置方式把电动机-驱动桥整体驱动布置方式中的半轴也取消掉了，其结构更为简洁、紧凑，整车质量更小。同传统汽车相比，轮毂电动机分散式纯电动汽车把传统汽车的机械动力传动系统所占空间完全释放出来，使动力电池、行李舱等有足够的布置空间。同时，它还可以对每台驱动电机进行独立控制，有利于提高车辆的转向灵活性和主动安全性，可以充分利用路面的附着力，便于引进电子控制技术。

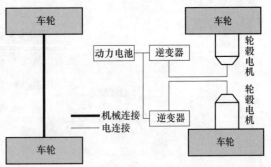

图1-59　轮毂电动机分散式

这种布置方式比上面介绍的各种布置方式更能体现出电动汽车的优势。采用轮毂电动机分散式的动力系统必须要解决的问题就是如何保证车辆行驶的方向稳定性，同时，动力系统的驱动电机及其减速装置，必须能够布置在有限的车轮空间内，因此要求该驱动电机体积较小。

轮毂电动机分散式纯电动汽车是当前的研究热点之一，但是这一布置方式并不是近年才出现的。早在1900年，保时捷公司就研制了名为"洛纳德"的前轮驱动双座纯电动汽车，该车的两个前轮就装有轮毂电动机。后来由于内燃机汽车在续驶里程、动力性能等方面都明显优于纯电动汽车，所以内燃机汽车成为主流，而纯电动汽车则在很大程度上放缓了发展的脚步，轮毂电动机电动汽车也因此没有继续研发下去，没有走向产业化。

目前，国内外的众多汽车生产厂商、高校、研究院等，对轮毂电动机分散式纯电动汽车进行了大量的研究。香港中文大学开发了四轮驱动、四轮转向，的多方向运动车，通过控制四个车轮的驱动和转向，实现了原地转向和横向移动，重点研究了利用电动机效率优化四轮驱动力矩分配的控制策略以达到节能的目的，并取得了良好的效果。吉林大学仿真与控制国家重点实验室开发了全线控四轮轮毂电动机独立转向、独立驱动电动汽车，研究了线控四轮独立驱动电动汽车集成控制方法。上海交通大学、哈尔滨工业大学、武汉理工大学等高校在轮毂电动机和电驱动轮开发与产品化方面也进行了大量研究工作。目前，日产的FEV、福特的Ecostar都采用了轮毂电动机分散布置方式，通用公司也称将在它的电动汽车和混合动力汽车上采用这样的布置方式。轮毂电动机分散式是未来纯电动汽车驱动系统布置方式的发展趋势。

3. 纯电动汽车的驱动原理

传统汽车驱动车辆是依靠内燃机做功,通过变速器改变输出动力的传动比旋转方向,再通过传动轴和车轮实现车辆驱动。而纯电动汽车的电力驱动系统替代了传统汽车的内燃机和变速器,依靠动力电池、逆变器和电机变速单元实现车辆的驱动。

图 1-60 所示为纯电动汽车的基本驱动系统结构示意图,当驾驶人踩下加速踏板时,车辆控制模块将控制动力电池输出电能,然后通过控制逆变器驱动电机运转,驱动电机输出的转矩经齿轮机构带动车轮转动,实现车辆的前进或后退。纯电动汽车能量流动图如图 1-61 所示。

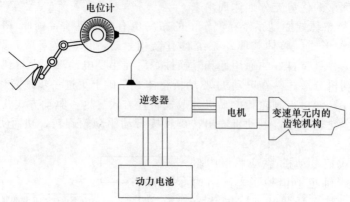

图 1-60 纯电动汽车基本驱动系统结构示意图

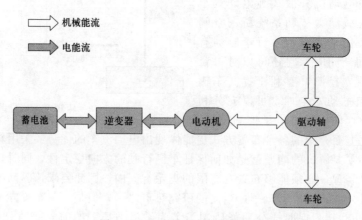

图 1-61 纯电动汽车能量流动图

典型纯电动轿车工作原理如图 1-62 所示。电源接通,驱动汽车行驶时,主控 ECU 接收

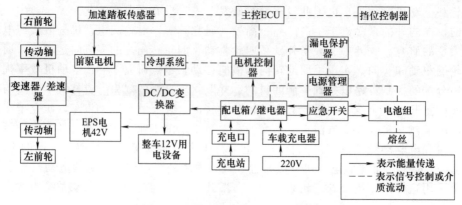

图 1-62 典型纯电动轿车工作原理

挡位控制器、加速踏板和角度传感器等各方面信息，判断、计算后发出指令传递给电机控制器，以控制流向前驱动电机的电流。此时，电池组电流通过应急开关、配电箱/继电器之后，一路经过电机控制器向前驱动电机供给需要的电流，另一种经过 DC/DC 变换器，将 330V 高压直流电转换为低压 42V，提供给电动助力转向系统（Electric Power Steering，EPS）使用。同时，电池组接受电池管理器管理，将电池组的瞬时电压、电流、温度、存电情况等信息传递给电池管理器，以防止电池组过放电或温度过高而损坏。如果发生漏电情况，漏电保护器起作用。一旦发生短路等紧急情况，保护装置（熔丝）即可熔断。

二、增程式电动汽车

增程式电动汽车是一种配有地面充电和车载供电功能的纯电动汽车（也有将其归类于混合动力车）。装载的电池满足日常行驶的动力需要，当超出了电池电力供应能力范围，由其他的动力源为电池组充电继续驱动车轮行驶。电池组可由地面充电桩充电或由车载发动机充电。整车运行模式根据需要工作有纯电动模式和增程模式。

增程式电动汽车的工作模式与插电式混合动力汽车非常类似，两者都可以工作在纯电动模式下，电池组都具有外接充电方式和发动机充电方式。增程式电动汽车和插电式混合动力汽车的主要区别：混合动力汽车基本依靠内燃机行驶，电力只是补充，无法依靠纯电行驶太远；而增程式电动汽车，动力来源都是电力，发动机只是为电池充电而使其达到足够的续驶里程。

增程式电动汽车的典型代表是雪佛兰 VOLT（图 1-63）。虽然雪佛兰 VOLT 搭载了一款小型发动机，但其设计理念是以纯电动为主。在电池电量充足的情况下，驱动车辆的能量全部由电池提供，只有在电池电量不足的时候，会启动发动机给电池充电。

1. 雪佛兰 VOLT 动力系统布置

如图 1-64 所示，雪佛兰 VOLT 的动力系统采用前置前驱方式，充电接口位于车辆侧前方，T 形锂离子电池组布置在中部。动力系统由两台电动机和一个内燃机组成，通过三组离合器和一个行星轮连接实现不同的工作模式，以适应行驶工况的需求。

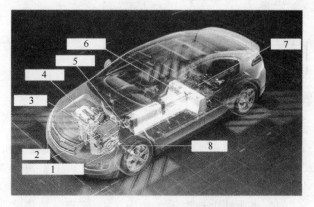

图 1-63 雪佛兰 VOLT 纯电动汽车主要装置布置图
1—电动机驱动单元；2—逆变器；3—交流电缆；4—发动机；
5—直流电缆；6—电池；7—油箱；8—半轴

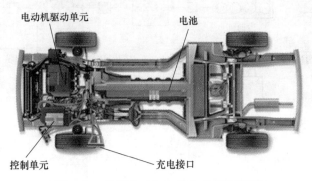

图 1-64 雪佛兰 VOLT 动力系统结构图

2. 雪佛兰 VOLT 工作模式

雪佛兰 VOLT 驱动系统采用同轴连接方式，电动机、行星齿轮、发动机呈直线排列，如图 1-65 所示。功率较大的主驱动电机/发电机 MG1 与太阳轮机械连接，输出轴与行星齿轮架机械连接，齿圈的连接因为三个离合器的不同结合状态可形成不同的工作模式：低速纯电动模式、低速制动能量回馈模式、低速增程模式、高速纯电动模式、高速制动能量回馈模式、高速增程模式和停车发电模式。

(1) 低速纯电动模式 如图1-66所示，在该模式下，齿圈被离合器C1锁止，而离合器C2与离合器C3均处于分离状态。电动/发电机MG2和发动机与动力总成分开，都不工作。MG1通过行星齿轮减速后将动力传递给输出轴驱动车轮。该模式下，车

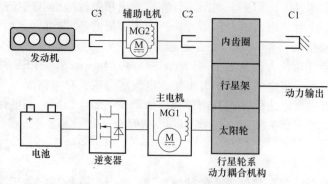

图1-65 雪佛兰VOLT驱动系统结构图

辆仅由MG1驱动，最高速度达65km/h。

(2) 低速制动能量回馈模式 如图1-67所示。在低速纯电动模式状态下，踩下制动踏板，车辆进入制动能量回馈状态。该模式下MG1作为发电机，由车轮能量带动其发电，将车辆的动能转换为电能储存回电池中。

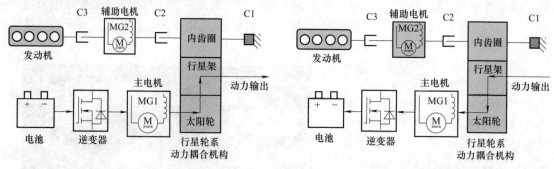

图1-66 低速纯电动模式　　　　　图1-67 低速制动能量回馈模式

(3) 低速增程模式 如图1-68所示，在车速为40～80km/h，电池电量在35%以下时，发动机启动，进入低速增程模式。该模式下，离合器C1和离合器C3结合，发动机带动MG2进行发电。MG1从电池及MG2获得电能驱动车辆。

(4) 高速纯电动模式 如图1-69所示，该模式下，离合器C1分离，离合器C2结合。MG2与行星轮系内齿圈连接，MG1和MG2通过行星轮系同时驱动车辆行驶。MG2的加入降低了MG1的转速需求。

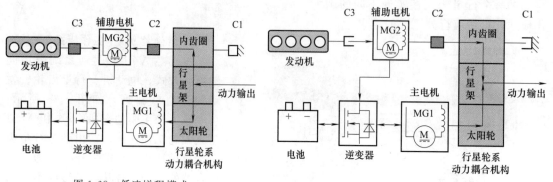

图1-68 低速增程模式　　　　　图1-69 高速纯电动模式

(5) 高速制动能量回馈模式 如图1-70所示，与低速制动能力回馈状态相似，将车辆

的动能转换为电能储存回电池中。此模式下，C2 接合，MG1 和 MG2 同时发电供蓄电池充电。

(6) 高速增程模式　如图 1-71 所示，在电池电量过低、高速行驶车况下，高速增程模式启动。该模式下，离合器 C2、C3 结合，C1 分离。发动机与 MG1 共同驱动车辆行驶，同时发动机带动 MG2 给电池充电。汽车长时间处于高速行驶的工况下，仅仅用电池作为能量源输出，汽车性能无法满足车辆动力性能需求，所以，行星齿轮动力耦合器将发动机与电动/发电机两者动力耦合并输出动力。因此，对于该种模式，更确切的说法应该属于混合动力模式。

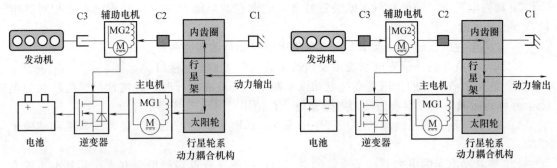

图 1-70　高速制动能量回馈模式　　　　图 1-71　高速增程模式

(7) 停车发电模式　如图 1-72 所示，在停车状态下电池电量不足时，停车发电模式启动。离合器 C1 结合，MG1 关闭，发动机带动 MG2 给电池充电，以补充电池电量。

五种驱动模式的车速与能量源情况见表 1-3。

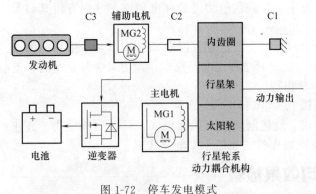

图 1-72　停车发电模式

表 1-3　雪佛兰 VOLT 驱动系统工作模式的车速与能量源

模式	车速	能量源
模式 1（低速纯电动）	低速	电池
模式 2（低速增程）		电池、发动机
模式 3（高速纯电动）	高速	电池
模式 4（高速增程）		电池、发动机
模式 5（停车发电）	停车	发动机

能力提升训练

① 在技能学习工位准备好纯电动汽车（包括增程式电动汽车）及其相关技术资料。

② 在充分学习本学习任务相关知识的基础上，小组学员边查阅技术资料边观察整车，完成相应的工作单（见本书配套的教学资源包中"技能学习工作单 2"）。

小结

1. 纯电动汽车由车载电源、电池组管理系统、电源辅助设施、电动机、控制器、底盘、车身等部分组成。沿用传统的汽车构造结构划分方式，也可将纯电动汽车分成电动机、底盘、车身和电气四部分。

2. 电动机是纯电动汽车的动力装置，它是根据电磁感应原理实现电能转换的一种电磁装置，在电路中用字母 M 表示。

3. 逆变器是变速单元的主控部件，主要用于将来自动力电池的直流电转换为可用于驱动电机的三相交流电，同时在制动能量回收时，也可将来自电机产生的交流电转换成直流电，反馈给动力电池。

4. 发电机的主要作用是将机械能转化为电能，它在电路中用字母 G 表示。

5. 纯电动汽车电动机采用两种冷却方式，即空气冷却和水冷却，一般纯电动汽车电动机多采用水冷却。

6. 纯电动汽车多采用电动式转向助力装置。

7. 动力电池组是纯电动汽车的关键装备，它储存的电能及其自身的质量和体积对纯电动汽车的性能起决定性作用。

8. 动力电池组在纯电动汽车上通常有集中布置和分散布置两种形式。

9. 纯电动汽车的外部充电系统主要包括车载充电器和充电接口。

10. 能量回收系统的作用是在纯电动汽车制动、下坡或滑行时，将惯性机械能转化为电能，并将其存储在电容器或为动力电池充电，在使用时可迅速将能量释放。

11. 纯电动汽车的系统结构包括三个子系统，即电力驱动子系统、能源子系统和辅助子系统。

12. 纯电动汽车的电力驱动子系统的电气与机械系统有着多种组合方式，其基本布置方式通常可分为机械驱动布置方式、电动机-驱动桥组合式、电动机-驱动桥整体式和轮毂电动机分散式 4 种。

13. 纯电动汽车的电力驱动系统替代了传统汽车的内燃机和变速器，依靠动力电池、逆变器和电机变速单元实现车辆的驱动。

14. 增程式电动汽车是一种配有地面充电和车载供电功能的纯电动汽车（也有将其归类于混合动力车）。

15. 增程式电动汽车和插电式混合动力汽车的主要区别：混合动力汽车基本依靠内燃机行驶，电力只是补充，无法依靠纯电行驶太远；而增程式电动汽车，动力来源都是电力，发动机只是为电池充电而使其达到足够的续驶里程。

16. 增程式电动汽车的典型代表是雪佛兰 VOLT。

17. 增程式电动汽车有低速纯电动模式、低速制动能量回馈模式、低速增程模式、高速纯电动模式、高速制动能量回馈模式、高速增程模式和停车发电模式。

学习效果检验

一、简答题

1. 纯电动汽车的基本结构包括哪三个子系统？各自的功能是什么？
2. 电力驱动子系统的基本布置方式有哪些？说明各类型布置方式的结构特点。
3. 什么是增程式电动汽车？为什么可将其归入纯电动汽车？
4. 什么是辅助蓄能装置？它有什么作用？

二、单项选择题

1. 纯电动汽车的电源系统通常由（　　）的电池串、并联形成的动力电池组作为动力源。
   A. 6V 或 12V　　B. 12V 或 24V　　C. 24V 或 48V　　D. 48V 或 96V
2. 纯电动汽车电池组总电压通常为（　　）。
   A. 36～48V　　B. 48～96V　　C. 96～155V　　D. 155～400V
3. 纯电动汽车散热系统主要的服务对象是（　　）。
   A. 发动机　　B. 电动机　　C. 电池组　　D. 能量回馈装置
4. 纯电动汽车的基本结构不包括（　　）。

A. 电力驱动子系统　　B. 能源子系统　　C. 能量回馈子系统　　D. 辅助子系统
5. 早期的纯电动汽车开发常采用（　　）。
A. 机械驱动布置方式　　　　　　　　B. 电动机-驱动桥组合式
C. 电动机-驱动桥整体式　　　　　　D. 轮毂电动机分散式
6. 机械驱动布置方式的纯电动汽车变速器通常设置（　　）。
A. 3个前进挡　　　　　　　　　　　B. 2个前进挡和1个倒挡
C. 3个前进挡和1个倒挡　　　　　　D. 2个前进挡
7. （　　）省掉了离合器和变速器而保留主减速器和差速器。
A. 机械驱动布置方式　　　　　　　　B. 电动机-驱动桥组合式
C. 电动机-驱动桥整体式　　　　　　D. 轮毂电动机分散式
8. （　　）最容易实现四轮驱动/四轮转向。
A. 机械驱动布置方式　　　　　　　　B. 电动机-驱动桥组合式
C. 电动机-驱动桥整体式　　　　　　D. 轮毂电动机分散式
9. （　　）是未来纯电动汽车驱动系统布置方式的发展趋势。
A. 机械驱动布置方式　　　　　　　　B. 电动机-驱动桥组合式
C. 电动机-驱动桥整体式　　　　　　D. 轮毂电动机分散式
10. 对于增程式电动汽车，（　　）只使用发动机的能量。
A. 低速增程模式　　　　　　　　　　B. 高速纯电动模式
C. 高速增程模式　　　　　　　　　　D. 停车发电模式

三、多项选择题

1. 纯电动汽车的传动系统可不需要（　　）。
A. 离合器　　　　B. 变速器　　　　C. 差速器　　　　D. 半轴
2. 纯电动汽车仪表一般能够显示（　　）。
A. 蓄电池电压　　B. 整车速度　　　C. 行驶状态　　　D. 润滑油温度
3. 下列选项中，（　　）是纯电动汽车相对燃油汽车特有的配置。
A. 电动机　　　　B. 发电机　　　　C. 电池组　　　　D. 能量回收系统
4. 下列选项中，（　　）属于纯电动汽车的系统构成。
A. 电力驱动子系统　B. 能源子系统　　C. 充电子系统　　D. 辅助子系统
5. 下列关于增程式电动汽车与插电式混合动力汽车的对比描述中正确的是（　　）。
A. 两者都可以工作在纯电动模式下
B. 电池组都具有外接充电和发动机充电方式
C. 混合动力汽车无法依靠纯电行驶太远
D. 增程式电动汽车的动力来源是发动机

四、判断题

1. 动力电池组在纯电动汽车上通常有集中布置和分散布置两种形式。（　　）
2. 采用T形架安装电池组要比分散布置形式更能节省空间。（　　）
3. 电力驱动子系统的功能是完成助力转向、车内空调温度调节及夜间照明等功能。（　　）
4. 机械驱动布置形式的纯电动汽车变速器可相应简化，挡位数一般有两个就够了。（　　）
5. 电动机-驱动桥组合式纯电动汽车没有离合器和变速器。（　　）
6. 轮毂电动机分散式纯电动汽车驱动系统已经全部取消了变速器、差速器和减速器。（　　）
7. 增程式电动汽车实际上存在内燃机。（　　）
8. 增程式电动汽车在电池电量充足的情况下，驱动车辆的能量全部由电池提供，只有在电池电量不足的时候，会启动发动机辅助驱动汽车。（　　）
9. 未来纯电动汽车驱动系统布置方式的发展趋势是电动机-驱动桥整体式。（　　）
10. 如果左右两车轮均有驱动电动机，则可认为是轮毂电机分散式驱动系统。（　　）

项目二

纯电动汽车检修

学习任务三　纯电动汽车高压安全认识

纯电动汽车存在高压电,尽管在汽车设计时采取了很多安全措施,但在使用中仍然存在很多安全隐患。纯电动汽车维修人员必须熟知这些安全隐患,以便有效防止各类安全事故发生,同时要熟悉纯电动汽车各类特殊情况的应急处理方法及触电事故中的人员急救方法。

通过本任务的学习,应该具备以下能力。

(1) 能够正确描述国家标准对高压与低压的规定。
(2) 能够正确描述电击事故的类型。
(3) 能够正确描述纯电动汽车可能存在的安全隐患及在设计方面采用的安全措施。
(4) 能够正确描述纯电动汽车专用车间安全管理的内容。
(5) 能够正确描述纯电动汽车维修规范。
(6) 能够正确描述高电压禁用操作程序。
(7) 能够正确描述对纯电动汽车维修的相关规定。
(8) 能够正确描述纯电动汽车的高电压存在形式及各存在形式下涉及的系统或装置。
(9) 能够正确描述高压终止与检验的基本步骤。
(10) 能够正确描述不同触电症状应该采用的正确急救方法。
(11) 能够正确描述救援、火灾、泄漏、牵引车辆和跨接启动的应急处理方法。
(12) 能够正确进行纯电动汽车高压终止与检验操作。
(13) 能够正确进行人工呼吸。
(14) 能够正确使用干粉灭火器。
(15) 能够注意培养劳动保护意识、安全与环保意识和团队协作意识。

相关知识学习

一、高电压与人体伤害

1. 高压与低压

高压与低压指的是电压的高低。在电力工业或电气工程中,由于低压电器被定义为用于交流电压1200V以下或直流电压1500V以下的电器,因此通常交流1200V或直流1500V以下都称为低压,交流1200V以上或直流1500V以上则称为高压。

在安全用电方面,高压和低压的概念与电力工业或电气工程中的概念有一定的区别,通常将对人体没有伤害的最高安全电压以下称为低压,而将最高安全电压以上的电压称为高压。

(1) 安全电压　依据国家标准《电动汽车　安全要求　第3部分:人员触电防护》(GB/T 18384.3—2015)中人员触电防护要求,根据不同电压等级可能对人体产生的伤害和危险程度不同，考虑到空气的湿度和人体在不同工作环境下的电阻，在纯电动汽车中，基于安全考虑将电压分为 A 和 B 两个级别，见表 2-1。

表 2-1　电压的级别及范围

电压级别	工作电压/V	
	DC（直流）	50～150Hz AC（交流）
A	0<U≤60	0<U≤25
B	60<U≤1000	30<U≤660

A 级被认为是较为安全的电压等级，为小于或等于 60V 的直流电和在规定的 50～150Hz 频率下，低于 25V 的交流电。在 A 级电压下的维护人员不需要采取特殊的防电保护。

B 级会对人体产生伤害，被认为是高压，为大于 60V 而小于等于 1000V 的直流电和在规定的 50～150Hz 频率下，大于 25V 而小于等于 660V 的交流电。在该电压下必须采取必要的防护设备对维护人员进行保护。

（2）高压电特点　纯电动汽车的高压具有如下特点。

① 高压的电压一般设计都在 200V 以上。大多数纯电动汽车或混合动力汽车的动力电池电压都在 280V 左右，如特斯拉 Module S 动力电池总电压为 400V。

② 高压存在的形式既有直流，也有交流。这包括在动力电池的直流，也有充电时的 220V（或 380V）电网交流电以及电动机工作时的三相交流电。

③ 高压对绝缘的要求更高。大多数传统汽车上设计的绝缘材料，当电压超过 200V 时可能就变成了导体，因此在纯电动汽车上的绝缘材料需要具有更高的绝缘性能。

④ 高压要求正负极距离大。12V 电压情况下，正负之间的距离需要很近时才会有击穿空气的可能；但是当电压高到 200V 以上时，正负极之间会有一个很大的距离时就可能击穿空气而导电，如在 300V 电压下，两根导线距离 10cm 时就会发生击穿导电。

2. 高压电对人体伤害的本质

通常，当人体接触到 25V 以上的交流电，或 60V 以上的直流电时，人体就有可能会发生触电事故。人体的触电并不是指人体接触到了很高的电压，是因为过高的电压通过人体这个电阻后，会在人体中形成电流，从而导致人体的伤害，因此高电压伤害人体的本质是电流。

在电网中，一直认为 36V 是一个人体安全电压。实际上在高电压的纯电动汽车中，这个电压值并不是绝对安全的，主要原因有两个方面：一方面，人体的电阻会存在个体的差异性，例如胖的和瘦的、男的和女的，其电阻值都不会一样；另一方面，人所处的工作环境不同也会导致人体的电阻值发生变化，例如在潮湿的夏天和干燥的冬天，人体表现的电阻就不一样，环境越潮湿，人体的电阻就会越小。此外，每个人对电流流过身体的反应也不一样，有一部分人可能能够承受更大的电流。因此，目前国际上对安全电压通用的认识是直流 60V 以下，交流 25V 以下。

当电压高到一定值以后，会有相应的电流流过人体。人体对电流的反应如图 2-1 所示，有大约 5mA 的电流通过人体时，就可视作是"电气事故"，会产生麻木感。人体内通过的电流达到大约 10mA 时，就到达导出电流的极限，人体开始收缩，无法再导走电流，电流的滞留时间也相应增加。30～50mA 交流电的长时间滞留会导致呼吸痉挛以及心室纤维性颤动。经过人体的电流到达大约 80mA 时，被认为是"致命值"。

此外，需要注意的是，人体之所以导电，主要的原因是血液含有电解液成分，电解液成分导致了导电性。对于大多数人，整个身体的总电阻值是很低的，特别是有主动脉的地方（胸腔部位和躯干），而最大的危险发生在电流通过人体心脏时刺激心脏产生的异常颤动。

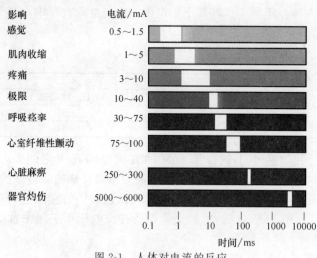

图 2-1 人体对电流的反应

3. 高电压对人体的伤害形式

能够最终对人体产生伤害的是电流,电流对人体的伤害有三种形式:电击、电伤和电磁场伤害。

① 电击是指电流通过人体,破坏人的心脏、肺及神经系统的正常功能。

② 电伤是指电流的热效应、化学效应和机械效应对人体的伤害,主要指电弧烧伤、熔化金属溅出烫伤等。

③ 电磁场伤害是指在高频磁场的作用下,人会出现头晕、乏力、记忆力减退、失眠、多梦等神经系统的症状。

一般认为,电流通过人体的心脏、肺部和中枢神经系统的危险性较大,特别是电流通过心脏时,危险性最大。所以从手到脚的电流路径最为危险。因为沿该条路径有较多的电流通过心脏、肺部等重要器官;其次是从一只手到另一只手的电流路径。

此外,触电还容易因剧烈痉挛而摔倒,进而导致电流通过全身并造成摔伤、坠落等二次事故。通常,产生伤害最多的是电击事故,主要有以下类型。

① 电击效应。电流低于导通限值时,会有相应的电击反应,从而容易因肢体不受控制和失去平衡而导致受伤。

② 热效应。电流导入导出点处会发生烧伤和焦化,也会发生内部烧伤,这会导致肾脏负荷过大,甚至造成致命的伤害。

③ 化学效应。血液和细胞液成为电解液并被电解,这会发生严重的中毒,中毒情况在几天后才能被发现,因此伤害极大。

④ 肌肉刺激效应。所有的身体功能和人体肌肉运动都是由大脑通过神经系统的电刺激来控制。如果通过人体的电流过高,肌肉开始抽搐,大脑再也无法控制肌肉组织,可能会引发呼吸停止、心脏的跳动中断等。

⑤ 发生静态短路的热效应。工具急剧发热,会导致材料熔化,从而可能发生烧伤事故。

⑥ 由于短路引起火花。金属很快熔化,产生飞溅的火花,飞溅出来的金属颗粒温度超过 5000℃,可能引起烧伤以及严重的眼睛伤害。

⑦ 带电高压线路接通和断开时所产生的弧光。光辐射可能造成电光性眼炎。

直流与交流电压都会对人体产生伤害,但是交流电压对人体伤害的阈值只有直流的 50%。交流电压在人体内产生交流电,会触发肌肉组织和心脏产生颤动。交流电压的频率越低,危险性越高。交流电会触发心室纤维性颤动,如果不进行急救很快就会没命。

二、纯电动汽车安全隐患与措施

1. 纯电动汽车的安全隐患

纯电动汽车安全隐患包括高压触电、动力电池安全隐患以及某些特殊情况下车辆可能存在的其他风险等。

(1) 高压触电 纯电动汽车电压和电流等级都比较高。动力电池的电压一般在 300~600V,正常工作时,电流可达几百安培。人体能承受的安全电压的高低取决于人体允许通过的电流和人体的电阻。人体电阻主要是由体内电阻、体表电阻、体表电容组成。人体电阻随着条件的不同在很大范围内变化。但是人体电阻一般不低于1kΩ。我国民用电网中的安全电压多采用36V，大体相当于人体允许电流30mA（以人体为电阻1200Ω）的情况，这就要求人体可接触的纯电动汽车任意两个带电部位的电压要小于36V。在纯电动汽车中，人体常见的触电形式如图2-2所示。

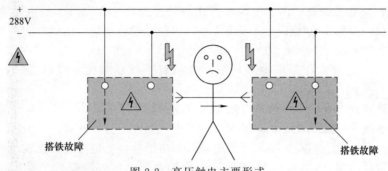

图2-2 高压触电主要形式

对于系统中的高电压元件，如果由于内部破损或者潮湿，有可能会传递给外壳一个电势。如果形成两个具有不同电势的部件，在两个外壳之间会形成具有危险性的电压，此时，如果手触及这两个部件，会发生触电的危险。

人体没有任何感觉的阈值是2mA。这就要求如果人或其他物体构成动力电池系统（或"高电压"电路）与地之间的外部电路，最坏的情况下泄漏电流不能超过2mA，即人直接接触电气系统任一点的时候，流过人体的电流应当小于2mA才认为车辆绝缘合格。

（2）动力电池安全隐患 以目前纯电动汽车广泛应用的锂离子电池为例。锂离子电池在正常使用过程中不会出现安全问题，但电池的不正确使用会导致电池的热效应加剧，这是锂离子电池出现安全问题的导火索，最终表现为电池的"热失控"，从而引起安全事故，导致热失控有以下几种情况。

① 过充电与过放电。在进行车辆充电时，特别是在电池充电末期，电池内部离子的浓度增加，扩散性能下降，浓差极化增加，电池接受能力下降，电池再充电就会出现过充电现象。过充电时如果电池的散热较好，或者过充电流很小，此时电池的温度较低，过充电后只发生电解液的分解，电池仍然安全；如果此时电池的散热较差，或者由于高倍率充电导致电池温度很高而引发化学反应，往往导致安全隐患。

在电池放电末期提供大电流的能力下降，当电池剩余电量不足而又需要大电流放电时，就会使电池过放电。在发生过放电时，由于电池负极的锂离子减少，脱出能力下降，极化电压增加，此时很容易导致电池负极的活性物质脱落，造成电池内部短路。电池内部短路的直接表现就是迅速产生热量而引发火灾隐患。

② 过电流。锂电池过电流主要有以下几种情况。

a. 低温环境下充放电。在低温环境下，由于电池的导电性和扩散性下降，特别是电池负极的锂离子活动能力下降，电池可接受电流的能力下降，容易导致电池出现过电流。

b. 电池老化、电池的性能下降（包括容量降低、内阻增加、倍率特性下降等）后，仍按照原来电流充电，容易导致产生相对电流过大。

c. 电池并联成组。在并联充电过程中，由于电池一致性的差异，单体电池的内阻各不相同，分配到各单体电池的充电电流不同，可能会导致分配到某些单体电池电流远大于充电电流。

d. 电池的内外部短路。电池短路会在瞬间产生很大电流，电池内部温度急剧升高，而使电池发生泄漏、起火等安全事故。

③ 电池过温。除上述提到的过充、过放、过电流会导致电池过温外，以下几种情况也会引起电池过温。

a. 电池的热管理系统失效。主要是动力电池组总成内电池温度传感器损坏，或者是检测控制电路失效或散热风扇损坏。

b. 电池温度采样点有限。车辆上电池数量众多，很难对每个单体电池都实现温度检测。

c. 温度采样位置受限制。由于电池本身结构的原因，纯电动汽车的电池管理模块对电池的温度采样点一般都在电池正负极接线柱上，或者通过贴片采集电池外壳的温度，不能反映电池内部的实际温度。

d. 工作环境温度高。如果电池靠近驱动电机或空气压缩机等发热部件，会导致电池过温。

电池温度升高会引发的隐患包括电池本身性能的逐步下降，进一步加剧了电池内部的短路。此外由于电池本身温度过高，会导致电池产生热温度变形，从而产生泄漏等事故。

(3) 危险运行工况下的安全隐患　纯电动汽车由于存在高电压，因此在行驶中发生事故时，如果没有很好的安全设计，很容易发生安全隐患，这些安全隐患主要体现在以下几个方面。

① 高压系统短路。当动力系统的高压线短路时，将会导致动力电池瞬间大电流放电，此时动力电池和高压线束的温度迅速升高，将会导致动力电池和高压线束的燃烧，严重时还可能会引起电池爆炸。若动力电池的高压母线与车身短路，乘员可能会触碰到动力电池的高压电，从而产生触电伤害。

② 发生碰撞或翻车。当电动汽车发生碰撞或翻车时，可能导致动力系统高压短路，此时动力系统瞬间产生大量热量，存在发生燃烧甚至爆炸的风险；此外还可能造成高压零部件脱落，对乘员造成触电伤害。如果动力电池受到碰撞或因为燃烧导致温度过高，有可能造成电池电解液的泄漏，对乘员造成伤害，发生碰撞或翻车还会对乘员造成机械伤害。

③ 涉水或遭遇暴雨。当纯电动汽车遇到涉水、暴雨等工况时，由于水汽侵蚀，高压的正极与负极之间可能出现绝缘电阻变小甚至短路的情况，可能引起电池的燃烧、漏液甚至爆炸，若电流流经车身，可能使乘员遭受触电风险。

④ 充电时车辆的无意识移动。当车辆在充电时，如果车辆发生移动，可能会造成充电电缆断裂，使乘员以及车辆周围人员遭受触电风险；若充电电缆断裂前正在进行大电流充电，还可能造成电池的高压接触器粘连，从而进一步增加人员的触电风险。

2. 纯电动汽车高压安全措施

纯电动汽车的高压安全措施如图 2-3 所示，主要体现在维修安全、碰撞安全、电气安全和功能安全 4 个方面。

(1) 维修安全　维修安全主要包含两方面，即传统内燃机汽车的维修安全和针对纯电动汽车的特殊维修安全。纯电动汽车的维修安全主要是防止高压触电。因此，维修人员在对高电压类型汽车进行操作之前应当保证不会有触电风险。为此大多数汽车在系统上设计有维修开关，图 2-4 所示为比亚迪 e6 纯电动汽车的维修开关位置，当断开维修开关时，动力电池的动力输出立即中断，但仍需等待 5min 以上才能接触高压部件（此期间用于系统电容放电）。

(2) 碰撞安全　当车辆发生碰撞时，车辆的安全系统必须保证碰撞过程中以及碰撞后相关人员的人身安全。对于纯电动汽车来说，除了传统汽车的相关保护需求之外，还应当满足以下要求。

① 碰撞过程中避免乘员和行人遭受触电风险，在保证人员安全的情况下尽量保护关键零部件不受损害。

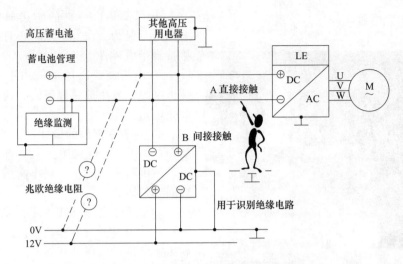

图 2-3　纯电动汽车的高压安全措施

② 碰撞后保证维护和救援人员没有触电风险。为此有些车辆设计有图 2-5 所示的电路：将惯性开关串联到高压接触器的供电回路中，当发生碰撞时惯性开关断开，从而切断高压接触器的供电电源，此时动力电池的高压输出便会被断开，保证了乘员、行人、维护和救援人员的高压安全。

(3) 电气安全　电动汽车的电气安全主要包括以下方面：防止人员接触到高压电；电池能量的合理分配；充电时的高压安全；行驶过程中的高压安全；碰撞时的电气安全；维修时的电气安全等。

图 2-4　比亚迪 e6 纯电动汽车维修开关

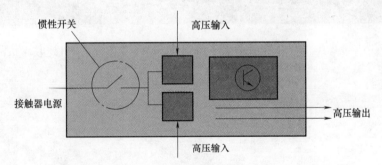

图 2-5　惯性开关在电路中的位置

在电气系统主要采用以下安全措施。

① 高压线颜色统一为橙色。用带有不同颜色的线代表不同电压，所以一定要高度重视高压部件上的橙色高压线路。图 2-6 所示为比亚迪 e6 纯电动轿车控制器上的高压线。

② 高压部件上面设置警示标识。每个纯电动汽车的高电压部件壳体上都带有一个高压警示标识，售后服务人员或车主均可通过标识直观看出该部件为高电压。所用警示标识为国际标准规定的图案，如图 2-7 所示。

图 2-6 比亚迪 e6 纯电动轿车控制器上的高压线

③ 带高压电零件的防接触保护。采用多层（一般为三层）绝缘防止意外直接或间接接触带电零件。

④ 电隔离。高压电采用正负极与车辆接地绝缘。发生简单故障时，这种保护可以防止电击。

⑤ 高压零部件的接插件采用安全设计，如图 2-8 所示，既可防止人员直接接触到高压，还可防水、防尘，减小高压系统出现绝缘问题的风险。

⑥ 高压接触器和短路保护器。如图 2-9 所示，动力电池与外部高压回路之间设计有高压接触器，以保证在驾驶人无行驶意图或无充电意图时，车辆除电池内部之外的高压系统是不带高压电的。只有当驾驶人将车辆钥匙打到"Start"挡或对动力电池进行充电时，接触器才可能会闭合。当高压系统出现短路等危险情况时，为保护乘员和关键零部件，需设计短路保护器。如果流过短路保护器的电流大于某个值时，该保护器便会被熔断。

图 2-7 比亚迪 e6 纯电动汽车电动机控制器上的高压警告标识

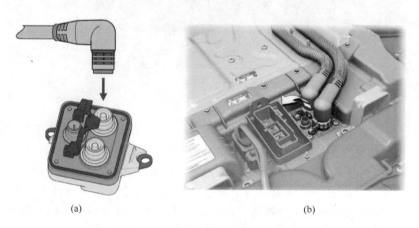

(a)　　　　　　　　　　(b)

图 2-8 高压插接件的安全设计方式

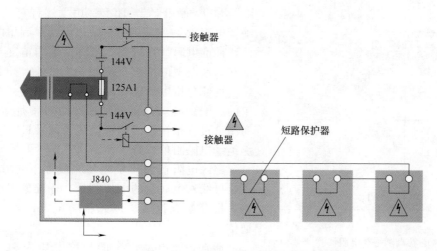

图 2-9　高压接触器设计方式

⑦ 预充电回路。如图 2-10 所示，在动力电池输出高压电之前，先通过预充电回路对电池外部的高压系统进行预充电。预充电回路主要由预充电阻构成。由于高压零部件的高压正、负极之间设计有补偿电容，如果没有预充电阻，那么在高压回路导通瞬间，补偿电容将会由于瞬间电流过大而烧毁。

⑧ 绝缘电阻检测。检测整个高压系统有无绝缘故障，并在仪表中用声音或光表现故障。若绝缘电阻值过小，整车控制器发送接触器断开指令。纯电动汽车的绝缘状况以直流正负母线对地的绝缘电阻来衡量。电动汽车的国际标准规定：绝缘电阻值除以电动汽车直流系统标称电压 U，结果应大于 100 Ω/V，才符合安全要求。标准中推荐的牵引蓄电池绝缘电阻测量方法适用于静态测试，而不满足实时监测的要求。通过测量纯电动汽车直流母线与电底盘之间的电压，计算得到系统的绝缘电阻值。假设纯电动汽车的直流系统电压（即电池总电压）为 U，待测的正、负母线与电底盘之间的绝缘电阻分别为 R_P、R_N，正、负母线与电底盘之间的电压分别为 U_P、U_N，则待测直流系统的等效模型如图 2-11 所示。

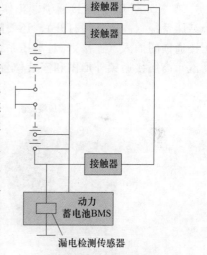

图 2-10　预充电回路设计方式

图 2-11 中 R_{C1}、R_{C2} 为已知阻值的标准电阻。工作原理：当电子开关 T_1、T_3 全部断开时，测量正、负母线与电底盘之间的电压分别为 U_{P0}、U_{N0}，由电路定律可以得到

$$\frac{U_{P0}}{R_P} = \frac{U_{N0}}{R_N}$$

当电子开关 T_1 闭合、T_3 断开时，则在正母线与电底盘之间加入标准偏置电阻 R_{C1}，测量正、负母线与电底盘之间的电压分别为 U_{PP}、U_{NP}，同样可以得到

$$\frac{U_{PP}}{R_P} + \frac{U_{PP}}{R_{C1}} = \frac{U_{NP}}{R_N}$$

通过上述两个公式解出正、负母线与电底盘之间的绝缘电阻分别为 R_P、R_N。同样，绝缘电阻在以下两种情况也可以得到：T_1、T_3 全部断开和 T_1 断开、T_3 闭合；T_1 闭合、T_3

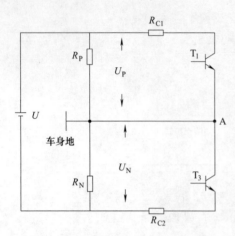

图2-11 电动汽车绝缘电阻测量等效模型

断开和T_1断开、T_3闭合。由上述计算公式可知，绝缘电阻R_P、R_N的具体数值由4个测量电压值和已知标准电阻计算得到，最终结果的精度与电压测量和标准电阻的精度直接相关。另外，开关动作前后，也应分析电池电压随汽车加、减速的变化对结果的影响。电动汽车的绝缘电阻通常是缓变参数，而测量过程很快，因此可以认为测量过程中实际待测绝缘电阻阻值保持不变。

绝缘电阻监测模块主要完成如下几方面功能：正负母线对电底盘的电压测量、标准偏置电阻的控制、报警参数设置、声光报警电路、液晶显示及通信。

通常，纯电动汽车的标称电压为90~500V，实际偏置电阻因电压不同而不同，运行过程中电池电压存在一定的波动范围，并且待测绝缘电阻也有一定的变化范围，因此，通用型监测系统的电压测量电路必须保证在全范围内实现等精度的测量，而且正、负母线对地电压的测量必须同时完成。

⑨高压互锁。对整个高压系统设置一个导通环。如果导通环传送的信号中断，切断电压并对高压系统的电容进行放电。

⑩服务断开/高压接通锁。工作人员使用诊断辅助系统断开电压后，不仅要确保关闭整个高压系统（高压互锁打开），还要防止高压系统通过"点火开关开启"重新接通。借助高压接通锁的插入（连接），对高压系统又加了一道防止接通的保险。图2-12所示为奔驰纯电动汽车高压接通锁外形图和安装位置。

(a)

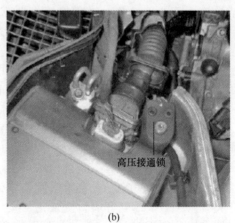
(b)

图2-12 奔驰纯电动汽车高压接通锁

⑪电源极性反接保护。意外接错电源正负极，系统将自动切断高电压。

⑫开盖检测保护。在高压电池与部件的盖子上设立低压开关，在低压开关打开（盖子被打开）时，系统切断高电压。

⑬主动泄放与被动泄放。通过主动与被动监测是否存在对车身短路，自动快速将电池组电能泄放掉，避免电池发热燃烧。

此外，电动汽车高压系统的每一个高压回路均有熔断丝作为过电流保护。动力电池总成内部增加了一定数量的熔断丝盒接触器进行保护，动力电池的每根采样线也有单独的熔断丝保护，即使发生短路，也可保证电池包等高压器件及线束不会短路损坏或起火。

（4）功能安全

① 转矩安全管理。为防止车辆出现不期望的运动，需要在整车控制器中加入转矩安全控制策略，具体转矩安全控制策略如下。

若整车控制器计算的需求转矩与电动机的实际转矩的差值大于某个标定值，则认为电动机的转矩控制存在风险，此时整车控制器将会限制电动机的转矩输出，若两者差值一直过大，则切断动力电池的动力输出。

② 充电安全措施。在充电时需要防止车辆移动以及避免快充、慢充、行驶模式之间的冲突，为此采取如下措施。

a. 只有挡位放在 P 挡时才允许充电。

b. 在充电过程中，转矩需求及实际转矩输出都应当为 0。

c. 当充电枪插上时，不允许闭合控制高压电输出的接触器。

d. 当充电回路绝缘电阻小于标准要求的阻值时，应当停止充电并断开高压接触器。

③ 电池组安全管理

a. 电池可用容量修正。电池管理系统（BMS）根据单体电池在环境温度下的放电容量，以及慢充过程中因为电芯一致性变差导致电池系统充电并未真正充满等因素，确定可用容量上报给整车控制器（VCU），VCU 根据该值计算续驶里程。

b. SOC 估算及修正策略。根据车载充电模式和行车模式下单体电池最高电压进行 SOC 修正。

c. 放电过程电流控制策略。行车放电过程中，放电电流不能超过 BMS 给 VCU 上报的最大允许放电电流值。放电过程电流控制策略是 BMS 根据动力电池当前的 SOC 及最高温度实时调整"最大允许放电电流"数值。

d. 能量回馈过程控制策略。BMS 通过上报"最大允许充电电流"给整车控制器来表现动力电池当前状态可以接受最大回馈电流的能力。

e. 车载充电电流控制策略。车载充电时，BMS 根据当前最小温度请求允许最大充电电流。当单体最高电压充电到 3.6V（针对锂电池，下同）时，BMS 请求充电电流降到 5A。单体最高电压达到 3.7V，停止充电，并把 SOC 修正为 100%。

f. 地面充电控制策略。快充时，动力电池系统与地面充电桩之间的交互信息及工作流程严格按照《电动汽车非车载传导式充电机与电池管理系统之间的通信协议》（GB/T 27930—2011）执行。受限于动力电池的充电能力，为了更好地实现快充功能，在快充过程中设计有加热功能。快充电结束条件：电池最高单体电压 $U_{max} \geqslant 3.7V$；快充过程中不进行 SOC 修正；当电池最小温度 $T_{min} < 0℃$ 时，闭合加热继电器，开启加热功能。

g. 保温过程控制策略。车载充电完成之后，根据电池的温度判断是否需要保温，如果需要保温，进入保温过程。进入保温条件：电池温度 $T_{max} < 25℃$ 并且 $T_{min} < 10℃$。在保温过程中，如果 $T_{min} < 5℃$，BMS 向车载充电机请求加热需求电压 360V，加热需求电流 5A，并闭合加热继电器。保温过程中，当 $T_{min} \geqslant 8℃$ 时，断开加热继电器，停止加热。保温时间为 6h。如果进入保温过程达到 6h，停止保温，退出保温过程。

h. 动力电池故障处理策略。动力电池系统在行车模式/车载充电模式/地面充电模式下诊断和上报所处理的故障、处理措施及恢复条件。

3. 纯电动汽车高压部件

（1）高压部件特点

① 高压部件主要集中在整体式车身的外部。除了少数的混合动力汽车动力电池安装在车辆后部位置外，大多数车辆动力电池、逆变器等都布置在乘客舱外部，而且高压导线也是

沿着底盘外布置的。
②高压部件都具有明显的橙色标识，或者部件的醒目位置有高压标识。
（2）高压部件位置　纯电动汽车的高电压部件主要集中在驱动系统、空调与加热系统、充电系统、电源系统等，如图2-13所示。

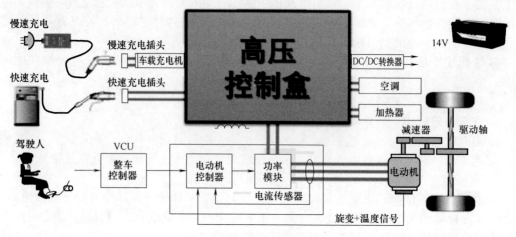

图2-13　纯电动汽车高压件的位置

①驱动系统，包括动力电池和三相电动机，以及电动机驱动控制器和逆变器。
②空调与加热系统，包括高压电驱动的压缩机，高压的PTC加热器。
③充电系统，包括车载充电器和充电接口。
④电源系统，主要是动力电池及DC/DC转换器。
⑤用于连接高压部件之间的导线也属于高电压部件，这些连接导线可以分为5段。
a. 动力电池高压电缆：连接动力电池到高压盒之间的电缆。
b. 电动控制器电缆：连接高压盒至电动机控制器之间的电缆。
c. 快充线束：连接快充口到高压盒之间的线束。
d. 慢充线束：连接慢充口到车载充电机之间的线束。
e. 高压附件线束（高压线束总成）：连接高压盒到DC/DC、车载充电机、空调压缩机、空调PTC之间的线束。图2-14所示为北汽EV200型纯电动汽车的高压附件线束总成。

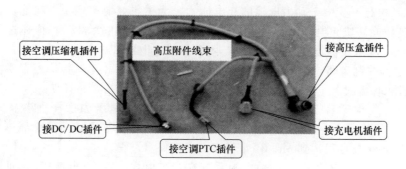

图2-14　高压附件线束总成

4. 纯电动汽车高压操作规定

①如果员工没有接受高压意识培训，不允许在纯电动汽车上执行操作。
②如果员工在车辆上的工作仅限于操作或客户咨询，如启用冬季轮胎的限速或阐述驾驶室管理及数据系统，则不必进行高压意识培训。此外，只是简单驾驶车辆时也没有必要进

行高压意识培训。

③ 如果员工在车辆上执行操作、阐述或简单驾驶车辆之外的工作，一定要进行高压意识培训。甚至开启发动机罩，如清洗发动机或添加挡风玻璃清洗液，也要求进行高压意识培训。

④ 如果不具备高压资格和高压产品资格，员工不得在高压网络上作业。不遵守相关注意事项会导致严重结果。

⑤ 接受过高压意识培训的非电工技术专业人员可以在高压系统外执行作业。

⑥ 接受过附加资格认证（高压资格和高压产品培训）的汽车技师、电气技师、机械电子工程师可以在高压系统上执行作业。

三、维修车间高压作业安全

1. 高压维修车间安全管理

纯电动汽车专用车间安全管理，除了普通车间的安全要求外，还在一些特殊的注意事项。

(1) 车辆焊接维修

① 首先要切断低压电源和动力电池插头。

② 操作人员要具备特种作业操作证。

③ 清理周围易燃物品，并申请动火证。

④ 做好车身的保护，预防飞溅及着火。

⑤ 严格按照焊接工艺进行操作。

(2) 灭火器的使用和检查

① 火灾发生将产生不可估量的危害，因此必须预防车辆自燃等火灾的发生，及时处理机舱内的油污、接插件松动或线束老化等隐患。

② 火灾发生后不要惊慌，要及时采取正确的方法来灭火，将火灾消灭在萌芽状态。首先要切断电源，所有人员立即离开车辆并站在远离车辆的上风位。

③ 经常检查车上的灭火器是否在固定的位置，是否在有效期内。要充分了解本灭火器的性质和正确使用方法。在采取救火措施的同时立刻报警（电话119、110）。

④ 当纯电动汽车发生火灾时，最有效的灭火方式是采用大量的水灭火。因为纯电动汽车起火多为电路短路起火，这种情况下为了保证人员安全，使用水基灭火器可以快速对短路产生的热量降温，使电能耗尽来有效灭火。

2. 高压维修车间场地与设施要求

工作环境的好坏将直接影响事故发生的概率。纯电动汽车维修车间的场地与设施比普通汽车维修车间要求要高。图2-15所示为典型纯电动汽车维修车间布置图。

(1) 使用面积　高压维修车间的面积根据实际要求确定，应符合国家相关规定。

(2) 采光　明亮的车间可以让车辆维修人员能够更加清楚地观察到周围的部件及物体，避免因为视线不好意外触碰到高压而发生事故，同时也有利于其他人员及时观察到可能存在的隐患。维修车间的采光应按照GB 50033—2013的有关规定。采光设计应注意光的方向性，应避免对工作产

图2-15　典型的纯电动汽车维修车间布置图

生遮挡和不利的阴影。对于需要识别颜色的场所，应采用不改变自然光光色的采光材料。

（3）照明　当天然光线不足时，应配置人工照明。人工照明光源应选择接近天然光色温的光源。维修车间的照明要求应符合 GB 50034—2013 的有关规定。进行精细操作（如划线、金属精加工、间隙调整等）的工作台、仪器、设备等工作区域的照度不应低于 500lx。照度不足时应增加局部补充照明，补充照明不应产生有害眩光。

（4）干燥　干燥是为了降低维修区域人员的触电风险。因为当湿度增加时，人体和空气的绝缘电阻就会降低，在相同的电压下，人体触电的风险也就增加了。因此高压车间必须保持干燥。

（5）通风　通风有利于排出在维修车辆期间产生的有害物，在发生触电事故的情况下，通风的环境更加有利于伤者呼吸到新鲜空气。通风应符合 GB 50016—2014 和工业企业通风的有关规定。

（6）防火　防火应符合 GB 50016—2014 有关厂房、仓库防火的规定以及 GB 50067—2014 的有关规定。

（7）卫生　卫生应符合 GBZ 1—2010、GB/T 12801—2008 的有关规定。

（8）安全标志　安全标志应符合 GB 2894—2008、GB 2893—2008 的有关规定。此外，作为高电压车辆的维修，对于维修工位很多厂商有特别的要求，如比亚迪汽车要求维修其新能源汽车必须具有单独的维修工位，该工位的设备应采用特殊的颜色与其他工位进行区别。当工位上有高电压车辆进行维修时，必须在工位周围布置明显的警示标识，避免他人未经允许进入高电压工位而发生危险，图 2-16 所示为一些企业制定的高压警示标识。

图 2-16　高电压警示标识

（9）高压安全防护规定

① 安全规定。断开；防止重新接通；确定处于无电压状态；接地和短路；遮盖或阻隔相邻的带电部件。

② 应使用个人防护装备。应向维修人员提供合适的个人防护装备，以便在工作场所进行作业。

③ 应遵循维修场地的要求。为避免发生危险或造成损坏，车辆的停放位置必须干净、干燥、无油脂，且不会接触到飞溅的火星，要避免离其他车辆维修工位过近。

3. 高压维修工位布置

高压维修工位的布置应满足以下要求。

① 专用的维修工位。

② 清洁，干燥，通风良好。

③ 维修作业前请设置安全隔离警示标识。

④ 维修工位上必须配有防护用品。

⑤ 避免无关人员靠近。

4. 车间维修人员要求

① 具备国家安监局颁发的《特种作业操作证》（低压电工证）。

② 必须经过相关新车型培训，并通过考核。

5. 高压维修作业标准

纯电动汽车涉及高压电，在维修过程中必须按照工作流程进行，才能保护操作人员自身安全和车辆、设备安全。

（1）纯电动汽车维修流程　典型的高压车辆维修的流程如图 2-17 所示。

管理人员：
引导高压车辆进入专用维修工位
维修人员：
在维修工位设置高压警示标识

管理人员：
监督并协调具有资质的维修人员维修车辆
维修人员：
检查个人安全防护设备，按正确要求佩戴

管理人员：
监督维修人员规范操作流程
维修人员：
需要维修高电压系统前，必须先执行高电压禁用操作程序

图 2-17　高压车辆维修流程图

（2）纯电动汽车维修规范　维修高电压车辆时，必须遵循高电压安全操作规范和机动车维修操作规范。高压安全操作维修规范示意图如图 2-18 所示，具体包括以下内容。

① 对于车辆维修过程中拆下的高压配件必须立即标识明显的"高压勿动"警示，并禁止将带有高压电的部件放置在无人看管的环境下。

② 高电压车辆维修过程中，维修人员身上禁止带有手表、金属笔等金属物品。

图 2-18　高压安全操作维修规范示意图

③ 严禁非专业人员对高压部件进行移除及安装。

④ 未经高压安全培训并取得许可证的维修人员，不允许对高压部件进行维修操作。

⑤ 车辆在充电过程中不允许对高压部件进行拆装、维修等工作。

⑥ 维修前必须进行高电压禁用操作。

⑦ 维修完毕后上电前，确认车辆内无操作人员。
⑧ 更换高压部件后，检测搭铁是否良好。
⑨ 电缆接口必须按照标准力矩拧紧。
⑩ 在执行车辆维修期间，必须同时有两名持有上岗证的人员进行工作，其中一名人员作为工作的监护人，工作职责为监督维修的全过程。如当发生触电事故时，监护人应该立即采取有效措施进行急救。

（3）高电压禁用操作程序　拆解维修高电压系统前，必须首先执行高压禁用流程。高压电禁用操作程序如下。
① 移：移除车辆上所有外部电源，包括12V蓄电池充电器。
② 拔：拔出充电枪。
③ 关：关闭点火开关，把钥匙放到安全区域。
④ 断：断开12V蓄电池负极，并远离负极区域。
⑤ 取：取下MSD（手动分离开关），放到安全区域。
⑥ 等：等待5min，以保证高压能量全部释放。
⑦ 查：佩戴安全防护设备，拆卸高压连接器，开始下一步的电压验证。

（4）纯电动汽车外出救援注意事项
外出救援抛锚的纯电动汽车时，应注意以下事项。
① 在车辆能动的情况下将车移到不影响其他车辆通行、安全的地带。
② 在条件许可的情况下打开双闪警示灯（夜间也可以用发光体代替）。
③ 按照规定的距离立即正确放置三角警示牌。
④ 如果在现场不能维修，请采用硬连接将车辆拖回维修点。
⑤ 如果确定无法移动，请联系救援车辆。
⑥ 等待救援时，所有人员请勿待在车内。

（5）对维修车辆的规定
① 防止车辆前后移动。
② 在车辆前方执行作业前，将钥匙从钥匙开关锁中取出。
③ 在前机舱实施作业，务必要使用翼子板护垫。
④ 在车底下作业时，必须将蓄电池负极拆开。
⑤ 顶起车辆时，不可顶在动力电池处。不要在只靠一个千斤顶支撑的车底下工作。维修手册提供的举升要求适用于整车，对于一辆拆除了驱动电机或动力电池的汽车，重心发生变化，使举升情况不稳定，此时要将汽车支撑或固定在举升设备上。
⑥ 不要把工具、换下来的配件遗留在工作区域或周围，保持工作区域干净整洁。
⑦ 在车上实施焊接操作时，必须要拆除蓄电池接线，避免造成相关零部件损坏，同时周边要配备适当的灭火设备。

（6）拖曳车辆（以北汽纯电动汽车为例）　若必须在拖曳情况下牵引车辆方可使用该方法。为了能够牵引汽车，必须先安装一个牵引环，牵引环属于随车工具。前牵引环安装步骤如下。
① 撬出牵引环盖罩，如图2-19所示。注意：小心工作，防止漆面受到损伤。
② 安装牵引环，如图2-20所示，沿"箭头"方向旋入牵引环并用扳手拧紧。
③ 使用完之后，旋出牵引环并将其与随车工具放在一起，装上牵引环盖罩。

提示：只有在上述牵引环上才可以安装牵引绳或牵引杆。牵引绳应当有弹性，因此只能使用塑料绳或类似弹性材料做成的绳子。更安全的方法是使用牵引杆。不允许出现过大的拉力和冲击负载。如果在不平坦的路面上进行牵引，就会有紧固件过载或受损的危险。

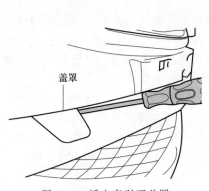
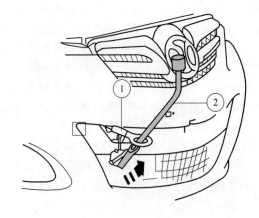

图 2-19　撬出牵引环盖罩　　　　图 2-20　安装牵引环

关于"拖拉和牵引"的注意事项如下。
① 必须遵守关于车辆牵引的法律规定。
② 两个驾驶人都必须熟悉牵引过程的特点,否则不能进行牵引启动或牵引工作。
③ 如使用牵引绳,牵引车的驾驶人在启动和换挡时要特别注意缓慢地操作离合器。
④ 被牵引车的驾驶人应注意随时保持牵引绳绷紧。
⑤ 两辆汽车上的危险警报灯都要打开,并遵守法规要求。车钥匙必须置于"ON"挡,这样不会锁死转向盘,而且可以打开转向信号灯、喇叭、挡风玻璃刮水器和清洗装置。
⑥ 被牵引车辆挡位置为空挡,并打开危险警报灯,距离较远时车辆前部必须被抬起。在变速器不能得到润滑的情况下,只能在驱动轮抬升的情况下才能被牵引。

(7) 跨接启动　跨接启动的方式并不建议使用,但在某些情况下这是可以将车辆启动的唯一方法,在这种情况下,跨接启动放电后的辅助蓄电池必须立即充电,以避免电池永久性的损坏。
① 不要跨接冻结时的蓄电池,否则会造成人身伤害。
② 不要跨接指示窗口为黑色或白色的免维护蓄电池。
③ 不要跨接电解液液位低于极板顶部的蓄电池。
④ 蓄电池不要靠近明火。
⑤ 戴上护目镜,摘掉手指或手腕上的金属饰品,以免电池偶然碰火受伤。
⑥ 使用大功率启动设备时,不要使蓄电池电压高于16V。
⑦ 蓄电池电解液是腐蚀性溶液,不要让电解液接触到眼睛、皮肤或衣服。连接线夹时不要倾斜蓄电池或使线夹彼此接触。如果电解液溅入眼中或皮肤上,要立即用大量的清水进行冲洗。
⑧ 蓄电池可能产生易燃、易爆的氢气,一定要使火苗或火花远离通气口。
⑨ 不要用输出电压超过12V的启动辅助蓄电池或其他启动辅助电源。
⑩ 利用另一辆车启动时,要防止跨接启动车辆的车身相互接触,否则可能会损坏两辆汽车的电气系统。

在将跨接线连接至蓄电池时,切勿使跨接线彼此接触或碰触到车身搭铁。一个充满电的蓄电池,如果经过跨接线短路,会以高于1000A的放电率放电,造成电弧并使跨接线与端子的温度快速上升,甚至可能会造成蓄电池的爆炸。不遵守这些规定,可能会造成人员的伤害。

四、高压系统终止与检验

由于纯电动汽车具有高电压,因此在维修纯电动汽车前,必须首先按照高电压操作流程执行系统电压的终止操作。终止系统高电压以后，可以在一定程度上确保汽车高压系统各部分之间不再具有高电压，从而保证了维护人员的安全。

维修车辆时，需要根据高压电存在的形式来区别对待。例如，在纯电动汽车的动力电池中会一直存在高压，因此无论什么时候对动力电池进行维修，都需要佩戴个人安全防护用品。但是，当执行了正确的高压终止程序以后，例如逆变器、高压压缩机等系统就不再具有高压电了，此时对这些部件的维修可以不用再预防高压击伤的危险了。

1. 纯电动汽车高电压存在形式

纯电动汽车的高电压系统集中在车辆的驱动系统、空调与暖风系统、电动电源系统以及带有插电功能的充电系统。根据高电压存在的时间进行分类，纯电动汽车高电压系统的高电压主要有三种存在形式，即持续存在、运行期间存在和充电期间存在，如图2-21所示。

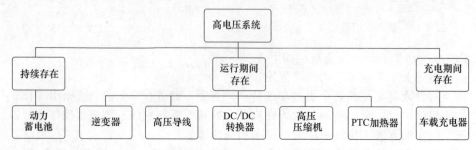

图2-21 高电压系统存在形式

（1）持续存在 纯电动汽车的动力电池持续存在高电压，即使当车辆停止运行期间，由于动力电池始终存储有电能，因此当满足动力电池的放电条件后，该部件将继续对外放电。

（2）运行期间存在 运行期间存在高电压的部件，是指当点火开关处于ON、RUN或其他运行状态下，部件存在高电压。运行期间存在高电压的系统或部件有以下两种类型。

① 只要点火开关处于ON或RUN状态下就会存在高电压，这类部件包括逆变器、DC/DC转换器和连接的高压导线。

② 虽然点火开关处于ON位置，但是由于该系统所执行的功能没有被接通，此时相关的部件仍然不会接通高电压。如纯电动汽车中的高压压缩机和PTC加热器，在驾驶人没有运行车辆的空调或暖风功能时，这些部件的上面是不会存在有高电压的。

（3）充电期间存在 充电期间存在高电压主要指的是纯电动汽车和插电式混合动力，此类车辆的车载充电器以及连接的导线只有在车辆连接有外部220V（或380V）电网充电期间才会具有高电压。

需要注意的是，有些车辆的车载充电器和动力电池设计有独立的空调式冷却系统，在车辆充电期间，由于动力电池可能产生很高的热量，因此车载空调会运行来降低动力电池的温度，此时车辆的高压压缩机也会在充电期间运行，也存在有高电压。

2. 高电压的接通与关闭

在纯电动汽车中，除动力电池外，其他部件都是由整车控制单元或混合动力控制单元通过接触器控制高电压的接通与关闭的。

接触器即为一个大功率的继电器，它用于控制高压导线正负极导线之间的接通与断开。接触器通常被布置在动力电池组总成内部或者是独立在一个BDU（配电箱）中，其内部电路如图2-22所示，接触器如果断开，整车仅动力电池上会存在高电压，位于接触器下游的高电压系统部件将没有高电压。

(1) 接触器接通条件

① 点火开关打开。

② 高电压系统自检没有存在漏电等故障。

(2) 接触器断开条件

① 点火开关关闭。

② 高电压系统检测到存在安全事件的发生。

系统自检到存在安全事件，主要是系统根据自身设定的检验程序，在以下情况下，会因异常情况自动切断高压，以避免人员触电。

• 高压系统自检到部件的互锁开关断开。

• 高压系统自检到部件或高压电缆存在对车辆绝缘电阻过低。

• 车辆发生碰撞，且安全气囊已弹出。

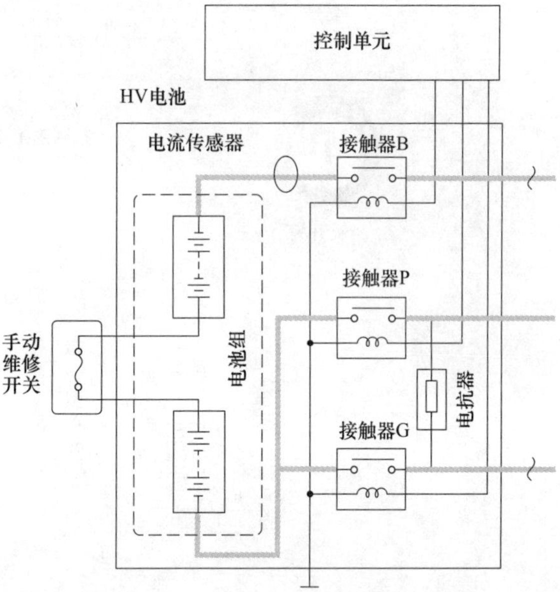

图 2-22 典型纯电动汽车接触器电路

3. 手动切断动力电池高压

在动力电池上，按照国家新能源汽车安全标准都会设计有一个串联的手动维修开关，用于人工切断整个动力电池的回路。当该开关被断开后，整车的高压部件将不再具有高压，同时动力电池的总输出正负极端口也不再有高压。需要注意的是，即使手动开关被断开，动力电池内的电池及其连接电路仍然在串联的位置还具有高压。

此外，手动维修开关由于能够物理上直接切断动力电池的高电压回路，因此汽车制造厂商都会将该开关设计有特殊的锁止结构，避免人为意外触发或者行驶中因为振动等因素断开。手动维修开关的断开方法一般会标识在开关上面，或者在车主的用户手册中，图 2-23 所示为典型纯电动汽车上的手动维修开关断开方法。

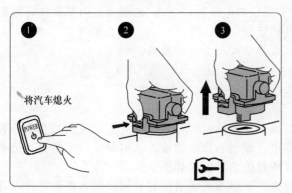

图 2-23 典型纯电动汽车手动维修开关断开方法

4. 高电压系统的终止与检验

在维修带有高电压的纯电动汽车前，务必执行高电压的终止和检验操作，避免因意外高压触电。高电压系统的终止与检验操作步骤主要分为高电压的终止和高电压的检验两个部分，如图 2-24 所示。

(1) 高电压的终止　高压终止主要是通过正确的操作步骤来关闭车辆高压系统。正常情况下，执行高压终止后，车辆除了动力电池外，其他部件应该都不具有高电压。高压终止的基本步骤如下。

① 关闭点火开关。关闭点火开关后，将钥匙放到一个安全的区域，通常应该远离被维护的汽车。注意：如果使用按钮启动，把钥匙拿到离车至少5m远的地方，防止汽车意外被启动。

② 断开辅助电池负极端子。找到12V辅助电池，断开电池的负极，并固定搭铁线，以防止移动蓄电池负极端子。

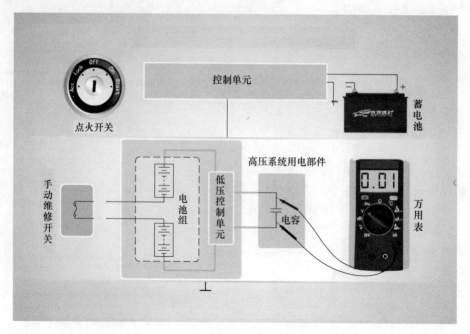

图 2-24　高压终止与检验

③ 拆除手动维修开关。找到维修开关并断开。当处理橙色高压组件和线路时,确保戴着绝缘橡胶手套。将拆下的维修开关放在口袋中以防止其他人将它安装回车上去,并将裸露的维修开关槽用绝缘胶布封住。

④ 等待 5min。拆下维修开关后,须等待 5min,使得高电压部件中的电容器进行放电,才可以继续对车辆进行高压检验操作。

(2) 高电压的检验　高压检验是利用数字万用表再次确认高压终止以后,确认具体维修的部件上已不再有高压,该步骤符合高压的检验操作标准。使用万用表测量高电压部件的连接器各个高压端子,在执行高压终止以后,每个端子对车身的电压应该小于 3V,且端子正负极之间的电压也应该小于 3V。如果任一被测量的电压超过 3V,说明系统内部存在高压黏结情况,需要有经过特殊培训的工程师来进行处理。

注意:在检验高电压端子期间,必须佩戴好个人安全防护用品。

五、急救与应急处理

1. 急救

援救触电事故中的受伤人员时,自身的安全是第一位的,绝对不要去触碰仍然与电压有接触的人员。如果可能,马上将电气系统断电,或用不导电的物体(木板、扫帚把等)把事故受害者或者导电体与电压分离。基本的高压触电急救流程如图 2-25 所示。

(1) 迅速脱离电源　人体触电以后,可能由于痉挛或失去知觉等原因而紧抓带电体,自己不能摆脱电源。抢救触电者的首要步骤就是使触电者尽快脱离电源。在纯电动汽车中拖离电源的方法是带上绝缘手套将触电人员拖开或者切断高压电源。总之,要因地制宜,灵活运用各种方法,快速切断电源,防止事故扩大。

(2) 现场急救　当触电者脱离电源后,应根据触电者的具体情况迅速对症救护,力争在触电后 1min 内进行救治。国内外一些资料表明,触电后在 1min 内进行救治的,90% 以上有良好的效果,而超过 12min 再开始救治的,基本无救活的可能。现场应用的主要方法是口对口人工呼吸和体外心脏挤压法,严禁打强心针。

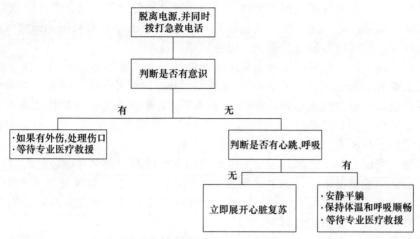

图 2-25 高压触电急救流程

① 口对口人工呼吸法是用人工的方法来代替肺的呼吸活动，使空气有节律地进入和排出肺脏，供给体内足够的氧气，充分排出二氧化碳，维持正常的通气功能。

② 体外心脏挤压法是指有节律地对心脏挤压，用人工的方法代替心脏的自然收缩，使心脏恢复搏动功能，维持血液循环。

(3) 急救方法

① 触电事故。触电者一般有以下四种症状，可分别给予正确的救治。

a. 神志尚清醒，但心慌力乏，四肢麻木。该类人员一般只需将其扶到清凉通风之处休息，让其自然慢慢恢复。但要派专人照料护理，因为有的病人在几小时后可能会发生病变。

b. 有心跳，但呼吸停止或极微弱。该类人员应该采用口对口人工呼吸法进行急救。

c. 有呼吸，但心跳停止或极微弱。该类人员应该采用人工体外心脏挤压法来恢复病人的心跳。

d. 心跳、呼吸均已停止者。该类人员的危险性最大，抢救的难度也最大。应该同时采用人工呼吸和人工体外心脏挤压进行急救。最好是两人一起抢救，如果仅有一人抢救时，应先吹气 2~3 次，再挤压心脏 15 次，如此反复交替进行。

② 电池事故。如果发生电池事故时，应按以下要求进行处理。

a. 如果发生了皮肤接触，用大量的清水进行冲洗。

b. 如果吸入了气体，必须马上呼吸大量新鲜空气。

c. 如果接触到了眼睛，用大量的清水进行冲洗（至少 10min）。

d. 如果吞咽了蓄电池内溶物，喝大量清水，严重的寻求医疗救助。

2. 应急处理

纯电动汽车的应急处理需求常见的有以下几种。

(1) 救援　在对高压车辆进行救援时，千万不要因为车辆比较安静就误以为它就处于停机状态。对于混合动力汽车，当车辆处于"READY"模式时（Y灯亮），发动机会自动停机，所以在检查或维修发动机舱时，记住要先看看"READY"指示灯是否已经熄灭。

在处理维修车辆前，首先用挡块挡住车轮并进行驻车制动，挂"P"挡并确认"P"挡指示灯亮，然后按 POWER 按钮并确认 READY 熄灭，断开 12V 辅助蓄电池，最后拔掉维修开关或者 HV 熔断丝。

需要注意的是，在对纯电动汽车操作时，急救组要知道橙黄色电缆代表高压。并在断开高压电池、接触电缆前也要等待 5min，即等电容充分放电完毕。此外，解救时若高压电缆被撞断，系统一般会在人员触电前被切断，因为车辆上的绝缘监测功能会不断地监测高压电缆到金属底盘的漏电。此外撞车时，气囊展开，高压电源也会自动切断，即使气囊不展开，转换器里面的减速传感器若超过其限位，也会切断高压电。

（2）火灾　高压动力电池电解液主要由带腐蚀性的化学液体组成，因此在着火后，可以采用大量的水或者干粉灭火器灭火。使用常规的 ABC 干粉灭火器，适用于油或电路火灾。然而，如果只是高压动力电池着火，则推荐使用二氧化碳灭火器，而发生大面积的火灾时，持续的浇水也同样适用熄灭高压动力电池火灾。但是使用少量的水，如只用一桶，是危险的，实际上将加剧高压电池火灾的程度。

（3）泄漏　当面对有可能是高压动力电池溢出电解液时，及早穿戴合适的防护用品，并采用红色石蕊试纸检测溢出液，如果试纸变为蓝色，溢出的液体需要使用硼酸液进行中和。中和完成后，使用试纸再去检测溢出液，确认试纸颜色不改变。中和完毕后，用充足的吸水毛巾或布，吸收事故中溢出的电解液。

（4）牵引车辆　电动汽车被牵引时，由于多数车辆为前轮驱动，因此对于这类车辆的牵引，必须严格遵守制造厂商的要求，否则可能损坏车辆的三相驱动电机或变速单元。无论是混合动力汽车还是纯电动汽车，正确的牵引方法是使其全部平放在货车上，然后由牵引车辆运输指定的位置。但是，如果是前轮驱动的车辆，也可以采用前轮离地的方式进行车辆的牵引。

（5）跨接启动　无论是纯电动汽车还是混合动力汽车，其全车控制模块的供电都是通过 12V 蓄电池来完成的。也就是说，在电动汽车中，除了高压动力电池外，所有的车辆还会配置有 12V 低压蓄电池。由于 12V 蓄电池用来给所有 ECU 供电，若没有该电源，ECU 不能工作，车辆也没法驱动。如果纯电动汽车或混合动力汽车没有启动，则 12V 辅助电池可以跨接启动。

能力提升训练

一、高压终止与检验

以北汽 EV 系列纯电动汽车为例。

1. 注意事项

① 对车辆进行维修时，非相关人员不允许随意接触车辆。
② 对贴有高压警示标识的部件都不可随意触摸。
③ 如果需要拆解相关高压部件，拆卸人员必须参加高压电安全培训，熟悉高压电系统。
④ 操作人员还需参加高压电事故急救培训（如由红十字会组织的培训）。
⑤ 对高压部件进行操作时，操作人员需要穿戴好防护用品，同时还必须使用绝缘手套。
⑥ 对外露高压系统部件进行操作时，必须使用万用表进行测量，检测其是否存在高压电，确保没有高压电的情况下再进行操作。万用表需要定期标定，内阻应不低于 $10M\Omega$。
⑦ 驾驶结束后关闭车辆，如果需要对高压系统进行拆卸，则需要等待 5min 后再进行。
⑧ 当拆卸或装配电器部件时，必须断开 12V 电源和高压蓄电池上的手动维修开关。
⑨ 在高压部件拆装后，重新接通高压电之前，需要检查所有高压部件的装配、连接，确保其可靠性。
⑩ 所有高压部件都应该保证搭铁良好。

2. 防护措施

① 防高压手套。适用于电工作业的绝缘橡胶手套。
② 安全防护镜。防止电解液溢出。

③ 高压绝缘鞋。作为辅助安全用具主要适用于高压电力设备方面电工作业。在 1kV 以下可作为基本安全用具。

④ 灭火器。高压动力电池使用二氧化碳类型灭火器，可以使用大量并持续的水进行灭火。

⑤ 吸水毛巾布。在溢出电解液中和后，使用吸水毛巾吸收多余的电解液。

⑥ 绝缘胶布。使用绝缘胶布覆盖所有的高压电线或端子。如果在维修塞被拔出后，使用绝缘胶布包住维修塞槽。

⑦ 维修工作台。必须要使用工作面带有绝缘橡胶的工作台。

3. 操作流程

① 将车钥匙置于 OFF 挡，等待高压电容放电 5min。

② 拔下钥匙，打开发动机罩并支起，铺好翼子板布。

③ 断开低压蓄电池负极电缆。

④ 如果针对采用 PDU 的车型，如 2016 款 EV160、EV200 等车型，应断开 PDU 左后方低压插接件，如图 2-26 所示。

⑤ 检查绝缘手套，如图 2-27 所示。

a. 确认无裂纹、磨损以及其他损伤。

b. 卷起手套边缘。

c. 折叠开口，并封住手套开口。

d. 向手套内吹气，确认有无空气泄漏。

e. 用同样的方法检查第二只手套。

f. 确认密封良好后戴好。

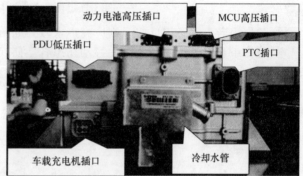

图 2-26 PDU 左后方低压插接件

⑥ 断开动力电池高压线束插口，进行高压断电。

注意：北汽新能源车型通常没有配备专用的维修开关。高压断电必须由具有电气资质的人员操作并放置高压安全警示牌。

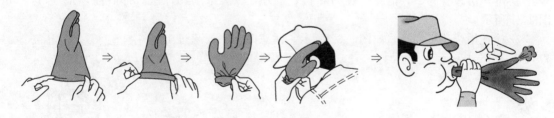

图 2-27 检查绝缘手套

⑦ 使用专用万用表对 DC/DC 部件进行电压测量，如果所测量值大于 0V 时应使用专用放电棒对该部位进行放电，直到用万用表测量电压并确认电压完全消失后方可进行下一步。

注意：一定要确认处于无电状态，可通过测量 12V 蓄电池电压的方式核实数字万用表是否正常。

测试高压控制盒或 PDU 动力电池端（采用 PDU 的车型）的端子电压、端子的搭铁电压时，每个高压电池插口正负极电压以及正负极对地电压，数值不应大于 3V。若测试结果大于 3V，则电池组总成内部可能出现接触器卡滞或高压系统绝缘失效。

二、人工呼吸

正确实施人工呼吸抢救的操作流程如下。

① 先拍打伤患者肩部,以确定伤患者是否有意识反应,如图 2-28 所示。

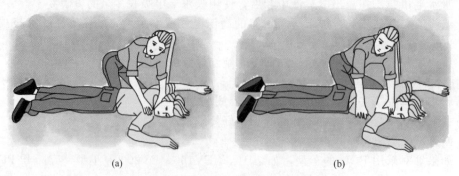

图 2-28　确定伤患者是否有意识反应

② 若伤患者没有意识反应,则应高声求救,如图 2-29 所示。

③ 若伤患者有意识反应,则先搬动伤患者,使其处于平躺姿势,如图 2-30 所示。

图 2-29　求救

图 2-30　将伤患者翻身

④ 解开伤患者衣领,清除口鼻内异物,最好在其颈下垫物,使头部后仰,张开口,如图 2-31 所示。

⑤ 检查是否还有呼吸,如图 2-32 所示。注意时间不要超过 10s。

图 2-31　畅通呼吸道

图 2-32　检查呼吸

⑥ 救护人深吸气,对准并紧贴伤患者口部,一手捏紧伤患者的鼻孔,用力吹气,如图 2-33 所示。

⑦ 吹气停止后,松开捏鼻子的手,抬起头,再次深吸气,重复上述吹气动作。每分钟吹气次数和平时呼吸频率相似,进行 5~10 次吹气后,应停下来,检查一下伤患者是否有脉搏(或比原脉搏加快的迹象),如图 2-34 所示。

⑧ 继续进行人工呼吸,直到伤患者能够进行自主呼吸为止。注意要有耐心,要坚持不放弃。

图 2-33 吹气

图 2-34 检查脉搏

三、干粉灭火器(MF)的使用

① 使用前要将瓶体颠倒几次,使筒内干粉松动,然后除掉铅封(或塑封),如图 2-35 所示。

② 拔掉保险销,如图 2-36 所示。

③ 左手握着喷管,右手提着压把,操作示意图如图 2-37 所示。

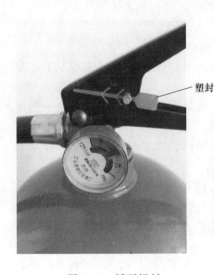

图 2-35 拆下铅封

图 2-36 拔掉保险销

图 2-37 双手操作示意图

④ 在距火焰 2m 的地方,右手用力压下压把,左手拿着喷管左右摇摆,喷射干粉覆盖燃烧区,直至把火全部扑灭,如图 2-38 所示。注意,操作人应站在风向的上风位。

图 2-38　向火焰喷射

四、能力提升训练考核

在充分学习本学习任务相关知识的基础上，小组学员边查阅技术资料边完成相应的工作单（见本书配套的教学资源包中"技能学习工作单 3"）。

小结

1. 在电力工业或电气工程中，通常交流 1200V 或直流 1500V 以下都称为低压，交流 1200V 以上或直流 1500V 以上则称为高压。

2. 在安全用电方面，通常将对人体没有伤害的最高安全电压以下称为低压，而将最高安全电压以上的电压称为高压。

3. 国家标准将电压分为 A 和 B 两个级别。A 级被认为是较为安全的电压等级，在直流中是小于或等于 60V 的，在规定的 50～150Hz 频率下，低于交流 25V；B 级对人体会产生伤害，被认为是高压。在该电压下必须采取必要的防护设备对维护人员进行保护。

4. 纯电动汽车的高压具有如下特点：高压的电压一般设计都在 200V 以上；高压存在的形式既有直流，也有交流；高压对绝缘的要求更高；高压要求正负极距离大。

5. 高电压伤害人体的本质是电流。

6. 电流对人体的伤害有三种形式：电击、电伤和电磁场伤害。

7. 纯电动汽车安全隐患包括高压触电、动力电池安全隐患，以及某些特殊情况下车辆可能存在的其他风险等。

8. 动力电池（锂电池）主要的安全隐患是热失控，主要原因：过充电与过放电、过电流和电池过温。

9. 行驶中发生事故时的安全隐患主要体现在高压系统短路、发生碰撞或翻车、涉水或遭遇暴雨、充电时车辆的无意识移动。

10. 纯电动汽车的高压安全措施主要体现在维修安全、碰撞安全、电气安全和功能安全 4 个方面。

11. 纯电动汽车的维修安全主要是防止高压触电，为此大多数汽车在系统上设计有维修开关。

12. 碰撞后保证维护和救援人员没有触电风险。为此有些车辆将惯性开关串联到高压接触器的供电回路中，当发生碰撞时惯性开关断开，从而切断高压接触器的供电电源。

13. 纯电动汽车电气系统主要的安全措施有高压线颜色统一为橙色、高压部件上面设置警示标识、带高压电零件的防接触保护、电隔离、高压零部件的接插件采用安全设计、高压接触器和短路保护器、预充电回路、绝缘电阻检测、高压互锁、服务断开/高压接通锁、电源极性反接保护、开盖检测保护、主动泄放与被动泄放等。

14. 纯电动汽车功能安全包括转矩安全管理、充电安全措施和电池组安全管理。

15. 纯电动汽车的高电压部件主要集中在驱动系统、空调与加热系统、充电系统、电源系统等。

16. 如果员工在车辆上执行操作、阐述或简单驾驶车辆之外的工作，一定要进行高压意识培训。

17. 接受过高压意识培训的非电工技术专业人员可以在高压系统外执行作业。

18. 接受过附加资格认证（高压资格和高压产品培训）的汽车技师、电气技师、机械电子工程师可以在高压系统上执行作业。

19. 高压维修工位的布置应满足以下要求：①专用的维修工位；②清洁，干燥，通风良好；③维修作业前请设置安全隔离警示；④维修工位上必须配有防护用品；⑤避免无关人员靠近。

20. 对于车辆维修过程中拆下的高压配件必须立即标识明显的"高压勿动"警示，并禁止将带有高压电的部件放置在无人看管的环境下。

21. 高电压车辆维修过程中，维修人员身上禁止带有手表、金属笔等金属物品。

22. 在执行车辆维修期间，必须同时有两名持有上岗证的人员进行工作，其中一名人员作为工作的监护人，工作职责为监督维修的全过程。

23. 当电动车发生火灾时，最有效的灭火方式是采用大量的水灭火。

24. 由于纯电动汽车具有高电压，因此在维修电动汽车前，必须首先按照高电压操作规程执行系统电压的中止操作。

25. 根据高电压存在的时间进行分类，电动汽车高电压系统的高电压主要有3种存在形式，即持续存在、运行期间存在和充电期间存在。

26. 援救触电事故中受伤人员时，自身的安全是第一位的，绝对不要去触碰仍然与电压有接触的人员。

27. 当触电者脱离电源后，应根据触电者的具体情况迅速对症救护，力争在触电后1min内进行救治。

学习效果检验

一、简答题

1. 国家标准对高压与低压是如何规定的？
2. 电击事故有哪些类型？
3. 纯电动汽车可能存在哪些安全隐患？
4. 导致动力电池热失控的主要原因有哪些？
5. 纯电动汽车在电气系统主要采用哪些安全措施？
6. 纯电动汽车高压部件有哪些特点？
7. 对纯电动汽车高压操作有哪些规定？
8. 对电动车辆焊接维修时应注意哪些安全事项？
9. 纯电动汽车有哪些维修规范？
10. 对维修的纯电动汽车有哪些规定？
11. 纯电动汽车高电压系统的高电压主要有哪几种存在形式？各存在形式下涉及的系统或装置有哪些？
12. 什么是高电压的终止和高电压的检验？具体方法是什么？

二、单项选择题

1. 直流电压小于或等于（　　）V为安全电压。
   A. 25　　　　　B. 36　　　　　C. 60　　　　　D. 100

2. 交流电压小于或等于（　　）V为安全电压。
   A. 30　　　　　B. 36　　　　　C. 60　　　　　D. 100

3. 大多数传统汽车上设计的绝缘材料，当电压超过（　　）V时可能就变成了导体。
   A. 100　　　　　　B. 200　　　　　　C. 300　　　　　　D. 400
4. 在300V电压下，两根导线距离（　　）cm时就会发生击穿导电。
   A. 5　　　　　　　B. 10　　　　　　 C. 15　　　　　　 D. 20
5. 有大约（　　）mA的电流通过人体时，就可视作是"电气事故"，会产生麻木感。
   A. 5　　　　　　　B. 10　　　　　　 C. 15　　　　　　 D. 20
6. 经过人体的电流到达大约（　　）mA时，被认为是"致命值"。
   A. 10　　　　　　 B. 30　　　　　　 C. 50　　　　　　 D. 80
7. 电流通过（　　）时，危险性最大。
   A. 手到手　　　　 B. 脚到脚　　　　 C. 手到同侧的脚　 D. 手到对侧的脚
8. 通常，产生最多的伤害是（　　）事故。
   A. 电击　　　　　 B. 电伤　　　　　 C. 电磁场伤害　　 D. 电感应
9. 动力电池的电压一般在300～600V，正常工作时，电流可达（　　）A。
   A. 几　　　　　　 B. 几十　　　　　 C. 几百　　　　　 D. 几千
10. 人体电阻一般不低于（　　）Ω。
    A. 10　　　　　　B. 100　　　　　　C. 1000　　　　　 D. 10000
11. 人体没有任何感觉的电流阈值是（　　）mA。
    A. 1　　　　　　 B. 2　　　　　　　C. 3　　　　　　　D. 5
12. 人直接接触电气系统任一点的时候，流过人体的电流应当小于（　　）mA才认为车辆绝缘合格。
    A. 2　　　　　　 B. 3　　　　　　　C. 5　　　　　　　D. 10
13. 锂离子电池的最主要安全隐患是（　　）。
    A. 热失控　　　　B. 漏液　　　　　 C. 释放气体有毒　 D. 高压电
14. 当断开维修开关时，动力电池的动力输出立即中断，（　　）接触高压部件。
    A. 可立即　　　　　　　　　　　　　B. 仍需等待5min以上才能
    C. 仍需等待10min以上才能　　　　　 D. 仍需等待15min以上才能
15. 为保证碰撞安全，通常在高压接触器的供电回路中串联（　　）。
    A. 熔断丝　　　　B. 碰撞传感器　　 C. 碰撞继电器　　 D. 惯性开关
16. 电动带高压电零件的防接触保护措施是，采用至少（　　）层绝缘，防止意外直接或间接接触带电零件。
    A. 2　　　　　　 B. 3　　　　　　　C. 4　　　　　　　D. 5
17. 高压电车辆高压电缆的颜色是（　　）。
    A. 蓝色　　　　　B. 红色　　　　　 C. 橙色　　　　　 D. 黑色
18. 在动力电池输出的高压回路中设置预充电阻，其主要目的是保护（　　）。
    A. 动力电池　　　B. 高压导线　　　 C. 接触器　　　　 D. 补偿电容
19. 电动汽车的国际标准规定：绝缘电阻值除以电动汽车直流系统标称电压U，结果应大于（　　）Ω/V，才符合安全要求。
    A. 50　　　　　　B. 100　　　　　　C. 150　　　　　　D. 200
20. 在整个高压系统设置一个导通环，其主要功能是（　　）。
    A. 电隔离　　　　　　　　　　　　　B. 绝缘电阻监测
    C. 服务断开/高压接通锁　　　　　　 D. 高压互锁
21. 纯电动汽车（　　）时才允许充电。
    A. 只有挡位放在P挡　　　　　　　　 B. 只有挡位放在N挡
    C. 挡位放在P挡或N挡　　　　　　　　D. 各挡位均可
22. 下列（　　）不需要接受高压意识培训。
    A. 驾驶车辆　　　　　　　　　　　　B. 清洗发动机
    C. 添加挡风玻璃清洗液　　　　　　　D. 更换熔断丝
23. 当电动车发生火灾时，最有效的灭火方式是采用（　　）灭火。
    A. MF型灭火器　　B. MT型灭火器　　 C. ABC型灭火器　　D. 大量的水

24. 下列选项中，（　　）在电动车辆运行期间可能不存在高压电。
   A. 动力电池　　B. 逆变器　　C. DC/DC　　D. 车载充电器
25. 在下列电动汽车的装置中，（　　）在点火开关处于 ON 或 RUN 状态下不会存在高电压。
   A. 逆变器　　B. PTC 加热器　　C. DC/DC 转换器　　D. 高压导线
26. 在进行高压终止操作中，关闭点火开关后，对于使用按钮启动的电动汽车，应把钥匙拿到离车至少（　　）m 远的地方，防止汽车意外被启动。
   A. 3　　B. 5　　C. 10　　D. 15
27. 使用万用表测量高电压部件的连接器各个高压端子，在执行高压终止以后，每个端子对车身的电压应该小于（　　）V。
   A. 1　　B. 3　　C. 5　　D. 12
28. 抢救触电者的首要步骤是（　　）。
   A. 打救援电话
   B. 使触电者尽快脱离电源
   C. 现场急救
   D. 等待医护人员
29. 当触电者脱离电源后，力争在触电后（　　）min 内进行救治。
   A. 1　　B. 5　　C. 12　　D. 30
30. 触电后在超过（　　）min 再开始救治的，基本无救活的可能。
   A. 1　　B. 5　　C. 12　　D. 30
31. 对于触电事故，下列现场应用的主要急救方法中，（　　）不可取。
   A. 人工呼吸
   B. 体外心脏挤压
   C. 打强心针
   D. 使用心脏除颤器
32. 下列触电症状中，（　　）只需将其扶到清凉通风之处休息，让其自然慢慢恢复即可。
   A. 神志尚清醒，但心慌力乏、四肢麻木
   B. 有心跳，但呼吸停止或极微弱
   C. 有呼吸，但心跳停止或极微弱
   D. 心跳、呼吸均已停止者
33. 下列触电症状中，（　　）应该采用人工体外心脏挤压法。
   A. 神志尚清醒，但心慌力乏、四肢麻木
   B. 有心跳，但呼吸停止或极微弱
   C. 有呼吸，但心跳停止或极微弱
   D. 心跳、呼吸均已停止者
34. 下列关于面对有可能是高压动力电池溢出电解液时的操作，（　　）不正确。
   A. 穿戴合适的防护用品
   B. 采用红色石蕊试纸检测溢出液
   C. 用大量水稀释电解液
   D. 用充足的吸水毛巾或布吸收电解液
35. 高压互锁的导通环传送的信号中断，控制系统切断电压，同时必须（　　）。
   A. 报警
   B. 采用电隔离
   C. 连接高压接通锁
   D. 对高压系统的电容进行放电
36. 工作人员使用诊断辅助系统断开电动汽车电压后，防止高压系统通过"点火开关开启"重新接通，所采用的措施是（　　）。
   A. 采用电隔离
   B. 插接高压接通锁
   C. 打开高压互锁
   D. 以上措施均有
37. 在碰撞时安全气囊引爆，纯电动汽车控制系统要进行操作是（　　）。
   A. 断开蓄电池
   B. 停止发电机发电模式
   C. 将母线电容器放电至允许的电压极限以下
   D. 以上操作均有
38. 下列纯电动汽车高压安全措施中，（　　）是需要工作人员操作的。
   A. 电隔离
   B. 绝缘电阻监测
   C. 服务断开/高压接通锁
   D. 在碰撞时切断高压系统
39. 下列（　　）必须由进行过高压意识培训的人员进行。
   A. 启用冬季轮胎的限速
   B. 阐述驾驶室管理
   C. 驾驶车辆时
   D. 添加车窗风挡玻璃清洗液
40. 纯电动汽车的绝缘状况以（　　）的绝缘电阻来衡量。

A. 直流正母线对地　　　　　　B. 直流负母线对地
C. 直流正负母线对地　　　　　D. 直流正负母线对车身搭铁

三、多项选择题

1. 在国家标准《电动汽车　安全要求　第3部分：人员触电防护》（GB/T 18384.3—2015）中，将电动汽车的电压分为 A 和 B 两个级别，主要考虑（　　）等因素。
   A. 劳动保护用品的绝缘性能
   B. 不同电压等级可能对人体产生的伤害和危险程度
   C. 空气的湿度
   D. 人体在不同工作环境下的电阻
2. 电流对人体的伤害有（　　）等形式。
   A. 电击　　　B. 电伤　　　C. 电磁场伤害　　　D. 电感应
3. 动力电池温度升高会引发（　　）隐患。
   A. 电池本身性能的逐步下降　　　B. 加剧了电池内部的短路
   C. 电池产生热变形　　　　　　　D. 电池产生泄漏
4. 电动汽车的高压安全措施主要体现在（　　）几个方面。
   A. 维修安全　　　B. 碰撞安全　　　C. 电气安全　　　D. 功能安全
5. 电动汽车高压部件可能布置在（　　）。
   A. 发动机舱　　　B. 乘客舱　　　C. 行李舱　　　D. 底盘
6. 下列电动汽车零部件中，（　　）属于高压件。
   A. 电动机驱动控制器　　　　　　B. 车载充电器
   C. DC/DC 转换器　　　　　　　　D. 连接慢充口到车载充电机之间的线束
7. 下列选项中，（　　）可以在高压系统上执行作业。
   A. 接受过高压意识培训的非电工技术专业人员
   B. 接受过附加资格认证的汽车技师
   C. 接受过高压意识培训的电气技师
   D. 接受过附加资格认证的机械电子工程师
8. 在纯电动汽车上，（　　）可能为高电压系统。
   A. 驱动系统　　　　　　　　B. 空调与暖风系统
   C. 动力电源系统　　　　　　D. 带有插电功能的充电系统
9. 纯电动汽车高电压存在的时间分类中，包括（　　）。
   A. 持续存在　　　　　　　　B. 运行期间存在
   C. 维修期间存在　　　　　　D. 充电期间存在

四、判断题

1. 国家标准规定的 B 级电压是较为安全的电压等级。（　　）
2. 在单层汽车上，通常只存在直流高压。（　　）
3. 高电压伤害人体的本质是电流。（　　）
4. 只要经过人体的电流到不超过 80mA 时，就不会导致危害。（　　）
5. 电伤是指电流通过人体，破坏人的心脏、肺及神经系统的正常功能。（　　）
6. 交流电压的频率越高，危险性越高。（　　）
7. 对于锂电池，过充电易产生热失控，而过放电则不会产生热失控。（　　）
8. 锂电池在低温环境下充放电可能会引起过大电流。（　　）
9. 纯电动汽车上的高压电负极可与低压电系统共同搭铁。（　　）
10. 动力电池与外部高压回路之间设计有高压接触器，只有当驾驶人将车辆钥匙打到"Start"挡或对动力电池进行充电时，接触器才可能会闭合。（　　）
11. 纯电动汽车的绝缘状况以直流正负母线对地的绝缘电阻来衡量。（　　）
12. 电动汽车的国际标准规定的绝缘电阻限值，是在动态测试条件下的标准。（　　）
13. 电源极性反接保护措施：当意外接错电源正负极，系统将自动切断高电压。（　　）
14. 如果纯电动汽车设计有很好的防止意外触电功能，则维修车辆时就可不必进行安全防护。（　　）

15. 接受过高压意识培训的人员可以在高压系统内执行作业。（   ）
16. 对于车辆维修过程中拆下的高压配件必须立即标识明显的"高压勿动"警示。（   ）
17. 电动车辆可以边充电边对高压部件进行拆装、维修等工作。（   ）
18. 高压电动汽车维修完毕后上电前，车辆内至少有两名操作人员，以便相互照应。（   ）
19. 在执行车辆维修期间，必须同时有两名持有上岗证的人员进行工作。（   ）
20. 在执行高压电禁用操作时，对于 12V 蓄电池充电器可以不移除。（   ）
21. 车载空调的高压压缩机在充电期间不会有高压电。（   ）
22. 点火开关处于 ON 位置，纯电动汽车中的高压压缩机和 PTC 加热器就会存在高压电（   ）。
23. 在纯电动汽车中，除动力电池外，其他部件都是由整车控制单元通过保护器控制高电压的接通与关闭的。（   ）
24. 当该维修开关被断开后，整车的高压部件将不再具有高压，但动力电池的总输出正负极端口有高压。（   ）
25. 正常情况下，执行高压终止后，车辆除了动力电池外，其他部件应该都不具有高电压。（   ）
26. 拆下的纯电动汽车维修开关最好放在操作者的口袋中。（   ）
27. 如果吞咽了蓄电池内溶物，喝大量清水，并且设法使其呕吐。（   ）
28. 发生触电事故后，对于有心跳但呼吸停止或极微弱者，应该采用口对口人工呼吸法进行急救。（   ）

学习任务四　纯电动汽车维修工具与仪器使用

除了传统的维修工具和检测设备外，纯电动汽车因为存在高压电路，有专用的维修工具及检测设备，如绝缘工具、高压绝缘测试仪等。纯电动汽车维修技师必须熟练识别和使用各类型纯电动汽车维修工具，才能正确维修纯电动汽车，保证人身安全。

通过本任务的学习，应该具备以下能力。
(1) 能够正确描述纯电动汽车维修工具和检测仪器的类型和功能。
(2) 能够识别纯电动汽车维修工具和检测仪器。
(3) 能够正确描述绝缘拆装工具的使用条件与注意事项。
(4) 能够正确使用电流钳测量直流、交流电流。
(5) 能够正确使用绝缘测试仪测量绝缘电阻。
(6) 熟悉某一车型纯电动汽车专用故障诊断仪的操作方法。
(7) 能够注意培养劳动保护意识、安全与环保意识和团队协作意识。

相关知识学习

一、常用纯电动汽车维修工具种类

纯电动汽车常用的维修工具及检测设备见表 2-2。

说明： 万用表、钳型表、过程校准仪表在说明书和表体上标称了它的 CAT 等级和耐压值，并且整个表体的电子、机械、保护电路、耐压设计都严格遵守 CAT 等级的要求。根据国际电子电工委员会 IEC1010-1 的定义，把电工工作的区域分为四个等级，分别称作 CAT Ⅰ、CAT Ⅱ、CAT Ⅲ和 CAT Ⅳ。CAT 等级是向下单向兼容的，也就是说，一块 CAT Ⅳ 的万用表在 CAT Ⅰ、CAT Ⅱ和 CAT Ⅲ下使用是完全安全的，但是一块 CAT Ⅰ的万用表在 CAT Ⅱ、CAT Ⅲ、CAT Ⅳ的环境下使用就不保证安全了，万用表可能发生爆炸、燃烧等危险情况。

CAT 等级严格规定了电气工作人员在不同级别的电气环境中可能遇到的电气设备的类型以及在这样的区域中工作所使用的测量工具必须要遵循的安全标准。对于万用表、钳型表、过程校准仪表等手持表来说，它们所标注的 CAT 等级表明了它们各自所归属的最高的安全区域，CAT 后面的电压数值则表示了它们能受到电压冲击的上限。

表 2-2　纯电动汽车常用维修工具及检测设备

序号	类型	工具设备名称	规格要求	单位	备注
1	拆装工具	绝缘工具套装	高压电维修绝缘工具，耐压 1000V	套	—
2	检测仪表	数字式万用表	符合 CATⅢ要求	个	如 FLUKE 系列万用表
3		数字电流钳	符合 CATⅢ要求	台	如 FLUKE321
4		高压绝缘测试仪	符合 CATⅢ要求	台	FLUKE1587
5	诊断仪器	专用车型诊断仪	对应车型	套	如北汽 BDS，比亚迪 ED400、ED1000
6	防护用品	绝缘台	耐压≥10kV	台	—
7		绝缘手套	耐压≥10kV	副	—
8		绝缘靴	耐压≥10kV	双	—
9		护目面罩（护目镜）	耐压≥10kV	副	—

例如一个 CATⅢ 600V 的万用表，表示这样一个万用表可以在 CATⅠ、CATⅡ和 CATⅢ区域安全使用，在这三个区域里如果表受到最高 600V 的电压冲击，表不会对人体安全产生威胁；但是这款表在 CATⅣ域使用的时候，或者说受到高于 600V 的高压冲击的时候，就不能保证同样的安全了。

所以要求电动汽车维修人员，充分了解并熟悉电气工作环境所属的 CAT 安全等级和耐压等级，并选择与其 CAT 等级和耐压等级对应的手持仪表。

二、拆装工具

1. 绝缘

（1）绝缘的概念　绝缘是指用不导电的物质（绝缘材料）将导电体隔离或包裹起来，以对触电起保护作用的一种安全措施。

（2）绝缘的必要性　良好的绝缘是保证设备和线路运行的必要条件，也是防止触电事故、漏电、短路的重要措施。良好的绝缘材料还有散热冷却、机械支撑和固定、储能、灭弧、防潮、防霉以及保护导体等作用。

2. 绝缘拆装工具

绝缘工具是采用绝缘材料进行加工并适用于电气系统拆装等操作的工具。电动汽车涉及高压部分的零部件拆装必须使用绝缘拆装工具。绝缘拆装工具必须装有耐压 1000V 以上的绝缘柄，如绝缘钳子、绝缘螺丝刀、高压专用拆装工具组等，如图 2-39 所示。

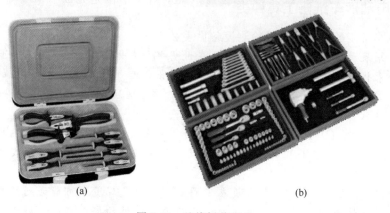

(a)　　　　　　　　　　(b)

图 2-39　绝缘拆装工具

三、检测仪表

电动汽车维修中使用的检测仪表有数字万用表、绝缘电阻表、数字电流钳、高压电池维修诊断仪、故障诊断仪等。

1. 数字万用表

数字万用表应符合 CAT Ⅲ 安全级别的要求，图 2-40 所示为 UT505A 型数字万用表外形图。

万用表通常具备以下检测功能：测量交流/直流（AC/DC）电压、电流、电阻、频率（Hz）、温度、二极管、连通性、电容、绝缘测试（低压）。有些汽车专用的万用表，还具有测量转速（r/min）、百分比（占空比，%）、脉冲宽度（ms）以及其他功能（如利用蜂鸣器等进行故障码读取）。

2. 绝缘电阻表

纯电动汽车的运行情况非常复杂，在运行过程中难免会出现部件间的相互碰撞、摩擦、挤压，导致高压电路与车辆底盘之间的绝缘性能下降。电源正负极引线将通过绝缘层和底盘构成漏电流回路。当高压电路和底盘之间发生多点绝缘性能下降时，还会导致漏电回路的热积累效应，可能造成车辆的电气火灾。因此，高压电气系统相对车辆底盘的电气绝缘性能实时检测是电动汽车电气安全技术的核心内容。电气绝缘性能检测时需要使用专用的绝缘测试仪器，测量高压电缆及零部件对车身绝缘电阻是否位于规定值范围内。

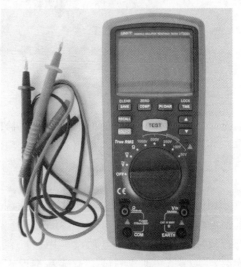

图 2-40　UT505A 型数字万用表

能够进行绝缘测试的仪器很多，如数字万用表、绝缘电阻表、绝缘测试多用表或耐压测试仪等，最常用的测试仪器就是绝缘电阻表。

绝缘电阻表的种类有很多，但其作用大致相同。常用的绝缘电阻表是手摇绝缘电阻表，俗称摇表，用来测量大电阻和绝缘电阻，计量单位是兆欧（MΩ），故又称兆欧表，如图 2-41 所示。

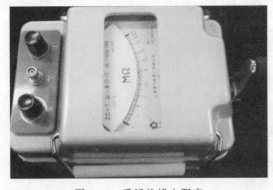

图 2-41　手摇绝缘电阻表

绝缘电阻表选用时，规定绝缘电阻表的电压等级应高于被测物的绝缘电压等级。测量额定电压在 500V 以下的设备或线路的绝缘电阻时，可选用 500V 或 1000V 绝缘电阻表；测量额定电压在 500V 以上的设备或线路的绝缘电阻时，应选用 1000～2500V 绝缘电阻表；测量绝缘子时，应选用 2500～5000V 绝缘电阻表。一般情况下，测量低压电气设备绝缘电阻时可选用 0～200MΩ 量程的绝缘电阻表。

绝缘电阻表只要在指针不为零的情况下匀速摇（约 120r/min），指针就会稳定在表盘的某个位置，根据表盘的显示数值和空格，就可以正确读出所测线路的绝缘电阻。

3. 数字电流钳

数字电流钳也称为钳型电流表。在纯电动汽车维修与诊断时，经常会需要测量导线中的电流。由于驱动系统的导线（如逆变器与电动机之间）存在较大的交变电流，必须使用钳型电流表进行间接测量。

典型的钳形电流表（ProsKit MT-3109 型电流钳）如图 2-42 所示，是根据电流互感器原理制成的一种便携式电气测试仪表。其工作部分主要由一只电流表和穿心式电流互感器组成。穿心式电流互感器铁芯制成活动开口，且成钳形，故称钳形电流表，是一种不需断开电路就可直接测电路交流电流的便携式仪表。

4. 高压电池维修诊断仪

在更换纯电动汽车高压电池组内部的某组电池后，需要对更换的这组电池执行性能匹配，以保证新的电池组和整个电池包性能一致，这便需要使用专用的电池维修与诊断

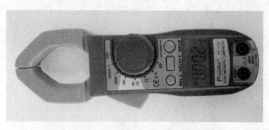

图 2-42 ProsKit MT-3109 型电流钳

工具来辅助完成。通常动力电池维修与诊断仪支持高压动力电池的放电、电池单元维修等操作，并支持电池组数据的检测和通过 USB 进行车型软件的升级。

5. 故障诊断仪

汽车电控系统诊断仪器用于相应车型的故障诊断，也称解码器、故障扫描仪等。不同车型采用的诊断仪器也不同，如北汽新能源汽车采用 BDS 故障诊断系统，将诊断软件安装在电脑终端上，通过通信电缆（诊断盒子）与车载 OBD 诊断座连接，与车辆的控制模块通信进行故障诊断。比亚迪电动汽车用诊断仪器为 ED400，可以完成读取清除故障码，数据流读取，执行元件动作测试，系统基本设定，控制模块的软件升级、编程、编码及 ABS 主缸排气等功能。宝马电动汽车采用的诊断仪为 EOS。

能力提升训练

一、安全防护

1. 劳动保护

① 穿戴好工作服。

② 穿好高压绝缘鞋。

2. 车辆防护

① 打开主驾驶车门，铺设脚垫、转向盘套、座椅套。

② 打开发动机罩，固定支架，铺设翼子板布和格栅布。

3. 检查佩戴绝缘手套

① 外观有无严重磨损或破损痕迹，如有上述缺陷，需更换。

② 检查绝缘手套密封性。

二、绝缘拆装工具的使用

绝缘工具的使用方法与普通工具相同，但是需特别注意以下事项。

① 应有专门的工具室存放，室内应通风良好，清洁、干燥。

② 如发现绝缘工具损伤或受潮，应及时进行检修和干燥处理，试验合格后方可使用。

③ 绝缘工具必须按规定定期进行绝缘性能的试验，不符合试验要求的，禁止使用。

三、用数字电流钳测量电流

① 估算电流大小，选择正确挡位与电流类型。例如，如果需要测量三相电动机的一相

电流，应选择交流电流挡。

② 打开电流钳，将被测量线路放入电流钳口之中。

注意： 测量时电流钳应该保持钳口闭合，否则测量出的电流将不正确，如图 2-43 所示。

③ 启动被测量装置，读取电流值。如需测量一个变化的电流，应在上一步的基础上按下"MAX"键后再启动电流钳。

④ 测量结束后，取下电流钳。

四、数字式绝缘测试仪的使用

以下以应用广泛的 FLUKE 1587 数字式绝缘测试仪为例，介绍其使用方法。

1. 仪表使用注意事项

为了避免触电或人身伤害，应遵守以下指南进行操作。

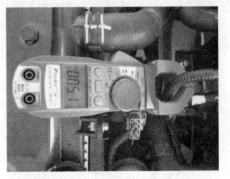

图 2-43 钳口闭合测试

① 严格按仪表使用手册操作，否则可能会破坏仪表提供的保护措施。

② 如果仪表或测试导线已经损坏，或者仪表无法正常操作，则请勿使用。若有疑问，请将仪表送修。

③ 在将仪表与被测电路连接之前，始终记住选用正确的端子、开关位置和量程挡。

④ 用仪表测量已知电压来验证仪表是否正常。

⑤ 端子之间或任何一个端子与接地点之间施加的电压不能超过仪表上标明的额定值。

⑥ 电压在 30V AC RMS（交流值均方根）、42V AC（交流）峰值或 60V DC（直流）以上时应格外小心。这些电压有造成触电的危险。

⑦ 出现电池低电量指示符时，应尽快更换电池。

⑧ 测试电阻、连通性、二极管或电容之前，必须先切断电源，并将所有的高压电容器放电。

⑨ 切勿在爆炸性气体或蒸汽附近使用仪表。

⑩ 使用测试导线时，手指应保持在保护装置后面。

⑪ 打开机壳或电池盖以前，必须先把测试导线从仪表上拆下。不能在未安装好仪表顶盖或电池盖打开的情况下使用仪表。

⑫ 在危险的场所工作时，必须遵循当地及国家主管部门的安全要求。

⑬ 在危险的区域工作时，需依照当地或国家主管部门的要求，使用适当的保护设备。

⑭ 不要一人单独工作，维修时必须设专职监护人。

⑮ 仅使用指定的替换熔断丝来更换熔断的熔断丝，否则仪表保护措施可能会遭到破坏。

⑯ 使用前先检查测试导线的连通性。如果读数高或有噪声，则不要使用。

仪表以及使用手册上涉及安全的符号见表 2-3。

表 2-3 仪表及使用手册中的安全符号

符号	说明	符号	说明
~	AC(交流)	⏚	搭铁点
⎓	DC(直流)	─▭─	熔断丝
⚡	警告:有造成触电的危险	▭	双重绝缘
🔋	电池(在显示屏上出现时表示电池低电量)	⚠	重要信息,请参阅手册

2. 仪表功能介绍

① 旋转开关功能。选择任意测量功能挡即可启动仪表。仪表为该功能挡提供了一个标准显示屏（量程、测量单位、组合键等）。用蓝色按钮选择其他任何旋转开关功能挡（用蓝色字母标记），旋转开关的功能挡如图2-44所示，对应的功能说明见表2-4。

② 按钮功能。使用仪表按钮来激活可扩充旋转开关所选功能的特性。按钮如图2-45所示，对应的功能说明见表2-5。

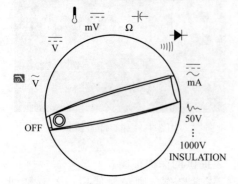

图 2-44　仪表旋转开关选择的功能挡

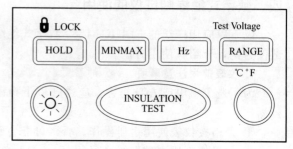

图 2-45　仪表按钮功能图

表 2-4　旋转开关的选择功能说明

开关位置	测量功能
$\tilde{V}$	AC（交流）电压介于 30.0mV～1000V
（仅1587型）	AC（交流）电压及 800Hz "低通" 滤波器
$\overline{V}$	DC（直流）电压介于 1mV～1000V
$m\overline{V}$	DCmV（直流毫伏）介于 0.1～600mV
🌡（仅1587型）	温度介于 -40～+537℃（-40～+998℉） 摄氏度为默认测量单位，关闭仪表后，您所选择的温度测量参数仍会保留在内存中
Ω	电阻介于 0.1Ω～50MΩ
⊣⊢（仅1587型）	电容介于 1nF～9999μF
·)))	连通性测试，蜂鸣器在电阻小于 25Ω 时启动，在大于 100Ω 时关闭
⇥（仅1587型）	二极管测试，该功能挡没有量程规定，超过 6.6V 以上时显示 0L
$\widetilde{\overline{mA}}$	ACmA（交流毫安）介于 3.00～400mA（600mA 过载最长持续 2min） DCmA（直流毫安）介于 0.01～400mA（600mA 过载最长持续 2min）
∿ INSULATION	电阻介于 0.01MΩ～2GΩ，1587 型选用 50V、100V、250V、500V（默认）和 1000V 电源进行绝缘测试，1577 型选用 500V（默认）和 1000V 电源进行绝缘测试，关闭仪表后，最后一次选择的高压设置值仍会保留在内存中，在绝缘测试时，按蓝色按钮可激活仪表的 "平稳化" 功能

表 2-5 仪表按钮功能说明

按 钮	说 明
HOLD	该按钮可冻结显示值,再按一次释放显示屏,当读数改变时,显示屏会自动更新,仪表发出蜂鸣声,在 MIN、MAX、AVG(最小值、最大值、平均值)或 Hz(赫兹)模式下,该按钮控制显示保持。在 Insulation Test(绝缘测试)模式下,该按钮用来确定下一次您按仪表或远程探头上的 INSULATION TEST 键时启动测试锁的时间,测试锁的作用是把按钮按住,直到您再按一次 HOLD 或 INSULATION TEST 键来开锁
MINMAX	按此按钮开始记录最大值、最小值和平均值。持续按此按钮可显示最大值、最小值和平均值。按住此按钮取消 MAX、MIN、AVG(最大值、最小值、平均值)
Hz (仅1587型)	激活频率测量
RANGE	将量程模式从 Auto(自动量程模式,默认)改为 Manual Ranging(手动量程)模式。按住该按钮可返回 Auto Ranging(自动量程)模式
☼	打开或关闭背光灯,背光灯在 10min 后熄灭
INSULATION TEST	当旋转开关处于 INSULATION(绝缘)位置时,启动绝缘测试,使仪表供应(输出)高电压并测量绝缘电阻
○	蓝色按钮,其功能相当于 Shift 键,按此按钮可使用旋转开关上有蓝色标记的功能

③ 显示屏的介绍。仪表的显示屏指示符如图 2-46 所示,对应的信息说明见表 2-6。

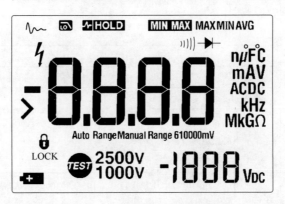

图 2-46 仪表显示屏指示符

表 2-6 仪表显示信息说明

显示图标	说 明
➕	电池低电量。指示应何时更换电池,当显示此符号时,背光灯按钮被禁止以延长电池寿命。警告:为了避免因读数出错导致触电或人身伤害,当显示电池低电量指示符时,应尽快更换电池
🔒 LOCK	表示下一次您按下仪表或远程探头上的 INSULATION TEST 键时,测试锁将被投入使用,测试锁的作用是将按钮按住,直到再按一次 HOLD 或 INSULATION TEST 键

续表

显示图标	说 明
>	符号,或大于符号
⚡	危险电压警告,表示在输入端检测到30V或更高电压(交流或直流取决于旋转开关的位置)当在 $\tilde{V}$ $\tilde{v}$ $m\tilde{v}$ 开关位置上,OL显示在显示屏上,以及 batt 显示在显示屏上时,同样会出现该指示符,当绝缘测试正在进行,或处于Hz模式时,此符号也会出现
∿	平稳化功能被启用。平稳化功能是利用数字过滤消除快速变化的输入值的显示波动,仅1587型仪表的绝缘测试可使用平稳化功能,有关平稳化功能的更详细信息,请参阅开机通电选项
LoΩ	表示选择了AC(交流)电压的低通滤波功能
∿ HOLD	表示Moto Hold(自动保持)功能已启用
HOLD	表示Display Hold(显示保持)功能已启用
MIN MAX MAX MIN AVG	表示已经使用 MINMAX 按钮选择了最小读数、最大读数或平均数
·))))	已选择连通性测试功能
▶⊦ (仅1587型)	已选择二极管测试功能
nF,μF,℃, °F,AC,DC, Hz,kHz,Ω, kΩ,MΩ,GΩ	测量单位
8.8.8.8	主显示
V_{DC}	直流电压
1888	辅显示
Auto Range Manual Range 610000mV	显示当前使用的量程挡
2500V 1000V	绝缘测试所用的电源电压额定值:50/100/250/500(默认)或1000V(1587型)。500(默认)和1000V量程挡(1577型)
TEST	绝缘测试指示符,当施加绝缘测试电压时该符号会显示在显示屏上
batt	出现在主显示位置,表示电池电量过低,不足以可靠运行,更换电池之前仪表不能使用。当主显示位置出现此符号时, ➕ 也会显示
bat	出现在辅显示位置,表示电池电量过低,不足以运行绝缘测试,在更换电池之前, INSULATION TEST 按钮被禁用,如把旋转开关转到其他任何功能挡,该信息消失
OL	表示超出量程范围的数,当检测到开路的热电偶时,也会出现此符号

续表

显示图标	说　　明
LEAd	测试导线警告,当您将开关调至或移开mA位置时,该信息将会短暂显示在显示屏上,并且仪表发出一声蜂鸣声
diSc	仪表不能将电容放电
EPPr Err	EEProm 数据无效,请将仪表送修
CAL Err	校准数据无效,请校准仪表

④ 仪表输入端子的介绍。仪表的输入端子如图 2-47 所示,对应的端子功能说明见表 2-7。

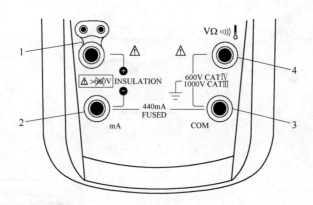

图 2-47　仪表输入端子

表 2-7　仪表输入端子功能说明

按钮序号	说　　明
1	+用于绝缘测试的输入端子
2	-用于绝缘测试的输出端子。用于 400mA 以内的 AC(交流)和 DC(直流)毫安测量以及电流频率测量
3	用于绝缘测试以外的所有测量的公共(返回)端子
4	用于电压、连通性、电阻、二极管、电容、电压频率及温度(仅 1587 型)测量的输入端子

3. 基本测量操作步骤

在将测试导线与电路或设备连接时,在连接带电导线之前先连接公共(COM)测试导线;当拆下测试导线时,要先断开带电的测试导线,再断开公共测试导线。

① 测量交流和直流电压。交流和直流电压的测量方法如图 2-48 所示。

② 测量温度。仪表可以测量设备随附的 K 型热电偶的温度,按"RANGE"键可以在摄氏度(℃)和华氏度(℉)之间切换。为了避免损坏仪表或其他设备,尽管仪表的额定值为-40~537℃,仪表所带的 K 型热电偶的额定值却为 260℃。要测量该量程以外的温度,请使用额定值更高的热电偶。温度的测量方法如图 2-49 所示。

③ 测量电阻。电阻的测量方法如图 2-50 所示。

④ 测量电容。电容的测量方法如图 2-51 所示。

⑤ 连通性测试。连通性测试是利用蜂鸣器的声音来表示电路导通。当检测到短路(电阻值 25Ω 以下),蜂鸣器发出蜂鸣声。为了避免仪表或被测试设备损坏,测试连通性之前,必须先切断电路电源并把所有高压电容器放电。连通性的测试方法如图 2-52 所示。

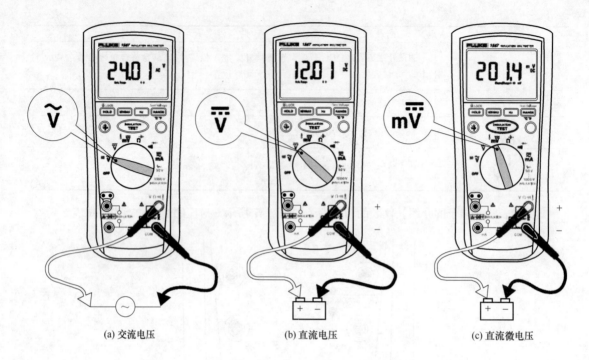

图 2-48 交流和直流电压测量方法

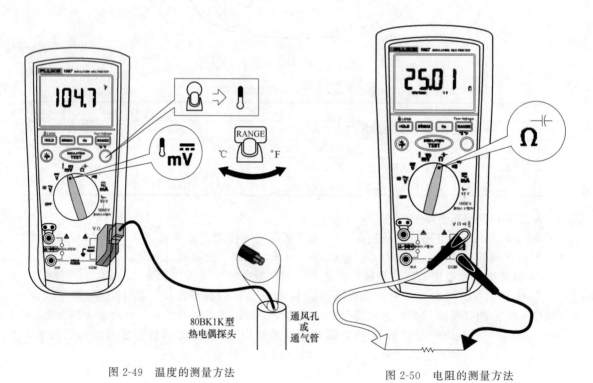

图 2-49 温度的测量方法

图 2-50 电阻的测量方法

⑥ 二极管测试。二极管的测试方法如图 2-53 所示。

⑦ 测量交流或直流电流。为了避免人身伤害或损坏仪表，务必遵守以下事项。

a. 当开路电势至搭铁点之间的电压超过 1000V 时，切勿尝试在电路上测量电流。

b. 测量电流之前，先检查仪表的熔断丝。

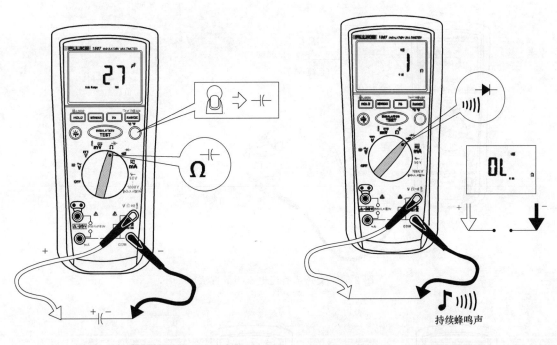

图 2-51 电容的测量方法　　图 2-52 连通性的测试方法

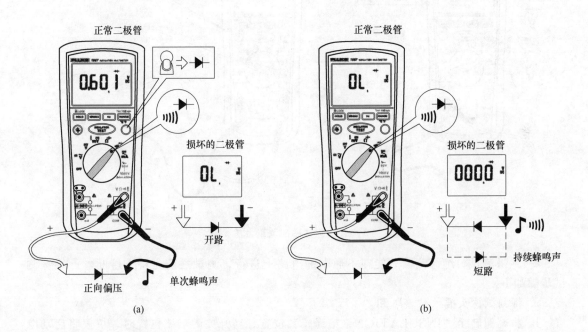

图 2-53 二极管的测试方法

c. 测量时应使用正确的端子、开关位置和量程。

d. 当导线插在电流端子的时候，切勿把探头与任何电路并联。

电流测量方法如下：关闭（OFF）被测电路的电源，断开电路，将仪表以串联的方式接入，再启动（ON）电源，如图 2-54 所示。

⑧ 测量频率。频率测量方法如图 2-55 所示。

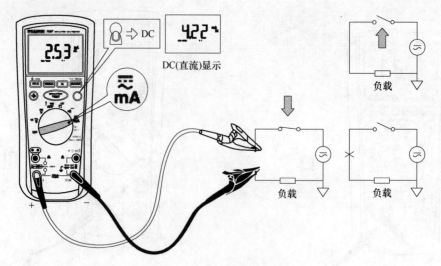

图 2-54 交流或直流电流测量方法

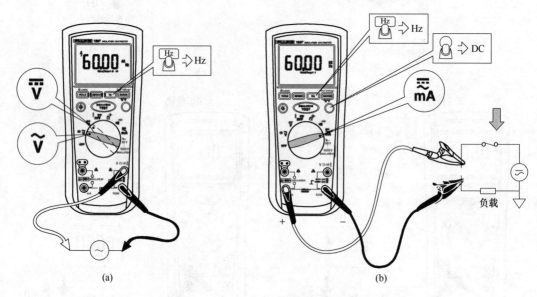

图 2-55 频率的测量方法

⑨ 绝缘测试。绝缘测试只能在不通电的电路上进行。测试之前先检查熔断丝。绝缘测试步骤如下。

a. 将测试探头插入"+"和"-"端子。

b. 将旋钮转至"INSULATION（绝缘）"位置。当开关调至该位置时，仪表将启动电池负载检查。如果电池未通过测试，显示屏下部将出现"电池"符号，在更换电池前不能进行绝缘测试。

c. 按"RANGE"选择电压。

d. 将探头与待测的电路连接。仪表会自动检查电路是否通电。

e. 主显示位置显示"----"直到按下 INSULATION TEST 按键，此时将获取一个有效的绝缘电阻读数。

f. 如果电路电源超过30V（交流或直流），主显示区显示超过30V以上警告，同时，显示高压符号，测试被禁止，必须立即关闭电源。

绝缘测试方法如图 2-56 所示。

五、手摇绝缘电阻表的使用

1. 接线柱的功能说明

如图 2-57 所示，手摇绝缘电阻表有三个接线柱，上方两个较大的接线柱上分别标有"搭铁"（E）和"线路"（L），在上方较小的一个接线柱上标有"保护环"（或"屏蔽"）（G）。

① E 端。搭铁端，接被测设备的接地部分或外壳。

② L 端。接线端，接被测设备的导体部分。

③ G 端。保护环，主要用于电力电缆绝缘电阻的测量。

2. 开路和短路试验

① 使 L、E 两接线柱处于断开状态，摇动绝缘电阻表，指针应指向"∞"。

② 将 L 和 E 两个接线柱短接，慢慢地转动，指针应指在"0"处。

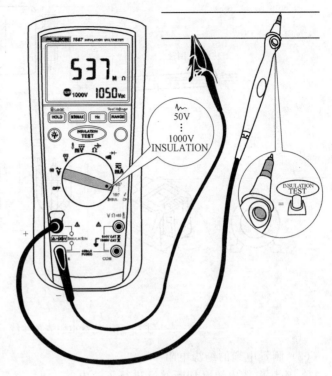

图 2-56 绝缘测试方法

若这两项都满足要求，说明绝缘电阻表是好的。

3. 绝缘电阻的测量方法

（1）测量电动机的绝缘电阻

① 确认电动机电源已切断并已进行了设备放电，如图 2-58（a）所示。

② 将绝缘电阻表 E 接线柱接机壳（即搭铁），L 接线柱接到电动机某一相的绕组上，如图 2-58（b）所示。确认引线没有相互绞在一起。

③ 实际使用中，E、L 两个接线柱也可以任意连接，即 E 可以与接被测物相连接，L 可以与接地体连接（即搭铁），但 G 接线柱决不能接错。

④ 将绝缘电阻表放在水平位置，并用力按住绝缘电阻表顺时针摇动手摇柄，观察转速表，使其保持在约 120r/min 后匀速摇动，当转速稳定表的指针也稳定后，指针所指示的数值即为电动机该相线缆的对地绝缘电阻值。

⑤ 对被测物放电。

图 2-57 手摇绝缘电阻表接线柱功能

注意：在绝缘电阻表的摇把未停止转动和被测物未放电前，不可用手去触及被测物的测量部分或拆除导线，以防触电。不能将绝缘电阻表的 L 端和 E 端直接短接放电。

⑥ 拆下电表的连接。

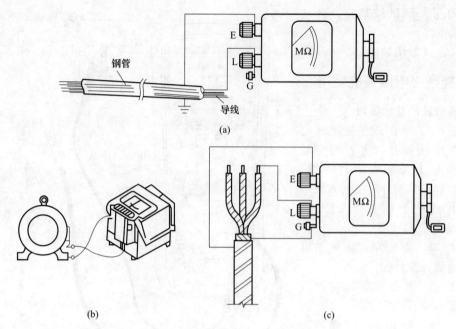

图 2-58 绝缘电阻表的接线方法

(2) 测量电缆的绝缘电阻

① 确认电缆电源已切断并已进行了放电。

② 将接线柱 E 与电缆外壳相连接，接线柱 L 与线芯连接，同时将接线柱 G 与电缆外壳、芯之间的绝缘层相连接，如图 2-58（c）所示。

③ 将绝缘电阻表放在水平位置，并用力按住绝缘电阻表顺时针摇动手摇柄，观察转速表，使其保持在约 120r/min 后匀速摇动，当转速稳定表的指针也稳定后，指针所指示的数值即为被测线缆的绝缘电阻值。

④ 对被测物放电。

⑤ 拆下电表的连接。

六、故障诊断仪的使用

以北汽新能源诊断仪为例。

北汽新能源汽车采用 BDS 故障诊断系统，将诊断软件安装在电脑终端上，通过通信电缆（诊断盒子）与车载 OBD 诊断座连接，与车辆的控制模块通信进行故障诊断，如图 2-59 所示。

1. 软件运行环境

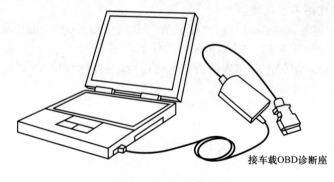

图 2-59 BDS 连接方式

① 硬件要求：笔记本式计算机，台式机，PAD，系统盘空间不小于 5G，内存不小于 1G。

② 操作系统：Windows XP SP3，Windows 7 和 Windows 8，暂不支持 Windows RT。

③ 网络要求：本软件需要在线激活和网络下载，务必保证连接 Internet 正常。

④ 安装条件：Windows 登录

账户必须是管理员身份。

2. 软件下载与安装

① 在北汽指定的网址进行软件下载与软件安装后,将安装文件"BDS setup.exe"复制到所要安装的电脑中。

② 双击即可选择软件安装。具体操作根据电脑"安装向导"的提示进行,如图 2-60 所示。

③ 安装结束后(图 2-61),按"结束"键,进入 BDS 诊断系统启动界面,如图 2-62 所示。

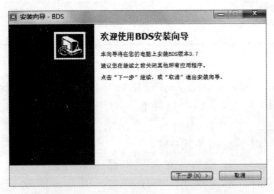

图 2-60 BDS"安装向导"开始界面

图 2-61 BDS"安装向导"完成界面

④ 软件启动成功后,进入 BDS 主界面,显示如图 2-63 所示。

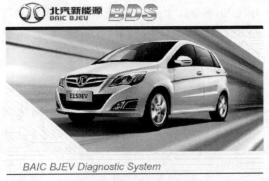

图 2-62 BDS 启动界面

图 2-63 BDS 主界面

3. 软件功能说明

BDS 软件功能说明见表 2-8。

表 2-8 BDS 软件功能说明

功能图标	功能介绍	功能描述
🏠	主界面	BDS 汽车无线诊断系统主界面,介绍和描述产品性能和品牌
🚗	汽车智能诊断系统	汽车无线诊断系统的核心功能,它提供了简易而专业的汽车综合诊断功能,包括读 ECU 信息、故障码分析、数据流分析、数据流冻结帧、元件执行、电脑编程、匹配、设定和防盗等功能

续表

功能图标	功能介绍	功能描述
	系统设定	汽车无线诊断系统的系统设定功能,它提供多种功能操作模式,连接方式,米制、英制单位切换和语言选择功能等功能,从而丰富用户体验
	软件管理	产品软件管理,用于甄别汽车诊断软件的版本信息,以便客户升级软件;用于客户管理汽车诊断车型软件;用于注册客户信息,以加强客户的安全性,以及客户打印测试报告时显示客户信息
	系统退出	安全退出 BDS 系统

4. 注册、激活与升级

① 注册。第一次使用 BDS 无线诊断诊断系统时,必须填写完整的客户信息,以便记录客户基本信息,加强客户与厂家联系,以及时共享厂家资源,增加客户对产品的使用安全,方便客户投诉和反馈建议,从而提高客户满意度。如图 2-64 所示,产品未注册时,BDS 系统中不包括车型软件,客户需先激活产品,即可以下载相关软件。

② 激活。在激活产品或进行软件升级时,都是采用 USB 模式,因此,需确定 USB 连接和网络是否正常工作。激活操作请根据电脑提示进行。

③ 软件升级。进行软件升级时,需采用 USB 模式,因此,需确定 USB 连接和网络是否正常。升级操作请根据电脑提示进行。

5. 诊断操作

① 将诊断盒子连接到汽车的 OBD 诊断座,连接完后,电源指示灯会亮。固定的 SSID 为 UCANDAS,如果现场 WiFi 自动连接没有成功,可手动设置 WiFi 连接到 UCANDAS,WiFi 连接成功后,无线图标会点亮,如图 2-65 所示。

图 2-64 BDS 注册界面

② 启动 BDS 系统软件,显示 BDS 诊断主界面,如图 2-66 所示。

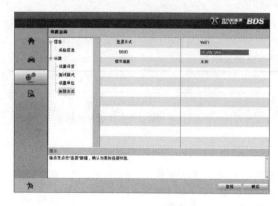

图 2-65 BDS 连接界面

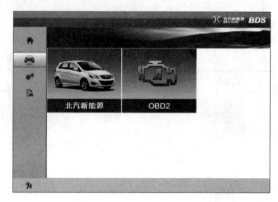

图 2-66 BDS 诊断主界面

③ 单击汽车诊断图标,BDS 进入车型诊断程序界面,如图 2-67 所示。
④ 选择需要的车型图标,单击软件版本,进入对应车型诊断程序界面,如图 2-68 所示。

图 2-67　BDS 车型诊断程序界面

图 2-68　BDS 对应车型诊断程序界面

⑤ 下载结束后,按"确定"键,进入车辆信息选择界面,如图 2-69 所示。
⑥ 点击车辆信息,进入快速测试界面,如图 2-70 所示。

图 2-69　BDS 车辆信息选择界面

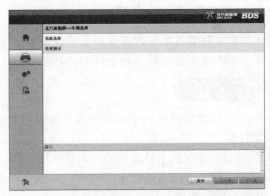

图 2-70　BDS 快速测试界面

⑦ 点击"快速测试",进入车辆系统选择界面,如图 2-71 所示
⑧ 点击要测试的系统,进入车辆系统功能选择界面,如图 2-72 所示。界面显示"故障码""数据流"和"特殊功能"三个可选择的系统功能。

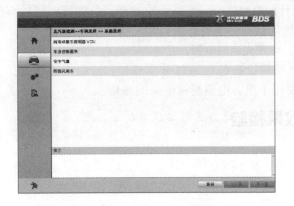

图 2-71　BDS 车辆系统选择界面

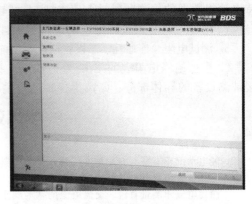

图 2-72　BDS 车辆系统功能选择界面

⑨ 点击要进行的系统功能（如点击"故障码"），进入下一级功能选择界面，如图 2-73 所示。界面显示"读取故障码""清除故障码"和"故障码冻结帧数据"三个可选择的功能。

⑩ 点击选择需要完成的功能（如点击"读取故障码"），屏幕将显示相应车辆系统存储的故障码，如图 2-74 所示。

图 2-73　BDS 故障码功能界面　　　　　　图 2-74　BDS 故障码显示

其他功能测试操作方法与读取故障码相似，可参照执行。

七、能力提升训练考核

在充分学习本学习任务相关知识的基础上，小组学员边查阅技术资料边完成相应的工作单（见本书配套的教学资源包中"技能学习工作单 4"）。

1. 绝缘是指用不导电的物质（绝缘材料）将导电体隔离或包裹起来，以对触电起保护作用的一种安全措施。

2. 绝缘拆装工具必须装有耐压 1000V 以上的绝缘柄。

3. 纯电动汽车维修中使用的检测仪表有数字万用表、绝缘电阻表、数字高流钳、高压电池维修诊断仪、故障诊断仪等。

4. 绝缘电阻表选用时，规定绝缘电阻表的电压等级应高于被测物的绝缘电压等级。

5. 由于驱动系统的导线（如逆变器与电动机之间）存在较大的交变电流，必须使用钳型电流表进行间接测量。

6. 通常动力电池维修与诊断仪支持高压动力电池的放电、电池单元维修等操作，并支持电池组数据的检测和通过 USB 进行车型软件的升级。

7. 绝缘工具必须按规定定期进行绝缘性能的试验，不符合试验要求的，禁止使用。

8. 测试电阻、连通性、二极管或电容之前，必须先切断电源，并将所有的高压电容器放电。

9. 手摇绝缘电阻表的 E 端为搭铁端，接被测设备的接地部分或外壳；L 端为接线端，接被测设备的导体部分；G 端为保护环，主要用于电力电缆绝缘电阻的测量。

学习效果检验

一、简答题

1. 纯电动汽车有哪些专用维修工具和检测仪器？各类型仪器的功能是什么？
2. 绝缘拆装工具有哪些使用注意事项？
3. 简述电流钳测量直流、交流电流的基本操作步骤。
4. 叙述用绝缘测试仪测量绝缘电阻的基本操作步骤。
5. 叙述用摇表测量绝缘电阻的基本操作步骤。

二、单项选择题

1. 纯电动汽车用数字万用表应符合CAT（　　）安全级别的要求。
   A. Ⅰ　　　　　　B. Ⅱ　　　　　　C. Ⅲ　　　　　　D. Ⅳ
2. 测量额定电压在500V以下的设备或线路的绝缘电阻时，可选用（　　）绝缘电阻表。
   A. 200V或500V　　　　　　　　B. 500V或1000V
   C. 1000V或1500V　　　　　　　D. 2500V或5000V
3. 汽车诊断仪器通常具备的检测功能是（　　）。
   A. 读取清除故障码　　　　　　B. 读取数据流
   C. 执行元件动作测试　　　　　D. 以上都正确
4. FLUKE 1503是（　　）。
   A. 绝缘测试仪　　B. 万用表　　C. 故障诊断仪　　D. 绝缘拆装工具
5. ED400是（　　）品牌使用的诊断仪。
   A. 北汽新能源　　B. 江淮汽车　　C. 荣威汽车　　D. 比亚迪汽车
6. 以下不能进行绝缘电阻测试的是（　　）。
   A. 数字式万用表　　　　　　　B. 手摇绝缘电阻表
   C. 高压绝缘测试仪　　　　　　D. 故障诊断仪
7. 数字电流钳的至600A挡位为（　　）。
   A. 直流电流　　B. 直流电压　　C. 交流电流　　D. 交流电压
8. 测试（　　）之前，必须先切断电源，并将所有的高压电容器放电。
   A. 电压　　　　B. 电流　　　　C. 电阻　　　　D. 以上均需要
9. 仪表以及使用手册上，"警告"代表（　　）。
   A. 可能损坏仪表　　　　　　　B. 可能导致人身伤害或死亡的危险情况和行为
   C. 可能造成数据丢失　　　　　D. 可能损坏被测元件
10. 仪表上的"AC"表示（　　）。
    A. 平均值　　　B. 直流　　　C. 交流　　　D. 电压
11. 下图中，测量交流电压，应选择（　　）挡。

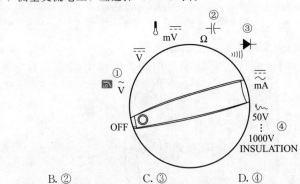

    A. ①　　　　　B. ②　　　　　C. ③　　　　　D. ④
12. 下图中，测量电容，应选择（　　）挡。

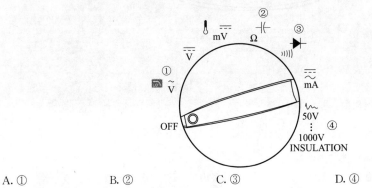

    A. ①　　　　　B. ②　　　　　C. ③　　　　　D. ④
13. 下图中，测量导通性，应选择（　　）挡。

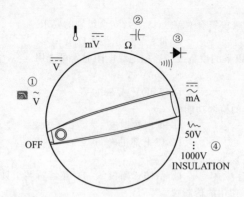

A. ①　　　　　　B. ②　　　　　　C. ③　　　　　　D. ④

14. 下图中，测量绝缘电阻，应选择（　　）挡。

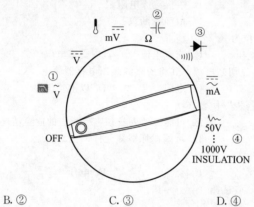

A. ①　　　　　　B. ②　　　　　　C. ③　　　　　　D. ④

15. 下图中，测量绝缘电阻时，输入表笔（红表笔）和输出表笔（黑表笔）与绝缘电阻测试表的连接方法为（　　）。

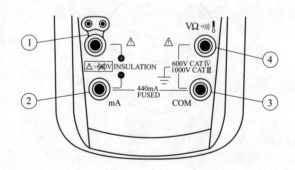

A. 红表笔①、黑表笔②　　　　　　B. 红表笔①、黑表笔③
C. 红表笔④、黑表笔②　　　　　　D. 红表笔④、黑表笔③

16. 绝缘电阻表的"L端"表示（　　）。
A. 搭铁端　　　B. 接线端　　　C. 保护环　　　D. 公共端

17. 用摇表测量电缆绝缘电阻时，接线柱G（　　）。
A. 接电缆外壳　　B. 接线芯　　C. 接绝缘层　　D. 空置

三、多项选择题

1. 下列仪器中，（　　）能够进行绝缘测试。
A. 数字式万用表　　B. 绝缘电阻表　　C. 绝缘测试多用表　　D. 耐压测试仪

2. 良好的绝缘材料具有（　　）等作用。

A. 散热冷却　　　　B. 机械支撑　　　　C. 储能　　　　　　D. 防霉

3. 对摇表进行开路和短路试验时,满足下列(　　)时,说明绝缘电阻表是好的。

A. 使 L、E 两接线柱处于断开状态,摇动绝缘电阻表,指针应指向"∞"。

B. 将 L 和 E 两个接线柱短接,慢慢地转动,指针应指在"0"处。

C. 使 L、E 两接线柱处于断开状态,摇动绝缘电阻表,指针应指向"0"。

D. 将 L 和 E 两个接线柱短接,慢慢地转动,指针应指在"∞"处。

4. 用摇表测量电动机的绝缘电阻时,需要用到(　　)接线柱。

A. E 和 L　　　　B. L 和 G　　　　C. G 和 L　　　　D. E、L 和 G

5. 用摇表测量电动机的电缆绝缘电阻时,需要用到(　　)接线柱。

A. E 和 L　　　　B. L 和 G　　　　C. G 和 L　　　　D. E、L 和 G

四、判断题

1. 测量额定电压在 500V 以上的设备或线路的绝缘电阻时,可选用 500V 或 1000V 绝缘电阻表。(　　)

2. 数字电流钳不能测量直流电流。(　　)

3. 绝缘工具必须按规定定期进行绝缘性能的试验,不符合试验要求的,禁止使用。(　　)

4. 使用测试导线时,手指应保持在保护装置后面。(　　)

5. 在使用数字式绝缘测试仪时,当拆下测试导线时,要先断开带电的测试导线,再断开公共测试导线。(　　)

6. 进行绝缘电阻测量前,必须确认被测线路电源已切断并已进行了设备放电。(　　)

7. 绝缘电阻测试完成后,为了快速放电,可将绝缘电阻表的 L 端和 E 端直接短接放电。(　　)

8. 绝缘电阻表选用时,规定绝缘电阻表的电压等级应高于被测物的绝缘电压等级。(　　)

9. 一般情况下,测量低压电气设备绝缘电阻时可选用 0~200MΩ 量程的绝缘电阻表。(　　)

10. 钳型电流表可以测试高压直流电流。(　　)

学习任务五　电源系统检修

纯电动汽车的电源系统包括动力电池、辅助储能装置、辅助电池、蓄电池管理系统等。电动汽车维修人员必须充分熟悉所维修电动汽车电源系统的结构特点,并熟练掌握动力电池的检测、安装、连接、使用、维护及电源系统常见故障及检修方法,才能采取正确的方法进行电动汽车电源系统的维修。

通过本任务的学习,应该具备以下能力。

(1) 能够正确描述纯电动汽车储能装置种类。

(2) 能够正确描述纯电动汽车蓄电池种类。

(3) 能够正确解释蓄电池的各项性能指标。

(4) 能够正确描述我国动力电池应用状况。

(5) 能够正确描述纯电动汽车用动力电池的种类及其结构原理、特点及应用。

(6) 能够正确描述纯电动汽车辅助储能装置的种类及各类型储能装置的特点。

(7) 能够正确描述蓄电池管理系统的功能及组成。

(8) 能够规范地进行电源系统的使用与维护。

(9) 能够规范地进行电池容量测试。

(10) 能够规范地进行动力电池的安装、连接。

(11) 能够初步进行 BMS 和电池组常见故障检修。

(12) 能够注意培养劳动保护意识、安全与环保意识和团队协作意识。

相关知识学习

一、电源系统认识

1. 纯电动汽车储能装置种类

纯电动汽车储能装置存储的能量一方面为电动汽车的驱动电机提供电能,电动机将电源的电能转化为机械能,通过驱动传动装置或直接驱动车轮工作;另外还为汽车其他电力设备提供必要的电能。

应用于纯电动汽车电能源的储能装置有蓄电池、超级电容、飞轮电池等,目前应用较多的是蓄电池和超级电容两种。

2. 纯电动汽车蓄电池种类

纯电动汽车所需要的理想能源应该满足以下要求。

① 持续稳定的大电流放电,能够保证汽车保持一定的行驶速度。

② 有短暂大电流放电的能力,保证汽车在加速、上坡时有足够的动力。

③ 能一次性提供足够的能源,保证汽车有一定的行驶里程。

通过几十年的努力,符合上述条件的新型电池不断地被研制出来,并且涵盖物理电池、生物电池和化学电池三大类。

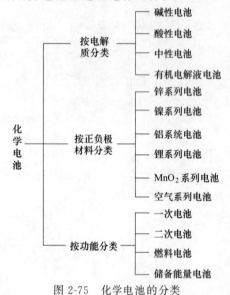

图 2-75 化学电池的分类

物理电池是指利用物理原理制成的电池,其特点是能在常温常压条件下进行能量转换,如太阳能电池、超级电容和飞轮电池等;生物电池是利用生物酶、微生物或叶绿素做成的电池,如微生物电池、生物太阳能电池;化学电池是一种直接把化学能转化为电能的电池。目前世界上研发的纯电动汽车电池最成功的就是化学电池。化学电池因选用材料、电池的工作性质和储能方式的不同可分为三大类,而这三大类又可具体细分为很多小类,如图 2-75 所示。

目前,应用于纯电动汽车的动力电池主要有铅酸蓄电池、镍氢电池、锂电池、锌空气电池和石墨烯电池等。

3. 化学电池基本结构

化学电池一般由电极(正极、负极)、电解质、隔膜和容器(外壳)四部分组成,如图 2-76 所示。电极是电池的核心部分,一般由活性物质和导电骨架组成。所谓活性物质,是指能够通过化学变化释放出电能的物质,如铅酸蓄电池负极板上的铅为活性物质,燃料电池质子交换膜上的氢为活性物质。导电骨架主要起传导电子和支撑活性物质的作用。单个电池或电池组上常标有"+""−"符号,这是指示电池的正极端和负极端,便于使用者分辨和外电路接线,以免接错。

电解质通常为固体或液体,液体电解质常称为电解液,一般是酸、碱、盐的水溶液;固体电解质一般为盐

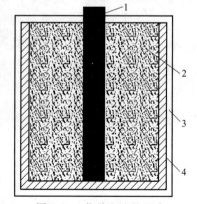

图 2-76 化学电池的组成
1—正极;2—电解质;3—外壳;4—负极

类，由固体电解质组成的电池称为干电池。

4. 我国动力电池应用状况

表 2-9 列出了目前我国部分新能源汽车车型动力电池配备情况。

表 2-9 目前我国部分新能源汽车车型动力电池配备情况

车型名称	电池类型	电池容量/(kW·h)	工况续驶里程/km
北汽 EV150 二代	三元锂	30	200
北汽 EV200	三元锂	30.4	245
北汽 ES210	三元锂	38	210
奇瑞 eQ	三元锂	22.3	200
江淮 iEV4	磷酸铁锂	19.2	152
江淮 iEV5	三元锂	23.3	200
上汽 E50	磷酸铁锂	18	120
比亚迪 e6 2015 款	磷酸铁锰锂	63.4	260
腾势 2014 款	磷酸铁锂	47.5	253
吉利知豆	三元锂	15.1	150
启辰晨风	锰酸锂	24	175
长安逸动 EV	三元锂	26	200
众泰芝麻 E30	三元锂	16	150
众泰云 100	三元锂	18	155

二、动力电池的性能指标

1. 电压（V）

（1）电动势　电池正极和负极之间的电位差，通常用符号 E 表示。

（2）开路电压　电池在开路时的端电压，一般开路电压与电池的电动势近似相等。

（3）额定电压　电池在标准规定条件下工作时应达到的电压。

（4）工作电压（负载电压、放电电压）　在电池两端接上负载后，在放电过程中显示出的电压。

（5）终止电压　电池在一定标准所规定的放电条件下放电时，电池的电压将逐渐降低，当电池再不宜继续放电时，电池的最低工作电压称为终止电压。

放电曲线是指在一定的放电条件下连续放电时电池的工作电压随时间的变化曲线，如图 2-77 所示。在曲线图上可以表征出电池放电过程的变化情况，同时也可通过放电曲线计算出放电时间和放电容量。放电时率小者，其工作电压下降速度快，终止电压低，放电时间短，影响电池的实际使用效果。工作电压下降速度慢，往往能输出较多的能量。工作电压的变化速度有时也称作"放电曲线的平稳度"。

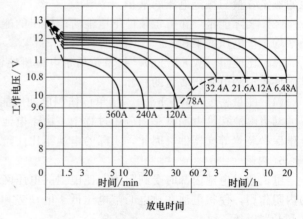

图 2-77　不同电流情况下的放电曲线

2. 电池容量（A·h）

（1）理论容量　根据蓄电池活性物质的特性，按法拉第定律计算出的最高理论值，一般用质量容量 A·h/kg 或体积容量 A·h/L 来表示。

说明： 这里所说的法拉第定律指的是法拉第第一定律，即在电极界面上发生化学变化物质的质量与通入的电量成正比。

(2) 实际容量　在一定条件下所能输出的电量，等于放电电流与放电时间的乘积。

(3) 标称容量（公称容量）　用来鉴别电池适当的近似安时值。由于没有指定放电条件，因此，只标明电池的容量范围而没有确切值。

(4) 额定容量（保证容量）　按一定标准所规定的放电条件，电池应该放出的最低限度的容量。

(5) 荷状态（SOC）　荷电状态（SOC）是指电池容量的变化，是电池在一定放电倍率下，剩余电量与相同条件下额定容量的比值。SOC=1 即表示电池为充满状态。随着蓄电池放电，蓄电池的电荷逐渐减少，此时可以用 SOC 的百分数的相对量来表示蓄电池中电荷的变化状态。一般蓄电池放电高效率区为（50%~80%）SOC。对 SOC 精确的实时辨识，是电池管理系统的一个关键技术。

(6) 放电深度（DOD）　放电容量与额定容量的百分比，与 SOC 之间存在如下关系

$$DOD = 1 - SOC$$

放电深度的高低对二次电池的使用寿命有很大影响，一般情况下，二次电池常用的放电深度越深，其使用寿命就越短，因此在电池使用过程中应尽量避免二次电池深度放电。

3. 功率（W、kW）

在一定的放电制度（放电条件）下，电池在单位时间内所输出的能量称为电池的功率。电池的功率决定纯电动汽车的加速性能。电池的功率常用比功率和功率密度来表示。

(1) 比功率（W/kg）　指单位质量电池所能发出的电功率。

(2) 功率密度（W/L）　指单位体积电池所能发出的电功率。

4. 能量（W·h、kW·h）

电池能够输出的电能量称为电池能量。电池的能量决定纯电动汽车的行驶距离。蓄电池能量具体有以下指标。

(1) 标称能量　在标准规定放电条件下，电池所能够输出的能量。电池的标称能量是电池的额定容量与额定电压的乘积。

(2) 实际能量　在一定条件下电池所能输出的能量。电池的实际能量是电池的实际容量与平均工作电压的乘积。

(3) 比能量（W·h/kg）　指单位质量电池所能输出的能量。电池的质量包括电池本身结构件质量和电解质质量的总和。

(4) 能量密度（W·h/L）　指单位体积电池所能输出的能量。

动力电池在纯电动汽车的应用过程中，由于电池组安装需要配备电池箱、连接线、电流电压保护装置等元器件，因此，实际的电池组比能量较电池比能量低 20% 以上。

5. 内阻

电流通过电池内部时受到阻力，使电池的电压降低，此阻力称为电池的内阻。由于电池的内阻作用，使得电池在放电时端电压低于电动势和开路电压。在充电时的端电压高于电动势和开路电压。

6. 寿命

蓄电池的工作是一个不断充电和放电的循环过程，按一定的标准规定放电，当电池的容量降低到某一个规定值以前，就要停止继续放电，然后就需要充电才能继续使用。在每一个循环中，电池中的化学活性物质，要发生一次可逆性的化学反应。随着充电和放电次数的增加，电池中的化学活性物质会发生老化变质，逐渐削弱其化学功能，使得电池的充电和放电的效率逐渐降低，最后电池丧失全部功能而报废。

电池的寿命即从开始使用到报废所经历的时间，常用循环次数和使用年限来表示。

（1）循环次数　从蓄电池开始第一次充电到报废时所经历的充/放电次数称为循环次数，也称为循环寿命。蓄电池的循环次数与电池的充电和放电的形式、电池的温度和放电深度有关，放电深度浅时，有利于延长电池的寿命。特别是电池在纯电动汽车上的使用环境，包括电池组中各个电池的均衡性、安装、固定方式、所受的振动和线路的安装等，都会影响电池的工作循环次数。

（2）使用年限　从蓄电池开始使用到报废所经历的年数。

7. 放电制度

放电制度就是电池放电时所规定的各种条件，主要包括放电电流（速率）、终止电压等。

（1）放电电流　放电电流即电池放电时电流的大小。放电电流通常用放电速率来表示，放电速率即电池放电的快慢，也称放电率。放电率有时率和倍率两种表示方法。

① 时率（也称小时率）。时率是以放电时间表示的放电率，即电池以一定的放电电流放电直到电池的电压降低到终止电压时（放完电池额定容量）所经过的时间。时率常用 C/n 来表示，其中，C 为额定容量，n 为放电电流。时率也称为小时率，例如，电池的额定容量为 50A·h，以 5A 电流放电，则时率为 50A·h/5A＝10h，称为电池以 10h 率放电。从计算方法可见，放电率所表示的时间越短，所用的放电电流越大。

② 倍率。倍率指电池在规定的时间内放出其额定容量所输出的电流值，它在数值上等于额定容量的倍数。例如，3 倍率放电，其表示放电电流的数值是额定容量数值的 3 倍，若电池的容量为 15A·h，则放电电流应为 3×15＝45（A）。

当放电电流大于或等于额定容量的数值时，该放电电流值用倍率表示；若放电电流小于额定容量数值时，该放电电流值用时率表示。蓄电池的额定容量常用 "C" 来表示，则放电率用在 C 前加系数表示。例如：2 倍率，即 $2C$，其放电电流值为额定容量电流值的两倍，而额定容量约 0.5h 放完；2 小时率，即 $0.5C$，其放电电流值为额定容量电流值的 1/2，而额定容量约 2h 放完电。

（2）终止电压　终止电压值与电池材料直接相关，并受到电池结构、放电率、环境温度等多种因素影响。一般来说，由于低温大电流放电时，电极的极化大，活性物质不能充分利用，电池的电压下降较快。因此，在低温或大电池（高倍率）放电时，终止电压可规定得低些；小电流放电时，电极的极化小，活性物质能够得到充分利用，终止电压可规定得高些。

8. 自放电率

自放电率指电池在存放时间内，在没有负荷的条件下自身放电，使得电池容量损失的速度。自放电率用单位时间（月或年）内电池容量下降的百分数来表示。

9. 不一致性

电池的不一致性是指同一规格、同一型号的单体电池组成电池组后，在电压、内阻及其变化率、荷电量、容量、充电接受能力、循环寿命、温度影响、自放电率等参数方面存在的区别。在现有的电池技术水平下，纯电动汽车必须使用多块单体电池构成电池组来满足使用要求。由于不一致性的影响，动力电池组在纯电动汽车上使用的性能指标往往达不到单体电池原有水平，使用寿命可能缩短数倍甚至十几倍，严重影响纯电动汽车的性能和应用。

10. 成本

电池的成本与电池的技术含量、材料、制作方法和生产规模有关，目前新开发的高比能量的电池成本较高，使得纯电动汽车的造价也较高，开发和研制高效、低成本的电池是纯电动汽车发展的关键。

除上述主要性能指标外，还要求电池无毒性，对周围环境不会造成污染或腐蚀，使用安全，有良好的充电性能和充电操作方便，耐振动，无记忆性，对环境温度变化不敏感，易于调整和维护等。

说明：电池记忆效应是指电池长期不彻底充电、放电，易在电池内留下痕迹，即电池对日常的充、放电幅度形成记忆，日久就很难改变这种模式，不能再做大幅度充电或放电，从而使用电池的容量降低的现象。

目前电池技术的瓶颈则在于如何造出容量大（满电可以连续行驶400km以上）、体积小、重量轻、价格低的电池，以及如何实现快速充电。

三、铅酸蓄电池

1. 种类

正极板活性物质为二氧化铅，负极板活性物质为铅，以酸溶液为电解质的蓄电池称为铅酸蓄电池。

根据电池使用环境，铅酸蓄电池分为移动式和固定式两种。固定式铅酸蓄电池由于体积和质量较大，一般仅用于不间断电源、位置相对固定的场所；纯电动汽车上使用的蓄电池均为移动式。

根据电池的作用，铅酸蓄电池可分为启动型、牵引型两种类型。启动型铅酸蓄电池一般作为汽车的辅助低压电源使用；牵引型铅酸蓄电池容量相对较大，可深度充/放电，比能量较高，适合作为汽车的主动力电源。

根据结构原理，铅酸蓄电池有开口式（普通式）、阀控密封式（VRLA）、胶体式、双极性密封式、水平式、卷绕式及超级蓄电池等。

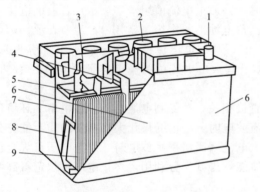

图2-78 铅酸蓄电池的基本结构
1—正极柱；2—加液孔盖；3—负极柱；4—穿壁连接；5—汇流条；6—外壳；7—负极板；8—隔板；9—正极板

2. 结构

铅酸蓄电池由正极板、负极板、隔板、电池盖、电解液、加液孔盖和外壳等组成，如图2-78所示。正、负极板浸入稀硫酸电解液中成为单格电池。每个单格电池的标称电压为2V，因此，6格串联起来成为12V蓄电池。

3. 型号

纯电动汽车使用的动力电池型号为××V-××A·h。例如12V-120A·h，前面部分表示铅酸蓄电池的标称直流电压，后面部分表示铅酸蓄电池的标称容量。

4. 工作原理

蓄电池中发生的化学反应是可逆的。铅酸蓄电池正极板上的活性物质是二氧化铅（PbO_2），负极板上是海绵状的纯铅（Pb），电解液是硫酸水溶液（H_2SO_4）。当蓄电池和负载接通放电时，正极板上的PbO_2和负极板上的Pb都将转变成$PbSO_4$，电解液中的硫酸浓度减少，相对密度下降。当蓄电池接通直流电源充电时，正、负极板上的$PbSO_4$又将恢复成原来的PbO_2和Pb，电解液中的硫酸浓度增加，相对密度增大。

（1）放电过程 将蓄电池的化学能转换成电能的过程称为放电过程。如图2-79（a）、(b) 所示，放电前，正极板上PbO_2电离为正四价铅离子（Pb^{4+}）和负二价氧离子（O^{2-}），Pb^{4+}附着在正极板上，O^{2-}进入电解液中，使正极板具有2.0V的正电位。负极板上的Pb电离为正二价铅离子（Pb^{2+}）和两个电子（$2e^-$），Pb^{2+}进入电解液中，e^-留在负极板上，使负极板具有-0.1V的负电位。这样正负极板之间就有了电位差，这个电位差为

2.1V。放电时，在 2.1V 的电位差作用下，电流从正极流出，经过负载流回负极。

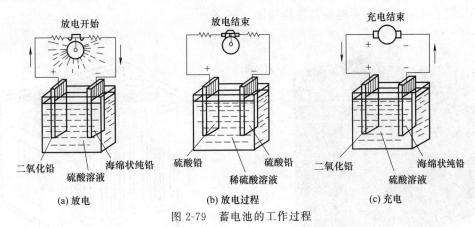

图 2-79 蓄电池的工作过程

理论上，放电过程将进行到负极板上的活性物质全部转变为 $PbSO_4$ 为止。但实际上，由于电解液不能渗透到活性物质最内层，因此所谓完全放电的蓄电池事实上只有 20%～30% 的活性物质转变为 $PbSO_4$。要提高活性物质的利用率，就必须增大活性物质与电解液之间的反应面积。目前常用采用薄型极板和增大活性物质的孔率的措施来达到目的。

（2）充电过程　将电能转换成化学能的过程称为充电过程。充电时，蓄电池接直流电源，如图 2-79（c）所示，在电场力作用下，电流从蓄电池正极流入，负极流出。在负极板处有少量的 $PbSO_4$ 进入电解液中，离解为 Pb^{2+} 和 SO_4^{2-}。Pb^{2+} 在电源的作用下获得两个 e^- 变为金属 Pb，沉附在极板上。而 SO_4^{2-} 则与电解液中的 H^+ 结合，生成 H_2SO_4。在正极板处也有少量 $PbSO_4$ 进入电解液中，离解为 Pb^{2+} 和 SO_4^{2-}，Pb^{2+} 在电源作用下失去两个 e^- 变为 Pb^{4+}，它又和电解液中水离解出来的 OH^- 结合，生成 $Pb(OH)_4$，$Pb(OH)_4$ 又分解为 PbO_2 和 H_2O，而 SO_4^{2-} 又与电解液中的 H^+ 结合生成 H_2SO_4。由此可见，在充电过程中，正、负极板上的 $PbSO_4$ 将逐渐恢复为 PbO_2 和 Pb，电解液中 H_2SO_4 成分逐渐增多，水逐渐减少。

5. 常用动力铅酸蓄电池

应用于纯电动汽车的动力铅酸蓄电池主要有阀控免维护铅酸蓄电池（Valve Regulated Lead Acid Battery，VRLA）、胶体铅酸蓄电池、水平式蓄电池与双极式蓄电池四种。

（1）VRLA　免维护型蓄电池是指在使用寿命期限内，除要保持表面清洁外，不需其他维护的蓄电池。这与它自身的结构特点密切相关。

① 采用低锑合金或铅钙合金做极板栅架。因为栅架含锑少或不含锑，提高了氢在蓄电池负极、氧在正极析出的低电位，从而有效地保存了蓄电池中的水分，也有效地减少了蓄电池的自放电，这使得蓄电池在使用过程中不需要补加蒸馏水。

② 采用密封式隔板。这样就可以有效地避免正极板上活性物质的脱落，延长蓄电池的使用寿命。

③ 采用内装式密度计。从密度计指示器指示的不同颜色，可以判断蓄电池的存电状态及液面高度。

④ 采用安全通气装置（阀控装置）。这使得蓄电池可避免其内部硫酸气与外部的火花直接接触，防止爆炸。另外，通气塞处还装有催化剂（钯），可把氢气和氧气催化化合成水，重新流回到蓄电池中，从而保持了水分。

⑤ 采用穿壁式连接条。这种连接方式可以减小蓄电池的内阻,提高蓄电池的容量。车用阀控免维护铅酸蓄电池的结构如图 2-80 所示。

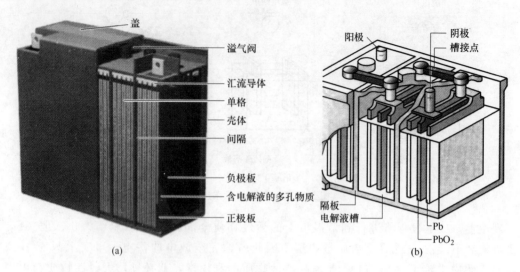

图 2-80　车用阀控免维护铅酸蓄电池结构

(2) 胶体型蓄电池　胶体型蓄电池是指其电解液是由稀的硫酸钠溶液和硅酸溶液混合成胶状物质的蓄电池。这种蓄电池因为其电解液的流动性不强,所以在储存、保管、运输及使用过程中都比较安全,但其容量与普通蓄电池相比有所降低。

(3) 水平式蓄电池与双极式蓄电池　水平式蓄电池是极板为水平安置的电池,其结构如图 2-81 (a) 和 (b) 所示。双极式蓄电池是将原蓄电池的隔板去掉,正、负极板合一,一面涂正极板活性物质,另一面涂负极板活性物质,如图 2-81 (c) 所示。据报道,英国一家公司用钛化合物作电极制成的铅酸蓄电池比能量达到 60W·h/kg,几乎接近镍氢、锂电池的比能量。如果在技术上突破的话,价格低廉的铅酸蓄电池会大力推动纯电动汽车的推广和普及。

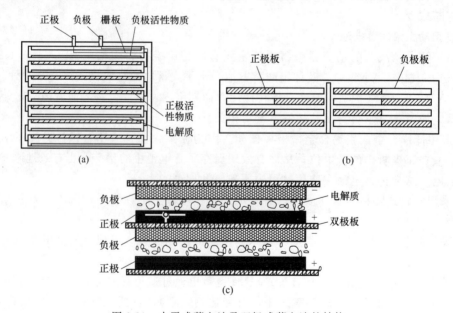

图 2-81　水平式蓄电池及双极式蓄电池的结构

6. 特点及应用

（1）优点

① 电压高。单体电压为2.0V，在常用蓄电池中，仅次于锂电池。

② 价格低廉。

③ 常量范围大。可制成小至1A·h大至几千安时的各种尺寸和结构的蓄电池。

④ 高倍率放电性能好。可用于发动机启动。

⑤ 高低温性能良好。可在-40~60℃条件下工作。

⑥ 电能效率高。可达60%。

⑦ 易于浮充使用，没有记忆效应。

⑧ 易于识别荷电状态。

（2）缺点

① 比能量低。在纯电动汽车中所占的质量和体积较大，一次充电行驶里程短。

② 使用寿命短，使用成本高。

③ 充电时间长。

④ 存在铅污染。

（3）应用

铅酸蓄电池作为纯电动汽车的动力源，虽有许多不足，但由于其技术成熟，可大电流放电，适用温度范围宽和无记忆效应等性能上的优点，以及原材料易于获取和价格远低于镍氢和锂离子等高能电池，目前仍然在纯电动汽车中有较多有应用，主要应用于低速、低成本的电动车辆。除电动自行车外，在部分低速短途电动汽车领域有广泛的应用，如电动微型车、电动高尔夫车、电动叉车等，主要是阀控式密封铅酸电池。

早期生产的纯电动汽车大多采用铅酸蓄电池，如五十铃Eif Resort、大发Hijet Van、铃木奥拓、富士Samber EV等。低速纯电动汽车多采用VRLA，如山东时风纯电动汽车即采用10块GD04B铅酸动力电池串联成的电池组，额定电压为60V。采用铅酸动力电池的典型纯电动乘用车代表是风靡一时的美国通用汽车公司的纯电动汽车EV-1。我国株洲时代集团公司研发的TEG6120EV-2型电动大客车采用水平铅酸电池为动力电源，工作电压为384V。

四、镍氢电池

镍氢电池属于碱性电池。碱性电池也称为碱性干电池、碱性锌锰电池、碱锰电池，是锌锰电池系列中性能最优的品种。适合纯电动汽车用的动力碱性电池为可充电池，是以氢氧化钾（KOH）水溶液为电解液的二次电池的总称。

根据极板活性物质材料的不同，蓄电池可分为锌银蓄电池、铁镍蓄电池、镍镉蓄电池和镍氢蓄电池等。一般情况下，电解液中的KOH不直接参与电极反应，这是碱性蓄电池有别于铅酸蓄电池的一大特点。相对于铅酸蓄电池，碱性蓄电池具有能量密度高、机械强度高、工作电压平稳、功率密度大的特点，是产业化生产的纯电动汽车用动力电池的主体，也是至今量产的电动汽车中应用量最大的电池种类。现阶段在纯电动汽车辆上应用的碱性电池是镍氢电池。

镍氢蓄电池是以镍化合物（通常为氢氧化镍）为正极板活性材料，以储氢合金为负极板材料（活性物质为氢），电解质是水溶性氢氧化钾（有时为提高某些性能而混合一定量的氢氧化锂）。

1. 结构

镍氢电池的正极是由球状氢氧化镍粉末与添加剂钴等金属、树脂和黏合剂等制成的涂膏，用自动涂膏机涂在正极板上，然后经过干燥处理成发泡的氢氧化镍正极板。在正极材料

Ni(OH)$_2$中添加 Ca、Co、Zn 或稀土元素，对稳定电极的性能有明显的改进。采用高分子材料作为黏合剂或用挤压和轧制成的泡沫镍电极，并采用镍粉、石墨等作为导电剂时，可以提高大电流时的放电性能。

镍氢电池的负极是储氢合金，要求储氢合金能够稳定地经受反复的储气和放气的循环。储氢合金是一种允许氢原子进入或分离的多金属合金的晶格基块，用钛-钒-锆-镍-铬（Ti-V-Zr-Ni-Cr）五种基本元素，并与钴、锰等金属元素烧结的合金，经过加氢、粉碎、成形和烧结成负极板。储氢合金的种类和性能，对镍氢电池的性能有直接的影响。负极在充电或放电过程中既不溶解，也不再结晶，电极不会有结构性的变化，在保持自身化学功能的同时，还保证本身的机械坚固性。储氢合金一般需要进行热处理和表面处理，以增加储氢合金的防腐性能，这有利于提高镍氢电池的比能量、比功率和使用寿命。

镍氢电池的基本单元是单体电池，每个单体电池都由正极板、负极板和装在正极板和负极板之间的隔板组成，其外形有圆形和方形两种，如图 2-82 所示。每节电池的额定电压为 13.2V（充电时最大电压 16.0V），然后将电池按使用要求组合成不同电压和不同容量镍氢电池总成（电池组），如图 2-83 所示。镍氢电池比能量达到 70W·h/kg，能量密度达到 165W·h/L，比功率在 50% 的放电深度下为 220W/kg，在 80% 的放电深度下为 200W/kg。可以大幅提高纯电动汽车的动力性能。

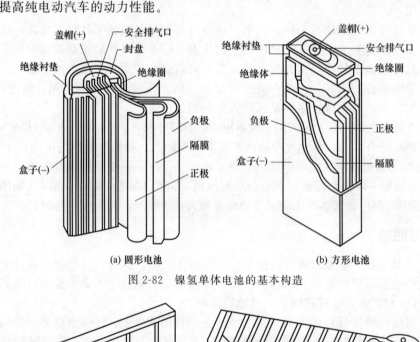

图 2-82 镍氢单体电池的基本构造

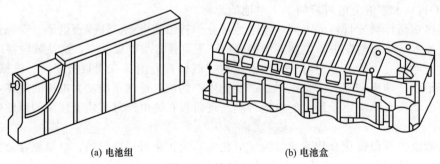

图 2-83 镍氢电池组

2. 工作原理

如图 2-84 所示，电池充电时，水在电解质溶液中分解为氢离子（H$^+$）和氢氧离子（HO$^-$），H$^+$ 被负极吸收，负极从金属转化为金属氢化物（吸附氢）；HO$^-$ 被正极吸收，氢氧化镍转化为亚氢氧化镍。在放电过程中，H^+离开了负极，HO^-离开了正极，H^+和HO^-在电解质氢氧化钾中结合成水并释放电能。

3. 特点

（1）优点

① 比功率高。比功率可达到200W/kg，是铅酸电池的2倍，能够提高车辆的启动性能和加速性能。目前商业化的镍氢功率型电池已经达到1350W/kg。

② 比能量高。镍氢电池的标称

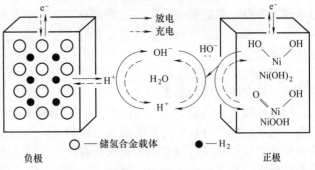

图2-84　镍氢电池在碱性电解液中进行反应的模型

电压为1.2V，比能量可达到70～80W·h/kg，有利于延长纯电动汽车的行驶里程。

③ 寿命长。在80%的放电深度下，循环寿命可达到1000次（或10年）以上，是铅酸电池的3倍。100%放电深度循环寿命也在500次以上。

④ 无重金属污染。镍氢电池中没有Pb和Cd等重金属元素，不会对环境造成污染。

⑤ 耐过充过放。有高倍率的放电特性，短时间可以3C放电，瞬时脉冲放电率很大。镍氢电池的过充电和过放电性能好。

⑥ 可以快速充电。在15min内可充60%的容量，1h内可以完全充满，应急补充充电的时间短。

⑦ 无记忆效应。故可以随充随放。

⑧ 使用温度范围宽。正常使用温度范围为-30～55℃；存储温度范围为-40～70℃。

⑨ 安全性好。短路、挤压、针刺、安全阀工作能力、跌落、加热、耐振动等安全可靠性试验无爆炸、燃烧现象。采用全封闭外壳，可以在真空环境中正常工作。

（2）缺点

① 电池组单体电池数量多。镍氢单体电池电压为1.2V，所以为满足需要的工作电压，构成电池组的单体电池数量较多。

② 充电过程中容易发热，对环境温度变化敏感。高温状态下使用，会降低电池的性能，影响电池的寿命。

③ 安全性差。在充电后期会产生大量的氧气，如果安全阀不能及时开启，会有发生爆炸的危险。

④ 自放电损耗大。电池组在使用过程中各个单体电池的均匀性（不一致性）较差，特别是在高速率、深放电的情况下，各个单体电池之间的容量和电压差比较明显，不利于存放。

⑤ 成本高。成本为铅酸蓄电池的5～8倍。

4. 应用

汽车动力电池组经常处于充电、放电状态，而且充电、放电是不规则地进行的，这对电池的寿命带来严重的影响。松下电池公司，用模拟混合动力汽车行驶工况对镍氢电池进行仿真试验，证实镍氢电池的特性在行驶中几乎不发生变化，镍氢电池用于混合动力汽车是比较合适的，但也有将其应用于纯电动汽车上的，如日本丰田汽车公司的RAV4EV配置动力电池组由24节12V的镍氢电池组成，总电压为288V。

五、锌空气电池

锌空气电池属于空气电池。空气电池是指用氧气作正极的活性物质，常用金属作负极的活性物质，电解质为碱性（KOH）的一种二次电池。

因为作负极的金属材料可选性很多，所以空气电池的种类也很多，一般以选作负极材料的金属名为电池名的第一个字，后面加空气电池即为电池名，如：用锌作负极的空气电池即叫锌空气电池，用铝作负极材料的称为铝空气电池。因为锌材料易得，价格不高，故锌空气电池产品较多。

1. 结构

锌空气电池的结构如图 2-85 所示。其中图 2-85（b）为空气极板的放大图。由该图可知，空气极板由四层组成：一为隔离层；二为催化剂层，是表面改性的活性炭或炭黑材料；三为集电层，用导电良好的金属网和塑料制成；四层为空气扩散层，用纤维素做扩散纸，催化剂层和空气扩散层之间有用聚四氟乙烯树脂做的含水层。成品的锌空气电池由一组单体电池串联而成，车载锌空气动力电池组还包括空气流通保障系统和电池组热管理系统，确保动力电池组能够长期稳定运转。空气流通保障系统调节进入锌空气电池正极的空气量，当不使用电池时可以自动切断空气。热管理系统主要是用来保证锌空气电池组能够可靠工作。

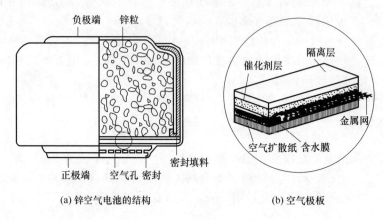

图 2-85 锌空气电池的结构

锌空气电池的充电和其他电池的概念不一样，这里的"充电"，就是把已经发生过化学反应生成氧化锌的锌粒清除出来，重新填入锌粒而已，方法简单，时间不长。车载锌空气动力电池组通常采用机械式充电模式，即用变换锌板或锌粒电解质的办法。更换下来的氧化锌在专门的工厂进行回收和处理，实现锌的再循环。这种特殊的"充电"一般换一次仅需数分钟时间，如更换一块 20kg 的电池组仅需 1min 40s。因此，只要在公路沿线设置锌板或锌粒箱以及电解质容器匣的机械式整体更换站，其效果如同现在内燃机汽车的加油站，可为车主提供很大的便利。

2. 工作原理

如图 2-86 所示，锌空气电池以锌（Zn）为负极，空气电极为正极（活性物质为氧气），以 KOH 溶液为电解质。锌空气电池的化学反应与普通碱性电池类似，在特殊催化剂的作用下，当电池放电时，锌摄取输送炭块内从空气中吸附到的氧气，锌和氧气发生化学反应生成氧化锌（ZnO）。

锌空气电池实际上是一种半蓄电池半燃料电池。首先，负极活性物质同锌锰、铅等蓄电池一样

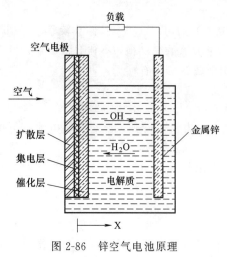

图 2-86 锌空气电池原理

封装在电池内部,具有蓄电池的特点;其次,正极活性物质来自电池外部的空气中所含的氧,理论上有无限容量,是燃料电池的典型特征。

正、负极之间发生的化学反应是不可逆的,不像其他形式的碱性电池,没有充电过程,反应过的物质要清除掉,所以锌金属的消耗量较大。单体锌空气电池的工作电压为1.1~1.4V。

3. 分类

锌空气电池根据其充电的方式以及在纯电动汽车及其他领域上应用的特点可分为三类,即直接再充式锌空气电池、机械充电式锌空气电池和注入式锌空气电池。

(1) 直接再充式锌空气电池　直接再充式锌空气电池是直接对锌空气电池的锌电极充电,在此过程中,锌在碱性溶液中的电化学活性很大,同时热力学性质不稳定,充电产物锌酸盐在强碱溶液中的溶解度较高,容易出现电极变形、枝晶生长、自腐蚀及钝化等现象,从而导致电极逐渐失效。另外,空气电极可逆性差,在大气环境中电解液容易碳酸化,且电解液受空气湿度的影响较大。当空气相对湿度较低时,电池将损失水分,导致电解液不足/电池失效;当空气相对湿度较高时,电解液变稀,导电率降低,还有可能淹没气体电极的催化层,降低电极活性,从而导致电池失效。因此,直接再充式锌空气电池的应用受到了一定的限制。但新研制的可再充式锌空气电池已经达到100次以上的循环寿命。

(2) 机械充电式锌空气电池　鉴于直接再充式锌空气电池存在的问题,根据锌空气电池的放电特征及自身的特点,可以采用机械式充电。机械式充电是指在电池完全放电后,将电池中用过的锌电极取出,换入新的锌电极,或者将整个电池组进行完全更换,整个过程控制在较短的时间内(3~5min)。该方式对普及锌空气电池电动汽车辆非常有利。使用过的锌电极或锌空气电池可以在专门的锌回收利用工厂进行回收再加工,实现绿色环保无污染生产。

(3) 注入式锌空气电池　注入式锌空气电池的基本原理与机械充电式锌空气电池相似,本质上都是更换锌极活性物质。该种电池是将配制好的锌膏源源不断地通过挤压或压力输送送入电池内,同时将反应完毕的混合物抽取到电池外,这样在纯电动汽车上应用时,电池系统只需携带盛放锌膏的燃料罐,燃料罐加注足够的锌膏燃料就可实现车辆的连续行驶。

4. 特点

(1) 优点

① 比能量大。锌空气电池的理论比能量为1350W·h/kg,实际比能量为180~230W·h/kg;能量密度为230W·h/L。

② 充电时间短。采用机械充电模式,充电时间只需几分钟。

③ 性能稳定。单电池有良好的一致性,可以深度放电,电池容量不受放电强度和温度的影响,可以在-20℃~80℃的环境条件下工作。放电时不产生压力,没有气体生成,可以实现密封免维护,便于电池组能量管理。

④ 安全性好。即使外部遇到明火、短路、穿刺、撞击等情况,也不会发生燃烧、爆炸。

⑤ 环保。电池正极采用活性炭、铜网,负极采用金属锌,没有使用一些有毒害的物质。

⑥ 可再生利用。锌电极使用完后,可通过再生还原得到再次使用。

⑦ 充电方便。由于锌空气电池的充电主要是更换极板,所以极板的再生可以集中进行。极板的分发可以像商店那样布点,不必建立专用的充电站。这不但可以节约大量先期投资,而且给用户带来很多方便。

(2) 缺点

① 比功率低。由于锌空气电池能量释放的速度比较慢,所以其比功率较低,对纯电动汽车的动力性有一定的影响。

② 有吸水性。锌空气电池对空气湿度非常敏感,如果湿度相对发生变化,电池的特性也会发生相应变化。锌空气电池的临界相对湿度约为60%,如果偏离过高就会严重影响电

池的使用效果。经研究，如果湿度小于60%，电池会失去水分，大于60%时水分又会过多，电池可能出现泄漏。

③ 需定期清洁。随空气进入的二氧化碳将会与电解质（KOH）发生化学反应，使电解液酸化，生成碳酸（或亚碳酸）盐在电极上结晶，降低阴极性能，并会有堵塞空气通路的危险。

5. 应用

锌空气电池多应用于纯电动商用车上，如德国研发的锌空气电池邮政车，采用了以色列电燃料有限公司开发的锌空气电池。美国 Dreisback Electromotive 公司开发的锌空气电池，已在公共汽车和总重9t的货车上使用。德国奔驰汽车公司的 MB410 型电动厢式车，标准总质量为4000kg，采用150kW·h的锌空气电池。瑞典斯德哥尔摩市的电动货车、电动客车和电动服务车辆上，采用的锌空气电池能量密度为180W·h/kg，功率密度为100W·h/L，续驶里程为350～425km。国内部分厂家已经在注入式锌空气电池方面开展了多年的研究工作，并且在部分电动汽车辆上进行了实验性装车测试。2010年，应用于北京市的电动大客车和环卫车，并投入市公交和环卫系统进行试验。

六、锂电池

以锂化合物为正极板活性材料，以石墨等为负极板材料，以无水有机物为电解质的电池称为锂离子蓄电池，简称锂电池。

锂电池自20世纪90年代问世以来，就以其能量密度高、循环寿命长、无记忆效应、环保性好等优点成为动力电池应用领域研究的热点。目前，锂电池已经成为纯电动汽车用动力电池的主体。

根据锂电池所用电解质材料不同，锂电池可分为液态锂电池（LIB）和聚合物锂电池（LIP）两大类。这两种锂电池的正负极材料是相同的，基本原理也相似。

锂离子电池的正极材料有很多种，主要有钴酸锂、锰酸锂、镍酸锂、三元材料（镍、钴、锰）、磷酸铁锂等，相应的名称为钴锂电池、锰锂电池、铁锂电池（简称铁电池）等，用三元材料为正极的电池则称为三元锂电池。

1. 结构

锂电池内部主要由正极、负极、电解质及隔膜组成，正负极及电解质材料上不同及工艺上的差异使电池有不同的性能，尤其是正极材料对电池的性能影响最大。

锂电池有方形和圆柱形两种，如图2-87和图2-88所示。

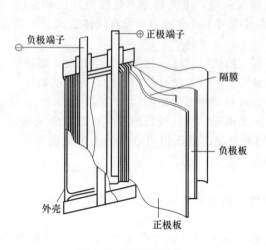

图 2-87 方形锂电池

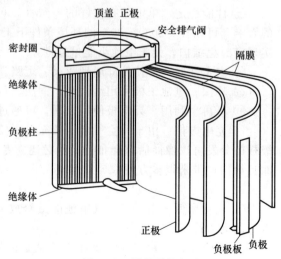

图 2-88 圆柱形锂电池

（1）正极材料　液态锂电池的正极材料具有能使锂离子较为容易地嵌入和脱出，并能同时保持结构稳定的一类化合物，即嵌入式化合物。目前被用来制作电极材料的嵌入式化合物均为过渡金属氧化物，如锰酸锂、磷酸铁锂、钴酸锂、镍钴锰锂等。

（2）负极材料　液态锂电池的负极材料采用碳材料，主要有石墨、微珠碳、石油焦、碳纤维、裂解聚合物和裂解碳等。石墨锂离子电池碳材料中应用最早、研究最多的一种，其具有完整的层状晶体结构，这种层状结构有利于锂离子的脱嵌，能与锂形成锂—石墨层间化合物，是一种性能较好的锂离子电池负极材料。正在研究的负极材料还有氧化物材料和金属合金类材料。

（3）电解质　液态锂电池的电解质为液态，其溶剂为无水有机物。

（4）隔膜　隔膜的作用是关闭或阻断通道。所谓关闭或阻断作用，是指电池出现温度上升时，阻塞或阻断作为离子通道的细孔，使电池停止充放电反应，从而有效防止因外部短路等引起的过大电流而使电池产生异常发热现象。隔膜通常采用聚烯多微孔膜，如 PE、PP 或复合膜。

（5）外壳　外壳采用钢或铝材料，盖体组件具有防焊断电的功能。在外壳上设置有安全阀（排气阀），当电池内气压过高时，安全阀打开（破裂），以释放气体，防止电池破裂。

聚合物锂电池又称为高分子锂电池，属第二代锂电池。聚合物锂电池由多层薄膜组成，第一层为金属箔集电极，第二层为负极，第三层为固体电解质，第四层为正极，第五层为绝缘层。负极采用高分子导电材料、聚乙炔、人造石墨、聚苯胺或聚对苯酚等。正极采用 $LiCoO_2$、$LiNiO_2$、$LiMn_2O_4$ 和 $Li(CFSO_2)_2$ 等，电解质为胶体电解质，如 $LiPF_6$、有机碳酸酯混合物等。

2. 基本原理

如图 2-89 所示，充电时，锂离子从正极脱嵌经过电解质嵌入负极，负极呈富锂状态，正极处于贫锂状态，同时电子的补偿电荷从外电路供给到负极，保持负极的电平稳。放电时则相反，锂离子从负极脱嵌，经过电解质嵌入到正极，正极呈富锂状态，负极处于贫锂状态。锂电池在充电时，正极中的锂离子通过聚合物隔膜向负极迁移，在放电过程中，负极中的锂离子通过隔膜向正极迁移，锂电池就是因锂离子在充/放电时来回迁移而命名的。

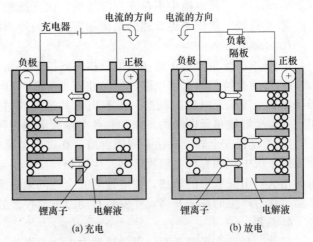

图 2-89　锂电池的工作原理示意图

3. 特点

由于锂电池有多个种类，各类锂电池的特点有所差异，具体性能指标比较见表 2-10。尽管各类锂电池性能有所不同，但总体上表现以下特点。

（1）优点

① 单体电压高。钴酸锂电池的单体电压为 3.6V，锰酸锂电池的单体电压为 3.7V，磷酸铁锂电池的单体电压为 3.2V，比镍氢电池和铅酸电池高数倍。

② 比能量高。比能量高达 150W·h/Kg，是镍氢电池的 2 倍，是铅酸电池的 4 倍，因此重量是相同能量的铅酸电池的 1/4～1/3；体积小，能量密度高达到 400W·h/L，体积是铅酸电池的 1/3～1/2。

表 2-10 各类锂电池的性能指标比较

指标	三元材料电池		磷酸铁锂(LFP)	锰酸锂(LMO)	钴酸锂(LCO)
	镍钴铝(NCA)	镍钴锰(NCM)			
克容量/(m·A·h/kg)	160～190	160～190	130	90	145
电压平台/V	3.7	3.6	3.2	3.8	3.7
现阶段比能量/(W·h/kg)	≥180	160～180	120～130	130～150	150～180
循环寿命	≥2000次	≥2000次	≥2000次	500～800次	≥1000次
工作高温/℃	-30～65	-30～65	-20～75	-20～45	-20～80
成本	低	低	高	最低	较高
材料资源	钴资源缺乏	钴资源缺乏	丰富	丰富	钴资源缺乏
综合性能	优	优	良	差	良
优点	高能量密度，低温性能好	电化学稳定，循环性能好	高安全性，循环寿命长	锰资源丰富，价格较低，安全性好	充放电稳定，生产工艺简单
缺点	高温性能差，安全性差，生产技术门槛高	用到部分金属钴，价格昂贵	低温性能较差	能量密度低，电解质相溶性较差	钴价格高，循环寿命较低

③ 循环寿命长。循环次数可达 1000 次（10 年以上或 20 万公里）。以容量保持 60% 计，电池组 100% 充/放电循环次数可以达到 600 次以上，使用年限可达 3～5 年，寿命约为铅酸电池的两到 3 倍。

④ 自放电率低。每月自放电仅为 6%～8%，远低于其他类型的动力电池。

⑤ 无记忆效应。可以随时随地进行充电。

⑥ 无污染。锂电池中不存在有毒物质，因此被称为"绿色电池"。

⑦ 重量轻。提供了更合理的结构和更美观的外形的设计条件、设计空间和可能性。

(2) 缺点

① 成本高。主要是正极材料的价格高，按单位瓦时的价格来计算，高于铅酸蓄电池。

② 必须有特殊的保护电路，以防止过充。锂离子电池存在快速充/放电性能差的缺点，需要配备专用的充电器，以进一步解决对其过充和过放的控制和保护。对于大容量锂电池组，还需要解决单元电池的可靠性和各个单元电池之间的一致性。

③ 需设置安全阀。对钴系列锂电池，在过充电状态或内部短路时，由于电池温度升高，会导致正极中氧和有机电解质溶剂发生剧烈反应，引起电池起火甚至爆炸。随着电池单体容量的增大和串联数量的增加，锂电池的安全性问题更为突出，需要用安全阀来防止电解液受高温汽化后产生的高压升高，并安装自动温度监控装置进行过充电保护。

4. 应用

目前，全球汽车制造商应用的锂动力电池主要为三大代表种类，即以特斯拉为代表的镍钴铝酸锂电池（钴酸锂电池）、以比亚迪为代表的磷酸铁锂电池和以日本汽车为代表的锰酸锂电池。如日产的 Leaf 即采用 48 个电池单元组成层叠式紧凑型锂电池组，提供超过 90kW 的输出功率。另外，三菱的 i-MiEV、雪佛兰 VOLT 等电动汽车均采用锂电池。

七、石墨烯电池

石墨烯电池是利用锂离子在石墨烯表面和电极之间快速大量穿梭运动的特性，开发出的一种新能源电池。这种新的电池可把数小时的充电时间压缩至短短不到一分钟。分析人士认为，未来一分钟快充石墨烯电池实现产业化后，将带来电池产业的变革，从而也将促使新能源汽车产业的革新。

目前石墨烯的研究总体上分两块：一是在传统锂电池上进行应用，目的是改进、提升锂电池的性能,这类电池不会产生颠覆性的影响;二是依据石墨烯制造一个新体系的电池,它是一个崭新的系列,在性能上是颠覆性的,称作"超级电池"。目前研发的石墨烯电池仍属于锂电池系列。

石墨烯的微观构造,是一个由碳原子所组成的网状结构(图2-90)。因为具有极限的厚度(只有一层原子的厚度),所以阳离子的移动所受的限制很小。同时正因为具有网状结构,由石墨烯所制成的电极材料也拥有充分的孔洞,使用石墨烯作为电池的阳极材料,其充/放电速度将是锂离子蓄电池的10倍以上。

图2-90 石墨烯材料微观结构

研究发现,将6个石墨烯电路形成串联,放在氯化铜溶液中,就可产生所需的2V电压,使LED灯发亮,如图2-91所示。

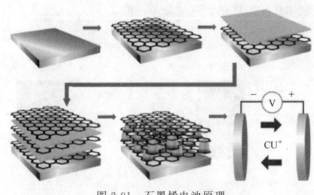

图2-91 石墨烯电池原理

专业人士的解释:铜离子具有双重正电荷,穿过溶液的速度约300m/s。因为溶液在室温下即具有一定的热能量,使铜离子产生高速运动。当离子猛烈撞入石墨烯带时,碰撞会产生足够的能量,使不在原位的电子离开石墨烯;电子可以离开石墨烯带和铜离子结合,也可以穿过石墨烯进入电路;流动的电子在石墨烯中更快,超过它穿过溶液的速度,所以电子自然会选择穿过电路。

据报道,西班牙Graphenano公司(一家以工业规模生产石墨烯的公司)同西班牙科尔瓦多大学合作研究出首例石墨烯聚合材料电池,其储电量是目前市场最好产品的三倍,用此电池提供电力的纯电动汽车最多能行驶1000km,而其充电时间不到8min。虽然此电池具有各种优良的性能,但其成本并不高。Graphenano公司相关负责人称,此电池的成本将比锂电池低77%,完全在消费者承受范围之内。此外,在汽车燃料电池等领域,石墨烯还有望带来革命性进步。

2014年12月,美国电动汽车制造商特斯拉发布了2012年停产的第一代车型Roadster的升级版,续驶里程达到644km,高出原版60%。电池技术的进步提升了特斯拉产品的性能,此前Roadster的续驶里程是393km。特斯拉CEO马斯克称,特斯拉的高性能石墨烯电池,相比目前的容量增长近70%。

八、应用于纯电动汽车的其他储能装置

1. 超级电容

超级电容属于物理电池。物理电池在储存能量、释放能量时不发生化学变化。

(1)结构原理 电容器是一种电荷的存储装置,当电源的电压作用在电容器的两端时,电源的电荷就储存在电容器中。利用电容器的这一特性在纯电动汽车上进行储能,可以提供

车辆行驶时所需的电能。超级电容也称为电化学电容器、双电层电容器，是一种新型储能装置，可以在大电流下快速充/放电，提供很大的瞬时充/放电功率，循环寿命长，工作电压和温度范围宽。超级电容的储能方式与传统电容器不同，传统电容器由电极和电介质构成，电极间的电介质在电场作用下产生极化效应而存储能量；而电化学电容器则不存在介质，它依靠电解质与电极接触界面上形成的特有双电层结构储存能量。电化学电容的容量远大于传统电容器，达到$10^3 \sim 10^4$ F。

德国物理学家亥姆霍兹（Helmholtz）在进行固体与液体界面现象的研究中发现，当导体电极插入电解液中时，导体电极即与电解液接触，由于库仑力、分子间作用力（范德华力）或原子间作用力（共价力）的作用，其表面上的静电荷将从溶液中吸引部分不规则分配的带异种电荷的离子，使它们在电极/电解质溶液界面的溶液一侧，距电极一定距离排成一排，形成一个电荷数量与电极表面剩余电荷数量相等而符号相反的界面层，从而形成一层在电极上，另一层在溶液中的两个电荷层，称为双电层，如图2-92所示。由于界面上存在一个位垒，两层电荷都不能越过边界彼此中和。双电层结构将形成一个平板电容器。

超级电容的结构如图2-93所示。多孔化电极采用活性炭粉、活性炭或活性炭纤维，电解液采用有机电解质。多孔性的活性炭有极大的表面积，在电解液中吸附着电荷，因而具有极大的电容量，并可以存储很大的静电能量。双电层电容器的充/放电过程始终是物理过程，没有化学反应，因此性能是稳定的，与利用化学反应的蓄电池是不同的。

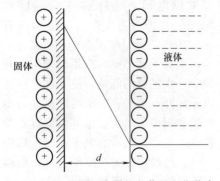

图 2-92 双电层电容器的电荷及电位分布

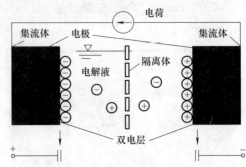

图 2-93 超级电容的结构示意图

目前主要的双层结构的超级电容主要有碳电极双层电容器、金属氧化物电极双层电容器和有机聚合物电极双层电容器。但是由于金属氧化物（氧化钌）电极电容价格高昂，有二次污染等因素，目前主要用于军事领域；而有机聚合物技术尚未成熟，因此在纯电动汽车上广泛使用的主要是碳电极超级电容。

碳电极超级电容的面积是基于多孔碳材料，该材料的多孔结构允许其表面积达到$2000 m^2/g$，通过一些措施还可以实现更大的表面积。碳电极双层电容器电荷分离开的距离是由被吸引到带电电极的电解质离子尺寸决定的，该距离比传统电容器薄膜材料所能实现的距离更小。这种庞大的表面积再加上非常小的电荷分离距离，使得超级电容器较传统电容器而言有巨大的静电容量。尽管能量密度比电池低，但是这种能量储存方式有快充、快放的特点，可以应用在传统电池难以解决的短时高峰值电流应用之中。图2-94所示为MAXWELL公司生产的超级电容外形图。

双电层电容本质上是一种静电型能量储存方式，目前已经研制出活性炭材料表面积可以达到$2000 m^2/g$，单位重量的电容量可达100F/g，并且电容的内阻还能保持在很低的水平，而碳材料还具有成本低、技术成熟等优点，使得该类超级电容在汽车上应用最为广泛。

除了用于动力驱动系统外，超级电容在汽车零部件领域也有广泛的应用。例如，未来汽车

图 2-94　MAXWELL 公司生产的超级电容外形

设计使用的 42V 电系统（转向、制动、空调、高保真音响、电动座椅等），如果使用长寿命的超级电容，可以使得需求功率经常变化的子系统性能大大提高，另外还可以减少车内用于电制动、电转向等子系统的布线，同时减少汽车子系统对电池的功率消耗，延长电池使用时间。

因为传统的蓄电池（如铅酸电池）功率密度偏低，不能满足车辆的频繁地起步、加速和制动工况的要求，而且加速时浪费了过多的能量，致使车辆的续驶里程不能满足要求。加装超级电容的车辆就可以有效地解决这一问题，即可以提供较大的驱动电流，满足车辆行驶工况，又可以节省电池的能量，延长车辆的续驶里程，同时减少了蓄电池的频繁充/放电的工作状态，提高了蓄电池的使用寿命。

（2）使用方式　超级电容和 DC/DC 变换器（斩波器）系统搭配是常用的使用方式。超级电容和蓄电池采用并联的连接方式。当用动力电池与超级电容进行组合时，所选的动力电池必须能提供高比能量，因为超级电容本身比动力电池具有更高的比功率和更高效回收制动能量的能力。由于用在纯电动汽车上的超级电容相对而言电压较低，所以需要在动力电池和超级电容之间加一个 DC/DC 功率转换器。图 2-95 所示为动力电池和超级电容复合的结构框图。

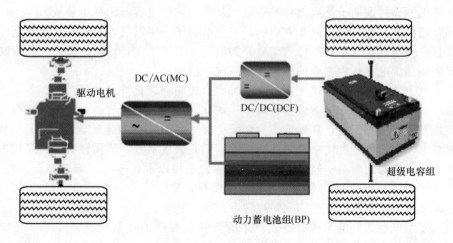

图 2-95　动力电池＋超级电容作为能量源

超级电容在正常行驶的时候，不参与工作；但当车辆进行加速或上坡时，超级电容通过 DC/DC 变换器的控制提供短期的大电流，并与蓄电池共同供电，两者再经过电动机控制器的调控，供给电动机驱动车辆。当超级电容的电压低于蓄电池的端电压时，DC/DC 变换器通过工作电路降压，使得超级超级电容达到能量饱和状态。在蓄电池急需能量时通过控制电路对超级电容能量进行升压输出到蓄电池正负端。

(3) 特点

① 充电速度快。充电 10s～10min 可达到其额定容量的 95% 以上。
② 循环使用寿命长。深度充/放电循环使用次数最高可达 50 万次。
③ 没有记忆效应。
④ 大电流放电能力超强。
⑤ 能量转换效率高。过程损失小，大电流能量循环效率≥90%。
⑥ 功率密度高。可达 300～5000W/kg，相当于电池的 5～10 倍。能量密度可达 20W·h/kg。
⑦ 环保。产品原材料构成、生产、使用、储存以及拆解过程均没有污染，是理想的绿色环保电源。
⑧ 安全。充/放电线路简单，不需要充电电路，安全系数高，长期使用免维护。
⑨ 超低温特性好。温度范围宽 -40～$+70$℃。
⑩ 检测方便。剩余电量可直接读出。
⑪ 容量范围宽。通常为 0.1～1000F。

(4) 在纯电动汽车上的应用　超级电容器由于具有比功率高、循环寿命长、充/放电时间短等优势，已成为理想的纯电动汽车的电源之一。目前，世界各国争相研究，并越来越多地将其应用到纯电动汽车上。美国能源部最早于 20 世纪 90 年代就在《商业时报》上发表声明，强烈建议发展电容器技术，并将这项技术应用于纯电动汽车上。能源部的声明使得 Maxwell 等一些公司开始进入电化学电容器这一技术领域。

日本是将超级电容器应用于混合动力电动汽车的先驱，超级电容器是近年来日本电动汽车动力系统开发中的重要领域之一。

本田的 FCX 燃料电池-超级电容混合动力汽车是世界上最早实现商品化的燃料电池轿车，该车已于 2002 年在日本和美国加州上市；日产公司于 2002 年 6 月 24 日生产了安装有柴油机、电动机和超级电容的并联混合动力卡车，此外还推出了天然气超级电容混合动力客车，该车的成本是原来传统天然气汽车 1/4～1/2 倍；日本富士重工推出的电动汽车已经使用了日立机电制作的锂离子蓄电池和松下电器制作的储能电容器的联用装置。

美国在超级电容混合动力汽车方面的研究也取得了一定进展，Maxwell 公司所开发的超级电容在各种类型电动汽车上都得到了良好的应用。美国 NASALewis 研究中心研制的混合动力客车采用超级电容作为主要的能量存储系统。

英国伦敦大学帝国理工学院正在研发一种聚合树脂和碳化纤维的复合物，首先把纳米结构的碳纤维材料制成薄片，然后成型、烘干、硬化，再把超级电容植入其间。可以通过叠加的方式，将其做成电池模块，并做成车身面板的样子，布置在车身框架之上。研究显示，这种新型材料电池的充电速度比常规电池组更快，而且强度更好，适用性更强，可以取代车身面板，从而节省电池组所需空间。这种新型电池面板可以取代车门、行李厢盖、发动机罩、车顶等。如果用这种新材料来代替传统的钢板车身，整个汽车的重量将会减少 15%。这样不仅可以减轻纯电动汽车的重量，同时也能存储更多能量。

国内以超级电容为储能系统的电动汽车的研究也取得了一系列成果。2004 年 7 月，我国首部"电容蓄能变频驱动式无轨电车"在上海张江投入试运行，该公交车利用超级电容比功率大和公共交通定点停车的特点，当电车停靠站时在 30s 内快速充电，充电后就可持续提供电能，时速可达 44km/h。哈尔滨工业大学和巨容集团研制的超级电容器电动公交车，可容纳 50 名乘客，最高速度 20km/h。2010 年上海世博会期间，在世博园内也运行了采用超级电容器驱动的电动客车。

在纯电动汽车和混合动力电动汽车辆上采用超级电容与蓄电池复合电源系统被认为是解决未来电动汽车辆动力问题的最佳途径之一。随着对电动汽车用超级电容的进一步研究和开发，超级电容-蓄电池复合电源系统在满足性能和成本要求上更具有实用性,其市场前景广阔。

2. 飞轮电池

飞轮电池就是以机械飞轮来存储能量的装置。飞轮装置发展已经比较成熟,由于其远大于化学电池的比功率和比能量,成为目前许多科研工作者的研究重点。美国飞轮系统公司(AFS)已经生产出了以克莱斯勒 LHS 轿车为原型的飞轮电池轿车 AFS20,这是一种完全由飞轮电池供电的电动汽车,它由 20 节飞轮电池驱动,每节电池直径 230mm,质量为 13.64kg,电池用市电充电需要 6h,而快速充电只需要 15min,一次充电行驶路程可达 560km,而其原型 LHS 汽油车为 520km。其加速性能也很好,0~96km/h 加速时间只需要 6.5s,其寿命超过 321 万公里。

(1) 结构原理 典型的飞轮电池结构如图 2-96 所示,其基本工作原理如图 2-97 所示,将外界输送过来的电能通过电动机转化为飞轮转动的动能储存起来,当外界需要电能的时候,又通过发电机将飞轮的动能转化为电能,输出到外部负载,而空闲运转时的损耗非常小。事实上,为了减少空闲运转时的损耗,提高飞轮的转速和飞轮储能装置的效率,飞轮储能装置轴承的设计一般都使用非接触式的磁悬浮轴承技术,而且将电动机和飞轮密封在一个真空容器内以减少风阻。

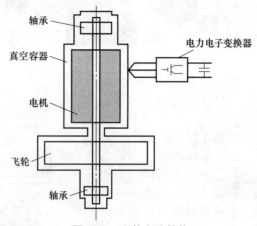

图 2-96 飞轮电池结构

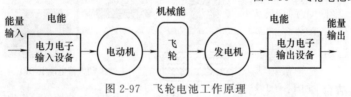

图 2-97 飞轮电池工作原理

发电机和电动机通常使用一台电动机来实现,通过轴承和飞轮连接在一起,这样,在实际常用的飞轮储能装置中,主要包括飞轮、轴、轴承、电动机、真空容器和电力电子装置,飞轮储能装置组成的示意图如图 2-98 所示。

当外部设备通过电力电子装置给电动/发电机供电时,电动/发电机就作为电动机使用,它的作用是给飞轮加速,储存能量;当负载需要电能时,飞轮给电动/发电机施加转矩,电动/发电机又作为发电机使用,通过电力电子装置给外部设备供电。在整个飞轮储能装置中,飞轮无疑是其中的核心部件,它直接决定了整个装置的储能量,它储存的能量由下式决定。

$$E=\frac{1}{2}j\omega^2$$

式中　E——飞轮储存的能量;
　　　j——飞轮的转动惯量,与飞轮的形状和重量有关;
　　　ω——飞轮转动的角速度。

由上式可知,飞轮储能装置储存的能量由飞轮的形状、质量和转速决定,电力电子装置通常是用 FET 或 IGBT 组成的双相逆变器和控制电路,它们决定了飞轮储能装置能量输入输出量的大小。

(2) 特点

① 充电快,放电完全。其快速充电可在 18min 完成且能量储存时间长,非常适合应用于混合能量推动的车辆。车辆在正常行驶和制动时给飞轮电池充电;在加速或爬坡时,给车

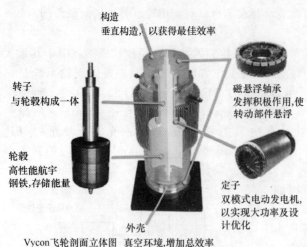

图 2-98 飞轮储能装置组成

辆提供动力，保证车辆运行在一种平稳、最优状态下，减少燃料消耗、空气和噪声污染。

② 比能量高。飞轮电池比能量可达 150W·h/kg，比镍氢电池大 2~3 倍。

③ 比功率高。飞轮电池比功率达 10000W/kg，高于一般化学蓄电池和内燃机。

④ 寿命长。飞轮电池无化学电池的缩短使用寿命问题，整个电池的使用寿命远长于各种化学蓄电池，使用寿命长达 25 年，可供电动汽车行驶 500 万公里。

⑤ 环保。飞轮为纯机械结构，不会像内燃机产生排气污染，同时也没有化学蓄电池的化学反应过程，不会引起腐蚀，也无废料的处理回收问题。

（3）使用方式 飞轮电池通常与动力蓄电池组成混合能源系统。高速飞轮与具有两种工作模式（电动机和发电机）的电动机转子相结合，能够将电能和机械能进行双向转换。图 2-99 所示为这种高速飞轮和动力电池作混合动力的结构，所选用的动力电池应能提供高比能量。飞轮最好与无刷交流电动机结合使用，因为这种电动机的效率比直流电动机高，因而应在动力电池和飞轮之间加一个 AC/DC 转换器。

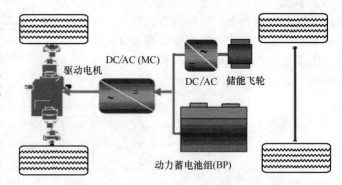

图 2-99 动力电池+高速飞轮作为能量源

（4）应用 就目前的技术来看，使用飞轮电池的纯电动汽车还不能广泛应用，由于飞轮储能装置本身的特点，它更加适用于复合动力汽车和混合电动汽车技术中。20 世纪 80 年代初，瑞士 Oerlikon Energy 公司研制成功了完全由飞轮电池供电的电动公交客车，飞轮直径 163mm，可载乘客 70 人。1987 年，德国开发了飞轮电池混合动力汽车，利用飞轮电池吸收 90% 的制动能量，并在需要短时加速等工况下输出电能补充内燃机功率的不足。1992 年，美国飞轮系统公司（ASF）采用纤维复合材料制造飞轮，并开发了飞轮电池电动汽车，该车一次充电续驶里程达到 600km。沃尔沃在赛车上应用的动能回收系统采用的就是机械飞轮储能结构，如图 2-100 所示，将来自车身的动能储存在由一块质量 6kg、直径 200mm 的碳纤维组成的飞轮模块中。需要释放能量时，通过 CVT 变速模块将能量传递至后桥直接驱动车轮。根据官方测试的结果表明，使用了该技术的四缸涡轮增压发动机可以达到六缸涡轮增压发动机的水平，同时相比六缸涡轮增压发动机减少 25% 的油耗。

九、蓄电池管理系统

1. 纯电动汽车配置蓄电池管理系统的必需性

（1）纯电动汽车的蓄电池存在的问题

① 大容量单体电池容易产生过热。单体电池有一定的温度耐受范围，在实际应用中如

果体积过大，会产生局部的过热，从而影响电池的安全和性能。因此，单体电池的大小受到限制。在苛刻的使用环境下，110mm×110mm×25mm 的 20A·h 锂电池，局部最高温度为 135℃；而 110mm×220mm×25mm 的 50A·h 锂电池，局部温度高达 188℃，更容易发生安全问题。所以有必要监测和控制温度。

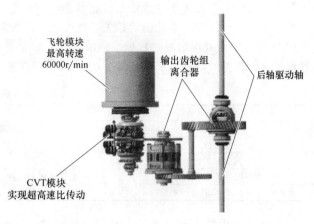

图 2-100 沃尔沃动能回收系统采用的机械飞轮储能结构

② 电池的性能不完全一致。基于现有的极板材料和电池制造水平，单体电池之间尚不能达到性能的完全一致，在通过串并联方式组成大功率大容量动力电池组后，苛刻的使用条件也易诱发局部偏差，从而引发安全问题。电池性能在生产和使用过程中的不一致情况，见表 2-11。

表 2-11 电池性能在生产和使用过程中的不一致情况

生产过程	使用过程	造成的差异
生产工艺、材质有差异	长时间使用，材质老化不同步	电压、内阻、容量
生产的批次不同	—	容量、内阻
个别电池内部短路	电池自放电	电流、内阻
—	电池组内不同区域温度不同	电压、内阻、电流承受能力
—	串并联充/放电工作电流	电压分布不均匀
—	系统局部漏电	SOC 变化不同

③ 电池成组后的主要问题

a. 过充/过放。串联的电池组充/放电时，部分电池可能先于其他电池充满或放完，继续充/放电就会造成过充或过放。电池的内部副反应将导致电池容量下降、热失控或者内部短路等问题。

b. 过大电流。并联、老化、低温等情况，均会导致部分电池的电流超过其承受能力，降低电池的寿命。

c. 温度过高。局部温度过高，会使电池的各项性能下降，最终导致内部短路和热失控，产生安全问题。

d. 短路或者漏电。因为震动、湿热、灰尘等因素造成电池短路或漏电，威胁驾乘人员的人身安全。

(2) 电池管理系统的功能　电池管理系统（Battey Management System，简称 BMS）的功能之一就在于避免电池组出现上述问题，需要动态监测动力电池组的工作状态，实时采集每块电池的端电压和温度、充/放电电流及电池组总电压，估算出各电池的荷电状态（State of Charge，SOC）、安全状态（State of Health，SOH）和电化学状态（State of Electroformation，SOE）。然后通过控制相关器件，防止电池发生过充电或过放电现象，同时能够及时给出电池状况，找出有故障电池所在箱号和箱内位号，挑选出有问题的电池，保持整组电池运行的可靠性和高效性。

此外，BMS 还需要设定面向用户端的显示，将估算的剩余电量换算成可行驶里程，同时，还需要有自动报警和故障诊断功能，方便驾驶人员操作和处理。因此，BMS 任务可归纳为以下：数据采集电路首先采集电池状态信息数据，再由电子控制单元（ECU）进行数据处理和分析，然后根据分析结果对系统内的相关功能模块发出控制指令，并向外界传递信息。

BMS 包含多个处理模块：数据采集模块、SOC 估算模块、电气控制模块、安全管控模块、热管理模块、数据通信和显示模块等。BMS 的主要任务、输入信号和执行元件，见表 2-12。

表 2-12　BMS 的主要任务、输入信号和执行元件

BMS 的主要任务	输入的信号	执行元件
防止过充	电池电压、电流、温度	充电机
避免过放	电池电压、电流、温度	电动机功率转换器
温度控制	电池温度	冷热空调（风扇等）
电池组件电压和温度的平衡	电池电压和温度	平衡装置
预测电池的 SOC 和剩余行驶里程	电池电压、电流、温度	显示装置

充电站对储能性能的要求是大容量、长寿命、快速响应、可滑流充电，因此对 BMS 的要求方面有所不同，但总体功能仍与动力电池 BMS 类似，起到监控电池 SOC 和 SOH 状态、动态充/放电、智能管理和输出控制等功能。

2. 电池管理系统结构

电池管理系统最基本的作用是进行电池组管理，还包括电线线路管理、热（温度）管理和电压平衡控制。图 2-101 所示为 BMS 系统结构框图。

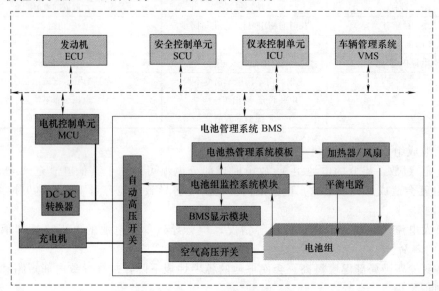

图 2-101　BMS 系统结构框图

（1）电池组管理系统　管理电池的工作情况，避免出现过放电、过充电、过热，对出现的故障应能及时报警，以便最大限度地利用电池的存储能力和循环寿命。其主要功能包括电池组电压测试、电池组电流测试、电池组和单节电池的温度测试、SOC 计算及显示、电池组剩余电量显示、车辆在线可行驶里程显示、自动诊断功能和报警功能、安全防护功能。

（2）电线线路管理系统　主要包括动力电池组分组及连接、动力电线束、手动或自动断电器、传感器的类型、传感器线束。

（3）热（温度）管理系统　主要包括电池组组合方式、电池组分组和支架布置、通风管理系统和风扇、温度管理 ECU 及温度传感器、热能的管理与应用。

（4）电压平衡控制系统　主要功能是平衡各电池的充电量，能延长电池寿命，并对更换后的新电池进行容量平衡。

3. 电池管理系统的功能分析

电池管理系统主要执行以下工作：电压、电流与温度测量；计算电池 SOC；计算电池 DOD；计算最大允许放电电流；计算最大允许充电电流；预测蓄电池寿命指数和 SOH；故障诊断。

（1）电池测量和监控　电池管理系统测量与监控功能主要包括以下方面，其中 SOC 是最重要的一个指标。

① 电池的技术性能。不同类型和不同型号、不同使用程度的电池都具有不同的性能，包括电池的容量、工作电压、终止电压、质量、外形尺寸和电池特性（包括记忆特性）等。因此，要对动力电池组建立技术档案。实际上即使是同一型号、同一批量的电池，彼此之间由于制造原因、电解质的浓度差异和使用情况的不同，都会对整个动力电池组的性能带来影响，因此，在安装电池组之前，应对各个电池进行认真的检测，将性能差异不大的电池组成动力电池组。

② 电池状态的管理。纯电动汽车的动力电池组由多个单节电池组成，其基本状态包括在充电和放电双向作业时的电压、电流、温度、SOC 的比例等。在正常情况下动力电池组的电压、电流、温度、SOC 的比例等应能够进行双向计量和显示。由于多种原因在动力电池组中个别电池会出现性能的改变，使得动力电池组在充电时不能充足，而在放电时很快地将电能放尽。这就要求电池管理系统应能够及时自动检测各个单节电池的状态，当检测出某节电池出现损坏状态时及时进行报警，以便将"坏"电池剔出、更换。

③ 动力电池组的组合管理。动力电池组需要 8~32 节 12V 的单节电池串联起来（指铅酸电池）或更多单节（指其他电池）串联而成，为了能够分别安装在纯电动汽车的不同位置处，通常动力电池组上分为多个小的电池组分散地进行布置，这样有利于电池组的机械化安装、拆卸和检修。如果发现某个电池的温度处于不正常状态，SOC 显示也不正常时，即刻向动力电池组管理系统反馈某个电池在线的响应信息，并由故障诊断系统预报动力电池组的故障。

（2）动力电池组的安全管理　动力电池组管理系统要承担动力电池组的全面管理，一方面保证动力电池组的正常运作，显示动力电池组的动态响应并及时报警，使驾驶人随时都能掌握动力电池组的情况；另一方面要对人身和车辆进行安全保护，避免因电池引起的各种事故。

① 电池与电池、电池组与电池组之间需要用高压电缆连接。当动力电池组的总电压较高或采用高压直流输出时，高压电缆的截面积比较小，有利于电线束的连接和固定，但高电压要求有更可靠的防护。

② 当动力电池组的总电压较低时，则电流比较大，高压电缆的截面积则比较大，高压电缆很硬，不能随意形变，安装较不方便。各个电池箱之间还需要用高压电缆将各个电池箱串联起来，一般在最后输出一箱中加装手动或自动断电器，以便在安装、拆卸和检修时切断电流。另外，在电池箱中还有各种传感器线束，因此在汽车上有尺寸很长的各种各样的电线束，要求电线之间有可靠的绝缘，并能快速进行连接。

③ 动力电池组的总电压可以达到 90~400V，高电压对人体会造成危害，应采取有效的隔离措施，一般是将动力电池组与车辆的乘坐区分离，将动力电池组布置在地板下面或车架的两侧。在正常的情况下，车辆停止使用时，通常会自动切断电源，只有在汽车启动时才接通电源。当汽车发生碰撞或倾覆时，电池管理系统应能立即切断电源，防止高压电引起的人身事故和火灾，并防止电解液造成的伤害，以保证人身安全。可以利用安全气囊触发 BMS 管理系统控制自动开关断开。

④ 电池自身的安全问题，尤其是锂电池在过充电时会着火甚至爆炸，因此电池使用的安全问题是国内外各大汽车公司和科研机构当前所面临和必须解决的难题，它直接影响纯电动汽车是否能够普及应用。BMS 在安全方面主要侧重于对电池的保护，以及防止高电压和

高电流的泄漏,其所必备的功能有过电压和过电流控制、过放电控制、防止温度过高、在发生碰撞的情况下关闭电池等。这些功能可以与电气控制、热管理系统相结合来完成。许多系统都专门增加电池保护电路和电池保护芯片,例如 BMS 智能电池模块的电路设计还具有单体电池断接功能。安全管理系统最重要的是及时准确地掌握电池各项状态信息,在异常状态出现时及时发出报警信号或断开电路,防止意外事故的发生。

(3) 电池箱热管理　汽车上使用的动力电池组在工作时都会有发热现象,不同的蓄电池的发热程度各不相同,有的蓄电池在夏季采用自然通风即可满足电池组的散热要求,但有的蓄电池则必须采取强制通风来进行冷却,才能保证电池组正常工作并延长蓄电池的寿命。至于蓄电池工作时产生热量,理论上可以用于取暖和挡风玻璃除霜等,使热量得到管理与应用,但实际汽车结构设计决定很难利用这部分热能或生产上不经济。另外,北方冬季有的蓄电池需要加保温电池箱,并设计恒温控制系统。电池组装在一个系统中,各个蓄电池的温度应保持一致或相接近。

① 动力电池组的温度管理系统中,首先应合理安排动力电池组的支架,要求动力电池组或其分组能够便于安装,能够实现机械化装卸,便于各种电线束的连接。在动力电池组的支架位置和形状确定后设计通风管道、风扇、动力电池组 ECU 和温度传感器等。

② 电池在不同的温度下会有不同的工作性能,如铅酸电池、锂电池和镍氢电池的最佳工作温度为 25~40℃。温度的变化会使电池的 SOC、开路电压、内阻和可用能量发生变化,甚至会影响到电池的使用寿命。温度的差异也是引起电池均衡问题的原因之一。美国可再生能源国家实验室相关科研人员指出热管理系统的主要任务有使电池工作在适当的温度范围内和降低各个电池模块之间的温度差异。使用车载空调器可以实现对电池温度的控制,这也是纯电动汽车常用的温度控制方法,例如利用空调制冷剂通入蓄电池的散热器内部。

③ 在纯电动汽车上,由于动力电池组各个蓄电池或各个分电池组布置在车辆不同的位置上,各处的散热环境不同,这些差别也会对蓄电池充/放电性能和蓄电池的使用寿命造成影响。为了保证每个蓄电池都能有良好的散热条件和环境,将纯电动汽车的动力电池组装在一个强制冷却系统中,使各个蓄电池的温度保持一致或相接近,并且使各个蓄电池的周边环境条件相似。

纯电动汽车冷却系统有水平布置和垂直布置两种,如图 2-102 和图 2-103 所示。

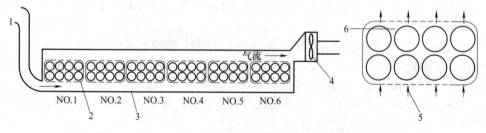

图 2-102　水平布置式冷却系统
1—空气吸入管道;2—电池组;3—支架;4—冷却风扇;5—冷却气流;6—温度传感器

(4) 动力电池组的均衡管理　电池组有别于单体电池,在目前的电池制造水平下,单体之间的性能差异在其整个生命周期里不可避免会存在,组合成多节串联电池组后如不采取技术措施,单体电池在充/放电过程中的不一致会导致单体电池由于过充/过放而提前失效。要想避免单体电池由于过充/过放导致提前失效,使电池组的性能指标达到或者接近单体电池的水平,必须对电池组中单体电池进行均衡控制。电池组均衡的功能:将多节串联后的电池组内部各电池单体充/放电性能恶化减到最小或使其消失。避免电池组内部各电池单体放电时产生性能恶化,采用简单的控制电路就可做到,但充电时避免电池组内部各电池单体产生性能恶化，却有较大难度，这使充电均衡成为电池组均衡的一个主要问题。

多节动力电池组的均衡控制有两种，即单独充电均衡和充/放电联合均衡。一个容量及放电功率平衡设计良好的系统中，只要充电均衡控制到位，最差单体电池的性能达到出厂指标，事实上无须放电均衡。此时的充电均衡控制到位指的是每次充电均衡控制，都可使最差单体电池的电压恢复到充满就可。这一均衡方式下的电池组各项性能由最差单体电池的性能决定，最差单体电池的性能如果达到出厂指标，电池组各项性能就能达到设计指标。但是，如果充电均衡控制不能到位，充/放电联合均衡就变得非常重要，在这一情况下，总均衡量是充/放电平衡量相加的和，但这种方式对电池非常不利，因为充电时，仍有可能出现过充。

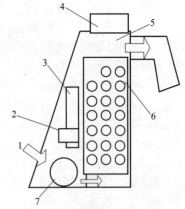

图 2-103 垂直布置式冷却系统
1—空气吸入；2—温度传感器；3—电池组 ECU；
4—充电器；5—通风箱；6—电池组；7—风扇

放电均衡的功能：使电池组放电时，其放出能量为所有电池能量的平均和。放电均衡不能解决单体电池组合成电池组后性能恶化的问题。对于电池组均衡目前在业界存在三种均衡方式，即单体充电均衡、充电均衡加放电均衡、动态均衡。动态均衡即是在电池组的使用和闲置全程中进行的充/放电均衡。它可以通过延长均衡的时间来掩盖充/放电均衡量不够所产生的问题。在动态均衡下，因为电池每时每刻都在细微均衡，故在充电和放电时所需要的均衡量大幅下降。

为了克服电池不一致带来的严重影响，在电池使用中，对电池进行均衡的要求即显得尤为重要。为此，近十几年来，许多 BMS 的研发者，采用了各种各样的方法来进行电池的均衡。归纳起来有分流法（旁路法）、切断法和并联法。

① 分流法。在充电时，当某一电池的充电电压超过设定值时，通过并联在该电池的电阻分流该电池的一部分电流，从而达到降低该电池充电电压的目的。这种方案，结构复杂，体积大，分流时发热量大，通用性差。此种分流方法，未必非要在电池过压后才开始分流，可以在电压比平均电压高时就开始分流平衡。

② 切断法。在充电时，当某一电池的充电电压超过设定值时，通过自动控制开关切断该电池的电路，同时闭合旁路开关，电流绕过这块电池，继续向下一块电池充电。切断法开关的个数是电池数目的 2 倍。切断法需要充电器配合，要求充电器够动态适应 1 个电芯到全部电芯充电的能力，且在切换电池后要能够动态的调整充电电压、充电电流，实现恒流、恒压充电以及浮充等，对充电器的要求比较高。

③ 并联法。就是把电池按先并后串的连接方式使用。这也是一些电池生产厂家和电池的使用者，企图利用一些小容量电池组成大容量、高电压电池组所采用的方法。电池并联后，无法测量各单体电池的电压，因而就无法实施对电池组中各单体电池的监控。可见，用并联法是无法实现电池组电池的均衡效果的。

（5）电池状态故障诊断 故障诊断功能是 BMS 的重要组成部分，故障诊断可以在动力电池组工作过程中，实时掌握电池的各种状态，甚至在停机状态下也能将电池故障信息定位到动力电池系统的各个部分（包括电池模块）。故障级别分为一般故障、警告故障和严重故障。BMS 根据故障的级别将电池状态归纳成尽快维修、立即维修和电池寿命警告等三类信息传递到仪表板以警示驾驶者，从而保护电池不被过分使用。

① BMS 的重要诊断内容

a. 启动过程的 BMS 硬件故障诊断，主要包括传感器信号的合理性诊断、电池组电压信号合理性诊断、电池模块电压的合理性诊断、启动过程电流信号的合理性诊断、启动过程温度信号的合理性诊断。

b. 行车过程的 BMS 诊断，主要包括电压波动诊断、无模块电压诊断、无电池组电压诊断、无温度信号诊断、电流故障诊断、流量传感器故障诊断、模块电压一致性故障诊断、过流故障诊断、通信系统故障诊断、鼓风机故障诊断、高压电控制故障诊断、模块电压的过充/过放诊断、电池组电压的过充/过放诊断、模块电压变化率的过充/过放诊断、电池组电压变化率的过充/过放诊断、SOC 的过充/过放诊断、传感器温度的过充/过放诊断、平均温度的过充/过放诊断、传感器温度变化率的过充/过放诊断、平均温度变化率的过充/过放诊断。

② 诊断与失效处理策略

a. 根据各故障原因，对各种故障诊断分别设置了诊断程序的进入与退出条件。

b. 采用分时诊断流程，节约 CPU 时间资源。

c. 根据电池充电倍率，动态调节充电诊断过程参数。

d. 根据电池放电倍率，动态调节放电诊断过程参数。

e. 故障诊断分三种不同级别进行（报警、故障与危险）。

f. 故障诊断结果通过 CAN 总线送至 VMS。

g. 故障诊断结果参与电池实际工作电流的控制。

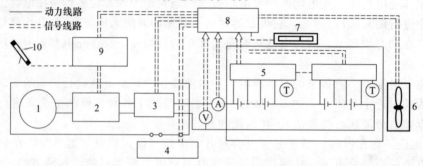

图 2-104 动力电池组管理系统的基本组成

1—逆变器；2—逆变器；3—继电器箱；4—充电器；5—动力电池组；6—冷却风扇；7—剩余电量 SOC（里程）显示器；8—动力电池组管理系统；9—车辆中央控制器；10—驾驶人控制信号输入端

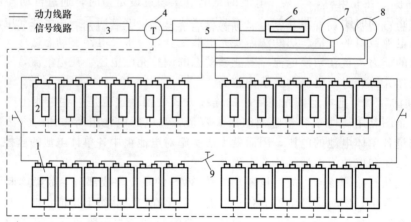

图 2-105 带有温度测量装置的动力电池组管理系统的基本组成

1—分电池组；2—温度传感器；3—故障诊断器；4—温度表；5—动力电池组管理系统；6—剩余电量 SOC（里程）显示器；7—电压表；8—电流表；9—断路线

h. 故障诊断结果参与高压电控制。

4. 电池组管理系统的组成

动力电池组管理系统的基本组成如图 2-104 所示。带有温度测量装置的动力电池组管理系统的基本组成如图 2-105 所示。这是利用损坏的电池在充电过程中电池的温度高于正常电池温度的原理,用温度传感器来测定和监控每一个电池在充电过程中的温度是否在允许的正常范围内。如果发现某个电池的温度变不正常状态,剩余电量显示也不正常时,即刻向动力电池组管理系统反馈这个电池的相应信息,并由故障诊断系统预报动力电池组的故障。

一、电源系统的维护

纯电动汽车电源系统的维护包括常规维护、重点维护、贮存维护等。维护人员在进行操作时必须戴好绝缘手套等防护用品,使用前必须熟悉动力电源系统的结构、工作原理和使用说明书。

1. 维护准备工作与注意事项

(1) 维护准备　在车辆检修和电源系统维护过程中,需要做好以下准备工作。

① 专用工具的准备

a. 检修仪器。有些电动车配备有专门的检修仪器。

b. 常用仪表。如绝缘测试仪等。

c. 专用工具。如起子、扳手等,这些常用工具必须有绝缘措施。

d. 常用物料。如绝缘胶带、扎带等。

e. 可能的专用设备。如充电器等。

② 个人防护。纯电动汽车使用高压电路,在检修前必须做好个人防护措施。

a. 佩戴绝缘手套。

b. 穿防护鞋、工作服等。

c. 手腕、身上不能佩戴金属物件,如金属手链、戒指、手表、项链等。

(2) 维护注意事项　纯电动汽车系统使用高压电路,不正确的操作可能导致电击或漏电。所以,在检修过程中(如安装拆卸零件、检查、更换零件等),必须注意下列事项。

① 检修前必须熟悉车辆说明书和电源系统说明书。

② 对高压系统操作时应断开电源。断开电源时需注意,通常断开高压或辅助电源,系统内的故障诊断代码有可能会被清除,所以需首先读取故障代码后再断开电源。

③ 断开电源后放置车辆 5min。需要对车辆系统内的高压电容器进行放电。

④ 佩戴绝缘手套,并确保绝缘手套没有破损。不要戴湿手套。

⑤ 高压电路的线束和连接器通常为橙色,高压零部件通常贴有"高压"警示,操作这些线束和部件时需要特别注意。

⑥ 对高压系统进行操作时,在旁边放置"高压工作,请勿靠近"的警告牌。

⑦ 不要携带任何类似卡尺或测量卷尺等的金属物体,因为这些物件可能掉落从而引起短路。

⑧ 拆下任何高压配线后,立刻用绝缘胶带将其包裹绝缘。

⑨ 一定要按规定扭矩将高压螺钉端子拧紧,扭矩不足或过量都会导致故障。

⑩ 完成对高压系统的操作后,应再次确认在工作平台周围没有遗留任何零件或工具以及确认高压端子已拧紧和连接器已连接。

2. 电源系统的常规维护

常规维护是对影响电源使用过程中的安全隐患进行检查和排除,避免发生危险性事故。

通过制定常规的预防性维护计划，可以更好地了解所使用电池的健康状况和终止寿命，确定电池的更换或重点维护计划。常规维护一般每月进行一次。

(1) 维护程序

① 动力电源系统在使用 1~2 个月后，维护人员需要对动力电源系统的外观和绝缘设备进行维护。

② 动力电源系统在使用 3 个月后，有条件的话对动力电源系统进行一次充放电维护。在进行充放电维护时，应注意以下事项。

a. 维护人员在进行操作时必须戴好绝缘手套等防护用品，使用前必须熟悉动力电源产品的结构、工作原理和使用说明书。

b. 在进行充放电维护时，将动力电源系统按正常工作要求连接到位，接通管理系统的电源，监测电池的状态，根据监测的数据判定电池所处的环境温度、电池温度及电池电压等状态是否正常。

c. 进行充放电维护前，操作者应先检查电源系统各部分的情况，在确保各部分正常的情况下才能进行充放电维护。

d. 维护均应在温度为 15~30℃、相对湿度为 45%~75%、大气压为 86~106kPa 的环境中进行。

e. 在充放电维护过程中，检查管理系统的功能是否运转正常。

f. 在充放电维护过程中，检查风扇是否在规定的温度下开启和关闭，是否运转正常。

g. 在充放电维护结束后，检测对蓄电池包的绝缘电阻，测得的绝缘电阻应满足指标要求。用电压表分别测试蓄电池包的正极端子、负极端子与蓄电池包的最大电压，同时测得的电压值应不超过上限要求。

h. 维护后如果动力电源系统的功能都正常，然后再进行使用，如果有异常情况和故障出现，应立即排除，无法排除的故障应及时与厂家联系。

(2) 维护内容

① 检查动力电源系统的状态。

② 检查管理系统的功能是否正常。

③ 对电池进行充放电维护。

(3) 维护方法

① 外观维护。对电源系统的外观做如下检查，如有问题应及时排除，如无法排除应及时与厂家联系。

a. 检查电池包箱体是否完好，有无损坏或腐蚀。

b. 检查各紧固件螺栓、螺母是否松动。

c. 检查电池包之间的连接线是否松动。

d. 检查插头是否完好，各种线束有无损坏、擦伤，有无金属部分外露。

e. 检查电池包的冷却通道是否异常。

② 绝缘检测。断开电池组与整车的高压连接，用数字电压表测量各个电池包的总正、总负端子对车体的电压，是否小于上限值。如发现电压偏高，应测量电池包箱体与车体是否绝缘，如有问题，应由专业人员进行维修。通常可以根据系统总正和总负对车体的电压大致确认多个电池包组成的电源系统中哪一个对车体绝缘出现问题；通过测量电池包总正、总负对电池包外壳的电压可以大致确定电池包内绝缘故障的电池模块。例如，由 60 只镍氢电池组成的电池包，电池包正常电压为 75V（60 只电池电压总和），若总正对电池包壳体的电压为 28V，则大致可以判断是从总正数第 22~23 只电池（单体）之间出现了漏电（75/60＝1.25，28/1.25＝22.4），拆包进行检查，检查漏电点并消除。若同一个电池包出现多个漏电

点，则电池包内可能会出现部分电池放电严重（内部形成短路），可以按照上面的方法逐个进行消除。如果绝缘性能检测正常，再进行充放电维护。

③ 电池管理系统维护

a. 接通电池管理系统，采集并记录开路状态下电池组的总电压、各个电池模块的电压以及各个电池模块的温度。

b. 按厂家推荐的充放电制度对系统进行充放电测试。

c. 在充放电过程中检查电池管理系统显示的电流、电压、温度和SOC是否正确；车辆正常运行过程中，检查管理系统数据显示是否正常；如有故障应进行故障排除（通常由汽车授权服务店来完成）。

d. 接通辅助电源，运行车辆直至冷却系统工作，观察冷却通道是否通畅。

e. 检查管理系统与各部分连接是否有松动。

注意：在气温较高的情况下，在充放电过程中应打开车内空调，并开启电池包冷却风扇通风。充电过程中应注意监测各电池模块的电压和温度，如温度超过温度上限，应停止充电。

④ 冷却系统维护。检测进出风通道是否顺畅，风机是否能正常工作。清除防尘网上的灰尘及杂物，或更换防尘网。

(4) 注意事项

① 动力电源系统在使用时，必须正确识别其正负极，不得接反，不得短路；动力电源系统充电应按照指定的充电条件进行。

② 建议在0~30℃环境温度下进行充电。

③ 动力电源系统在使用时，应严格控制放电终止电压不低于放电最低电压，否则会引起电池性能和循环寿命下降等。

④ 动力电源系统的连接均应牢固可靠，动力电池应避免在倒置状态下工作。

⑤ 避免对动力电池长时间过度充电。

⑥ 环境温度过高或过低均会对动力电源系统的充电效率、放电容量、电压的稳定及使用寿命等有不良影响。

⑦ 动力电源系统在使用中发生异常情况，应立即断开电源，并及时与厂家联系进行维修。

⑧ 严禁用金属或导线同时接触动力电源系统的正、负极，以免造成短路。充足电的动力电源系统要防止短路，否则会严重损坏电池，甚至产生危险。在运输和使用时，不要损坏或拆卸电池组，以免电池组短路。

⑨ 动力电源系统应贮存在干燥通风、温度不高于35℃的环境中，请勿接近火源，并避免和酸性或其他腐蚀性气体接触。

⑩ 动力电源系统在充放电过程中，如果出现异味、异常声响，请立即停止充电。

3. 电源系统重点维护

重点维护是对电源系统进行较详细的测试及检查，目的是保证电源系统满足继续使用的要求，消除系统存在的安全隐患，延长电源系统的使用寿命。重点维护一般每6~8个月进行一次。重点维护前先按常规维护进行检查。

(1) 拆卸 将电池包从车上拆卸下来。若电池包在车上安装位置合适，利于开包检查和维护，可不进行拆卸。

(2) 开包

① 观察电池包外观，看是否有燃烧、漏液、撞击等痕迹。

② 拧下电池包上盖固定螺钉，将电池包上盖取下，打开电池包。

注意：打开电池包时不要使电池包上盖与电池接触，也不要损伤电池包。

(3) 电池包内部状况检查及处理

① 绝缘检测。用数字电压表测量各个电池包的总正、总负端子对车体的电压，是否小于规定数值。如发现电压偏高，查找漏电点，更换绝缘部件或采取补救措施，消除安全隐患。

② 检查电池包底盘和支架是否有电解液、积水等异常情况，如果存在这些异常，需更换电池，同时清理电池包安装部位，确保电池包与底盘的绝缘。

③ 观察电池外观整洁程度，是否有液体、腐蚀等现象。同时使用毛刷、干抹布清洁电池表面及零部件。

④ 检查电池之间的连接是否有松动、锈蚀等现象，应及时清理或更换。

⑤ 检查系统输出端子的连接、电池管理系统各接插件是否牢固，如发现有松动应紧固。

⑥ 清理防尘网上的灰尘或杂物；对于采用外进风的冷却系统，电源系统较长时间应用，电池包内可能会积存大量灰尘等，必须进行清理，清理后再次进行绝缘检测。

⑦ 检查各电池外观，是否有损坏、漏液、严重变形等现象，对这些电池进行标记，并进行更换。

⑧ 检测每只电池电压，对电压异常电池进行维护或更换。

⑨ 数据采集系统的检查。

a. 检查各连线是否连接牢固。

b. 检查各焊点是否有松动、脱焊现象，否则进行补焊。

注意：本部分工作因与电池直接接触，操作过程中注意避免发生触电事故，不要使电池发生短路。

电池包的开包检查与更换必须由专业人员进行。

4. 贮存维护

贮存维护是对长期贮存（时间超过 3 个月）的电源系统进行测试及检查，目的是避免电池因长期不使用引起的性能衰退，同时消除电池组存在的安全隐患。

(1) 环境要求　环境温度范围：15～30℃。环境相对湿度范围：最大 80%。

(2) 维护方法　有条件的话对电源系统进行一次全充全放，以使电池性能得到活化。在没有放电设备条件下，通常进行充电维护，按照常规充电方法或厂家推荐的充电方法将电源系统充满电，对于经历长期贮存的电池，首次充电必须采用较小电流进行。主要目的：①各类电池均不适宜在较低电压下进行贮存，定期补充电将提高电池的贮存性能。②通过充电调整电池的电压一致性。对于铅酸蓄电池，贮存时荷电量一般保持在满充电状态。对于镍氢电池，一般保持在 20%～60% 的荷电态。对于锂系列电池，荷电量保持在 40%～80% 为宜。

二、电池容量的测试

以下以德工仪器 C103 型电池容量测试仪测试锂电池为例，说明测试电池容量的方法。

1. 仪器连接

① 电源线与仪器尾部的插槽连接，并插入三角插座。

② 测试夹子和仪器面板接口的红黑色相对应连接；红色为"＋"，黑色为"－"，测试时红色夹子连接电池正极，黑色夹子连接电池负极（注意：测试时切勿正、负极接反）。

2. 仪器操作使用

(1) 打开仪器尾部电源开关开机　在开机界面按"确定"键进入"主菜单界面"。

(2) 电压内阻测试

① 通过"▲▼"键移动光标，至"电压内阻测试"，按"确定"键进入。

② 通过"▲▼"键移动光标，直接用数字按键设置电压及内阻的上限、下限值，设置好后按"确定"键。

③ 红色夹子接触电池正极，黑色夹子接触电池负极（测试时尽量完全接触充分），仪器将显示出测试结果数值。

（3）测试电阻设定　测试设备可能本身存在一定的阻值，为了减少设备本身对测试结果的影响，可以在这里设定。仪器内部程序会自动处理，抵消掉仪器的电阻值，从而使测试尽可能精准（如果是直接使用所配套的测试夹子进行测试，则可忽略此步骤）。

① 参照电压内阻测试的测试方法，测试出仪器的具体电阻值。

② 通过"▲▼"键移动光标至"电阻设定"，按"确定"键进入，通过"▲▼"键移动光标调节数值；如测试出的是 8mΩ，则可以在此调到"8"。

（4）恢复厂家设置　如需将各个参数恢复到厂家默认值，可选择"恢复厂家设置"。通过"▲▼"键移动光标至"恢复厂家设置"，按"确定"键进入。

（5）电池容量测试　电池上都标有"×××mA·h"；例如某一块电池上标有额定容量（标称容量）1000mA·h，即表示以 1000mA（1C）放电时，理想状态下时间可持续 1h，如以 200mA（0.2C）放电，可持续 5h。测试方法如下。

① 主菜单界面光标移动至"容量测试界面"，按"确定"键选择。

② 通过"▲▼"键移动光标，直接用数字键盘输入数字，依次设置"充电电流大小""充电时间""放电电流大小""充电截止电压""放电截止电压"。

③ 设置好后按"确定"键，进入"充电界面"，界面显示"充电电流""时间""电池电压"。

④ 随着充电的进行，此时电池电压数值跳动升高。当电池充满电后，仪器"滴"地响一下，自动跳至界面"充电完成，延时中……"，此时延时为 30min，30min 后仪器会自动跳转至放电界面。如不想等待可直接按"取消"键。

⑤ 进入最后的"容量（放电）测试界面"。屏幕显示电流为之前设置的放电电流大小×××mA，电池电压×××V。随着放电量逐步减小，放电时间逐步增加，容量×××mA·h 逐步递增，直至最后放电停止，仪器"滴"地响一下，跳转至"容量测试完成"界面。此时屏幕静态显示的容量即为所测电池/电芯的实际容量（电量）大小。

3. 注意事项

① 设备在测试中，设备外壳必须接地，以确保安全正常工作。所以请使用三角插座及配套的三角插头电源线，并确保插座所连接线路已接地。

② 设备在通电中，不得强行拆拔任何器件，否则可能会导致设备损坏。

③ 充电电流、充电时间、放电电流、充放电终止电压等参数在设置时请严格按照电池规格及电池特性来进行，避免设置参数不合理而损害所测电池的性能。

④ 切勿设置过大的充电电流、过长时间或过高电压给电池进行充电。

⑤ 切勿设置过大的放电电流、过低电压对电池进行放电。

⑥ 测试时请勿将正、负极接反。

一般电池充放电性能检测仪器可通过 LCD 屏幕显示及键盘直接操作，也可通过连接计算机功能，直接由计算机软件设置、操作。测试过程可以由计算机软件实时记录（记录频率可设），并自动生成电压-时间（V-T）图、电流-时间（A-T）图、电压-容量（V-C）曲线图。各曲线图可导出保存或直接打印，已保存的曲线可调回软件。测试完毕后系统自动生成最终测试结果报告以供保存和打印。

三、动力电池的安装与连接

由于不同类型的纯电动汽车结构存在差异，其动力电池的安装与连接方式也有所不同。维修人员必须查阅相关车辆的维护指导手册，按要求进行操作。动力电池的基本安装与连接方法如下。

1. 检查与组装

① 观察电池箱外观是否有破损等异常情况。

② 观察电池箱的正负极与标识是否一致。

③ 检测电池箱的绝缘电阻及高压导线绝缘电阻。将绝缘电阻表的挡位选择为AC1000V时，测试箱体绝缘电阻值，应大于50MΩ。

④ 用手持数据采集器检查电池电压，静置时同一箱内各单体电池电压差应小于300mV。

⑤ 确定电池正常后，揭开电池箱正负极的封条。

⑥ 根据电池组需要，连接（串、并联）单体电池为电池组（参考图2-106），并连接高压继电器、高压熔断器等。

图 2-106　组装动力电池组

2. 电池组安装与调试

① 检测是否存在短路或断路等故障。

② 检测是否存在漏电现象。

③ 紧固安装螺栓，连接安装管路。

④ 连接电池组正负极。

⑤ 连接电池管理器及控制线路。

3. 安装后检测与测试

① 电池装车后，首先用专用万用表检测电池组的电压是否符合要求，确定电压正常后才可以打开高压开关。

② 查看电动车仪表板显示屏的显示信息是否正常。如果存在电池故障提示信号，则需要立即切断电源，检查电池及电路以排除故障。

③ 通过检测信息码，查看电池箱数量、总电压以及电池温度（要卖气温判定）是否正确。

④ 对比车辆信息显示屏上的单体电池电压和实际测量电压值，如果电压差超过30mV，则需要更换、调试。

⑤ 单体电池电压、温度应在车辆的正常范围内。电源系统各参数均为正常时方可启动车辆。

4. 注意事项

① 按照电池箱的编号装配到车上对应的电池舱内，不得混装。

② 将电池箱推入电池舱时应顺畅，注意位置要对正，防止将电池箱挤压变形。

③ 为防止高压触电，安装人员不得徒手接触电池极柱。

④ 安装过程中，应断开电池组维修开关。

⑤ 要在无尘室内安装调试,以免遇到雨雪天气,导致电池系统进水。

四、BMS 常见故障检修

在电源系统使用过程中,尤其在使用初期,BMS 经常会出现一些故障。典型的 BMS 常见的故障以及其解决措施见表 2-13。

表 2-13 BMS 常见故障情况及其解决措施

故障现象	故障原因		排除方法
主控单元无输出	无低压输入电源	整车未供电	要求整车供电
		低压输入电源回路接触不良	检查接触不良点,并加以排除
	CAN 总线线路故障	CAN 总线回路接触不良	检查接触不良点,并加以排除
		主控板外 CAN 电路故障	更换主控板外 CAN 电路板
	主控板故障		更换主控板
主控单元输出电流值异常	电流传感器损坏		更换电流传感器
	电流检测回路接触不良		检查接触不良点,并加以排除
	主控板故障		更换主控板
	电流 A/D 转换电路损坏		更换主控板
	电流采集程序失效		刷新程序
主控单元输出总电压值异常	电压传感器损坏		更换电压传感器
	电压检测回路接触不良		检查接触不良点,并加以排除
	主控板故障		更换主控板
	电压 A/D 转换电路损坏		更换主控板
	电压采集程序失效		刷新程序
	电池包间空气开关未合上		合上
	高压接触器未合上		合上
主控单元输出 SOC 值异常	主控板故障		更换主控板
	SRAM 电路损坏,不保存 SOC 值		更换主控板
	电流传感器损坏,电量不积分		更换电流传感器
	电压传感器坏,SOC 会修正出错		更换电压传感器
	误差累积		刷新程序
主控单元输出温度值异常	采集单元输出异常		见下面采集单元温度输出异常分析
	采集单元无输出		见下面采集单元无输出的分析
	主控板内 CAN 电路故障		更换主控板外 CAN 电路板
	主控板故障		更换主控板
采集单元无输出	无 24V 输入电源	整车未供电	要求整车供电
		24V 输入电源回路接触不良	检查接触不良点,并加以排除
	CAN 总线线路故障	CAN 总线回路接触不良	检查接触不良点,并加以排除
		采集母板 CAN 电路故障	更换采集母板
采集单元输出温度值异常	温度传感器损坏		更换温度传感器
	温度检测回路接触不良,断路或短路		检查接触不良点,并加以排除
	采集母板故障		更换采集母板
	温度 A/D 转换电路损坏		更换采集母板
	温度采集程序失效		刷新程序
	内 CAN 连接线脱落		检查接触不良点,并加以排除
采集单元输出模块电压值异常	模块电压检测回路接触不良		检查接触不良点,并加以排除
	采集子板与采集母板连接不良		检查接触不良点,并加以排除
	采集子板故障		更换采集子板
	采集母板故障		更换采集母板
采集单元风扇控制异常	散热风扇损坏		更换散热风扇
	风扇电源回路接触不良		检查接触不良点,并加以排除
	采集母板故障		更换采集母板

续表

故障现象	故障原因	排除方法
与多能源或母板通信失效	外CAN连接线脱落	检查接触不良点，并加以排除
	外CAN电路损坏	更换外CAN电路板
	外CAN接点数发生变化	根据新的节点数，更换CAN电阻
	内CAN连接线脱落	检查接触不良点，并加以排除
	内CAN电路损坏	更换内CAN电路板
系统不工作	无工作电源	提供工作电源
	系统电源电路损坏	系统电源电路板
	电源线脱落	检查接触不良点，并加以排除
电池包工作温度异常	电池温度上升，风道通风不畅	检查风道，确保风道通畅
	风机电源线脱落	检查接触不良点，并加以排除
	风机损坏	更换风机
	温度传感器损坏	更换温度传感器
功率能力不足（充放电电压异常）	电池之间连接松动	重新紧固
	长期贮存未用	按贮存维护进行维护
	电池包内有损坏电池	更换损坏电池
电池包漏电	天气潮湿	—
	电池模块与电池包之间的绝缘层损坏	更换绝缘层
	有电池漏液	清除漏出的液体，更换电池

五、电池组常见故障及检修

1. 电池组容量降低

（1）现象　纯电动车使用过程中，出现续驶里程短的现象，显示电池容量不足。

（2）原因

① 单体电池电压不一致，容量差异性大，单体电池过早保护。

② 电池组处于寿命后期，容量下降。

③ 电池组出现温度保护。

④ 外围电路存在高能耗负载。

⑤ 电池（镍镉）长期浅充、浅放，存在记忆效应。

⑥ 放电平台性能过低达不到要求而过早失效。

⑦ 电池组放电环境温度低。

⑧ 长期在超出电池组能力的情况下使用，衰减加快。

（3）故障原因确定

① 确定充电是否正常，每次充电的充电量是否偏低，由于充电量偏低而导致放电容量下降，需要从充电方面去查找故障原因。

② 检查放电环境温度记录，温度低时，放电容量会明显下降。

③ 若电池经过了长期贮存，首先应按照维护制度进行维护，再进行使用。

④ 在电池组应用过程中，通过BMS检查记录电池组的电压、电流、温度等情况，观察放电末期是由于何种原因引起的放电终止（如单体电压、温度等），根据引起放电终止的参数进行分析判断。

⑤ 对于存在记忆效应的电池组，如镍镉电池，按照系统的使用说明书或维护手册，进行定期维护，以小电流完全充放电循环2~3次，可以消除记忆效应，恢复电池组的容量。

⑥ 某些情况下电路中增加了高耗能负载，会引起电池组放电时间缩短，如开启空调、泊车时未关闭用电设备（如车灯）。长期超过电池组正常应用能力的状况下使用，电池组会衰减很快，表现为电池内阻增大，放电电压低。

⑦ 在应用过程中，若某些单体电池长期出现过充、过放，该电池会出现内阻升高、容量降低，使用中还会出现反极等情况，使整组电池放电容量降低，电池组中出现电池短路也会出现这种情况。每一种电池组都有一定适用的电压和电流范围，长期超出其范围，应用性能会出现迅速衰减，电池容量明显降低。

(4) 故障处理措施　在车用动力电源系统中，一般单体电池出现故障，如内阻升高、漏液等，此时均已严重影响到电池性能，建议更换电池，但应作好记录。更换的新电池在随后的应用中会比其他电池表现的性能好一些。对于排除外部因素的故障原因，若大部分电池内阻有明显升高，出现电池组容量降低的情况，此时电池组寿命已经到末期，已经没有维修意义，建议直接更换电池组。对于电压不一致，但各单体电压均在正常范围内，通常为电池自放电不一致引起荷电量差别较大，可采用多次充电均衡的方法将电池调整一致。图 2-107 为低容量电池组处理流程。

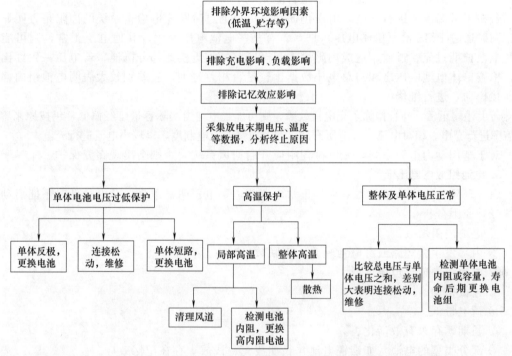

图 2-107　低容量电池组处理流程

2. 电池组充电异常

(1) 现象　电源系统充电过程中，显示充电电压高、充电时间短，或者根本充不进电。且已排除 BMS 问题。

(2) 原因分析

① 电池组充电电压过高

a. 电池或充电环境温度低。

b. 电池寿命后期，内阻增加。

c. 电池实际容量已下降，仍以原来的倍率进行充电，相对充电倍率大。

d. 电池之间连接松动，连接内阻大。

e. 电池组荷电量已经很高。

f. 充电机故障，充电电流大。

g. 电池组长期贮存，首次充电即以较大电流进行充电。

② 电池组充不进电
a. 电池内阻增加，或连接松动。
b. 电池组内部出现断路。
c. 电池组内部出现微短路状况。

(3) 故障原因确定与故障处理　电池组充电异常故障的确定和处理流程与电池组容量降低故障基本相同。首先应排查外部因素，如环境温度和充电机，其次从电源系统方面查找问题，分 BMS 和电池组，排除 BMS 问题，电池组再分为连接部件问题和单体电池问题，排除连接部件问题，最终查单体电池的原因。

确定电池使用的环境温度，一般动力电池的充电温度为 0～30℃，若低于 0℃，充电电压会明显升高，温度过低可能会使电压直接上升到保护电压值，根本充不进电。若充电环境温度低，将电池组放置于室温环境中，搁置足够长时间，对于大型电池组可以用小电流充电使其温度较快回升，室温下充电检查是否能充电正常。

若在正常温度下进行充电，电压仍偏高，可以通过阶跃充电检查系统的内阻是否明显增大。同时通过 BMS 检测单体电压数据，若有某些电池电压偏大，其他电压正常，则可能是这些电池长期过充、过放，造成内阻增大甚至断路，需更换此部分电池。若电压一致性比较好，检查单体电池电压之和与总电压数据比较是否相差过大，若差别较大表明电池组内部线路连接松动，进行维修。

若上述均正常，并且排除了充电机故障，则可能是电池组实际容量已经偏低，仍按原来容量的倍率进行充电，相对电流大，电压升高。此时应修改充电制度，以较小电流进行充电。

对于车用动力电源系统，充电过程中应开启通风系统，否则会出现高温保护。

3. 电池组放电电压低

(1) 现象　输出功率能力下降，正常电流放电，电压明显下降，荷电量低时不能启动。
(2) 原因分析
① 电池内阻增大。
② 内部发生微短路或有电池短路，串联数量减少。
③ 电池包内或环境温度低。
④ 连接松动。
⑤ 荷电量低。
⑥ 长期贮存未有效活化。
⑦ 部分类型的电池（如镍镉电池）长期浅充、浅放，存在记忆效应。

(3) 故障原因确定与处理措施　一般放电电压低与充电电压高的原因是一致的，处理方式和处理措施一样。有两个原因不同，一是电池内部发生微短路，或者电池包内部有电池短路，表现串联电池数量减少。一般微短路的电池充电后搁置时电压会明显降低，或者充电时电压低，在充放电过程中进行监测便可查到。二是若电源系统本身发生漏电现象，也会出现放电低电压现象，此时检查电池组与车体的电压，找出漏电点，进行排除。对于电池包内部出现的内短路现象，大多是由于电池漏液等引起的，此时拆开电池包进行检查，清理电池包内部，更换坏电池。

4. 自放电大

(1) 现象　车辆经较长时间搁置（如晚上停车），能够较明显感觉电池电量有所下降，搁置前后系统 SOC 显示差别过大。
(2) 原因分析
① SOC 模型判断不准确。
② 高温贮存，时间较长。

③ 系统中有较大的漏电现象。

④ 电路中有较大的耗电设备。

（3）故障原因确定与处理措施　SOC模型判断不准确，表现为经常性现象，在台架检测时就应当能发现，如停止应用后，搁置较短时间（1～2天），SOC显示下降明显，电池实际性能并没发生变化。高温情况下，电池自放电加大，可以检查电池组的贮存环境，直接判断。电池组中部分电池出现微短路等，将电池组放完电后搁置，有明显微短路的电池搁置一段时间（如2～7天），电压会明显下降甚至为0V。对于搁置后电压有下降，但仍较正常（如镍氢电池电压1.0V，其他电池电压1.2V，或者磷酸铁锂电池电压2.5V，其他3.0V以上等），这些一般不会影响到电池组的正常应用。充满电的电池进行搁置，电压变化会不明显，所以建议放电后进行搁置，有条件的可以高温搁置以缩短搁置时间。

漏电损失受电池的使用和维护操作的影响，影响的主要因素是电池表面的清洁程度。电池泄漏、外部空气带来的水分、灰尘等都会在电池表面形成回路，使电池发生漏电。由此引起的电池组自放电是不可预见的，但可以通过良好的维护予以预防。表面漏电往往只影响到电池组中的部分电池，但影响却非常恶劣，因为电池组的容量受电池中容量最低的单体电池的限制，并且部分漏电会引起电池组内部各单体电池荷电状态的不均衡。

电源系统的漏电（与车体之间）往往可以通过漏电保护装置来发现，但电池包内模块的漏电不容易发现，只有参考电池的充放电情况进行判断，并拆包进行维护。

系统与车体的漏电点可以通过测量电源系统总正或总负对车体的电压进行判断，例如总正对车体的电压为25V，若采用的为镍氢电源系统，则可能的漏电点在25/2＝12.5，即从总正数第12或第13只电池。有可能系统存在多个漏电点，此时要一个一个依次排查解决。首先将系统断开，将高压系统分成几个低压系统，分别进行排查。自放电过大故障的处理流程如图2-108所示。

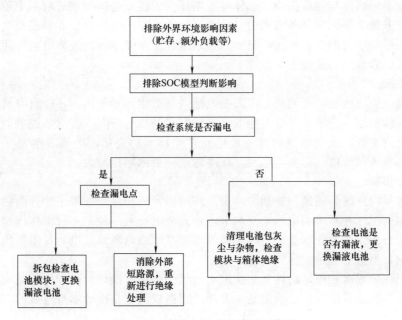

图2-108　自放电过大故障处理流程

5. 电源系统局部高温

（1）现象　车辆行驶过程中，电源系统某部位温度高于其他部位5℃以上，并且多次表现为同一部位。

(2) 原因分析

① 冷却通道受阻或该位置的冷却风扇故障。

② 局部连接片松动，连接电阻大。

③ 该部位电池内阻明显增大，产热大。

④ 设计缺陷，冷却系统存在温度死角。

⑤ 外围局部环境影响。

(3) 故障原因确定及处理措施　电池组局部高温，除了设计造成的冷却系统存死角问题外，冷却系统如风扇损坏、进出风口由于灰尘等堵塞是常见的因素。风机有故障需要更换，风道应定期清理。另外若电池组在应用过程中，外围设备影响电池包局部位置，可能会引起电池包内局部温度过高，如局部位置靠近发动机等。局部高温另一个主要因素是应用过程中局部产生了热源，热源主要是高电阻引起的，引起高电阻的原因一般有两个：一是电池本身内阻加大，充放电过程中产热高；另一方面是连接片或接线端子松动，电阻升高。因此对于主电流回路的线路连接，应定期进行检查，否则松动后很容易出现打弧烧坏接线柱，并且容易影响到电池性能。

6. 电源系统单体电压一致性较差

(1) 现象　系统应用或搁置过程中，电压一致性明显偏大，经常出现单体电池放电保护或充电保护，而其他电池电压仍较正常。

(2) 原因分析

① 长期搁置，电池自放电不一致。

② 系统内部有微短路现象。

③ 有个别电池本身微短路。

④ 长期循环电池衰减不一致。

(3) 故障原因确定与处理措施　单体电池电压一致性差是电源系统应用中最常遇到的问题。一致性变差的主要原因是各电池的自放电不一致。在某些应用中，如混合电动车，电压略有差别并不影响系统的正常使用，只要在使用过程中单体电池的充放电电压达不到上下限值。解决电压一致性差的途径主要靠维护。

7. 电池变形

电池变形一般指电池出现鼓胀，原因是电池内部产生大量气体，不能自身消除，排气速度大大超过气体的复合速度，并且电池泄气阀没有打开或打开滞后。对于镍氢电池或锂离子电池，电池出现变形，表明电池内部电极已经发生较大的变化，电解液损失（分解）较严重，已经不具有维修价值，需更换电池。此类电池一般内阻比较大。

8. 结构件损坏

系统结构件因跌落、碰撞、振动、冲击等环境因素而损坏。故障主要分两种情况：一种是只限于结构件损坏并不影响电池本身和电池的充放电；另一种是不仅损坏结构件，而且对电池的电性能有负面影响，如造成电池组与外界联系的回路断路、电池发生挤压等都会对电池性能有影响，严重的还可能导致安全事故。

一般视损坏的程度和损坏的性质来决定电池组是否还有维修价值。外部结构件损坏原因很多，需要具体问题具体分析，确定是未合理使用造成的还是设计本身造成的，再进行处理和修复。

在纯电动汽车应用中，电池出现故障或损坏有几方面的原因：一是电池自身的原因，如电池内部的短路、电池之间连接不可靠等，这样的故障一般是偶然出现的，而且也只是整套系统中某个或某些个电池出现问题；第二个原因是电源管理系统（BMS）出现问题，如管理策略有问题、判断方法不准确等，也会使电池出现故障，这种故障有可能会造成整组电池出现过充、过放等，或者SOC经常超出控制的范围；另外，整车控制策略也会影响到电池，同样影响的是对整个系统的影响而不是单体电池的影响。所有这些原因最终都表现为电池故障，应从根本上分析解决问题。

9. 电池打弧击穿

采用金属壳体的电池，某些情况下可能会出现打弧烧穿现象。这种现象与电池出现内部短路的情况不同：一种情况是电池外面因素引起的，从外面打弧使电池受损害；另一种情况是由电池内部因素引起的，从电池内部开始出现短路，使电池受到破坏。两种情况通过对电池受损点的观察以及电池的解剖分析可以分辨。打弧由两方面的因素形成：一是电池组合设计不合理，相邻的导体之间有较高的电压差；另一方面是电源系统的绝缘设计不合理，在电池包内部受潮或者电池出现漏液等情况下，引起系统漏电，出现打弧现象。出现此问题需要对电源系统的设计进行改进。

10. 其他故障

电池组其他故障现象、原因及处理方法，见表2-14。

表2-14 电池组其他故障现象、原因及处理方法

电池类别	故障名称	故障现象	故障原因	故障处理
铅酸电池	外壳或封胶裂纹、渗液	裂纹；渗液	剧烈振动；老化；质量问题	更换
	极柱氧化、腐蚀	极柱表面出现白色氧化物或出现烧蚀	接线不牢固	用砂纸砂去氧化物，紧固连接线
	极柱松动	松动	使用不当；老化；质量问题	更换
	极板硫化	放电时，电压急剧降低；充电电压上升过快，电解液温度迅速升高，过早产生气泡	长期过量放电或充电不足；电解液液面过低；电解液密度过高、成分不纯	轻度硫化可用小电流充电和换加蒸馏水来解决，硫化严重者更换蓄电池
	极板拱曲、活性物质脱落	正极板表面有褐色物质；电解液浑浊	充电电流过大；经常低温大电流放电；汽车行驶颠簸振动	更换
	自放电	充足电的蓄电池放置不久就没有电	电解液不纯；电解液堆积在电池盖上	更换电解液；清洁电池盖
	极板短路	端电压为零	隔板损坏；活性物质沉积过大；极板拱曲	更换
镍氢电池、锂电池	单体电池极板短路	出现故障显示；检测出现故障码；单体电池端电压为零；总电压偏低	隔板或隔膜损坏；极板变形	更换单体电池
	各单体电池失衡	检测出现故障码；检测各单体电池的电压、内阻差大于标准值	单体电池损伤、老化、质量问题	更换失衡的单体电池
	电池管理系统失效	出现故障显示；检测出现故障码	电池管理系统内部电路或电器元件失效	维修或更换电池管理系统
	ECU失效	检测出现故障码	ECU内部电路或电器元件失效	维修或更换ECU
	电池冷却鼓风机损坏	检测出现故障码；电池冷却鼓风机不转或转速过低	鼓风机损坏	维修或更换鼓风机
	充电电压偏高	检测出现故障码；电池电压超过规定值	电极材料老化、变质	维修或更换单体电池
	温度等传感器失效	检测出现故障码；检测传感器失效	传感器损坏、老化、变质	更换传感器

续表

电池类别	故障名称	故障征象	故障原因	故障处理
镍氢电池、锂电池	电池组漏电	检测电池组绝缘电阻过低	绝缘不良、老化	维修或更换单体电池
	外壳或封胶裂纹、渗液	裂纹；渗液	剧烈振动；老化；质量问题	更换
	极柱氧化、腐蚀	极柱表面出现白色氧化物或出现烧蚀	接线不牢固	用砂纸砂去氧化物，紧固连接线
	极柱松动	松动	使用不当；老化；质量问题	更换

六、能力提升训练考核

在充分学习本学习任务相关知识的基础上，小组学员边查阅技术资料边完成相应的工作单（见本书配套的教学资源包中"技能学习工作单5"）。

小结

1. 应用于纯电动汽车电能源的储能装置有蓄电池、超级电容、飞轮电池等，目前应用较多的是蓄电池和超级电容两种。

2. 目前世界上研发的纯电动汽车电池最成功的就是化学电池。

3. 目前，应用于纯电动汽车的动力电池主要有铅酸蓄电池、镍氢电池、锂电池、锌空气电池和石墨烯电池等。

4. 动力电池的性能指标有电压、电池容量、功率、能量、内阻、寿命、放电制度自放电率、不一致性和成本等。

5. 电池在标准规定条件下工作时应达到的电压称为额定电压。

6. 电池在一定标准所规定的放电条件下放电时，电池的电压将逐渐降低，当电池再不宜继续放电时，电池的最低工作电压称为终止电压。

7. 按一定标准所规定的放电条件，电池应该放出的最低限度的容量称为额定容量。

8. 荷电状态（SOC）是指电池容量的变化，是电池在一定放电倍率下，剩余电量与相同条件下额定容量的比值。

9. 在一定的放电制度（放电条件）下，电池在单位时间内所输出的能量称为电池的功率。

10. 从蓄电池开始第一次充电到报废时所经历的充/放电次数称为循环次数，也称为循环寿命。

11. 时率是以放电时间表示的放电率，即电池以一定的放电电流放电直到电池的电压降低到终止电压时（放完电池额定容量）所经过的时间。

12. 倍率指电池在规定的时间内放出其额定容量所输出的电流值，它在数值上等于额定容量的倍数。

13. 正极板活性物质为二氧化铅，负极板活性物质为铅，以酸溶液为电解质的蓄电池称为铅酸蓄电池。

14. 根据电池的作用，铅酸蓄电池可分为启动型、牵引型两种类型。

15. 根据结构原理，铅酸蓄电池有开口式（普通式）、阀控密封式（VRLA）、胶体式、双级性密封式、水平式、卷绕式及超级蓄电池等。

16. 每个单格铅酸蓄电池的标称电压为2V，因此，6格串联起来成为12V蓄电池。

17. 应用于纯电动汽车的动力铅酸蓄电池主要有阀控免维护铅酸蓄电池（VRLA）、胶体铅酸蓄电池、水平式蓄电池与双极式蓄电池四种。

18. 铅酸动力蓄电池的优点：①电压高；②价格低廉；③常量范围大；④高倍率放电性能好；⑤高低温性能良好；⑥电能效率高；⑦易于浮充使用，没有记忆效应；⑧易于识别荷电状态。

19. 铅酸动力蓄电池的缺点：①比能量低；②使用寿命短，使用成本高；③充电时间长；④存在铅污染。

20. 铅酸蓄电池主要应用于低速、低成本的电动车辆。

21. 镍氢蓄电池是以镍化合物（通常为氢氧化镍）为正极板活性材料，以储氢合金为负极板材料（活性物质为氢），电解质是水溶性氢氧化钾（有时为提高某些性能而混合一定量的氢氧化锂）。

22. 镍氢蓄电池的优点：①比功率高；②比能量高；③寿命长；④无重金属污染；⑤耐过充过放；⑥可以快速充电；⑦无记忆效应；⑧使用温度范围宽；⑨安全性好。

23. 镍氢蓄电池的缺点：①单体电池电压低；②充电过程中容易发热，对环境温度变化敏感；①电池组单体电池数量多；②充电过程中容易发热，对环境温度变化敏感；③安全性差；④自放电损耗大；⑤成本高。

24. 镍氢电池用于混合动力汽车是比较合适的，但也有将其应用于纯电动汽车上的。

25. 锌空气电池是指用氧气作正极的活性物质，锌金属作负极的活性物质，电解质为碱性（KOH）的一种二次电池。

26. 车载锌空气动力电池组通常采用机械式充电模式，即用变换锌板或锌粒电解质的办法。

27. 单体锌空气电池的工作电压为 1.1～1.4V。

28. 锌空气电池根据其充电的方式以及在电动汽车辆及其他领域上应用的特点可分为三类，即直接再充式锌空气电池、机械充电式锌空气电池和注入式锌空气电池。

29. 锌空气电池优点：①比能量大；②充电时间短；③性能稳定；④安全性好；⑤环保；⑥可再生利用；⑦充电方便。

30. 锌空气电池的缺点：①比功率低；②有吸水性；③需定期清洁。

31. 锌空气电池多应用于纯电动商用车上。

32. 以锂化合物为正极板活性材料，以石墨等为负极板材料，以无水有机物为电解质的电池称为锂离子蓄电池，简称锂电池。

33. 根据锂电池所用电解质材料不同，锂电池可分为液态锂电池（LIB）和聚合物锂电池（LIP）两大类。

34. 聚合物锂电池又称为高分子锂电池，属第二代锂电池。

35. 锂电池的优点：①单体电压高；②比能量高；③循环寿命长；④自放电率低；⑤无记忆效应；⑥无污染；⑦重量轻。

36. 锂电池的缺点：①成本高；②必须有特殊的保护电路，以防止过充；③需设置安全阀。

37. 目前，全球汽车制造商应用的锂动力电池主要为三大代表种类，即以特斯拉为代表的镍钴铝酸锂电池（钴酸锂电池）、以比亚迪为代表的磷酸铁锂电池和以日本汽车为代表的锰酸锂电池。

38. 石墨烯电池是利用锂离子在石墨烯表面和电极之间快速大量穿梭运动的特性，开发出的一种新能源电池。

39. 目前石墨烯的研究总体上分两块：一是在传统锂电池上进行应用，目的是改进、提升锂电池的性能，这类电池不会产生颠覆性的影响；二是依据石墨烯制造一个新体系的电池，它是一个崭新的系列，在性能上是颠覆性的，称作"超级电池"。

40. 电化学电容器（超级电容器）不存在介质，它依靠电解质与电极接触界面上形成的特有双电层结构储存能量。

41. 在纯电动汽车上广泛使用的主要是碳电极超级电容。

42. 超级电容和DC/DC变换器（斩波器）系统搭配是常用的使用方式。

43. 超级电容和蓄电池采用并联的连接方式。

44. 超级电容在正常行驶的时候，不参与工作；但当车辆进行加速或上坡时，超级电容通过DC/DC变换器的控制提供短期的大电流，并与蓄电池共同供电，两者再经过电动机控制器的调控，供给电动机驱动车辆。

45. 日本是将超级电容器应用于混合动力电动汽车的先驱，超级电容器是近年来日本电动汽车动力系统开发中的重要领域之一。

46. 在纯电动汽车和混合动力电动汽车辆上采用超级电容与蓄电池复合电源系统被认为是解决未来电动汽车辆动力问题的最佳途径之一。

47. 飞轮电池就是以机械飞轮来存储能量的装置。

48. 飞轮电池充电快，放电完全，非常适合应用于混合能量推动的车辆。

49. 飞轮电池的特点有充电快，放电完全；比能量高；比功率高；寿命长；环保。

50. 就目前的技术来看，使用飞轮电池的纯电动汽车还不能广泛应用，由于飞轮储能装置本身的特点，它更加适用于复合动力汽车和混合电动汽车技术中。

51. 电动汽车的蓄电池存在的问题有大容量单体电池容易产生过热，电池的性能不完全一致，电池成组后存在过充/过放、过大电流、温度过高、短路或者漏电等问题。

52. BMS任务可归纳为数据采集电路首先采集电池状态信息数据，再由电子控制单元（ECU）进行数据处理和分析，然后根据分析结果对系统内的相关功能模块发出控制指令，并向外界传递信息。

53. BMS包含多个处理模块：数据采集模块，SOC估算模块，电气控制模块，安全管控模块，热管理模块，数据通信和显示模块等。

54. 电池管理系统最基本的作用是进行电池组管理，还包括电线线路管理、热（温度）管理和电压平衡控制。

55. 纯电动汽车电源系统的维护包括常规维护、重点维护、贮存维护等。

56. 常规维护是对影响电源使用过程中的安全隐患进行检查和排除，避免发生危险性事故。常规维护一般每月进行一次。

57. 重点维护是对电源系统进行较详细的测试及检查，目的是保证电源系统满足继续使用的要求，消除系统存在的安全隐患，延长电源系统的使用寿命。重点维护一般每6~8个月进行一次。重点维护前先按常规维护进行检查。

58. 贮存维护是对长期贮存（时间超过3个月）的电源系统进行测试及检查，目的是避免电池因长期不使用引起的性能衰减，同时消除电池组存在的安全隐患。

59. 电池组常见故障：电池组容量降低、电池组充电异常、电池组放电电压低、自放电大、电源系统局部高温、电源系统单体电压一致性较差、电池变形、结构件损坏、电池打弧击穿等。

学习效果检验

一、简答题

1. 应用于纯电动汽车的动力电池有哪些种类？辅助储能装置有哪几种？

2. 解释下列术语的含义：额定电压、工作电压、终止电压、额定容量、充电状态（SOC）、比功率、能量密度、放电时率、放电倍率。

3. 什么铅酸蓄电池？应用于纯电动汽车的铅酸蓄电池有哪些种类？其中应用最多的是哪种？

4. 什么是镍氢电池？它有哪些特点？主要应用于哪种类型的电动汽车上？
5. 什么是锂电池？它有哪些特点？主要应用于哪种类型的电动汽车上？
6. 什么是锌空气电池？它有哪些特点？主要应用于哪种类型的电动汽车上？
7. 什么是超级电容？在电动汽车上如何应用？
8. 什么是飞轮电池？在电动汽车上如何应用？
9. BMS 由哪些子系统组成？各子系统的功能是什么？
10. 在检修纯电动汽车前必须做好的个人防护措施有哪些？
11. 对动力电源系统进行常规维护的目的和内容是什么？
12. 对动力电源系统进行重点和贮存维护的目的是什么？
13. 电池组容量降低的现象是什么？有哪些原因？如何处理？
14. 电源系统局部高温的现象是什么？有哪些原因？如何处理？

二、单项选择题

1. 电池正极和负极之间的电位差称为（　　）。
   A. 电动势　　　B. 开路电压　　　C. 额定电压　　　D. 工作电压
2. 电池在标准规定条件下工作时应达到的电压称为（　　）。
   A. 电动势　　　B. 开路电压　　　C. 额定电压　　　D. 工作电压
3. 电池在一定标准所规定的放电条件下放电时，电池的电压将逐渐降低，当电池再不宜继续放电时，电池的最低工作电压称为（　　）。
   A. 开路电压　　　B. 额定电压　　　C. 工作电压　　　D. 终止电压
4. 下列电池电压中，（　　）的数值最小。
   A. 开路电压　　　B. 额定电压　　　C. 工作电压　　　D. 终止电压
5. 当采用小放电时率对蓄电池放电时，下列描述正确的是（　　）。
   A. 工作电压下降速度快，终止电压低　　　B. 工作电压下降速度快，终止电压高
   C. 工作电压下降速度慢，终止电压低　　　D. 工作电压下降速度慢，终止电压高
6. 放电电流与放电时间的乘积为（　　）。
   A. 理论容量　　　B. 实际容量　　　C. 标称容量　　　D. 额定容量
7. 一般蓄电池放电高效率区为（　　）SOC。
   A. 10%～30%　　　B. 30%～50%　　　C. 50%～80%　　　D. 80%～90%
8. 电池的（　　）决定电动汽车的加速性能。
   A. 电压　　　B. 容量　　　C. 功率　　　D. 能量
9. 电池的（　　）决定电动汽车的行驶距离。
   A. 电压　　　B. 容量　　　C. 功率　　　D. 能量
10. 电池的额定容量与额定电压的乘积为（　　）。
    A. 标称能量　　　B. 实际能量　　　C. 比能量　　　D. 能量密度
11. 实际的电池组比能量比单体电池比能量低（　　）以上。
    A. 10%　　　B. 20%　　　C. 30%　　　D. 40%
12. 正极板活性物质为二氧化铅，负极板活性物质为铅，以酸溶液为电解质的蓄电池称为（　　）。
    A. 铅酸蓄电池　　　B. 镍氢蓄电池　　　C. 锌空气电池　　　D. 锂电池
13. 电解液是由稀的硫酸钠溶液和硅酸溶液混合成胶状物质的铅酸蓄电池称为（　　）蓄电池。
    A. 阀控免维护　　　B. 胶体　　　C. 水平式　　　D. 双极式
14. 在电动微型车、电动高尔夫车、电动叉车上应用的铅酸蓄电池，主要是（　　）。
    A. 阀控免维护式　　　B. 胶体式　　　C. 水平式　　　D. 双极式
15. 以氢氧化镍为正极板活性材料，以储氢合金为负极板材料，电解质是水溶性氢氧化钾和氢氧化锂的混合物的电池称为（　　）。
    A. 铅酸蓄电池　　　B. 镍氢蓄电池　　　C. 锌空气电池　　　D. 锂电池
16. 下列关于镍氢电池用于纯电动汽车上主要优点的描述，不正确的是（　　）。
    A. 启动加速性能好　　　　　　B. 对环境污染少
    C. 快速补充充电时间短　　　　D. 充电过程中容易发热量少

17. 下列电池中，（　　）的比能量最大。
    A. 锂电池　　　B. 铅酸电池　　　C. 钠硫电池　　　D. 镍氢
18. 下列（　　）的充电方式最特殊。
    A. 锂电池　　　B. 铅酸电池　　　C. 锌空气电池　　D. 镍氢
19. 下列（　　）最适合作为以蓄电池作为唯一动力源的纯电动汽车。
    A. 锂电池　　　B. 铅酸电池　　　C. 锌空气电池　　D. 超级电容
20. 下列（　　）属于物理电池。
    A. 锂电池　　　B. 铅酸电池　　　C. 锌空气电池　　D. 超级电容
21. （　　）决定飞轮储能装置能量输入输出量的大小。
    A. 飞轮的形状　B. 飞轮的重量　　C. 飞轮的转速　　D. 电力电子装置
22. 超级电容和蓄电池采用（　　）的连接方式。
    A. 串联　　　　B. 并联　　　　　C. 混联　　　　　D. 相对独立
23. 在应用于纯电动汽车的动力电池中，铅酸电池、镍氢电池、锌空气电池、锂电池四者比较，比功率最高的是（　　）。
    A. 铅酸电池　　B. 镍氢电池　　　C. 锌空气电池　　D. 锂电池
24. 在应用于纯电动汽车的动力电池中，铅酸电池、镍氢电池、锌空气电池、锂电池四者比较，比能量最高的是（　　）。
    A. 铅酸电池　　B. 镍氢电池　　　C. 锌空气电池　　D. 锂电池
25. 在应用于纯电动汽车的动力电池中，铅酸电池、镍氢电池、锌空气电池、锂电池四者比较，充电时间最短的是（　　）。
    A. 铅酸电池　　B. 镍氢电池　　　C. 锌空气电池　　D. 锂电池
26. 下列（　　）适用于双蓄电池型复合能源结构。
    A. 锂电池＋锌空气电池　　　　　B. 锂电池＋铅酸蓄电池
    C. 锌空气电池＋铅酸蓄电池　　　D. 锂电池＋镍氢电池
27. 目前电动汽车应用最多的动力电池是由（　　）。
    A. 镍镉电池　　B. 镍氢电池　　　C. 锂电池　　　　D. 燃料电池
28. 要想避免单体电池由于过充、过放导致提前失效，使电池组的性能指标达到或者接近单体电池的水平，必须对电池组中单体电池进行（　　）。
    A. 组合管理　　B. 安全管理　　　C. 温度管理　　　D. 均衡控制
29. 充电均衡控制到位含义：每次充电均衡控制，都可使（　　）。
    A. 最好的单体电池的电压恢复到充满就可　　B. 最差单体电池的电压恢复到充满就可
    C. 全部单体电池均恢复到充满　　　　　　　D. 全部单体电池电压恢复至平均值
30. 损坏的电池在充电过程中电池的（　　）高于正常值。
    A. 电压　　　　B. 电流　　　　　C. SOC　　　　　D. 温度
31. 纯电动汽车的常规维护一般（　　）进行一次。
    A. 每天　　　　B. 每周　　　　　C. 每月　　　　　D. 每年
32. 动力电源系统在使用（　　）个月后，有条件的话对动力电源系统进行一次充放电维护。
    A. 1　　　　　　B. 2　　　　　　C. 3　　　　　　　D. 4
33. 下列（　　）不是动力电源系统常规维护内容。
    A. 检查动力电源系统的状态　　　B. 检查管理系统的功能是否正常
    C. 对电池进行充放维护　　　　　D. 对电池包进行开包检查
34. 对电池组进行绝缘监测时，发现总正、总负端子对车体的电压偏高，可能的原因是（　　）。
    A. 电池组过充　　　　　　　　　B. 电池组内部有短路
    C. 电池组与电池包箱体绝缘不良　D. 电池包箱体与车体绝缘不良
35. 对动力电池系统的重点维护一般每（　　）个月进行一次。
    A. 1～3　　　　B. 3～6　　　　　C. 6～8　　　　　D. 8～10
36. 贮存维护是对长期贮存（　　）的电源系统进行测试及检查。
    A. 时间超过3个月　　　　　　　　B. 时间超过6个月

C. 时间超过 8 个月 D. 时间超过 12 个月
37. 对于锂系列电池，贮存时荷电量保持在（　　）为宜。
A. 满充电状态　B. 20%～60%　C. 40%～80%　D. 80%～90%
38. 动力电池箱的绝缘电阻值应大于（　　）MΩ。
A. 30 B. 40 C. 50 D. 60
39. 静置时同一箱内各单体电池电压差应小于（　　）mV。
A. 300 B. 400 C. 500 D. 600
40. 动力电池安装后测试，对比车辆信息显示屏上的单体电池电压和实际测量电压值，如果电压差超过（　　）mV，则需要更换、调试。
A. 30 B. 40 C. 50 D. 60
41. 车辆经较长时间搁置（如晚上停车），能够较明显感觉电池电量有下降，搁置前后系统 SOC 显示差别过大。说明电池系统存在（　　）。
A. 电池组充电异常　　　　　　　B. 自放电大
C. 电源系统单体电压一致性较差　D. 电池组容量降低
42. 系统应用或搁置过程中，经常出现单体电池放电保护或充电保护，而其他电池电压仍较正常，说明电池系统存在（　　）。
A. 电池组充电异常　　　　　　　B. 自放电大
C. 电源系统单体电压一致性较差　D. 电池组容量降低
43. 若电压均一性比较好，检查单体电池电压之和与总电压数据比较相差过大，可能的原因是（　　）。
A. 环境温度低　　　　　　　　　B. 充电机有故障
C. 单体电池内阻增大　　　　　　D. 电池组内部线路连接松动
44. 电源系统局部高温的表现：车辆行驶过程中，电源系统某部位温度高于其他部位（　　）℃以上，并且多次表现为同一部位。
A. 3 B. 5 C. 10 D. 15
45. 对于锂电池，下列故障中，（　　）不能检测出故障码。
A. 单体电池极板短路　　　　　　B. 电池管理系统失效
C. 电池包冷却内机损坏　　　　　D. 电池组漏电

三、多项选择题

1. 当电池以小放电时率放电时，下列描述（　　）正确。
A. 工作电压下降速度快　B. 终止电压低　C. 放电时间短　D. 能输出较多的能量
2. 下列对于免维护铅酸蓄电池的描述中，（　　）正确。
A. 采用低锑合金或铅钙合金做极板栅架　B. 采用密封式隔板
C. 采用内装式密度计　　　　　　　　　D. 采用安全通气装置
3. 下列对铅酸蓄电池的描述中，（　　）正确。
A. 单体电压高　　　　　　　　　B. 价格低廉
C. 高倍率放电性能良好　　　　　D. 使用成本低
4. 下列对锌空气电池的描述中，（　　）正确。
A. 比能量大　　B. 充电时间短　C. 属于物理电池　D. 可再生利用
5. 下列关于锂电池的描述，（　　）正确。
A. 有记忆效应　　　　　　　　　B. 体积较大
C. 成本高　　　　　　　　　　　D. 必须有特殊的保护电路，以防止过充
6. 下列关于锂电池优点的描述，（　　）正确。
A. 单体电池工作电压高　B. 比能量大　C. 有环境污染　D. 循环寿命长
7. 下列选项中，（　　）是 BMS 安全管理系统在异常状态出现时所采取的措施。
A. 及时发出报警信号　　　　　　B. 在仪表板上显示相关信息
C. 采用备用模式　　　　　　　　D. 断开电路
8. 下列选项中，（　　）是电池组均衡的常用方式。

A. 单体充电均衡 B. 单体放电均衡
C. 充电均衡加放电均衡 D. 动态均衡
9. 下列选项中,(　　)是电池的均衡方法。
A. 分流法 B. 切断法 C. 并联法 D. 串联法
10. 电池组的故障级别包括(　　)。
A. 一般故障 B. 警告故障 C. 轻微故障 D. 严重故障
11. 纯电动汽车电源系统的维护包括(　　)等。
A. 常规维护 B. 定期维护 C. 重点维护 D. 贮存维护
12. 下列选项中,(　　)可能是电池组充电电压过高故障的原因。
A. 电池或充电环境温度高 B. 电池实际容量已下降,仍以原来的倍率进行充电
C. 电池组荷电量已经很高 D. 电池组长期贮存,首次充电即以较大电流进行充电
13. 下列选项中,(　　)可能是电池组放电电压低故障的原因。
A. 电池内阻增大 B. 内部发生微短路
C. 环境温度高 D. 连接松动

四、判断题
1. 蓄电池的终止电压与放电速率无关。(　　)
2. 电池的功率决定纯电动汽车的加速性能。(　　)
3. 电池的容量决定纯电动汽车的行驶距离。(　　)
4. SOC 是指放电容量与额定容量的百分比。(　　)
5. 通常动力蓄电池的比能量高,则能量密度小。(　　)
6. 电池的内阻小,对电池性能有利。(　　)
7. 放电深度浅时,有利于延长电池的寿命。(　　)
8. 当放电电流大于或等于额定容量的数值时,该放电电流值用倍率表示。(　　)
9. 蓄电池放电的 2h 率用 2C 来表示。(　　)
10. 0.5C 表示额定容量约 0.5h 放完电。(　　)
11. 动力电池的自放电率高,表示放电能力强。(　　)
12. 镍氢电池用于电动汽车上一个主要缺点是充电过程中容易发热量大。(　　)
13. 镍氢电池适合应用于纯电动汽车。(　　)
14. 目前纯电动汽车上应用的动力电池主流类型是锂电池。(　　)
15. 锌空气电池的充电实际上就是锌材料的更换与再利用。(　　)
16. 锌空气动力电池可归类于燃料电池。(　　)
17. 锌空气电池与其他类型的蓄电池类似,正、负极之间发生的化学反应是可逆的。(　　)
18. 锂电池的正极材料对电池的性能影响最大。(　　)
19. 目前研发的石墨烯电池仍属于锂电池系列。(　　)
20. 超级电容在正常行车时是不供电的。(　　)
21. 超级电容在储存能量、释放能量时同样发生化学变化。(　　)
22. 超级电容可以作为电动汽车的主能量源。(　　)
23. 超级电容与蓄电池构成复合电源系统是一种理想的复合能源结构。(　　)
24. 飞轮电池属于碱性化学电池。(　　)
25. 由于飞轮电池的机械装置,所以其使用寿命比一般的化学蓄电池低。(　　)
26. 飞轮电池的充电是将电能转化为机械能。(　　)
27. 飞轮电池的机械能可直接通过传动系统传给驱动车轮。(　　)
28. 为减小动力电池组的尺寸,可采用大容量单体电池的方案。(　　)
29. 动力蓄电池工作时产生热量,完全可以用于取暖和挡风玻璃除霜。(　　)
30. 电池组放电时,其放出能量为所有电池能量的平均和。(　　)
31. 动力电源系统在使用 1~2 个月后,维护人员需要对动力电源系统的外观和绝缘进行维护。(　　)
32. 在充放电维护结束后,用电压表分别测试蓄电池包的正极端子、负极端子与蓄电池包的最大电压,同时测得的电压值应不超过下限要求。(　　)

33. 由于目前纯电动汽车使用的动力电池均为密封结构,所以可以在倒置状态下工作。(   )
34. 对于动力电池,贮存时荷电量一般保持在满充电状态。(   )
35. 若电池经过了长期贮存,首先应按照维护制度进行维护,再进行使用。(   )
36. 以充电过程中,如果某单体电池被启用了电压或温度保护,说明该单体电池性能不良。(   )
37. 如果电池实际容量已下降,应适当调低充电倍率。(   )
38. 电池组长期贮存,首次充电即以较大电流进行充电,可能表现出充电压电偏低。(   )
39. 动力电池的充电温度低于0℃,充电电压会明显降低。(   )
40. 如果纯电动汽车存在严重的制动拖滞,可能会引起驱动电机过热。(   )

学习任务六　充电系统检修

　　车载动力电池需要不断补充充电。不同的汽车生产厂商所生产的纯电动汽车往往需要采用某一特定的充电方法或者配备专用的充电设备。动力电池有多种充电方法和充电设备,对于纯电动汽车的使用及维修人员,应该充分了解各类型充电方法的原理及充电设备的特点,以便合理使用纯电动汽车或进行正确的故障检修。

　　通过本任务学习,应该获得以下能力。
　　(1) 能够正确描述动力电池应该完成的功能。
　　(2) 能够正确描述常规充电的三种方法的特点。
　　(3) 能够正确描述常用的快速充电方法种类及各类型充电方法的特点。
　　(4) 能够正确描述蓄电池成组充电的方法及各方法的特点。
　　(5) 能够正确描述充电机的类型及各类型充电机的特点。
　　(6) 能够正确描述充电站的组成及各组成部分的功能。
　　(7) 能够注意培养劳动保护意识、安全与环保意识和团队协作意识。

相关知识学习

一、动力电池充电功能

　　电池充电通常应该实现以下三个功能。
　　① 尽快使电池恢复额定容量,即在恢复电池容量的前提下,充电时间越短越好。
　　② 消除电池在放用过程引起的不良后果,修复由于深放电、极化等导致的电池性能破坏。
　　③ 对电池补充充电,克服电池自放电引起的不良影响。

二、纯电动汽车充电系统结构

　　广义纯电动汽车的充电系统分为两大部分:一部分为车辆以外的充电装置,主要包括城市交流电网、固定充电桩;另一部分是纯电动汽车车辆(内部)充电系统。通常所说的纯电动汽车充电系统一般就是指车辆内部的充电系统,主要由动力电池组件、车载充电机、DC/DC功率变换器、高压控制盒、快充口及线束等组成,如图2-109所示。

1. 充电桩

　　充电桩是安装在充电站、停车场、车库等固定位置并与交流电网相连,为电动汽车提供的充电装置。充电桩可分为交流充电桩和直流充电桩两种,如图2-110所示。

　　交流充电桩是安装在充电站、停车场、家庭车库等固定位置,与交流电网连接,为电动汽车车载充电机提供交流电源的供电装置,同时具备计量计费功能。

　　直流充电桩是安装在充电站等固定位置的专用电动汽车供电装置。直流充电桩不仅有提供充电电源的功能,还具有充电机功能,是一台直流充电机。可实时监视并控制被充电电池

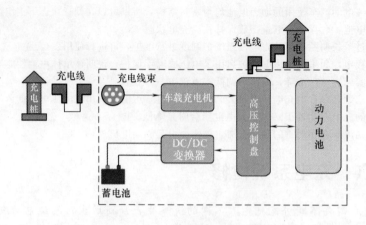

图 2-109　纯电动汽车充电系统结构

状态，采用直流充电模式为电动汽车动力电池充电。充电机的直流输出端在充电操作时与电动汽车直接连接，直接对电动汽车充电，不需要通过车载充电机。直流充电机的功率较大，可以提供几十到几百千瓦的充电功率，可以为电动汽车进行快速充电，同时，可以对充电电量进行计量。

直流充电桩系统结构如图 2-111 所示，主要由充电机主体和充电终端两部分组成。

充电终端面向用户，并与整流柜控制系统、电池管理系统、充电站监控系统等通信。充电终端也有一个单独的 MCU 控制系统，对整个终端进行管理。充电终端包括 IC 卡计费系统、信息打印系统、人机交互面板，并与整流柜控制系统、电池管理系统、充电站监控系统、直流电表等实现通信，它们之间的相互关系如图 2-112 所示。

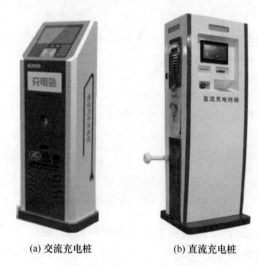

(a) 交流充电桩　　(b) 直流充电桩

图 2-110　充电桩

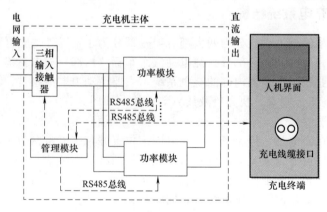

图 2-111　直流充电桩系统结构

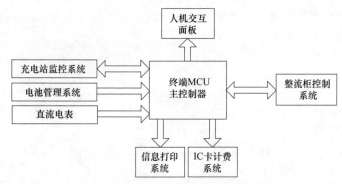

图 2-112 直流充电桩充电终端结构

功率模块是直流充电桩中主导能量传递的主体，是充电机中关键性部件，单个功率模块难以实现充电机的大功率输出要求，必须选择分布系统来实现，即多个相同模块并联均流。

人机界面不但要提供充电时客户关心的信息，还要提供给充电站维护人员一些必要的信息，主要是电池类型、充电电压、充电电流、电能量计量信息、单体电池最高/最低电压、故障及报警信息等。在充电完成后，需要充电机打印输出交易信息，如用量、交易金额及充电时间等。

管理模块和充电终端以及各功率模块可进行数据交互，通过 RS485 总线传输正确的充电控制命令和参数设置命令给各功率模块。功率模块作为充电的具体执行模块，按照管理模块下发的命令上传自身参数，或者接收管理模块的命令，设置相关参数完成充电过程。管理模块和功率模块协同工作实现充电功能。

另外，有些纯电动汽车生产商为其生产的纯电动汽车配备了移动式地面充电机，也属于非车载充电机，图 2-113 所示为比亚迪纯电动汽车配套的非车载充电机外形图。

图 2-113 比亚迪纯电动汽车非车载充电机

2. 车载充电机

车载充电具有为纯电动汽车动力电池安全、自动充满电的功能，充电机依据电池管理系统提供的数据，能动态调节充电电流等参数，执行相应的运作，完成充电过程。

车载充电机安装于电动车辆上，通过插头和电缆与交流插座连接。车载充电机的优点是在蓄电池需要充电的任何时候，只要有可用的供电插座，就可以进行充电。其缺点是受车上安装空间和质量限制，功率小，只能提供小电流慢速充电，充电时间较长，图 2-114 所示为典型的车载充电机（充电器）外观图。

图 2-114 典型车载充电机

车载充电机由交流输入端口、功率单元、控制单元、低压辅助单元、直流输出端口等部分组成，其基本连接方法如图 2-115 所示。

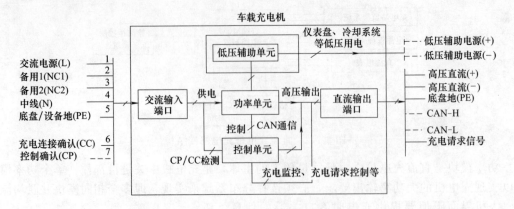

图 2-115　车载充电机连接示意图

(1) 交流输入端口　交流输入端口是车载充电机与地面供电设备的连接装置，当使用车载充电机对纯电动汽车充电时，推荐使用图 2-115 所示的引导电路作为充电接口连接状态及车载充电机输入的判断装置。

(2) 功率单元　功率作为充电能量的传递通道，主要包括电磁干扰抑制模块、整流模块、功率因数校正模块、滤波模块、全桥变换模块、直流输出模块等，其作用是在控制单元的配合下，把电网的交流电转换成动力电池需要的高压直流电。

(3) 控制单元　控制单元主要包括元件检测及保护模块、过流检测及保护模块、过压/欠压监测及保护模块、DSO 主控制模块，其作用是通过电力电子开关器件控制功率单元的转换过程，通过闭环控制方式精确完成转换功能，并提供保护。

(4) 低压辅助单元　低压辅助单元主要包括 CAN 通信模块、辅助电源模块、人机交互模块，其作用是为控制单元的电力电子器件提供低压供电及实现系统与外界的联系。

(5) 直流输出端口　直流输出端口是车载充电机与动力电池之间的连接装置。

3. 充电接口

世界各地区生产的纯电动汽车，由于执行的标准不统一，所以充电接口也各不相同。随着纯电动汽车的普及，各国家或地区都在着手标准的统一，如福特、通用、克莱斯勒、奥迪、宝马、奔驰、大众和保时捷于 2012 年发布了"联合充电系统"充电接口，即"CCS"(Combined Charging System) 标准充电接口，其外形如图 2-116 所示。"联合充电系统"可将现行所有充电接口统一起来，这样，用一种接口就能够完成单相交流充电、快速三相交流充电、家用直流充电和超速直流充电四种模式。

我国在 2006 年就发布了《电动汽车传导充电用插头、插座、车辆耦合器和车辆插孔通用要求》(GB/T 20234—2006)。该标准规定了两种充电接口，一种是将交流供电电网连接到车载充电机上进行充电的交流充电接口；另一种是利用非车载充电机（充电桩）对纯电动汽车进行直流充电的接口。按该标准生产的充电枪外形如图 2-117 所示。

(1) 交流充电接口　国家标准 GB/T 20234—2015 规定，我国交流充电接口为七个端子，如图 2-118 所示。

国标交流充电接口连接界面如图 2-119 所示。

(2) 直流充电接口　国家标准 GB/T 20234—2015 规定的直流充电接口为九个端子，如图 2-120 所示。

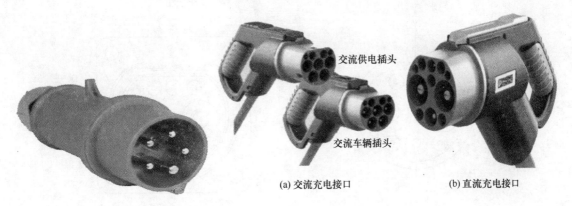

图 2-116 CCS 标准充电接口　　图 2-117 纯电动汽车充电接口（国家标准）

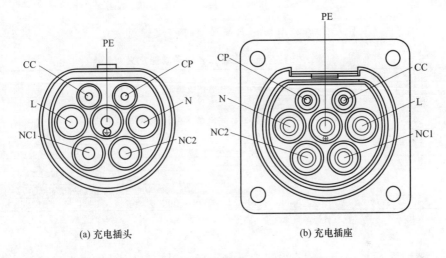

图 2-118 交流充电接口（国家标准）

L—交流电（220V、16/32A）；N—中线（交流电 220V、16/32A）；CC—充电连接确认（电压 36V，电流 2A）；
CP—控制确认（电压 36V，电流 2A）；PE—保护接地；NC1—备用端子；NC2—备用端子

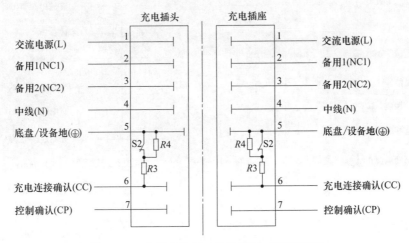

图 2-119 交流充电接口连接界面（国家标准）

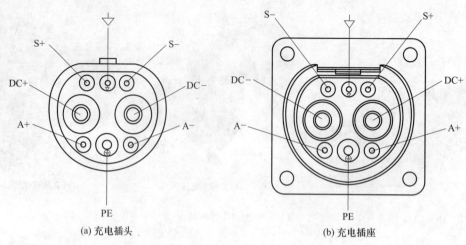

图 2-120 直流充电接口（国家标准）

① 端子功能定义。国标直流充电接口各端子功能定义，见表 2-15。

表 2-15 直流充电接口各端子功能定义

端子编号/标识	额定电压和额定电流	功能定义
1-(DC+)	750V 125A/250A	直流电源正，连接直流电源正与电池正极
2-(DC−)	750V 125A/250A	直流电源负，连接直流电源负与电池负极
3-(⏚)	—	保护接地，连接供电设备地线和车辆底盘地线
4-(S+)	36V 2A	充电通信 CAN_H，连接非车载充电机与电动汽车的通信线
5-(S−)	36V 2A	充电通信 CAN_L，连接非车载充电机与电动汽车的通信线
6-(CC1)	36V 2A	充电连接确认 1
7-(CC2)	36V 2A	充电连接确认 2
8-(A+)	36V 20A	低压辅助电源正，非车载充电机为纯电动汽车提供低压辅助电源正
9-(A−)	36V 20A	低压辅助电源负，非车载充电机为纯电动汽车提供低压辅助电源负

注：非车载充电机控制装置和车辆控制装置应有 CAN 总线终端电阻，建议为 120Ω。通信线宜采用屏蔽双绞线，非车载充电机端屏蔽层接地。

② 充电连接界面。国标直流充电接口连接界面如图 2-121 所示。

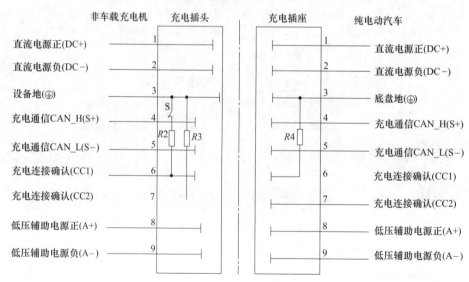

图 2-121 直流充电接口连接界面（国家标准）

已经商业化生产的电动车辆，为了满足这两种充电机的应用，通常在车辆上同时设置车载充电机器和快速充电接口。图 2-122 所示为比亚迪 e6 纯电动汽车充电接口外观图,图中左侧接口为快速充电接口,右侧的为慢充接口。图 2-123 所示为两个接口的端子布局。

图 2-122　比亚迪 e6 纯电动汽车充电接口

图 2-123　比亚迪 e6 纯电动汽车充电接口端子布局

4. 高压控制盒

(1) 结构　纯电动汽车高压控制盒是纯电动汽车高压、大电流配电控制单元(PDU)。采用集中配电方案,结构设计紧凑,接线布局合理,检修方便。根据不同车型系统的架构需求,高压配电盒还可以集成部分电池管理系统智能控制管理单元,从而更进一步优化整车高压配电系统结构。

纯电动汽车高压控制盒结构如图 2-124 所示,主要由高压接触器、继电器、熔断器、电阻、铜排等组成。高压控制盒的输入、输出电缆接线如图 2-125 所示。

纯电动汽车驱动电机额定功率比较大。配置的动力电池额定电压较高,输出的电流也很大,一般高压回路电压可高达 700VDC 以上,电流高达 400A,对高压配电系统的结构与安全有着重要的影响。高压电力电源直接进入高压控制盒,车辆高压控制盒根据车辆高、低压电气设备配置需要合理配置供电,保证整个高压系统及其各个电气设备的供电需求。

高压控制盒高压回路连接如图 2-126 所示,高压控制箱担负高压系统回路的接通、断开,监控高压系统工作状况,检测高压系统的绝缘阻

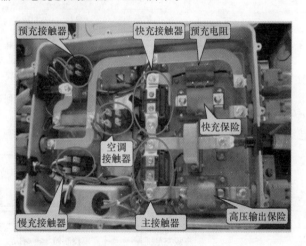

图 2-124　高压控制盒组成

值及漏电状况,并在必要时及时切断高压回路,保证高压系统安全。纯电动汽车对高压控制盒及高压系统的绝缘性能、抗电磁干扰及屏蔽、密封及耐振动等也有很高的要求。高压控制盒的高电压特性和大电流特性,对高压控制技术有一定影响,为减轻大功率的输入、输出电流的冲击影响,现在普遍采用预充电技术,可以较好地解决大电流、高电压带来的充电过程对高压电器的冲击。

(2) 功能　高压控制盒基本功能是实现高压电源的管理配置、高压电的输入/输出控制、高压回路系统安全监控。如图 2-127 所示,高压控制盒通过 CAN 总线与车载充电机、

图 2-125 高压控制盒输入、输出电缆接线

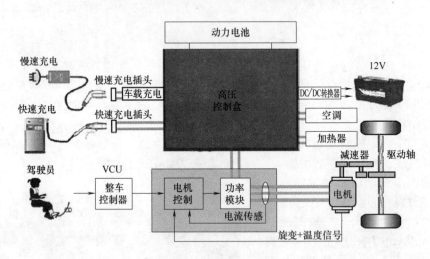

图 2-126 高压控制盒高压回路连接示意图

电源管理系统（BMS）、动力电池等电器通信，并反馈控制信息，对高压回路管理控制。

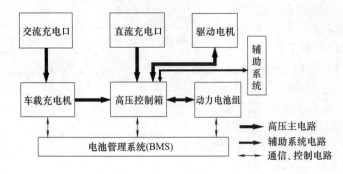

图 2-127 高压控制盒配电控制原理

① 高压配电功能。充电设备通过高压控制箱的充电回路传输电力到电力电池系统，对电池充电。电力电池将储存的电能通过高压控制箱分配给纯电动汽车给高压用电器和低压辅助系统。主要设备有驱动电机控制器、功率变换器、驱动电机、电动空调、辅助电源、车辆

制动辅助系统、助力转向系统等。

高压控制盒电压通常在300～700V，电流从几十安培到几百安培，甚至达400A。高压电器的工况、稳定性及寿命，需要考虑。整车控制器可通过CAN网络系统，测量配电回路输入、输出电压值，判断回路工作是否正常，以控制紧急情况下电气设备停机保护和故障处理，从而实现高压配电系统的安全。

② 高压断电保护功能。为了保证纯电动汽车高压配电回路安全，要求纯电动汽车驾驶员可通过手动装置断开主电源至少一个电极，以实现紧急情况下整车高压电源输出侧的断开保护功能。手动断电的方法有以下3种。

a. 直接断开高压回路。引电池电源线至所配置的空气断路器开关箱，直接手动切断电池高压回路。

b. 间接电器断开高压主回路。通过切断高压主回路继电器控制电源，从而断开主回路。

c. 间接手动切断高压主回路。通过机械连接的拉锁和锁扣的作用，直接断开高压控制箱开关手柄，从而达到断开主回路的目的。

③ 电路过电流保护。在高压电气系统中，当高压电气设备或高压回路出现电器短路或过大电流等情况时，高压控制盒通过所设置的电流熔断器及时切断主电路，保护高压电气系统安全。

④ 预充电功能。充电机对动力电池进行充电的瞬间由于高电压、大电流的冲击，易造成对接触器、继电器和动力电池的损害，特别是接触器触头易产生电弧烧蚀触头，从而影响触点接触，或者触头局部熔化，产生黏接现象，从而影响接触器断开，进而对高压回路造成较大的危害。为了减少或避免这些情况的发生，高压控制盒设置了预充电路。当充电电路接通的瞬间，预充电路首先接通，先进行小电流导通，然后在延时开关的作用下，充电主电路延时接通，这样整个充电回路就避免了冲击电流产生的不利影响。

⑤ 电压动力检测。高压控制盒不仅有高压配电的功能，还具有对高压电力检测的功能。通过增设内部集成分流器或霍尔电流互感器，测量高压回路的输入或输出电压、电流数值，实时对高压回路的电压、电流监控。将检测的数值通过CAN总线实现与整车控制系统（VCU）、电池管理系统（BMS）以及电机控制系统（MCU）的通信和控制。测量的数值还可以通过仪表加以显示，以便于驾驶人员监控。

⑥ 绝缘性能检测。根据电动汽车国家标准要求，纯电动汽车需要具备绝缘电阻检测系统，对动力电池及高压系统与汽车车身和底盘之间的绝缘电阻进行检测。同时，具有高压系统的漏电检测功能。当漏电检测系统检测到高压系统绝缘电阻阻值没有达到安全绝缘电阻阻值要求，产生漏电状况时，保护系统立刻断开主电路及相应回路接触器（或继电器），从而起到安全保护的功能。

三、纯电动汽车充电方式

按不同的分类标准，纯电动汽车的充电可分为多种方式。

1. 按充电快慢分类

按充电速度的快慢，纯电动汽车充电分为慢充、快充和更换电池三种方式。

（1）慢充　慢充也称为常规充电法、传统充电法，只需将车载充电器的插头插到停车场或家中的电源插座上即可进行充电，因此充电过程一般由客户自己独立完成。其特点是直接从低压照明电路取电，充电功率较小，由220V/16A规格的标准电网电源供电，典型的充电时间为8～10h（SOC达到95%以上）。目前一些小型的纯电动汽车充电站即采用常规充电，典型常规充电站布置示意图如图2-128所示。

这种充电方式对电网没有特殊要求，只要能够满足照明要求的供电系统就能够使用。由

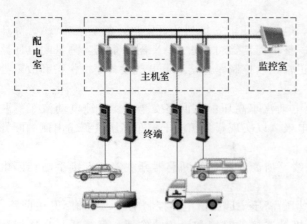

图 2-128 典型常规充电站布置示意图

于在家中充电通常是晚上或者是在电低谷期，有利于电能的有效利用，因此电力部门一般会给予纯电动汽车用户一些优惠，例如电低谷期充电打折。

常规充电方法有定流充电法、定压充电法和阶段充电法三种。

① 定流充电法。充电过程中，使充电电流保持恒定的充电方法，称为定流充电。其充电曲线如图 2-129 所示。

定流充电具有以下特点。

a. 充电过程中，充电电流恒定，但充电电压是变化的（充电过程中，蓄电池的端电压不断升高，为保证充电电流的恒定，充电电源电压或调节负载应随时变化）。

b. 充电电流的大小可根据充电类型及蓄电池的容量确定。

c. 不同端电压的蓄电池可以串联充电。

d. 充电时间长。

② 定压充电法。充电过程中，加在蓄电池两端的电压保持不变的充电方法，称为定压充电。其充电曲线如图 2-130 所示。

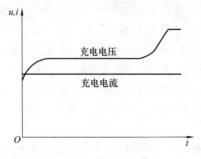

图 2-129 定流充电曲线

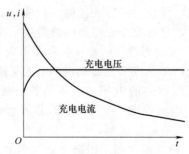

图 2-130 定压充电曲线

定压充电具有以下特点。

a. 充电过程中，充电电压保持不变（充电开始时，充电电流很大，随着蓄电池电动势的不断升高，充电电流逐渐减小，直至为零）。

b. 一般单格电池的充电电压选择 2.5V，若充电电压选择过低，则蓄电池出现充电不足的现象；若充电电压选择过高，则蓄电池充足电后还会继续充电，此时的充电则为过充电。

c. 定压充电开始时，电池电动势小，所以充电电流很大，对蓄电池的寿命造成不良影响，且容易使电池极板弯曲，造成电池报废；在充电中后期，由于电池极化作用的影响，正极电位变得更高，负极电位变得更低，所以电动势增大，充电电流过小，形成长期充电不足，影响电池使用寿命。

鉴于这些缺点，定压充电很少使用，只有在充电电源电压低、工作电流大时才采用。

③ 阶段充电法。此方法包括二阶段充电法和三阶段充电法。

a. 二阶段充电法采用恒电流和恒电压相结合的快速充电方法，首先，以恒电流充电至预定的电压值，然后，改为恒电压完成剩余的充电。一般两阶段之间的转换电压就是第二阶段的恒电压。

b. 三阶段充电法在充电开始和结束时采用恒电流充电，中间用恒电压充电。当电流衰减到预定值时，由第二阶段转换到第三阶段。这种方法可以将出气量减到最少，但作为一种快速充电方法使用，受到一定的限制。

阶段充电法由于同时采用了定流充电和定压充电，可以综合这两种充电方法的优点。

(2) 快充　快充即以较高的充电电流，在短时间内使电池达到充满电状态的方法。快速充电机功率很大，一般都大于 30kW，采用三相四线制 380V 供电，其典型的充电时间是 10~30min。这种充电方式对电池寿命有一定的影响，特别是普通蓄电池不能进行快速充电，因为在短时间内接受大量的电量会导致蓄电池过热。

常用的快速充电方法有脉冲充电法、Reflex TM 快速充电法、变电流间歇充电法、变电压间歇充电法和调幅/调频式充电法等。

① 脉冲充电。该方法是首先用脉冲电流对电池充电，然后停充一段时间，再用脉冲电池对电池充电，如此循环，如图 2-131 所示。间歇期可使蓄电池经化学反应产生的氧气和氢气有时间重新化合成水，减小电池极化现象，使下一轮的定流充电能够更加顺利地进行，提高蓄电池的存储能量。由于有较充分的反应时间，减少了出气量，提高了蓄电池的充电电流接受率。

② Reflex TM 快速充电。这种技术是美国的一项专利技术，最早主要面对的充电对象是镍镉电池。这种充电方法缓解了镍镉电池的记忆效应问题，并大大降低了蓄电池快速充电的时间。Reflex TM 快速充电的一个周期包括正向脉冲充电、反向瞬间脉冲放电和停充维护 3 个阶段。与脉冲式充电相比，加入了反向脉冲。这种充电方法在其他类型的电池上也开始大量应用，用于提高充电速度并降低充电过程中的极化。

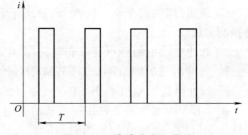

图 2-131　脉冲式充电曲线

如图 2-132 所示，Reflex TM 快速充电的过程：先用 0.8~1 倍额定容量电流进行恒流充电，使蓄电池在短时间内充至额定容量的 50%~60%，当单格电池电压升至 2.4V 且开始冒气泡时，由充电机的控制电路自动控制，开始脉冲快速充电，首先停止充电 25ms（称为"前停充"），然后再放电或反向充电，使蓄电池反向通过一个较大的脉冲电流（脉冲深度一般为充电电流的 1.5~2 倍，脉冲宽度为 150~1000ms），然后再停止充电 40ms（称为"后停充"）。以后的过程：正向脉冲充电→前停充→反向脉冲瞬间放电→后停充→正向脉冲充电…，直至充足电。

③ 变电流间歇充电。这种充电方法建立在定流充电和脉冲充电的基础上，如图 2-133 所示。其特点是将定流充电段改为限压变电流间歇充电段。充电前期的各段采用变电流间歇

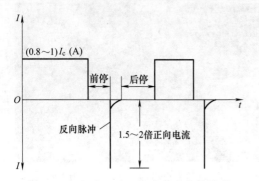

图 2-132　Reflex TM 快速充电电流波形

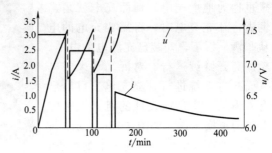

图 2-133　变电流间歇充电曲线

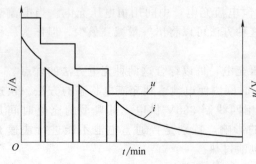

图 2-134 变电压间歇充电曲线

充电的方法,保证加大充电电流,获得绝大部分充电量。充电后期采用定电压充电段,获得过充电量,将电池恢复至完全充电状态。通过间歇停充,使蓄电池经化学反应产生的氧气和氢气有时间重新化合而被吸收掉,减小极化现象,使下一轮的定流充电能够更加顺利地进行,提高蓄电池的存储能量。

④ 变电压间歇充电。在变电流间歇充电法的基础上形成了变电压间歇充电法,如图 2-134 所示。变电压间歇充电法与变电流间歇充电法不同之处在于第一阶段不是间歇定电流,而是间歇定电压。

比较上述各类充电方法,图 2-134 更加符合最佳充电的充电曲线,在每个定电压充电阶段,由于电压恒定,充电电流自然按照指数规律下降,符合电池电流可接受率随充电过程逐渐下降的特点。

⑤ 调幅/调频式充电。调幅/调频式充电法综合了各种充电方法的优点,通常采用以下 3 种控制方法。

a. 脉冲电流的幅值可变,驱动充/放电开关管(PWM)信号的频率固定。

b. 脉冲电流的幅值不变,PWM 信号的频率可调。

c. 脉冲电流的幅值不变,PWM 信号的频率固定,PWM 信号的占空比可调。

图 2-135 所示为第 3 种控制方法的充电曲线,在调整 PWM 信号的占空比的同时,加入间歇停充阶段,能够在较短的时间内充入更多的电量,提高蓄电池的充电接受能力。

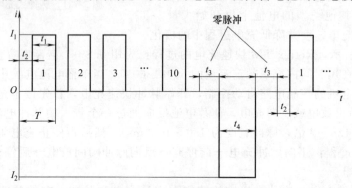

图 2-135 调幅/调频充电曲线

(3) 更换电池充电 更换电池充电方式也称为地面充电。地面充电就是当车辆进行补充充电时,将需要充电的电池从车辆上拆下,安装已充满电的电池,车辆即离开继续运行,对拆卸下来的电池采面充电系统进行补充充电。目前已经有专为某一车型而设计的机器人来完成电池的更换工作,如图 2-136 所示。

采取地面充电方式有利于电池维护,提高电池使用寿命和车辆使用效率,但

图 2-136 机器人更换纯电动汽车动力电池

对车辆及电池更换设备提出了更高的要求。地面充电又有分箱充电和整组充电两种方法。

① 分箱充电。分箱充电时,每台充电机对电池组中一箱电池充电,并和该箱的电池管理单元通信,完成充电控制。采用这种方式,有利于提高电池组的均衡性,延长电池组使用寿命,但充电机数量多,电池组与充电机间的连线多,监控网络复杂,成本较高。其结构如图 2-137 所示。

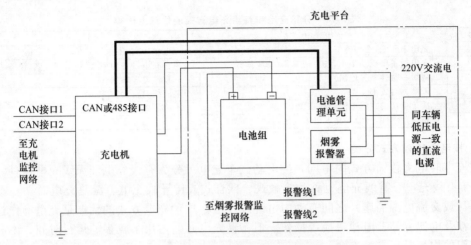

图 2-137　地面单箱充电结构图

其中,充电平台包括与车辆低压电源一致的直流电源、电池存储架、充电机通信接口连接器、充电机输出连接器、烟雾传感器。当单箱电池放置在充电平台上,低压电源为电池管理单元提供供电电源,充电机和电池管理单元通信实现充电控制,能量通过充电机输出连接器从充电机传输到电池。烟雾传感器、温度传感器等实现在充电过程中的现场监视。

当采用单箱充电时,需要电池调度系统对所有的电池实时进行数量、质量和状态的监控和管理,完成电池存储、更换、重新配组和电池组均衡、实际容量测试及电池故障的应急处理等功能。

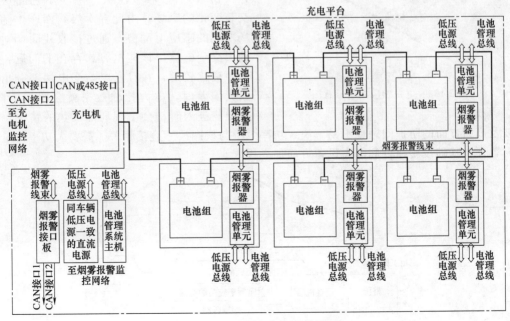

图 2-138　地面整组充电结构图

② 整组充电。采用整组充电时,将从纯电动汽车上拆卸下的各箱电池按照车辆上的应用方式连接,通过一台充电机给整组电池充电,所有的电池管理单元通过电池管理主机与充电机进行通信,完成充电控制。采用这种方式,充电机数量少,监控网络简单,但相对单箱充电方式而言,电池组的均衡性较差,使用寿命较低。其结构如图 2-138 所示。

分箱充电和整组充电方式的优缺点比较见表 2-16。

表 2-16 分箱充电和整组充电方式的优缺点比较

序号	整组充电	分箱充电
1	充电电压低,安全性好	充电电压高,安全性差
2	充电设备单机功率小,技术成熟,总体成本低	单台充电设备功率大,技术不成熟,设备成本高
3	减缓一致性差异增加	一致性差异增加快
4	谐波相对较小	谐波相对较大
5	适于更换模式下电池对称布置	不适于更换模式下电池对称布置
6	兼顾一致性,有效提高了电池使用寿命	电池使用寿命短

2. 按电力传输方式分类

按充电时电力传输方式的不同,纯电动汽车充电可分为有线充电和无线充电两种。

(1) 有线充电 有线充电也称为接触式、耦合式或传导式充电,就是充电时,在车辆和充电机(或交流电源插座)之间有动力电缆线连接。这种充电方式的优点是充电操作过程简单,不涉及电池存储、电池更换等操作。但车辆充电时间占用了较多的运行时间,不利于保持电池组的均衡及可靠的寿命。

(2) 无线充电 纯电动汽车无线充电方式是利用无线电能传输技术对蓄电池进行充电的一种新型充电方式,主要有电磁感应充电方式、磁共振充电方式和微波充电方式。

① 电磁感应充电方式。电磁感应充电方式通过送电线圈和接收线圈传输电力,这是最接近实用化的一种充电方式,如图 2-139 所示。电磁感应充电的基本原理如图 2-140 所示,当送电线圈中有交变电流通过时,发送(初级)、接收(次级)两线圈之间产生交替变化的磁场,由此在次级线圈产生随磁场变化的感应电动势,通过接收线圈端对外输出交变电流。该充电方式存在的问题:送电距离比较短,并且送电与受电两部分出现较大偏差时,电力传输效率就会明显下降;有异物进入时,会出现局部发热的情况;电磁波及高频方面的防护问题也不易解决;功率大小与线圈尺寸直接相关,需要大功率传送电力时,须在基础设施建设和电力设备方面加大投入。

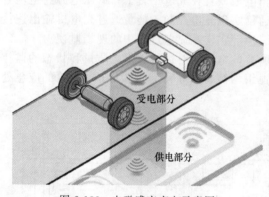

图 2-139 电磁感应充电示意图

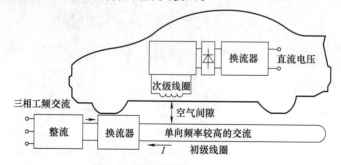

图 2-140 电磁感应充电原理图

② 磁共振充电方式。磁共振充电方式主要由电源、电力输出、电力接收、整流器等组成，基本原理与电磁感应方式基本相同。电源传输部分有电流通过时，所产生的交变磁束使接收部分产生电势，为电池充电时输出电流。与电磁感应充电方式的不同之处在于，磁共振充电方式加装了两个高频驱动电源，采用兼备线圈和电容器的 LC 共振电路，而并非由简单线圈构成送电和接收两个单元。共振频率的数值会随送电与接收单元之间距离的变化而改变，当传输距离发生改变时，传输效率也会像电磁感应一样迅速降低。因此，可通过控制电路调整共振频率，使两个单元的电路发生共振，即"共鸣"，也称这种磁共振状态为"磁共鸣"。在控制回路的作用下改变传送与接收的频率，可将电力传送距离增大至数米，同时将两单元电路的电阻降至最小以提高传输效率。传输效率还与发送和接收电单元的直径相关，传送面积越大，传输效率越高。目前的传输距离可达 400mm 左右，传输效率可达 95%。磁共振充电方式技术上的难点是小型、高效率化比较难。现在的技术能力大约是直径 0.5m 的线圈，能在 1m 左右的距离提供 60W 的电力。

③ 微波充电方式。微波充电方式使用 2.45GHz 的电波发生装置传送电力。传送的微波也是交流电波，可用天线在不同方向接收，用整流电路转换成直流电为电动汽车蓄电池充电，并且可以实现点对多点的远距离传送。为防止充电时微波外漏，充电部分装有金属屏蔽装置，使用中，送电与受电之间的有效屏蔽可防止微波外漏。该充电方式目前存在的主要的问题是磁控管产生微波时的效率过低，造成许多电力变为热能被白白消耗。

相对于纯电动汽车的有线充电而言，无线充电具有使用方便、安全、可靠，没有电火花和触电的危险，无积尘和接触损耗，无机械磨损，没有相应的维护问题，可以适应雨、雪等恶劣的天气和环境等优点。无线充电技术用于纯电动汽车充电可以降低人力成本、节省空间、不影响交通视线等。如果可以实现纯电动汽车的动态无线充电，则可以大幅减少纯电动汽车配备的动力电池容量，从而减轻整车质量，降低纯电动汽车的运行成本。

有了无线充电技术，公路上行驶的纯电动汽车或双能源汽车可通过安装在电线杆或其他高层建筑上的发射器快速补充电能。

3. 按充电时车辆状态分类

按充电时车辆的状态，纯电动汽车充电分为停车充电和移动充电两种方式。

(1) 停车充电　停车充电是指充电时需要车辆停止运行。目前大多数纯电动汽车的充电均为此种方式充电。

(2) 移动充电　对纯电动汽车蓄电池而言，最理想的情况是电动汽车在路上行驶时充电，即所谓的移动充电。这样，纯电动汽车用户就没有必要去寻找充电站、停放车辆并花费时间去充电。移动充电系统埋设在一段路面之下，即充电区，不需要额外的空间，如图 2-141 所示。

接触式和感应式的移动式充电系统都可实施。接触式的移动式充电系统需要在车体的底部装一个接触拱，通过与嵌在路面上的充电元件相接触，接触拱便可获得瞬时高电流。当电动汽车行驶通过移动式充电区时，其充电过程为脉冲充电。对于感应式的移动式充电系统，车载式接触拱由感应线圈所取代，嵌在路面上的充电元件由可产生强磁场的高电流绕组所取代。很明显，由于机械损耗和接触拱的安装位置等因素的影响，接触式的移动式充电对人们的吸引力不大。

目前的研究主要集中在感应充电方式，因为它不需要机械接触，也不会产生大的位置误差。当然，这种充电方式的投资巨大，现在仍处于实验阶段。

4. 未来其他前沿技术

Altair 纳米技术公司为电动汽车开发的锂离子电池可以以极快的速度充电，容量高达 35kW·h 的电池可以在 10h 之内充电完毕，安装这种电池的载人小汽车可以续航 160km，

图 2-141　移动充电

这是一栋办公大楼最大用电负荷的 5 倍。

麻省理工学院研究人员发明了一项充电材料表面处理技术，利用这种新技术制造的手机电池可以在 10s 内完成充电，汽车电池可在 5min 内充好电，一块锂电池完成充电一般需要 6min 或更长的时间，但传统的磷酸铁锂材料在经过表面处理生成纳米级沟槽后可将电池的充电速度提升 36 倍（仅为 10s）。麻省理工学院认为，由于这项技术不需要新材料只是改变制造电池的方法，所以用两到三年时间就可以将这项技术市场化。

索尼公司官方表示，索尼公司已经开发出了一种快速充电锂电池，仅需半个小时就能让电池充满电，并可延长循环充放电寿命。这种电池采用磷酸铁锂作为阴极材料，以增强阴极的晶体结构并能保证其高温状态下的稳定性。通过与索尼公司新设计的粒子技术阳极材料组合，该电池可以有效降低电阻并提高输出功率。

四、智能充电管理

智能充电管理即无须人工过多干预，由充电机充电管理系统和车载 BMS（蓄电池管理系统）联合进行的智能充电管理模式。

充电策略的实现，需要电池系统与充电机间实现有效的数据传输和参数实时判断。电池管理系统完成电池系统中参数的采集工作，在现有的智能充电中，通过实现与充电机的通信，保证充电安全，实现充电过程的有效控制。其系统基本结构如图 2-142 所示。

BMS 的作用是实现对电池状态的在线监测（电池的温度、单体电池电压、工作电池、电池和电池箱之间的绝缘）、SOC 估算、状态分析（SOC 是否过高、电池温度是否过高/低、单体电池电压是否超高/低、电池的温升是否过快、绝缘是否故障、是否过电流、电池的一致性分析、电池组是否存在故障以及是否通信故障等），以便实施必要的热管理。充电机的主要任务是电源变换、输出电压和电流的闭环控制、必要的保护以及与 BMS 通信，实现对电池状态的全面了解和对输出电流的动态调节。当电池组需要充电的时候，除了充电机的输出总正

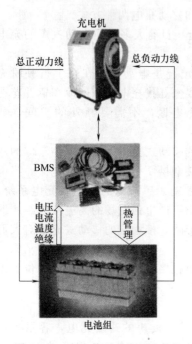

图 2-142　充电管理系统基本结构

和总负动力线需要与电池组相连以外，BMS和充电机之间还增加了用于实现数据共享的通信线。

智能充电模式的特点：通过在电池管理系统和充电机系统之间建立通信链路，实现数据共享，使得在整个充电过程中电池的电压、温度以及绝缘性能等安全性相关的参数都能参与电池的充电控制和管理，使得充电机能充分地了解电池的状态和信息，并据此改变充电电流，有效地防止了电池组中所有电池发生过充电和温度过高的情况，提高了串联成组电池充电的安全性。另外，该充电模式完善了BMS的管理和控制功能，提高了充电安全性和智能化水平，还简化了操作人员设置充电参数等烦琐的工作，使得充电机具有了更好的适应性。通过这一模式，充电机不需要区分电池的类型，只需要得到BMS提供的电流指令就能实现安全充电。

五、充电站

充电站主要是指快速高效、经济安全地为各种电动车辆提供运行中所需电能的服务性基础设施。为提高车辆的使用率和使用方便性，除采用动力电池车载充电以外，还可采取纯电动汽车动力电池系统与辅助蓄电池更换的方案使纯电动汽车获得行驶必需的电能。

1. 充电站总体布局

充电站的主要功能决定了其总体布局。一般来说，一个功能完备的充电站由配电区、监控区、充电区、更换电池区和电池维护区5个基本部分组成，如图2-143所示。根据充电站的规模和服务功能差异，在功能区设置上存在一定的差异。例如，不需要对电池进行更换的充电站将不需设置更换区以及配备电池更换设备和大量电池的存储设备。

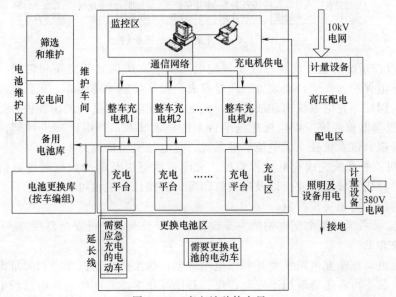

图 2-143 充电站总体布局

（1）配电区 配电区为充电站提供所需的电源，不仅给充电机提供电能，而且要满足照明、控制设备的需要。内部建有变配电所有设备、配电监控系统，相关的控制和补偿设备也需要加以考虑。配电区是整个充电站正常运行的基础，根据配电功率的需要，一般采用充电用负荷、监控和办公负荷分开供电的形式。

（2）充电区 充电区的功能是完成动力电池组电能的补给。充电区是整个充电站的核心部分，配备各种形式的充电机，建设充电平台以及充电站监控系统网络接口，满足多种形式的充电需求，提供方便、安全和快捷的全方位充电服务。

(3) 更换电池区 更换电池区是车辆更换电池和电池调度的场所。需要配备电池更换设备，同时应建设电池存储区域用于存放备用动力电池组。

(4) 电池维护区 电池维护区的功能是对所有的电池实时进行数量、质量和状态管理，进行电池重新配组、电池组均衡、电池组实际容量测试、电池故障的应急处理和日常维护等工作。

(5) 监控区 监控区用于监控整个充电站运行情况，包括充电参数监控、烟雾监控、配电监控等，并可以扩展具备车辆运行参数监控、场站巡保监控等功能，并完成管理情况的报表打印等。各监控子系统可通过局域网和 TGP/IP 协议与中央监控室以及上一级的监控中心进行连接，实现数据汇总、统计、显示及监控功能。充电站监控系统架构如图 2-144 所示，一般采用分层并行结构。

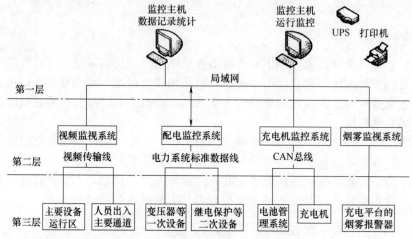

图 2-144 充电站监控系统架构

① 配电监控系统要通过现场总线实现配电站供电系统信息的交换和管理，除实现常规的二次设备继电保护、安全自动装置、测量仪表、操作控制等功能外，该系统需要和监控系统实现通信，保证当充电系统出现故障时，配电系统能够采取适当的措施进行处理。

② 烟雾报警监视系统主要监视充电平台上的电池状态，当电池发生冒烟、燃烧等危险情况时发出警报。该系统独立于电池管理系统，是电池安全措施的一部分。

③ 充电机监控系统完成充电过程监控。充电机数据以及电池数据通过通信传输到监控计算，监控计算机完成数据分析以及报表打印等。监控计算机也可以用过通信对充电机的启停以及输出电流、电压实现控制。

④ 视频监视系统对整个充电站的主要设备运转以及人员进行安全监视。

2. 光伏充电站

目前，纯电动汽车充电站主要是利用电网供电，如果纯电动汽车得到大量推广使用，必将额外消耗大量不可再生资源用于发电，煤、石油等化学能源在燃烧发电过程中又造成环境污染，加重了传统能源消耗和环境问题。因此，开发利用清洁的可再生能源给纯电动汽车充电站供电势在必行，光伏充电站是纯电动汽车未来最理想的充电站。

纯电动汽车光伏充电站可以分为两类，即离网运行的纯电动汽车光伏充电站和并网运行的纯电动汽车光伏充电站，目前，应用较多的是并网运行的纯电动汽车光伏充电站。

并网运行的纯电动汽车光伏充电站，主要由光伏电池阵列、储能电池组、多组 DC/DC 变换器、交流电源、中央控制器等单元组成，如图 2-145 所示。

光伏电池阵列由太阳能电池板串、并联组成，它吸收太阳能并发出直流电，经 DC/DC 变换器接入充电系统，是站内纯电动汽车充电的主要电源。

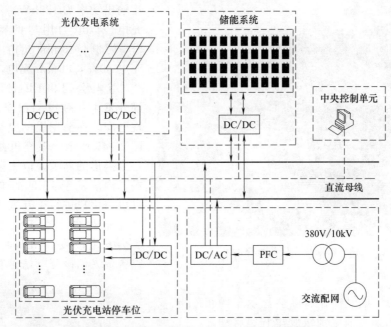

图 2-145　纯电动汽车光伏充电站系统结构图

储能电池组在系统中起能量储存和调节作用,当光伏发电量过剩时,储存多余的电能;光伏发电量不足时,由储能电池与交流配网一起和纯电动汽车充电。

多组 DC/DC 变换器是作为光伏电池阵列、储能电池组和纯电动汽车充电系统的变流单元,其中,光伏发电系统和纯电动汽车充电系统使用能量单向流动的 DC/DC 变换器,储能电池组使用能量双向流动的 DC/DC 变换器。

DC/AC 变换器是交流配电网与光伏充电系统的连接单元,根据站内充电需要,将配电网输入的交流电转换为直流接入充电系统。

中央控制器协调系统内各组成单元正常运行,实现能量的监测与控制。

纯电动汽车光伏充电站利用高储能电池把太阳能发的电能储存并及时提供给电动汽车充电使用或是给其他系统供应电力,而在太阳能发的电能不足以满足充电站使用时,可以从电网中输送电能到充电站中储存,以便及时给纯电动汽车提供电力。

光伏充电站具有以下主要特点。

① 光伏充电站不需要建设专门的电站或是电网来给充电站供电,也不需要加大电网的电容量。因为光伏发电系统有自身的发电功能,在遇到供不应求的情况时,光伏充电站系统会在电网低谷时段选择从国家电网接入电能储存在储能系统里,这样不仅使充电站的电量能满足快速给纯电动汽车充电也不影响电网的使用,而且对国家电网低谷时段的电力做了有效利用。相反地,当国家电网到高峰时段用电压力较大时,同样可以利用充电站储电优势反供电给电网。

② 因为储能光伏充电站是由多个储能电池组合成的,所以即使遇到供不应求的情况,也不需要重新建造更大的充电站,其扩大能量的方法非常简单,只要按需求增加电池组数量即可。这样就在很大程度上节约了充电站的建设成本,给充电站的长远发展提供了更多的可能性。

特斯拉在北京的首个光伏超级充电站已经投入使用,如图 2-146 所示。该光伏超级充电站由一个充电机带两个充电桩组成,采用电网电能和太阳能联合供电方式,并备有电池组储电。所谓超级,即高压大电流,可实现快速充电。交流输入电压为 380V,电流为 192A;直

图 2-146 特斯拉光伏超级充电站

流输出功率为 125kW，给纯电动汽车充电。以电力用尽的特斯拉 Model S85 为例，20min 充电 50%，40min 充电 80%，80min 充电 100%。

宝马公司和 EIGHT 设计公司共同开发了一款电动汽车光伏充电站，现已安装在慕尼黑的宝马博物馆，如图 2-147 所示。该充电站的外形类似一个拱形的鸟翼，以太阳能板作为顶棚，内部基于 LED 的电气照明系统可以与用户进行交互式体验。当用户接近充电站时，LED 灯的颜色和亮度会发生改变。LED 照明系统也可以告诉人们该充电站是有人占用还是处于空闲状态。

充电站的集成触摸显示屏会显示车辆相关的信息，例如当前电池续驶里程、启动之前的安全信息以及收费方式。它还会告诉用户此纯电动汽车的电池能使用多久，在到达目的地之前，用户需要在何时何地进行充电。充电站靠收集太阳能为纯电动汽车充电，同时也将平日不用的能量重新输送回电网。

图 2-147 宝马电动汽车光伏充电站

六、充电操作基本步骤及注意事项

1. 充电操作步骤

① 将电门钥匙关闭，断开车辆电路。

② 打开充电接口盖，此时仪表板上的充电指示灯点亮。

③ 将充电插头与车辆上的充电插座相连接，然后再连接充电桩一端的充电接口。

④ 将充电插头的另一端与充电桩上的充电插座连接。

⑤ 公用充电桩还需要刷卡付费后才可进行充电。

⑥ 将电门钥匙打到"ACC"或"ON"挡，从仪表板上查看充电状态，当指示 100% 时表示电池已充满电。

⑦ 按与连接相反的顺序拆下连接线。盖好充电接口盖。

2. 充电操作注意事项

① 不宜过充电，特别是对锂电池。

② 不同车型的动力电池充电时间长短不同，要控制好充电时间、电池和电池温度。如果电池温度超过 65℃，应停止充电。

③ 纯电动汽车应尽量采用常规充电方式充电（交流慢充）。因为直流快充充电电流较大，经常采用快充方式充电，对动力电池有损伤。

④ 由于动力电池特性及检测精度问题，有时动力电池充至满电池状态时，SOC 并未显示 100%，这个指示范围可能是在 98%~100%。所以可以认为当 SOC 指示为 98% 以上时，动力电池已经充满电。

⑤ 在充完电拔下充电插头以后，如果没有及时查看 SOC 表的充电状态，而是过了几小时或者更长时间进行查看，这时由于动力电池的特性，SOC 指示可能在 98% 左右，这并不意味着动力电池组出现了故障。

⑥ 动力电动组的可用能量会随着使用时间的延长而逐步衰减。如果动力电池组的使用时间已经很长，充满电时的 SOC 指示也会在 100% 附近。

⑦ 动力电池组充电过程中，电池管理系统会自动控制充电电流的大小，当动力电池组充至满状态时，电池管理系统会自动终止对动力电池的充电。

⑧ 当环境温度太低时，插上充电接头以后，电池管理系统会自动先对电池组进行加热，当温度合适以后才对电池组进行充电。

能力提升训练

① 在技能学习工位准备好三个类型的纯电动汽车（只配备车载充电机的、不配备车载充电机的、既有车载充电机又可进行快速充电的）及其相关技术资料。

② 学员分组学习，每组分配一台纯电动汽车。学员在查阅相关技术资料基础上，观察整车并完成相应的工作单（见本书配套的教学资源包中"技能学习工作单6"）。

③ 教师审阅学生完成的工作单，给出评价。

小结

1. 电池充电通常应该实现以下 3 个功能。
① 尽快使电池恢复额定容量，即在恢复电池容量的前提下，充电时间越短越好。
② 消除电池在放用过程引起的不良后果，修复由于深放电、极化等导致的电池性能破坏。
③ 对电池补充充电，克服电池自放电引起的不良影响。

2. 通常所说的纯电动汽车充电系统一般就是指车辆内部的充电系统，主要由动力电池组件、车载充电机、DC/DC 功率变换器、高压控制盒、快充口及线束等组成。

3. 充电桩是安装在充电站、停车场、车库等固定位置并与交流电网相连，为电动汽车提供的充电装置。充电桩可分为交流充电桩和直流充电桩两种。

4. 交流充电桩是安装在充电站、停车场、家庭车库等固定位置，与交流电网连接，为电动汽车车载充电机提供交流电源的供电装置，同时具备计量计费功能。

5. 直流充电机采用直流充电模式为电动汽车动力电池充电，充电机的直流输出端在充电操作时与电动汽车直接连接，直接对电动汽车充电，不需要通过车载充电机。

6. 车载充电机的优点是在蓄电池需要充电的任何时候，只要有可用的供电插座，就可以进行充电。其缺点是受车上安装空间和质量限制，功率小，只能提供小电流慢速充电，充电时间较长。

7. 国家标准规定的交流充电接口为七个端子。

8. 国家标准规定的直流充电接口为九个端子。

9. 按充电速度的快慢，纯电动汽车充电分为慢充、快充和更换电池三种方式。

10. 慢充典型的充电时间为 8～10h（SOC 达到 95% 以上）。

11. 常规充电方法有定流充电法、定压充电法和阶段充电法三种。

12. 快速充典型的充电时间是 10～30 min。

13. 常用的快速充电方法有脉冲充电法、Reflex TM 快速充电法、变电流间歇充电法、变电压间歇充电法和调幅/调频式充电法等。

14. 地面充电又有分箱充电和整组充电两种方法。

15. 按充电时电力传输方式的不同，纯电动汽车充电可分为有线充电和无线充电两种。

16. 纯电动汽车无线充电方式是利用无线电能传输技术对蓄电池进行充电的一种新型充电方式，主要有电磁感应充电方式、磁共振充电方式和微波充电方式。

17. 按充电时车辆的状态，纯电动汽车充电分为停车充电和移动充电两种方式。

18. 智能充电管理即无须人工过多干预，由充电机充电管理系统和车载 BMS（蓄电池管理系统）联合进行的智能充电管理模式。

19. 充电站主要是指快速高效、经济安全地为各种电动车辆提供运行中所需电能的服务性基础设施。

20. 一般来说，一个功能完备的充电站由配电区、监控区、充电区、更换电池区和电池维护区 5 个基本部分组成。

21. 纯电动汽车光伏充电站可以分为两类，即离网运行的纯电动汽车光伏充电站和并网运行的纯电动汽车光伏充电站，目前，应用较多的是并网运行的纯电动汽车光伏充电站。

22. 并网运行的纯电动汽车光伏充电站，主要由光伏电池阵列、储能电池组、多组 DC/DC 变换器、交流电源、中央控制器等单元组成。

学习效果检验

一、简答题

1. 对电力电池充电应完成哪些功能？
2. 解释定流充电、定压充电、阶段充电及各自的特点。
3. 快速充电方法有哪些种类？各类型充电方法有哪些特点？
4. 什么是地面充电法？该方法中有哪些具体的充电方法？各方法有何特点？
5. 充电机有哪些类型？各类型充电机有哪些特点？
6. 通常充电站由哪几部分构成？各组成部分的功能是什么？

二、单项选择题

1. 下列对电池充电功能的描述，（ ）不正确。
   A. 在恢复电池容量的前提下，充电时间越短越好
   B. 修复由于深放电、极化等导致的电池性能破坏
   C. 克服电池自放电引起的不良影响
   D. 修复电池内部短路、断桥等故障

2. 常规充电法典型的充电时间为（ ）（SOC 达到 95% 以上）。
   A. 30min～1h　　B. 1～8h　　C. 8～10h　　D. 10～24h

3. 下列（ ）不属于常规充电方法。
   A. 定流充电法　　B. 定压充电法　　C. 交替充电法　　D. 阶段充电法

4. 定流充电时，充电电流的大小可根据充电类型及（ ）确定。
   A. 电网电压　　B. 蓄电池电压　　C. 蓄电池串并联方式　　D. 蓄电池的容量

5. 下列对定流充电特点的描述，（ ）不正确。
   A. 充电过程中，充电电源电压或调节负载应随时变化
   B. 不同端电压的蓄电池可以串联充电
   C. 充电时间长
   D. 实际应用较少

6. 定压充电时，一般单格电池的充电电压选择（ ）V。
   A. 2　　B. 2.1　　C. 2.5　　D. 3

7. 下列（ ）不是定压充电法的缺点。
   A. 充电时间长　　B. 容易使电池极板弯曲，造成电池报废
   C. 易过充电　　D. 易形成长期充电不足，影响电池使用寿命

8. 下列（　　）充电速度最快。
   A. 定流充电法　　　B. 定压充电法　　　C. 二阶段充电法　　　D. 三阶段充电法
9. 下列（　　）可以将出气量减到最少。
   A. 定流充电法　　　B. 定压充电法　　　C. 二阶段充电法　　　D. 三阶段充电法
10. 快速充的典型充电时间是（　　）min。
    A. 5～10　　　B. 10～30　　　C. 20～40　　　D. 30～50
11. 下列（　　）不是快速充电方法。
    A. 脉冲充电法　　　　　　　　　B. 变电流间歇充电法
    C. 变电压间歇充电法　　　　　　D. 变脉冲充电法
12. Reflex TM 快速充电法的各阶段中，主要是（　　）可缓解镍镉电池的记忆效应。
    A. 正脉冲充电　　　B. 前停充　　　C. 负脉冲瞬间放电　　　D. 后停充
13. 下列（　　）更加符合电池电流接收规律。
    A. 脉冲快速充电　　　　　　　　B. Reflex TM 快速充电
    C. 变电压间歇充电　　　　　　　D. 变电流间歇充电法
14. 调幅/调频式充电法不可调节的是（　　）。
    A. 脉冲电流的幅值　　　　　　　B. PWM 信号的频率
    C. 脉冲电压　　　　　　　　　　D. PWM 信号的占空比
15. 下列（　　）不是分箱充电的特点。
    A. 有利于提高电池组的均衡性　　B. 延长电池组使用寿命
    C. 监控网络简单　　　　　　　　D. 成本较高
16. （　　）年1月1日起，电动汽车充电接口在硬件和软件层面实现了统一。
    A. 2011　　　B. 2015　　　C. 2016　　　D. 2018
17. 非车载充电（快充），一般保证车辆在30min内可充入保证车辆行驶超过（　　）km的电量。
    A. 30　　　B. 50　　　C. 80　　　D. 100
18. 对于智能充电系统，下列（　　）不是BMS的作用。
    A. 对电池状态的在线监测　　B. 电源变换　　C. SOC 估算　　D. 状态分析
19. 下列（　　）不是充电站必备的功能区。
    A. 配电区　　　B. 监控区　　　C. 充电区　　　D. 电池维护区

三、判断题

1. 在恢复电池容量的前提下，充电时间越长越好。（　　）
2. 定压充电过程中，充电电压保持不变（充电开始时，充电电流很小，随着蓄电池电动势的不断升高，充电电流逐渐增大。（　　）
3. 定压充电时，若充电电压选择过高，则容易产生过充电。（　　）
4. 不是所有的电池都能进行快速充电。（　　）
5. 脉冲快速充电就是一直用脉冲电流持续充电。（　　）
6. Reflex TM 快速充电的一个周期包括正向脉冲充电、反向瞬间脉冲放电和停充维护3个阶段。（　　）
7. 地面充电就是当车辆进行补充充电时，将需要充电的电池从车辆上拆下，安装已充满电的电池，车辆即离开继续运行，对拆卸下来的电池采用地面充电系统进行补充充电。（　　）
8. 采用传导式充电机充电，纯电动汽车上不装备电力电子电路。（　　）

学习任务七　驱动电机系统检修

驱动电机的作用是将电源的电能转化为机械能，通过传动装置或直接驱动车轮和工作装置。目前应用于纯电动汽车上的驱动电机有直流式、交流式、永磁同步式和开关磁阻式等。

纯电动汽车电动机调速控制装置是为纯电动汽车的变速和方向变换等设置的，其作用是控制电动机的电压或电流，完成电动机的驱动转矩和旋转方向的控制。

通过本任务的学习，应该具备以下能力。

(1) 能够正确描述纯电动汽车驱动电机与工业电动机的区别。
(2) 能够正确描述直流电动机的结构原理、特点及在纯电动汽车上的应用。
(3) 能够正确描述交流异步电动机的结构原理、特点及在纯电动汽车上的应用。
(4) 能够正确描述永磁电动机的结构原理、特点及在纯电动汽车上的应用。
(5) 能够正确描述开关磁阻电动机的结构原理、特点及在纯电动汽车上的应用。
(6) 能够正确描述轮毂电动机的基本结构原理与特点。
(7) 能够正确描述电动机控制器的组成及各组成部分的功能。
(8) 能够注意培养劳动保护意识、安全与环保意识和团队协作意识。

相关知识学习

一、驱动电机认识

1. 纯电动汽车电动机的运行模式

纯电动汽车的电动机具有电动和发电两种运行模式。

(1) 电动模式　在电动模式时电动机将电能转换成机械能。
① 逆变器从电池获取电功率,电池放电。
② 电动机从逆变器获取电功率。
③ 电动机输出机械能,电动机扭矩与转速同向,电动机推动车辆行驶。

(2) 发电模式　发电模式时电动机将机械能转换成电能。
① 车辆带动电动机,电动机力矩与转速反向,轴上输入机械能。
② 电动机输出电能。
③ 逆变器输出直流电,电池充电。

2. 纯电动汽车驱动电机与工业电动机的区别

用于纯电动汽车的驱动电机与常规的工业电动机不同。纯电动汽车的驱动电机通常要求频繁的启动/停车、加速/减速,低速或爬坡时要求高转矩,高速行驶时要求低转矩,并要求变速范围大;而工业电动机通常优化在额定的工作点。因此,纯电动汽车驱动电机比较独特,应单独归为一类,对它们在负载、技术性能和工作环境等方面有着特殊的要求。纯电动汽车驱动电机与工业用电动机的区别如下。

① 纯电动汽车驱动电机需要有4~5倍的过载,以满足短时加速或爬坡的要求;而工业电动机只要求有两倍的过载就可以了。

② 纯电动汽车的最高转速要求达到在公路上巡航时基本速度的4~5倍,而工业电动机只需要达到恒功率是基本速度的两倍即可。

③ 纯电动汽车驱动电机需要根据车型和驾驶人的驾驶习惯设计,而工业电动机只需根据典型的工作模式设计。

④ 纯电动汽车驱动电机要求有高度功率密度和好的效率图(在较宽的转速范围和转矩范围内都有较高的效率),从而能够降低车重,延长续驶里程;而工业电动机通常对功率密度、效率和成本进行综合考虑,在额定工作点附近对效率进行优化。

⑤ 纯电动汽车驱动电机要求工作可控性高、稳态精度高、动态性能好;而工业电动机只有某一种特定的性能要求。

⑥ 纯电动汽车驱动电机被装在机动车上,空间小,工作在高温、坏天气及频繁振动等等恶劣环境下。而工业电动机通常在某一个固定位置工作。

3. 纯电动汽车驱动电机的种类

纯电动汽车由电动机驱动,电动机是纯电动汽车的关键部件。要使纯电动汽车具有良好的使用性能,驱动电机应具有较宽的调速范围及较高的转速、足够大的启动扭矩,还要具有体积小、质量小、效率高、动态制动性强和能量回馈的性能。目前在纯电动汽车上已应用的和有应用前景的电动机有直流电动机、交流电动机、永磁无刷电动机和开关磁阻电动机。还有不少研究机构正在研究超导电动机在纯电动汽车上的应用。表 2-17 为现代纯电动汽车用电动机的性能比较。

表 2-17 现代纯电动汽车用电动机的性能比较

项目	直流电动机	交流感应电动机	永磁电动机	开关磁阻电动机
转速范围/(r·min^{-1})	4000~6000	9000~15000	4000~10000	可以达 15000
功率密度	低	中	高	较高
功率因数/%	—	82~85	90~93	60~65
峰值效率/%	85~89	94~95	95~97	85~90
负荷效率/%	88~91	79~85	90~92	78~86
10%负荷时的效率/%	88~91	79~85	90~92	78~86
最高效率/%	85~89	94~95	90~97	90
过载能力/%	200	300~500	300	300~500
恒功率区比例	—	1:5	1:2.25	1:3
功率因数/%	—	82~85	90~93	60~65
电动机质量	重	中	轻	轻
电动机外形尺寸	大	中	小	小
可靠性	一般	好	较好	好
安全性	中	高	低	高
控制操作性能	最好	好	好	好
结构的坚固性	差	好	一般	优良
电动机成本	高	低	高	较高
电动机成本	高	低	高	较高
控制器成本	高	高	高	一般
单位输出功率相对成本/元	1.0	0.8~1.2	1~1.5	0.6~1.0

4. 驱动电机的主要性能参数

驱动电机的主要性能参数有类型、额定功率、额定电压、额定电流、额定频率、机械特性、额定效率、尺寸参数、质量参数、可靠性和成本等。

(1)额定功率 额定功率指电动机在制造厂所规定的额定条件下运行时,其输出端的机械功率,单位一般为 kW。

(2)额定电压 额定电压是指电动机在额定条件下运行时,外加于定子绕组上的线电压,单位为 V。一般规定电动机的工作电压不应高于或低于额定值的 5%。当工作电压高于额定值时,电动机容易发热;当工作电压低于额定值时,会引起输出转矩减小,转速下降,电流增加,也会使绕组过热。

(3)额定电流 额定电流指电动机在额定电压和额定输出功率时,定子绕组的线电流,单位为 A。

(4)额定频率 我国电力网的频率为 50Hz,因此除外销产品外,各国通用的电动机额定频率均为 50Hz。

(5)额定转速 额定转速指电动机在额定电压、额定频率下,输出端有额定功率输出时,转子的转速,单位为 r/min。纯电动汽车所采用的感应电动机的转速一般为 8000~12000r/min。

(6)额定效率 额定效率指电动机在额定条件下运行时的效率,是额定输出功率与额定输入功率的比值。电动机在其他工况运行时的最大效率为峰值效率,整体效率越高越好。纯电动汽车还需在车辆减速和制动时实现能量回收,再生制动回收能量一般可达到总能量的

10%～15%。

(7) 额定功率因数　对于交流电动机，定子相电流比相电压滞后一个角 ϕ，$\cos\phi$ 就是异步电动机的功率因数。交流异步电动机的功率因数较低，在额定负载时约为 0.7～0.9 之间，而在轻载和空载时更低。因此，必须正确选择电动机的容量，防止出现"大马拉小车"的现象，并力求缩短空载时间。

(8) 绝缘等级　绝缘等级是按电动机绕组所用的绝缘材料在使用时容许的极限温度来分级的。所谓极限温度，是指电动机绝缘结构中最热点的最高容许温度，绝缘等级与极限温度的对应关系，见表 2-18。

表 2-18　绝缘等级与极限温度的对应关系

绝缘等级	A	E	B	F	H
极限温度/℃	105	120	130	155	180

(9) 功率密度　功率密度指单位质量电动机输出的功率，单位是 kW/kg，功率密度越大越好。

(10) 过载能力　指电动机在超过额定载荷（功率、转矩、电流等）条件下工作的能力。纯电动汽车电动机应具有较大的启动转矩和较大的调速性能，可以使汽车有良好的启动性和加速性，以获得所需要的启动、加速、行驶、减速、制动等的功率与转矩。

(11) 其他指标　除了上面所述及的性能参数外，电动机还要求其可靠性好，耐温和耐潮性好，运行噪声低，振动小，能够在较恶劣的环境下长时间工作，结构简单，适合大批量生产，使用维修方便，性价比高等。

5. 驱动电机系统结构

驱动电机系统主要由驱动电机、电机控制器（Moter Control Unit，MCU）构成，通过高低压线束、冷却管路与整车其他系统连接，如图 2-148 所示。

整车控制器（Vehicle Control Unit，VCU）根据加速踏板、制动踏板、挡位等信号通过 CAN 网络向电机控制器（MCU）发送指令，实时调节驱动电机的扭矩输出，以实现整车的怠速、加速、能量回收等功能。

电机控制器能对自身温度、电机的运行温度、转子位置进行实时监测，并把相关信息传递给整车控制器（VCU），进而调节水泵和冷却风扇工作，使电机在理想温度下工作。

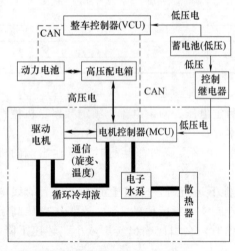

图 2-148　驱动电机系统结构

二、驱动电机的结构原理

1. 直流电动机

直流电动机是将直流电能转换为机械能的电动机，因其良好的调速性能而在电力拖动中得到广泛应用。

(1) 构造　直流电动机主要由机座、电枢、主磁极、换向磁极、换向器、刷架、端盖、风扇、出线盒组成，如图 2-149 所示。其构造简图如图 2-150 所示。其中静止部分叫作定子；转动部分叫作电枢或转子。

① 定子。定子由机座、主磁极、励磁绕组、端盖和电刷装置组成。

项目二 纯电动汽车检修 | 161

图 2-149 直流电动机
1,5—轴承；2—转子；3—定子；
4—端盖；6—风扇；7—机座

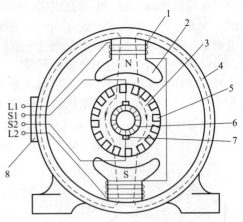

图 2-150 直流电动机的构造简图
1—励磁绕组；2—磁极；3—电枢铁芯；4—磁轭；
5—电枢绕组；6—换向器；7—电刷；8—出线盒

a. 机座。机座是用来固定主磁极、电刷架和端盖等部件的基体，起支撑、保护作用，与主磁极铁芯、磁轭、电枢铁芯一起构成电动机的磁路，磁通通过整个磁路的情形如图 2-151 中的虚线所示。机座是用铸铁、铸钢或钢板制成的。

b. 主磁极。主磁极的作用是产生气隙磁场，主磁极由主磁极铁芯和励磁绕组两部分组成。铁芯一般用 0.5~1.5 mm 厚的硅钢板冲片叠压铆紧而成，分为极身和极掌两部分，上面固定励磁绕组的部分称为极身，下面扩宽的部分称为极掌，极掌宽于极身，既可以调整气隙中磁场的分布，又便于固定励

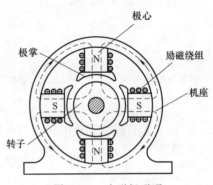

图 2-151 主磁极磁通

磁绕组。励磁绕组用绝缘铜线绕制而成，套在主磁极铁芯上。整个主磁极用螺钉固定在机座上，如图 2-152 所示。

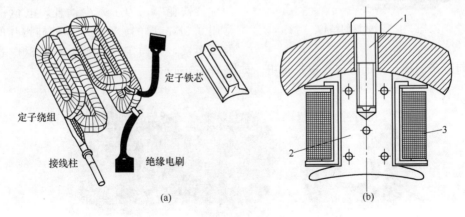

图 2-152 主磁极的结构示意图
1—固定主磁极的螺钉；2—主磁极铁芯；3—励磁绕组

c. 电刷装置。电刷装置用来引入或引出直流电压和直流电流，它由刷握、电刷、压紧弹簧和铜丝辫等组成，如图 2-153 所示。电刷放在刷握内，用弹簧压紧，以使电刷与换向器

之间有良好的滑动接触。电刷盒固定在刷杆上,刷杆装在圆环形的刷杆座上,相互之间必须绝缘。常常把若干个电刷盒装在同一个绝缘的刷杆上。在电路连接上,把同一个绝缘刷杆上的电刷盒并联起来,称为一组电刷。一般的直流电动机中,电刷组的数目可以用电刷杆数表示,电刷杆数与电动机的主磁极数相等。

各电刷杆在换向器外表面上沿圆周方向均匀分布。正常运行时,电刷杆相对于换向器表面有一个正确的位置,如果电刷杆的位置放得不合理,将直接影响电动机的性能。刷杆座装在端盖或轴承内盖上,圆周位置可以调整,调好以后加以固定。电刷装置实物如图 2-154 所示。

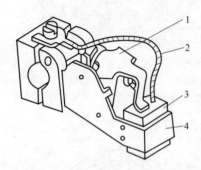

图 2-153 电刷装置的结构
1—压紧弹簧;2—铜丝辫;3—电刷;4—刷握

图 2-154 电刷装置实物

② 转子。直流电动机的转子(电枢)主要由铁芯和绕组、换向器、电枢轴等组成,其结构如图 2-155 所示。

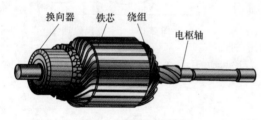

图 2-155 电枢的结构

a. 电枢铁芯。电枢铁芯的作用有两个:一个是作为主磁路的主要部分;另一个是嵌放电枢绕组。由于电枢铁芯和主磁场之间的相对运动会在铁芯中引起涡流损耗和磁滞损耗(这两部分损耗合在一起称为铁芯损耗,简称"铁耗"),为了减少铁耗,电枢铁芯通常用 0.5mm 厚的涂有绝缘漆的硅钢片的冲片叠压而成,并固定在转轴上。电枢铁芯沿圆周有均匀分布的槽,里面可嵌入电枢绕组,如图 2-156 所示。

(a) 冲压硅钢片　　　　　　(b) 铁芯总成

图 2-156 电枢铁芯的结构

b. 电枢绕组。电枢绕组由许多按一定规律排列和连接的线圈组成,它是直流电动机的主要电路部分,是通电后通过感应产生电动势以实现机电能量转换的关键性部件。线圈用包有绝缘的圆形和矩形截面导线绕制而成,也被称为"元件",每个元件有两个出线端。电枢线圈嵌放在电枢铁芯的槽中,每个元件的两个出线端以一定规律与换向器的换向片相连,构成电枢绕组,如图2-157所示。

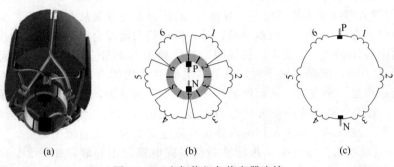

图2-157 电枢绕组与换向器连接

c. 换向器。换向器将电刷上所通过的直流电流转换为绕组内的交变电流。换向器安装在转轴上,与转轴过盈配合,主要由许多换向片组成,片与片之间用云母绝缘,换向片数与线圈数相等,如图2-158所示。

(2) 工作原理 直流电动机是利用通电导体在磁场中受力这一基本原理制成的。直流电动机的物理模型如图2-159所示,图中N、S为定子磁极,abcd是固定在可旋转导磁圆柱体上的线圈,线圈连同导磁圆柱体称为电动机的转子或电枢。线圈的首末端a、d连接到两个相互绝缘并可随线圈一同旋转的换向片上。转子线圈与外电路的连接是通过放置在换向片上固定不动的电刷进行的。

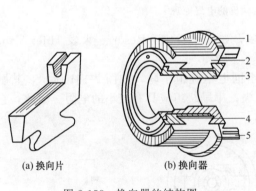

图2-158 换向器的结构图
1—换向片;2—云母片;3—V形套筒;
4—V形云母环;5—连接片

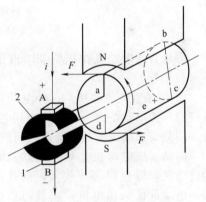

图2-159 直流电动机的物理模型
1—电刷;2—换向器

电刷A、B接上直流电源,于是在线圈abcd中有电流流过,电流的方向如图2-159所示。根据电磁力定律可知,载流导体ad、cd上受到的电磁力F为

$$F_{dc}=BIl$$

式中 B——导体所在处的气隙磁密,Wb/m^2;

l——导体ab或cd的长度,m;

I——导体中的电流,A。

导体受力的方向用左手定则确定，导体 ab 的受力方向是从右向左，导体 cd 的受力方向是从左向右（见图 2-159）。这一对电磁力形成了作用于电枢的一个力矩，这个力矩在旋转电动机里称为电磁转矩，转矩的方向是逆时针，企图使电枢按逆时针方向转动。如果此电磁转矩能够克服电枢上的阻转矩（例如由摩擦引起的阻转矩以及其他负载转矩），电枢就能按逆时针方向旋转起来。当电枢转了 180°后，导体 cd 转到 N 极下，导体 ab 转到 S 极下时，由于直流电源供给的电流方向不变，仍从电刷 A 流入，经导体 cd、ab 后，从电刷 B 流出。这时导体 cd 的受力方向变为从右向左，导体 ab 的受力方向变为从左向右，产生的电磁转矩的方向仍为逆时针方向。因此，电枢一经转动，由于换向器配合电刷对电流的换向作用，直流电流交替地由导体 ab 和 cd 流入，使线圈边只要处于 N 极下，其中通过电流的方向总是由电刷 A 流入的方向，而在 S 极下时，总是从电刷 B 流出的方向。这就保证了每个极下线圈边中的电流始终是一个方向，从而形成一种方向不变的转矩，使电动机能连续地旋转。

（3）分类　直流电动机按励磁方式分为永磁、他励和自励 3 类，其中自励又分为并励、串励和复励三种。纯电动汽车上常用的有并励直流电动机和串励直流电动机。

① 并励直流电动机。这种电动机的励磁绕组同电枢绕组并联，如图 2-160 所示，其励磁绕组称为并励绕组。由于并励绕组承受着电枢两端的全部电压，其值较高，为了减小它的铜损失，并励绕组必须具有较大的电阻以减小励磁电流。因此，并励绕组的匝数较多，用较细的导线绕成。

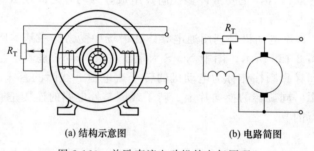

(a) 结构示意图　　　　(b) 电路简图

图 2-160　并励直流电动机的电气原理

并励直流电动机在早期电动汽车上应用较多，如五十铃 Eif/Resort、大发 Hijet Van、铃木奥拓等。

② 串励直流电动机。这种电动机的励磁绕组同电枢绕组串联，如图 2-161 所示，其励磁绕组称为串励绕组。为了减小其电压降及铜损失，串励绕组应具有较小的电阻。因此，它总是用截面积较大的导线绕成，而匝数较少。

串励直流电动机是早期电动汽车上采用的电动机，低速时转矩较大，高速时励磁变弱，电动机仅采用电枢控制就可以进行转矩控制，十分简单。由于这种电动机的转矩特性与采用发动机的车辆的传动输出特性类似，故可得到近似等同的驾驶舒适性。但是由于其转速范围太小，因此必须具备传动装置。如斯巴鲁电动汽车即采用额定功率为 25kW 的恒转矩串励直流电动机作为驱动电机。

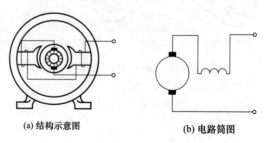

(a) 结构示意图　　　　(b) 电路简图

图 2-161　串励直流电动机的电气原理

（4）启动、调速和反转

① 启动。将静止不动的电动机的电路与电源接通，使电动机的转动部分旋转起来，最后达到正常运转，称为电动机的启动。如果不用任何启动设备而是将电动机直接往电源上连

接，这种启动方法称为直接启动，其启动电流很大。因为当电动机刚与电源接通时，由于电枢还没有旋转，所以反电动势等于零，此时通过电枢的电流（即启动电流）为

$$I_q = \frac{U - E_f}{R_s} = \frac{U}{R_s}$$

式中　I_q——启动电流，A；
　　　U——启动电压，V；
　　　E_f——反电动势，V；
　　　R_s——电枢内阻，Ω。

由于电枢内电阻很小，外加电压又是额定值，因此电动机在直接启动时的电枢电流将比额定电流大十几倍，甚至几百倍。这样大的电流会使换向器上产生强烈的火花，可能把换向器烧坏。因此，启动时必须在电枢电路中串联一个启动变阻器来减小启动电流，如图 2-162 所示。为了获得较大的启动转矩而又不至于使换向器受到损伤，通常把启动电流限制为电枢额定电流的 1.5~2.5 倍。

在启动过程中，随着电动机转速的增加，电枢电流逐渐减少，启动电阻也应逐步减小。待电动机转速达到额定值时，启动电阻应减小到零。

此外，在启动时，还应把励磁电路中的磁场变阻器 R_s，放在电阻最小的位置，以使磁通最大，这样，就可使电动机产生足够大的启动转矩，并使反电动势增加较快，以缩短启动时间。

② 调速。并励直流电动机的转速有以下三种调节方法。

a. 改变供电线路的电压 U。这种方法的调速范围很广泛，但必须有专用的直流电源。采用发电/电动机组以及晶闸管整流电路都能得到可调节的电压。

b. 改变电枢线路的电压降。在电枢电路中串联一调速变阻器 R_q 可降低加在电枢上的电压，如图 2-163 所示。如把 R_q 增大，则电阻电压降增大，转速下降。这种方法因电枢电流较大，使得调速变阻器本身要消耗大量的功率，因此不经济。

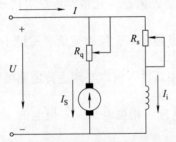

图 2-162　串联启动变阻器的启动原理

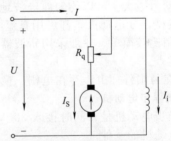

图 2-163　串联调速变阻器调速的原理

c. 改变磁极磁通。在励磁电路中串接一磁场变阻器可调节电动机转速，如图 2-164 所示。如把磁场变阻器的阻值增加，则励磁电流减小，磁通也随之而减小，电动机的转速便升高。通常励磁电路中的电流很小，在调速过程中磁场变阻器的能量损失也较小，比较经济，因而这种调速方法在电力系统中应用甚广。

如果串励电动机也采用改变磁通的方法来调节转速，则磁场变阻器必须与串励绕组并联，如图 2-165 所示。当把磁场变阻器的阻值减小时，通过变阻器的电流增大，而通过串励绕组的电流减小，其所产生的磁通也随着减小，转速升高。

③ 反转。电动机的旋转方向是由电枢绕组的导体在磁场中的受力方向决定的。改变电枢电流的方向或者改变磁场电流的方向，便可使直流电动机反转。具体方法：将连接于电源上的电枢两端反接，或者将励磁绕组两端反接。如图 2-166 所示，如果同时改变两电流的方向，则旋转方向仍旧不变。

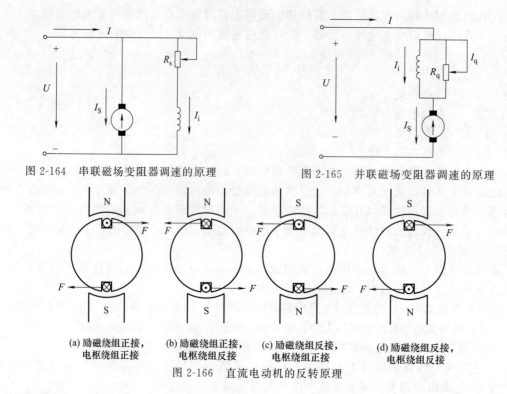

图 2-164　串联磁场变阻器调速的原理　　　图 2-165　并联磁场变阻器调速的原理

(a) 励磁绕组正接，电枢绕组正接
(b) 励磁绕组正接，电枢绕组反接
(c) 励磁绕组反接，电枢绕组正接
(d) 励磁绕组反接，电枢绕组反接

图 2-166　直流电动机的反转原理

(5) 特点

① 调速性能好。直流电动机可以在重负载条件下，实现均匀、平滑的无级调速，而且调速范围较宽。

② 启动力矩大。可以均匀而经济地实现转速调节，因此，凡是在负载下启动或要求均匀调速的机械，如电动汽车都可用直流电动机拖动。

③ 控制比较简单。一般采用斩波器控制，它具有高效率、控制灵活、质量小、体积小、响应快等优点。

④ 存在易损件。由于存在电刷、换向器等易磨损器件，所以必须进行定期维护或更换。

2. 交流异步电动机

交流异步电动机是靠同时接入 380V 三相交流电流（相位差 120°）供电的一类电动机，属于感应电动机的一种。

(1) 交流异步电动机的结构　　交流异步电动机的种类虽然很多，但各类交流异步电动机的基本结构是相同的，它们都由定子和转子这两大基本部分组成，在定子和转子之间具有一定的气隙。此外，还有端盖、轴承、风扇、风扇罩、接线盒、吊环等其他附件，如图 2-167 所示。

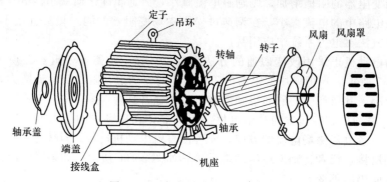

图 2-167　交流异步电动机的结构

① 定子。定子是用来产生旋转磁场的，交流异步电动机的定子由外壳、定子铁芯、定子绕组等部分组成。

a. 外壳。外壳是交流异步电动机机械结构的重要组成部分，它由端盖、轴承、接线盒和吊环等组成。通常，外壳的外表都铸有散热片，以扩大散热面积，有利于电动机散热，从而降低绝缘等级和制造成本。轴承盖是由铸铁或铸钢浇铸成型的，它的作用是不让转子有过大的轴向移动，另外，它还起存储润滑脂和保护轴承的作用，防止微尘或脏物进入轴承而加速轴承的磨损，从而延长电动机的使用寿命。接线盒一般是用铸铁浇铸，其作用是保护和固定绕组的引出线端。吊环一般是用铸钢制造，安装在机座的上端，用来起吊、搬运电动机。

b. 定子铁芯。交流异步电动机的定子铁芯是电动机磁路的一部分，由 0.35～0.5 mm 厚的表面涂有绝缘漆的硅钢片叠压而成，如图 2-168 所示。由于硅钢片较薄而且片与片之间是绝缘的，所以减少了由于交变磁通通过而引起的铁芯涡流损耗。铁芯内圆有均匀分布的槽口，用来嵌放定子绕组。

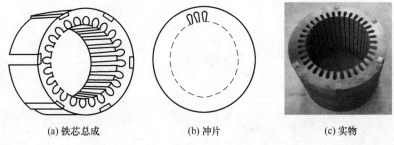

图 2-168　定子铁芯与冲片

c. 定子绕组。定子绕组是交流异步电动机的电路部分，交流异步电动机有三相绕组，通入三相对称交流电流时，就会产生旋转磁场。三相绕组由三个彼此独立的绕组组成，且每个绕组又由若干个线圈连接而成。每个绕组称为一相，三个绕组在空间互相间隔 120°。线圈由绝缘铜导线或绝缘铝导线绕制。中小型交流异步电动机多采用圆漆包线，大中型交流异步电动机的定子线圈则用较大截面的绝缘扁铜线或扁铝线绕制后，再按一定规律嵌入定子铁芯线槽内。

定子三相绕组有星形（也称 Y 形）和三角形两种连接方式，如图 2-169 所示。

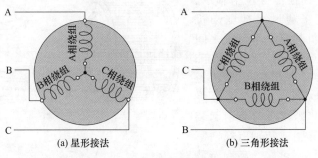

图 2-169　定子绕组连接方式

定子三相绕组的六个出线端都引至接线盒上，首端分别标为 U_1、V_1、W_1，末端分别标为 U_2、V_2、W_2。这六个出线端在接线盒里的排列如图 2-170 所示。

② 转子。交流异步电动机的转子分为绕线式与笼式两种，对应的电动机分别称为绕线异步感应电动机与笼式异步感应电动机（旧称鼠笼电动机）。

a. 绕线异步感应电动机转子。绕线异步感应电动机转子是用 0.5 mm 厚的硅钢片叠压

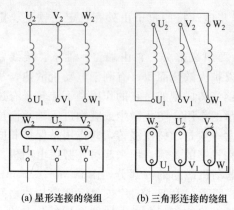

(a) 星形连接的绕组　　(b) 三角形连接的绕组

图 2-170　定子绕组接线图

而成，套在转轴上，其作用一方面作为电动机磁路的一部分，另一方面用来安放转子绕组。绕线异步感应电动机与定子绕组一样，也是有一个三相绕组，一般接成星形，三相引出线分别接到转轴上的三个与转轴绝缘的集电环上，通过电刷装置与外电路相连，这就有可能在转子电路中串接电阻以改善电动机的运行性能。绕线式转子结构如图 2-171 所示，其电气线路原理如图 2-172 所示。

b. 笼式异步感应电动机转子。在转子铁芯的每一个槽中插入一根铜条（称为导条），在铜条两端各用一个铜环（称为端环）把铜条连接起来，称为铜排转子，如图 2-173（a）所示；也可用浇铸的方法，把转子导条和端环风扇叶片用铝液一次浇铸而成，称为铸铝转子，如图 2-173（b）所示，100kW 以下的异步电动机一般采用铸铝转子。

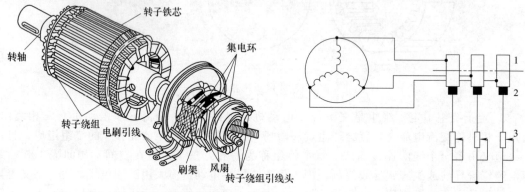

图 2-171　绕线式转子结构

图 2-172　绕线式转子与外接变阻器相连
1—集电环；2—电刷；3—变阻器

③ 其他部分。其他部分包括轴承、风扇等。风扇是用来通风冷却电动机的。交流异步电动机的定子与转子之间的空气隙一般仅为 0.2~1.5mm。气隙不能太大，气隙大时产生的气隙转矩小，会使电动机运行时的功率因数降低；也不能太小，气隙太小时会引起装配困难，如果内有异物或转轴有径向窜动时容易卡堵，运行不可靠，高次谐波磁场增强，会引起附加损耗以及使启动性能变差。

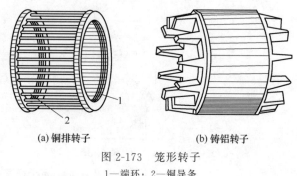

(a) 铜排转子　　(b) 铸铝转子

图 2-173　笼形转子
1—端环；2—铜导条

(2) 交流异步电动机的工作原理　以一对磁极（$P=1$），定子三相绕组星形接法为例，如图 2-174 所示。三相绕组的首端 U_1、V_1、W_1 分别与三相交流电的相线 A、B、C 相连接。为了讨论方便，选定交流电在正半周时电流从绕组的首端流入，从末端流出；反之，在负半周时，电流流向相反。定子绕组在三相交流电不同相位时合成旋转磁场。当 $\omega t=0°$ 时，

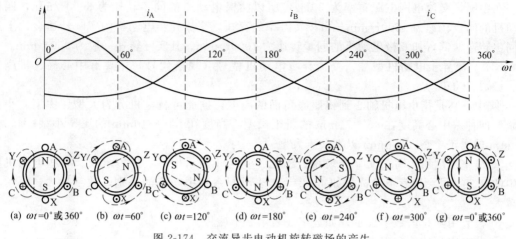

图 2-174 交流异步电动机旋转磁场的产生

A 相电流为零；B 相电流为负值，电流由 V_2 端流进，由 V_1 端流出；C 相电流为正，电流由 W_1 端流进，由 W_2 端流出，根据右手螺旋法则，可以判定出此时定子三相绕组电流产生的合成磁场方向。当 $\omega t=90°$ 时，此时 A 相电流为正，电流由 U_1 端流入，由 U_2 端流出；B 相为负，电流由 V_2 端流进，由 V_1 端流出；C 相为负，电流由 W_2 端流入，由 W_1 端流出，这一时刻合成磁场已沿顺时针方向在空间转过了 90°。同理，可分别得出 $\omega t=180°$、$\omega t=270°$ 和 $\omega t=360°$ 时定子三相绕组电流产生的合成磁场方向，其中 $\omega t=360°$ 时与 $\omega t=0°$ 时的合成磁场方向相同。

由此可见，电流变化一个周期，合成磁场在空间也旋转了一周。电流继续变化，磁场也不断地旋转。从上述分析可知，三相电流通过定子绕组所产生的合成磁场是随电流的交变而在空间旋转的磁场。这种旋转磁场与蹄形磁铁在空间旋转所起的作用是相同的。

在交流异步电动机中，定子绕组流过依次相差 120° 相位角的三相交流电时，将产生旋转磁场。该旋转磁场在转子绕组中产生感应电动势，因为绕组是闭合回路，所以将产生感应电流，有电流的绕组导体在旋转磁场中产生电磁力，对转轴形成电磁转矩带动转轴转动。

由于交流异步电动机的转子是在定子通电后才产生感应电动势，继而在电磁力的作用下被拖动旋转，所以转子的转速 n 总是低于定子旋转磁场的转速（同步转速，n_0），二者的转速差称为转差，转差与同步转速的比值称为转差率，用 s 表示，通常为 10% 以内，这也是异步电动机的由来。

三相异步电动的极数就是旋转磁场的极数，旋转磁场的极数与三相绕组的安排有关。每相绕组只有一个线圈，绕组的始端之间相差 120°，产生的旋转磁场具有一对极，即磁极对数 $p=1$。同理，当每相绕组为两个线圈串联，绕组的始端之间相差 60°，产生的旋转磁场具有两对极，即磁极对数 $p=2$。极对数 p 与绕组的始端之间空间角 θ 的关系为

$$\theta=\frac{120°}{P}$$

交流异步电动机的转速为

$$n=\frac{60f}{P}(1-s)$$

式中　　n——转子转速，即电动机转速，r/min；

　　　　f——交流电频率，Hz；

　　　　P——极对数；

　　　　s——转差率，%。

在中国，交流电网电源频率为50Hz，所以两极电动机的同步转速为3000r/min，四极电动机的同步转速为1500r/min。由于转差率的存在，交流异步电动机的实际转速会比上述的同步转速偏低，如6极电动机的同步转速为1000r/min，其实际转速一般为960r/min。

(3) 交流异步电动机型号　交流异步电动机型号（规格代号）主要有中心高、机座长度、极数、功率等。

① 中心高是指由电机轴心到机座底角面的高度，据此可将电机分为大型、中型、小型和微型四种。中心高度在45～71mm 的属于微型；高度在80～315mm 的属于小型；355～630mm 的属于中型；630mm 以上属于大型。

② 机座长度用大写英文字母表示。S 表示短；M 表示中等；L 表示长。有些电动机型号中的这个字母会带有下角标，如1、2等，表示同系列中功率的差别，数字越大，表示功率越大。

③ 极数用阿拉伯数字表示，如数字2 表示2 个磁极。

④ 功率用阿拉伯数字表示，如数字2.3 表示功率为2.3kW。

例如电动机型号 $Y100L_2\text{-}4\text{-}3$，各代号的含义为：Y 代表三相异步电动机；数字100 指的是电机中心高为100mm；L_2 是机座长度为长型，功率较大；数字4 代表4 个磁极；数字3 表示电动机额定功率为3kW。

(4) 交流异步电动机的特点及应用

① 特点

a. 优点。转子结构简单、坚固，容易做到高速和小型轻量化；效率高；免维修；可靠性好。

b. 缺点。由于励磁电流是必要的，因此会引起功率因数的恶化，特别是在低速区域因数、效率恶化较为严重。另外该种电动机进行转整控制难度较大（调整性差），配套的控制器成本较高。

② 应用。作为汽车的驱动电机，小型轻量化很重要，而异步电动机的这一优点已经得到认可，故其在许多纯电动汽车中均有应用。如日产 March EV、福特 ETX-1、丰田 Town-Ace EV、三菱 Rebel EV 等纯电动汽车均应用了异步电动机作为驱动电机。

3. 永磁电动机

永磁电动机就是采用永磁材料来替代励磁电动机的励磁绕组（或转子绕组）电动机。常用的永磁电动机有永磁交流同步电动机、永磁无刷直流电动机和复合式永磁电动机三种。

(1) 永磁同步电动机

① 结构。对于交流异步电动机，若采用永磁体取代其笼式感应转子，则相应的电动机就称为永磁同步电动机。为了克服磁通量不变的缺点，又在其转子中嵌入了笼式电磁绕组，称为永磁复合式电动机，它的特点是既有永磁体又有笼式绕组。同感应电机和直流电机相似，永磁同步电动机也是由转子及定子两大部件所构成，定子结构与普通感应电动机基本相同，采用叠片结构以减小电动机运行时的铁耗。转子铁芯可以做成整体实心的，也可由叠片叠压而成，三相交流绕组在定子上，永磁体在转子上，如图2-175 所示。

图2-175　永磁同步电动机结构

② 工作原理。永磁同步电动机与交流电动机相似，当定子绕组输入三相正弦交流电时，会产生旋转磁场，该磁场与转子的永磁磁场相互作用，使转子产生电磁转矩，并随着定子的旋转磁场转动，由于转子的转动与旋转磁场同步，故称之为交流同步电动机。由于同步电动机的转速与定子的旋转磁场同步，因此，电动机的转速可表示为

$$n = \frac{60f}{P}$$

式中　n——电动机转速，r/min；
　　　f——交流电频率，Hz；
　　　P——极对数。

③ 特点。永磁同步电动机的优点是效率高、体积小、质量小、控制精度高、转矩脉动小。但其控制器较复杂，故目前其成本较高。

④ 应用。永磁同步电动机是目前纯电动汽车应用的主流电动机。

(2) 永磁无刷直流电动机　如果将直流电动机的直流励磁绕组用永久磁铁代替，该电动机就称为永磁直流电动机。为了克服磁通量不变的缺点，又在其永磁定子中嵌入了激励磁场的电磁绕组，称为永磁复合式电动机，它的特点是既有永磁体又有励磁绕组。永磁直流电动机分永磁有刷直流电动机和永磁无刷直流电动机。永磁有刷直流电动机广泛应用于小型电器之中。由于电刷和换向器的存在，永磁有刷直流电动机在维修、制造等方面都比永磁无刷直流电动机复杂，在应用中的换向火花、机械噪声等也使它难以在恶劣的环境下使用。而永磁无刷直流电动机由于没有电刷，弥补了永磁直流电动机和传统直流电动机的缺陷。因此永磁无刷直流电动机越来越多地被应用在伺服系统、数控机床、变频空调以及纯电动汽车中。

① 基本结构。永磁无刷直流电动机主要由电动机本体（包括转子位置传感器）和电子开关驱动电路两部分组成，如图 2-176 所示。其中电子开关驱动电路包括电子换向电路（功率变换电路）和控制电路两部分。

a. 电动机本体。三相对称定子绕组固定在定子上，转子上的电枢绕组用稀土永磁材料（钐钴、钕铁硼）取代。对于高速永磁无刷直流电动机，还需要加装非磁性护环，其结构如图 2-177 所示。

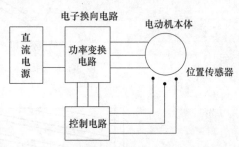

图 2-176　永磁无刷直流电动机系统构成

ⓐ 定子绕组。永磁同步电动机定子绕组的主要电气参数、绕组形式与绕线式三相同步电动机的定子绕组一样，各线圈依次通电即产生旋转磁场，如图 2-178 所示。

ⓑ 转子。永磁同步电动机转子采用径向永久磁铁作磁极，如图 2-179 所示。在旋转磁场的作用下，转子将跟随旋转磁场同步旋转，旋转磁场的速度取决于电源频率。与三相交流电动机的同步电动机类似，永磁同步电动机可以产生理想的恒转矩。

根据永磁体在转子上安装位置的不同，永磁同步电动机可分为表面式、内置式和镶嵌式等结构形式。表面式同步电动机的优点是结构简单，由于永磁体的磁导率接近空气的磁导率，所以永磁同步电动机有较大的有效气隙，电枢反应降低。内置式同步电动机有较高的磁显性，可产生额外的磁阻转矩分量，保持高速运行时的机械稳定性。镶嵌式电动机的永磁体可以有多种镶嵌方式，其性能介于表面式和内置式电动机。

ⓒ 转子位置传感器。如图 2-180 所示，转子位置传感器在无刷直流电动机中起着测定转子磁极位置的作用，为逻辑开关电路提供正确的换相信息，即将转子磁钢磁极的位置信号转换成电信号，然后去控制定子绕组换相。

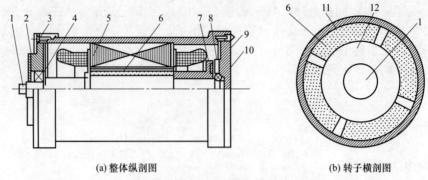

(a) 整体纵剖图　　　　　　　　　(b) 转子横剖图

图 2-177　永磁无刷直流电动机的结构图

1—转轴；2—前端盖；3—螺钉；4—轴承；5—定子组件；6—永磁体；7—传感器转子；
8—传感器定子；9—后端盖；10—轴承；11—护环；12—转子轭

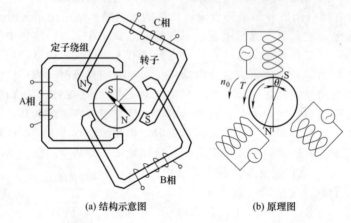

(a) 结构示意图　　　　　　　　(b) 原理图

图 2-178　永磁同步电动机定子的电气结构原理

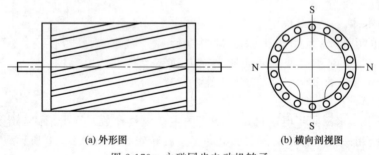

(a) 外形图　　　　　　　　(b) 横向剖视图

图 2-179　永磁同步电动机转子

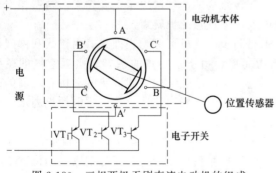

图 2-180　三相两极无刷直流电动机的组成

转子位置传感器的种类较多，且各具特点。在无刷直流电动机中常见的位置传感器有电磁式位置传感器、接近开关式位置传感器、光电式位置传感器和磁敏式位置传感器。

b. 电子开关驱动电路。如图 2-180 所示，永磁无刷直流电动机的定子绕组是由电子开关驱动电路中的"外部换向器"（逆变器）接到直流电源上的，可以把它归为直流电动机的一种。从逆变器的角度来看,永磁无刷直流电动机电枢绕组中的电流变化是靠电子开关驱动电路来完成的,其频率与转速变化一致,所以它又属于永磁同步电动机的一种。它和正弦永磁同步电动机的主要区别:无刷直流电动机电枢绕组中流过的电流以方波形式变化,故又称为"方波交流永磁电动机"。因此其工作原理与永磁同步交流电动机相同。

电子开关驱动电路主要由高性能半导体功率器件,如 GTR、MOSFET、IGBT、IPM 等组成全桥或半桥开关驱动电路。

② 工作原理。由图 2-178(a)可知,当定子的 A、B、C 相按时序分别通一电流时,定子 A、B、C 相的磁场就会按一定方向旋转,因此永久磁铁就可旋转。常见的永磁同步电动机的定子为三相对称绕组,与交流异步电动机的结构相同。转子上有稀土永磁铁。驱动器为交-直-交电压型逆变器,通过正弦波脉宽调制(PWM),输出频率固定、电压可变的三相正弦波电压。三相正弦波电压在定子三相绕组中产生对称三相方波电流,并在气隙中产生旋转磁场。旋转磁场的转速 $n_1 = 2\pi f/p$,这个旋转磁场与永磁体转子作用带动转子与旋转磁场同步旋转,并力图使定、转子磁场轴线对齐。当外加负载转矩以后,转子磁场轴线落后定子磁场轴线一个功率角 θ,功率角 θ 与负载成正比,负载越大功率角就越大,直到功率角大到足以使转子停止不转动为止。由此看出,永磁同步电动机在运行时,其转速必须与频率严格成比例旋转,否则就会失步停转。所以,永磁同步电动机的转速与旋转磁场同步,其静态误差为零。在负载扰动下,只是功率角在变化,而转速不变,响应时间是实时的,这是永磁同步电动机的运行特点。但当功率角处于某一特定值时,电动机会因失步而停转。因此,该电动机不适合在重负载情况下使用,也不易快速启动。

③ 驱动过程。如图 2-180 所示,三相两极无刷直流电动机的三相定子 A、B、C 绕组分别与电子开关驱动电路中相应的功率管 V_1、V_2、V_3 相连接。位置传感器的跟踪转子与电动机转轴相连接。

当定子绕组的某一相通电时,该电流与转子永久磁钢的磁极所产生的磁场相互作用而产生转矩,驱动转子旋转,再由位置传感器将转子磁钢位置变换成电信号,去控制电子开关线路,从而使定子各相绕组按一定次序导通,定子相电流随转子位置的变化而按一定的次序换相。由于电子开关线路的导通次序是与转子转角同步的,因而其起到了机械换向器的换向作用。

无刷直流电动机半控桥电路的原理如图 2-181 所示。此图采用光电器件作为位置传感器,以三只功率晶体管 V_1、V_2 和 V_3 构成功率逻辑单元。三只光电器件 VP_1、VP_2 和 VP_3 的安装位置各相差 120°,均匀分布在电动机一端。借助安装在电动机轴上的旋转遮光板的作用,使从光源射来的光线依次照射在各个光电器件上,并依照某一光电器件是否被照射到光线来判断转子磁极的位置。

当转子位于图 2-182(a)所示的位置时,此时光电器件 VP_1 被光照射,从而使功率晶体管 V_1 呈导通状态,电流流入绕组 A-A',该绕组电流同转子磁极作用后所产生的转矩使转子的磁极按图 2-182(a)中箭头方向转动。当转子磁极转到图 2-182(b)所示的位置时,直接装在转子轴上的旋转遮光板亦跟着同步转动,并遮住 VP_1 而使 VP_2 受光照射,从而使晶体管 V_1 截止、晶体管 V_2 导通,绕组 A-A' 断开,电流流入绕组 B-B',使得转子磁极继续

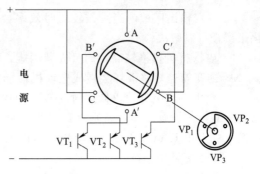

图 2-181 无刷直流电动机半控桥电路的原理图

朝箭头方向转动。当转子磁极转到图 2-182（c）所示的位置时，此时旋转遮光板已经遮住 VP_2，使 VP_3 被光照射，导致晶体管 V_2 截止、晶体管 V_3 导通，因而电流流入绕组 C-C′，于是驱动转子磁极继续朝顺时针方向旋转并回到图 2-182（a）的位置。

这样，随着位置传感器转子扇形片的转动，定子绕组在位置传感器 VP_1、VP_2、VP_3 的控制下，便一相一相地依次馈电，实现了各相绕组电流的换相。在换相过程中，定子各相绕组在工作气隙内所形成的旋转磁场是跳跃式的。这种旋转磁场在 360°电角度范围内有三种磁状态，每种磁状态持续 120°。各相绕组电流与电动机转子磁场的相互关系如图 2-182 所示。图 2-182（a）为第一种状态，F_a 为绕组 A-A′通电后所产生的磁动势。显然，绕组电流与转子磁场的相互作用使转子沿顺时针方向旋转；转过 120°后，便进入第二种状态，这时绕组 A-A′断电，而 B-B′随之通电，即定子绕组所产生的磁场转过了 120°，如图 2-182（b）所示，电动机转子继续沿顺时针方向旋转；再转 120°，便进入第三种状态，这时绕组 B-B′断电、C-C′通电，定子绕组所产生的磁场又转过了 120°，如图 2-182（c）所示；转子沿顺时针方向再转过 120°后就恢复到初始状态。三相两极无刷直流电动机各相绕组导通顺序的示意图如图 2-183 所示。

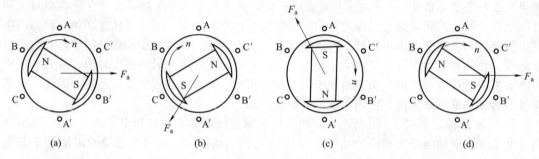

图 2-182 开关顺序及转子磁场的旋转示意图

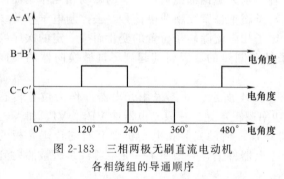

图 2-183 三相两极无刷直流电动机各相绕组的导通顺序

④ 特点。

永磁无刷直流电动机的优点如下。

a. 由于可以采用稀土磁铁等高性能永磁体，电动机可以实现较大的因数和较高的效率，特别是在低速时明显。

b. 能得到较高的磁通密度，可以制成小型高速电动机。

c. 容易多极化，可以制成轮毂式电动机。

永磁无刷直流电动机的缺点如下。

a. 在定输出区域内当励磁较弱时效率会恶化。近年来随着嵌入式磁铁的采用，这种恶化正慢慢得以解决。

b. 磁铁材料价格较高，而且安装困难，永久磁铁在发热时容易产生减磁现象。

c. 逆变器遭短路破坏会造成电动机端子短路，产生很大的制动力。

⑤ 应用。永磁电动机低速时高效率的优点对在市内频繁启停的汽车很有效。近年来根据这个观点的设计增多，特别是日本纯电动汽车中所使用的电动机，大都向永磁电动机阶段过渡。如丰田 RAV4LV EV、本田 EV PLUS 等。

4. 开关磁阻电动机

开关磁阻电动机是一种典型的机电一体化电动机，又称"开关磁阻电动机驱动系统

(Switched Reluctance Drive，SRD)"，这种电动机主要由开关磁阻电动机本体、电力电子功率变换器（简称功率变换器）、转子位置传感器以及控制器四部分组成，如图2-184示。

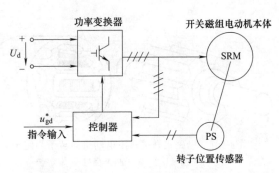

图2-184 开关磁阻电动机的构成

根据励磁方式，开关磁阻电动机分为励磁式和永磁式两种。

(1) 励磁式开关磁阻电动机
① 结构
　a. 电动机本体。励磁式开关磁阻电动机的基本结构如图2-185所示。电动机本体采用定、转子双凸极结构，单边励磁，即仅定子凸极采用集中绕组励磁，而转子凸极上既无绕组也无永磁体；定、转子均由硅钢片叠压而成；定子绕组径向相对的极串联，构成一相。其原理示意图如图2-186示。

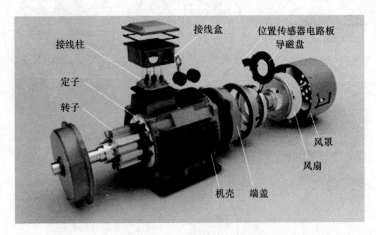

图2-185 励磁式开关磁阻电动机的基本结构

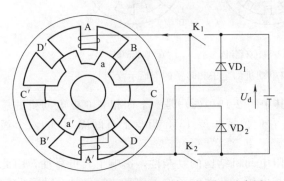

图2-186 励磁式开关磁阻电动机的原理示意图

励磁式开关磁阻电动机的定子与转子结构如图2-187所示。励磁式开关磁阻电动机的定子与转子相数不同，有多种组合方式，最常见的有三相6/4极结构、三相8/6极结构和三相12/8极结构，如图2-188所示。

三相6/4极结构：电动机定子有6个凸极，转子有4个凸极，在定子相对称的两个凸极上的集中绕组互相串联，构成一相。转子上没有绕组，定子上有6个凸极的称为三相开关磁阻电动机，定子上有8个凸极的称为四相开关磁阻电动机。相数越多，步进角越小，运转越平稳，越有利于减小转矩波动，但控制越复杂，导致主开关器件增多和成本增加。步进角的计算方法为：

步进角 (α) = 360°×2/(定子极数×转子极数)

如四相8/6极电动机，其步进角 (α) = 360°×2/(8×6) = 15°。低于三相的开关磁阻电动机一般没有自启动能力。目前应用较多的是三相、四相和五相结构。

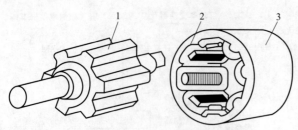

图 2-187 励磁式开关磁阻电动机的转子与定子
1—转子凸极；2—定子凸极绕组；3—定子

图 2-189 所示分别为三相 6/4 极结构、三相 12/8 极（双绕组）结构和四相 8/6 极结构的开关磁阻电动机的定子和转子结构的剖面示意图。

b. 转子位置传感器。转子位置传感器有霍尔式、电磁式、光电式和磁敏式多种，常设在电动机的非输出端，如图 2-190 所示。

光电式位置检测器由齿盘和光电传感器组成。齿盘截面形状与转子截面形状相同，装在转子上，光电传感器装在定子上。当齿盘随转子转动时，光电传感器检测到转子齿的位置信号。

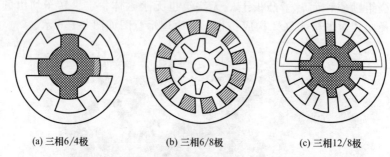

(a) 三相6/4极　　(b) 三相6/8极　　(c) 三相12/8极

图 2-188 励磁式开关磁阻电动机的几种组合方式

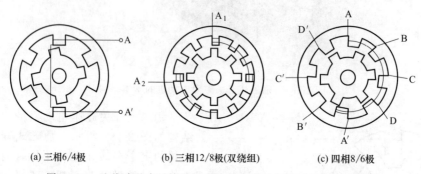

(a) 三相6/4极　　(b) 三相12/8极(双绕组)　　(c) 四相8/6极

图 2-189 几种励磁式开关磁阻电动机的定子和转子的剖面示意图

转子位置的检测原理如图 2-191 所示。其中图 2-191（a）是一个四相 8/6 极电动机的位置检测器，它只设置 S_P 和 S_Q 两个传感器，它们位置相差 15°，齿盘上有间隔 30°的六个齿槽，检测到的基本信号如图 2-191（b）所示。

位置传感器的引入增加了励磁式开关磁阻电动机结构的复杂性，影响了其可靠性，因此人们正致力于研究无传感器方案，通过检测相电感来获取转子位置信息，这已被公认是非常有意义的研究方向。

c. 功率变换器。励磁式开关磁阻电动机的功率变换器为开关磁阻电动机的运行提供电能，在整个励磁式开关磁阻电动机系统的成本中，功率变换器占有很大的比重，合理选择和设计功率变换器是提高励磁式开关磁阻电动机性能价格比的关键之一。功率变换器主电路形式的选取对励磁式开关磁阻电动机的设计直接产生影响，应根据具体性能、使用场所等方面综合考虑，给出最佳组合方案。励磁式开关磁阻电动机常用的功率变换器主电路有许多种，应用最普遍的有三种，如图 2-192 所示。

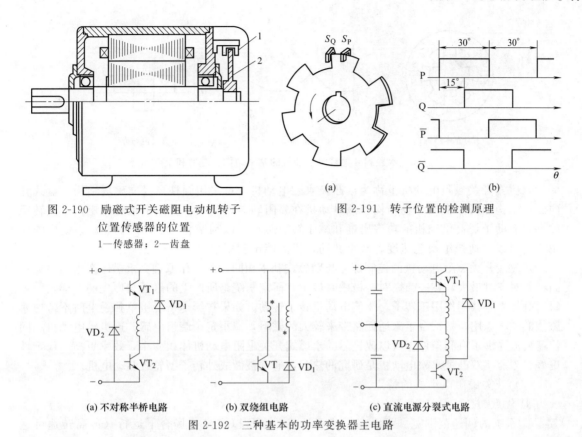

图 2-190 励磁式开关磁阻电动机转子位置传感器的位置
1—传感器；2—齿盘

图 2-191 转子位置的检测原理

(a) 不对称半桥电路　(b) 双绕组电路　(c) 直流电源分裂式电路
图 2-192 三种基本的功率变换器主电路

图 2-192（a）所示的主电路为单电源供电方式，每相有两个主开关器件，工作原理简单。导通模式有三种：两个主开关同时导通；一个主开关器件导通、另一个开关器件关闭；两个主开关同时关闭。这种主电路中主开关承受的额定电源电压为 U_d。它可用于任何相数、任何功率等级的情况，在高电压、大功率场合下有明显的优势。

图 2-192（b）所示的主电路特点是每相必须有两个绕组，其中一个绕组与开关管串联，另一个与续流二极管串联，两个绕组完全耦合（通常采用双股并绕）。工作时，电源通过开关管向绕组供电，开关管关断后，磁场储能通过续流二极管向电源回馈。开关管承受的最大工作电压为 $2U_d$。

图 2-192（c）所示的主电路为裂相式电路，以对称电源供电。每相只有一个主开关，上线圈从上电源吸收能量，并将剩余的能量回馈到下电源；下线圈从下电源吸取能量，将剩余的能量回馈到上电源。因此，为保证上、下桥臂电压的平衡，这种主电路只能使用于偶数相电动机。主开关正常工作时的最大反向电压为 U_d。每相绕组导通时绕组两端的电压仅为 $U_d/2$。

② 工作原理。由图 2-186 可知，当 A 相绕组电流控制开关 K_1、K_2 闭合时，A 相通电励磁，所产生的磁场力图使转子旋转到转子极轴线 aa′ 与定子极轴线 AA′ 的重合位置，从而产生磁阻性质的电磁转矩。若顺序给 A、B、C、D 相绕组通电，则转子便按逆时针方向连续转动起来；若依次给 B、A、D、C 相绕组通电，则转子会沿顺时针方向转动。在多相电动机的实际运行中，也常出现两相或两相以上绕组同时导通的情况。当某一相中的定子绕组轮流通电一次时，转子转过一个转子极距。

（2）永磁式开关磁阻电动机　在励磁式开关磁阻电动机定子轭部对称地嵌入高性能的钕铁硼永磁体，永磁体磁场与各相绕组的磁场共同组成新型电动机磁场，形成永磁式开关磁阻电动机。其基本结构、磁通和反电动势如图 2-193 所示。

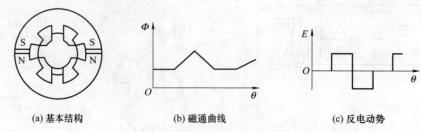

(a) 基本结构　　　　　　(b) 磁通曲线　　　　　　(c) 反电动势

图 2-193　永磁式开关磁阻电动机的基本结构、磁通和反电动势

永磁式开关磁阻电动机也称为双凸极永磁电动机，可采用圆柱形径向磁场结构、盘式轴向磁场结构和环形横向磁场结构。该电动机在磁阻转矩的基础上叠加了永磁转矩，永磁转矩的存在有助于提高电动机的功率密度和减小转矩脉动，以利于它在电动车辆驱动系统中的应用。它可以加速绕组换流速度，减小波动，提高能量利用率。

永磁式开关磁阻电动机的控制部分与励磁式基本相同，其工作原理：永磁体产生的磁通在凸极相对齐时最大，在一凸极对一极槽时最小，而定子绕组所产生的磁通与原先的一样，两种磁通叠加之后共同作用于转子，驱使电动机转子转动。如果在给定子绕组单独通电时不考虑永磁体的磁场作用，将给绕组磁通回路带来较大的磁阻，减小定子绕组电感，这也给电动机相间快速换流提供了有利条件。所以改进后的永磁式开关磁阻电动机体积变小，效率更高，稳定性更好。当前，双凸极永磁电动机是研究的热门，通常被做成外转子型轮毂驱动电机。

(3) 开关磁阻电动机的特点
① 优点
a. 系统的调速范围宽。可以在低速下运行，也可以在高速场合下运行（最高转速可达 15000r/min）。
b. 结构简单、转子转动惯量小、成本低、动态响应快。
c. 运行效率、可靠性等方面均优于感应电动机和同步电动机。
d. 热量排放小，耐化学侵蚀能力强。可以在散热条件差、存在化学污染的环境下运行。
e. 价格低、适宜大批量生产。
② 缺点。
a. 磁能变化不大时效率降低、噪声变大。
b. 较其他类型的电动机，其配套逆变器结构复杂。

(4) 开关磁阻电动机的应用　开关磁阻电动机适合要求低价格化、低速小型的纯电动汽车，目前由于缺点较多，在纯电动汽车中很少应用。但永磁式开关磁阻电动机被做成外转子电动机后，被应用于纯电动汽车的轮毂驱动系统。

5. 轮毂电动机

纯电动汽车采用的轮毂式电动机驱动属于分散式电动机驱动模式。分散电动机驱动通常有轮毂电动机和轮边电动机两种方式。所谓轮边电动机驱动模式，是指每个驱动车轮由单独的电动机驱动，但是电动机不是集成在车轮内，而是通过传动装置（例如传动轴）连接到车轮。轮边电动机驱动模式的驱动电机属于簧载质量范围，悬架系统隔振性能好。但是，安装在车身上的电动机对整车总布置的影响很大，尤其是在后轴驱动的情况下。而且，由于车身和车轮之间存在变形运动，其对传动轴的万向传动也具有一定的限制。因此目前分散电动机驱动系统的发展方向是轮毂电动机。

(1) 结构形式　轮毂电动机动力系统根据电动机的转子形式为内转子型和外转子型两种结构，如图 2-194 所示。通常，外转子型采用低速外转子电动机，电动机的最高转速为 1000～1500r/min，无任何减速装置，电动机的外转子与车轮的轮辋固定或者集成在一起，车轮的转速与电动机相同。内转子型则采用高速内转子电动机，同时装备固定传动比的减速器。为了获得较高的功率密度，电动机的转速通常高达 10000r/min。减速机构通常采用传动比在 10：1 左右的行星齿轮减速装置。

高速内转子轮毂电动机的优点是比功率高、质量小、体积小、效率高、噪声小、成本低；缺点是必须采用减速装置，效率降低，非簧载质量增大，电动机的最高转速受线圈损耗、摩擦损耗以及变速机构的承受能力等因素的限制。低速外转子轮毂电动机的优点是结构简单、轴向尺寸小、比功率高、能在很宽的速度范围内控制转矩、响应速度快、外转子直接和车轮相连、没有减速机构、效率高；缺点是如要获得较大的转矩，必须增大电动机体积和质量，因而成本高，加速时效率低，噪声大。这两种结构在目前的纯电动汽车中都有应用，但是随着紧凑的行星齿轮变速机构的出现，高速内转子式驱动系统在功率密度方面比低速外转子式更具竞争力。

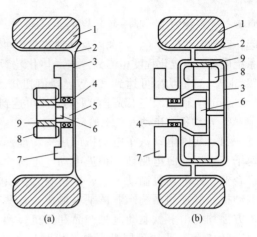

图 2-194 轮毂电动机动力系统的结构简图
1—轮胎；2—轮辐；3—车轮；4—轴承；
5—行星齿轮；6—编码器；7—制动鼓；
8—电动机绕组；9—永磁体

轮毂电动机动力系统由于电动机电制动容量较小，不能满足整车制动效能的要求，通常需要附加机械制动系统。轮毂电动机系统中的制动器可以根据结构采用鼓式或者盘式制动器。电动机电制动容量的存在往往可以使制动器的设计容量适当减小。大多数的轮毂电动机系统采用风冷方式进行冷却，也有的采用水冷和油冷的方式对电动机、制动器等的发热部件进行散热降温，但结构比较复杂。

(2) 轮毂电动机驱动模式的优点及应用

① 优点

a. 可以完全省略传动装置，整体动力利用效率大大提高。

b. 轮毂电动机使得整车总布置可以采用扁平化的底盘结构形式，车内空间和布置自由度得到极大的改善。

c. 车身上几乎没有大功率的运动部件，整车的振动、噪声和舒适性得到极大改善。

d. 便于实现四轮驱动形式，有利于极大改善整车的动力性能。

e. 轮毂电动机作为执行元件，利用响应速度快和准确的优点便于实现包括线控驱动、线控制动以及线控整车动力学控制在内的整车动力学集成控制，可提高整车的主动安全性。

② 应用。应用轮毂电机驱动的典型纯电动汽车是日本东京电力 IZA 和国四电力的 PIVOT。未来汽车发展方向为信息化、智能化和低碳化，四轮独立驱动（轮毂电机驱动）的纯电动汽车将是实现这一目标的最佳选择。

法国 TM4 公司设计制造的一体化轮毂电动机结构如图 2-195 所示。它采用外转子式永磁电动机，电动机转子外壳

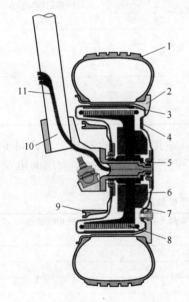

图 2-195 TM4 公司设计制造的一体化轮毂电动机结构
1—轮胎；2—轮辋；3—永磁体；
4—电动机转子；5—轴承；
6—电动机控制器；7—电动机定子；
8—电动机绕组；9—制动蹄片；
10—悬架；11—线束

直接与轮辋相固结，是车轮轮辋的组成部分，而且电动机转子与鼓式制动器的制动鼓集成在一起，实现电动机转子、轮辋以及制动器三个回转运动物体的集成，大大减轻了一体化轮毂电动机系统质量，集成化程度相当高。该一体化轮毂电动机系统的永磁无刷直流电动机的额定功率为 18.5kW，峰值功率可达到 80kW，峰值扭矩为 670N·m，额定转速为 950r/min，最高转速为 1385r/min，而且额定工况下的平均效率可达到 96.3%。

6. 电动机在电动汽车上的应用

(1) 我国电动汽车电动机应用　新能源汽车的快速发展，带动车用驱动电机市场规模迅速增长，以上海电驱动、精进电动、上海大郡、南车时代电动汽车为代表的国内主要驱动电机企业，在电动机制动工艺、原材料、关键零部件及系统集成技术等方面均有所突破，车用电动机及其控制系统产业链基本形成。这些企业在乘用车驱动电机系统和商用车驱动电机系统方面均推出多款驱动电机产品和样机，功率范围为 42~200kW。

2015 年，我国不同类型电动机配套车型及占比见表 2-19。从表 2-19 中可以看出，永磁同步电动机、交流异步电动机、无刷直流电动机配套占比分别为 69%、25%、6%。永磁同步电动机为我国驱动电机的主流技术产品。

表 2-19　2015 年我国不同类型电动机配套车型及占比

车辆类型	电动机类型	装车规模/辆	占比/%	合计/辆，占比/%
纯电动乘用车	永磁同步	68963	18.4	150528，40.2
	交流异步	59218	15.8	
	无刷直流	22347	6.0	
纯电动客车	永磁同步	79422	21.2	88248，23.6
	交流异步	8552	2.3	
	无刷直流	274	0.1	
纯电动专用车	永磁同步	26469	7.1	47778，12.8
	交流异步	19846	5.3	
	无刷直流	1463	0.4	
插电式混合动力乘用车	永磁同步	63755	17.0	63755，17
	交流异步	0	0	
	无刷直流	0	0	
插电式混合动力客车	永磁同步	17649	4.7	24048，6.4
	交流异步	6398	1.7	
	无刷直流	1	0	

(2) 世界电动汽车电动机应用　世界范围内的电动汽车，应用的主流电动机为永磁同步电动机，但也有应用交流异步电动机的车型。表 2-20 列举了世界知名电动汽车应用的电动机性能参数比较。

表 2-20　世界知名电动汽车应用的电动机性能参数比较

车型	车辆类型	电动机类型	电动机最大功率/kW	续驶里程/km
宝马 i3	纯电动	永磁同步	125	130~160
宝马 i8	混动	永磁同步	955	35
奔驰 Smart EV	纯电动	永磁同步	55	140
特斯拉 Model S	纯电动	交流异步	310	480
雪佛兰 VOLT	纯电动	永磁同步	111	56
丰田 Prius PHEV	混动	永磁同步	60	20
三菱 i MIEV	纯电动	永磁同步	47	160

三、电动机控制器

较好的汽车电动机控制器通过把微电子器件和功率器件集成到同一芯片上，形成了功率集成电路（Power Integrated Circuit，PIC），俗称"智能功率模块（Intelligent Power Module，IPM）"，其目的是进一步减小体积，降低成本并改善其可靠性。PIC 可以包含功率模块、控制模块、保护模块、信息传递模块和制冷模块等。

PIC 合成存在的主要问题是高电压和低电压器件的绝缘以及冷却问题。不过，在今后的发展中，这种技术是最有希望用于电动汽车驱动系统的，关键在于对器件的集成和包装。

目前国内电动汽车电动机控制器多采用分立元件制作，功率集成电路形式的汽车电动机控制器多掌握在国外的企业中，不过随中国电动汽车市场的逐渐成熟，国内企业不久会掌握这项技术。

汽车电动机控制器是由 DSP 电动机控制板、IGBT 驱动电路板、IGBT（IPM）模块、控制电源、散热系统组成的，图 2-196 所示为典型的电机控制器内部结构图。各部件功能介绍如下。

① DSP 接受整车控制器的指令并反馈信息，检测电动机系统内传感器信息，根据指令及传感器信息产生逆变器开关信号。

② IGBT 用于接收 DSP 的开关信号并反馈相关信息，放大开关信号并驱动 IGBT，提供电压隔离和保护功能。

③ 控制电源为 DSP 提供电源；为驱动电路提供多路相互隔离的电源。

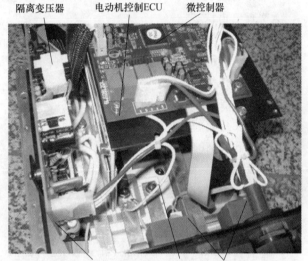

图 2-196 典型的电动机控制器内部结构

④ 散热系统为电力电子模块散热，为控制器组件安装提供支撑，为控制器提供环境保护。

电动机控制器主要实现以下功能。
① 怠速控制（爬行）。
② 控制电动机正反转，以实现汽车的前进和倒车。
③ 控制能量回馈（交流电转换为直流电）。
④ 驻坡（防溜车）。
⑤ 通信和保护。实时进行状态和故障检测，保护驱动电机系统和故障反馈。

能力提升训练

一、驱动电机检修

1. 直流电机零部件检修

（1）电机拆解

① 检测电机的绝缘性能。采用绝缘电阻表测量绝缘阻值，检测电压设定为 1000V，测定绝缘阻值应大于 0.5MΩ。

② 检测壳体外壳。观察壳体是否有破损。

③ 检测电机定子和转子的气隙大小。
④ 拆开刷架，拆下后先做好位置记号，检查电刷状况。
⑤ 抽出转子，抽转子时应注意转子与定子的间隙，不得碰伤铁芯及线圈。
⑥ 拆下的零件，应妥善保管，并做好记录。

(2) 转子检查

① 检查电枢绕组

a. 绕组线圈装配稳固，表面应光滑，无破裂、磨损及烧伤等现象。

b. 绝缘电阻表用 1000V 电压测量电枢线圈，绝缘电阻，其值不应低于 $0.5M\Omega$。

② 检查电枢铁芯

a. 铁芯应清洁、紧固，无松动、变形。

b. 通风沟应清洁、畅通。

③ 检查电枢绑线

a. 绑线清洁，无松动。

b. 焊锡无熔化、开焊现象。

c. 绑线下所垫的绝缘材料应完好。

④ 检查风扇

a. 风扇应清洁，无灰尘、油垢。

b. 风扇叶片安装牢固，无破裂变形。

(3) 定子检修

① 检查定子外壳。定子外壳无破损，接线柱连接稳固牢靠，绝缘完好。

② 检查磁极线圈的安装、连接和绝缘性能。绝缘性能测量采用绝缘电阻表，测量电压设定为 1000V，绝缘阻值应大于 $0.5M\Omega$。

③ 检查磁极铁芯。磁极铁芯应干净清洁，无松动和过温现象，无锈蚀脱漆现象。

(4) 刷架及刷握检修

① 检查刷架及刷握

a. 刷架应无破损、裂纹，刷握内表面光滑且无烧伤、变形，固定螺钉完好。

b. 刷架引线绝缘及接线鼻子应完好，连接螺栓紧固。

② 检查电刷。检查电刷磨石是否光滑有无夹砂和灼烧痕迹，并检查电刷与整流子接触情况，作为电刷调整时的参考。

(5) 整流子检修

① 整流子表面应清洁、干净、无黑斑，保护整流子表面的氧化膜（紫褐色）应无损伤。

② 整流子表面应为圆柱形，如表面不光滑可用玻璃砂纸打磨至光滑（但不能用金刚砂纸打磨），打磨完后应吹净碎屑。

③ 整流子间云母沟深 1~1.5mm，整流片与线圈焊接处无过热、松动、脱焊等现象。

④ 整流子的偏心值应不大于 0.05mm 或 0.07mm（转速为 1500r/min 时）。

(6) 启动调整装置检修

① 清扫磁场变阻器内各处灰尘、油垢。

② 检查磁场变阻器。磁场变阻器的电阻线应无断裂，各部分螺栓应紧固，滑动接点与固定接点的接触良好，调整装置转动灵活，无卡滞现象。

③ 测量磁场可变电阻器绝缘电阻和直流电阻，绝缘电阻应不低于 0.5MΩ，直流电阻在规定范围内。

(7) 安装

① 安装电机前应检查机内，不得遗留任何异物。

② 安装转子、端盖、转矩螺栓。

③ 组装刷架，调整电刷。按原有记号装好刷架、调整刷握，安装电刷。

④ 接线，按原有记号将电机端子各出线连接好，接线时要求接触良好、紧固牢靠。

⑤ 测量绝缘电阻。电机安装完毕，用绝缘电阻表测量绝缘阻值，1000V 电压下，阻值应大于 0.5MΩ。

⑥ 电气试验及验收。电机安装完成后接着对电机进行耐压值检测：绕组外加 1000V 交流电压，保持 60s，观察是否有击穿现象，没有即可验收。

2. 永磁同步电动机拆装（比亚迪 e6 纯电动汽车）

比亚迪 e6 纯电动汽车配备的永磁同步电动机如图 2-197 所示。解体前应先测量电机绝缘及三相直流电阻值，并做好记录。

(a) 外形图　　　　　　　　　(b) 结构示意图

图 2-197　比亚迪 e6 纯电动汽车永磁同步电动机

1—线束总成；2—出水管；3—轴；4—冷却液温度传感器；5—进水管；6—机壳；
7—旋变插接件；8—温度开关插接件；9—通气管组件；10—注油塞及垫片

(1) 拆卸

① 打开电机接线盒，拆下三个接线柱上的定子绕组接线，做好位置记号。

② 拆卸电机两端端盖。

③ 取出电机转子和定子铁芯及绕组。

④ 拆下旋变传感器外圈。标记安装位置和接线柱接线位置。

⑤ 拆下转子轴承。

⑥ 拆下旋变传感器内圈。

(2) 组装

① 安装旋变传感器。

② 安装定子。

③ 安装轴承。

④ 安装转子及端盖。
⑤ 连接绕组线圈端线,并与接线柱固定。

二、驱动电机常见故障检查与排除

1. 电机的空载电流大

当电机的空载电流大于极限数据时,表明电机出现了故障。

(1) 原因　电机空载电流大的原因:电机内部机械摩擦大,线圈局部短路,磁钢退磁。

(2) 诊断排除　若电机的空载/负载转速比大于1.5,说明电机的磁钢退磁严重,应该更换电机里面整套的磁钢,在电动车的实际维修过程中一般是更换整个电机。

2. 电机发热

(1) 原因　电机发热的直接原因是电流大。

(2) 诊断排除　电机的电流增大,说明线圈电阻变小或电机反电动势减少。电阻变小一般是线圈短路或开路引起的,反电动势减少一般是磁钢退磁或者线圈短路、开路引起的。在电动车整车的维修实践中,处理电机发热故障的方法一般是更换电机。

3. 电机在运行时内部有机械碰撞或机械噪声

无论高速电机还是低速电机,在负载运行时都不应该出现机械碰撞或不连续不规则的机械噪声。不同形式的电机可运用不同的方法进行维修。

4. 无刷电机缺相

(1) 原因　无刷电机缺相一般是由无刷电机的霍尔元件损坏引起的。

(2) 诊断排除　测量霍尔元件输出引线相对霍尔地线和相对霍尔电源引线的电阻,用比较法判断是哪个霍尔元件出现故障。

为保证电机换相位置的精确,一般建议同时更换全部霍尔元件。但更换霍尔元件之前,必须弄清楚电机的相位角是120°还是60°,一般60°相角电机的三个霍尔元件的摆放位置是平行的。而120°相角电机中,三个霍尔元件中间的一个霍尔元件是呈180°翻转摆放的。

5. 整车行驶里程缩短与电机乏力

车续驶里程短与电机乏力(俗称电机没劲)的原因比较复杂。当排除了以上四种电机故障之后,一般说来,整车续驶里程短的故障就不是电机引起的了,这和电池容量的衰减、充电器充不满电、控制器参数漂移(PWM信号没有达到100%)等有关。

6. 直流电动机其他常见故障诊断与排除

直流电动机其他常见故障现象、原因及处理方法见表2-21。

7. 交流同步电动机常见故障诊断

交流同步电动机(北汽EV200电动汽车)常见故障诊断见表2-22。

表2-21　直流电动机其他常见故障现象、原因及处理方法

故障现象	故障原因	故障处理
电机不转	电路不通	检查线路是否正常,熔丝是否熔断,过载保护器是否限位
	过载堵转	减轻负载,消除堵转障碍
	电刷接触不良	检查电刷,并排除故障
	电机烧坏	更换新电机
	控制器故障	检测维修或更换
传动噪声大	电机噪声大,轴承已损坏	拆下电机单独检测判断
	控制器未调好	调试控制器
花键轴或花键套过早磨损	电机轴或套老化	更换
	电机安装不当,造成电机轴弯曲变形	检测维修或更换
	长期过载运行	按正常运行

续表

故障现象	故障原因	故障处理
电机发热冒烟或烧毁	严重超载	减负至规定值
	冷却液不足	按规定添加
	爬坡度或坡道长超过规定值	按规定值运行
	制动器调整不当,或使用不当,正常行驶中脚踩着刹车走	调整制动器,正常行驶不踩制动踏板
	控制器失效	检测维修或更换
换向器、电刷磨损、烧蚀	使用时间长、未进行定期维护	按规定时间进行定期检查,更换电刷
	过载电流太大	降低负载电流至规定值以下
	电机进水、进泥后电刷在刷盒内上下活动不灵活	清除杂物,恢复电刷与换向器的接触
	换向器表面不洁,有油污或其他覆盖物	擦除污物,并有00号砂纸磨光换向器外圆

表 2-22　交流同步电动机（北汽 EV200 电动汽车）常见故障诊断

序号	故障名称	故障代码	故障可能原因	故障处理
1	MCU 直流母线过压故障	P114017	①电机系统突然大功率充电;②高压回路非正常断开	如果总线电压报文与实际电压不相符,则需要检查高压供电回路、高压主继电器等
2	MCU 相电流过流故障	P113119 P113519 P113619 P113719	负载突然变化、旋变信号故障等导致电流畸变,比如电池或主继电器频繁通断	检查高压回路
			控制器损坏（硬件故障）	更换控制器
			控制器采集电压与实际电压不一致	标定电压,刷新控制器程序
3	电机超速故障	P0A4400	整车负载突然降低,电机扭矩控制失效	如重新上电不复现,不用处理
			电机低压信号线插头连接松动或者退针	检查信号线插头
			控制器损坏（硬件故障）	更换控制器
4	电机过温故障	P0A2F98	电机低压信号线插头连接松动或者退针	检查信号线插头
			冷却系统工作异常	检查冷却液位、水泵工作状态,冷却管路堵塞或气阻
			电机本体损坏（长时间过载运行）	更换电机
5	MCU IGBT 过温故障	P117F98 P117098 P117198 P117298	同电机过温	同电机过温
6	MCU 低压电源欠压故障	U300316	12V 蓄电池电压过低,或者由于35PIN 线束原因,控制器低压接口电压过低	检查蓄电池电压,给蓄电池充电;检查控制器低压接口,测量35PIN 插件24脚和1脚电压是否低于9V
7	与 VCU 通信丢失故障	U010087	①未收到整车控制器信号;②网络干扰严重;③线束问题	检查35PIN 线束连接是否正常,检查 CAN 网络是否 BUS OFF,或者更换控制器
8	电机系统高压暴露故障	P0A0A94	①MCU 电源模块硬件损坏;②软件与硬件不匹配;③网络上有部件报出高低压互锁故障引起	刷新程序或更换控制器
9	电机（噪声）异响		①电磁噪声（高频较尖锐）;②机械噪声,可能是来自减速器、悬臂、电机本体（轴承）	①电磁噪声属正常;②排查确定电机本体损坏,更换电机

三、能力提升训练考核

① 在技能学习工位准备好多个纯电动汽车（至少包括单电动机驱动型、双轮边电动机型和轮毂电动机型三种,每种车型为一个工位）及其相关技术资料。

② 学员轮流在各工位分组学习。学员在查阅相关技术资料基础上,通过观察完成相应

的工作单（见本书配套的教学资源包中"技能学习工作单7"）。

③ 教师审阅学生完成的工作单，给出评价。

小结

1. 目前应用于纯电动汽车上的驱动电机有直流式、交流式、永磁同步式和开关磁阻式等。

2. 纯电动汽车电动机调速控制装置是为电动汽车的变速和方向变换等设置的，其作用是控制电动机的电压或电流，完成电动机的驱动转矩和旋转方向的控制。

3. 驱动电机的主要性能参数有类型、额定功率、额定电压、额定电流、额定频率、机械特性、额定效率、尺寸参数、质量参数、可靠性和成本等。

4. 额定功率指电动机在制造厂所规定的额定条件下运行时，其输出端的机械功率，单位一般为 kW。

5. 额定转速指电动机在额定电压、额定频率下，输出端有额定功率输出时，转子的转速，单位为 r/min。

6. 绝缘等级是按电动机绕组所用的绝缘材料在使用时容许的极限温度来分级的。

7. 驱动电机系统主要由驱动电机、电机控制器（MCU）构成，通过高低压线束、冷却管路与整车其他系统连接。

8. 直流电动机主要由机座、电枢、主磁极、换向磁极、换向器、刷架、端盖、风扇、出线盒组成。

9. 直流电动机是利用通电导体在磁场中受力这一基本原理制成的。

10. 纯电动汽车上常用的有并励直流电动机和串励直流电动机。

11. 将静止不动的电动机的电路与电源接通，使电动机的转动部分旋转起来，最后达到正常运转，称为电动机的启动。

12. 直流电动机的特点：调速性能好、启动力矩大、控制比较简单、存在易损件。

13. 交流异步电动机是靠同时接入 380V 三相交流电流（相位差 120°）供电的一类电动机，属于感应电动机的一种。

14. 交流异步电动机的定子三相绕组有星形（也称 Y 形）和三角形两种连接方式。

15. 交流异步电动机的转子分为绕线式与笼式两种，对应的电动机分别称为绕线异步感应电动机与笼式异步感应电动机。

16. 交流异步电动机型号（规格代号）主要有中心高、机座长度、极数、功率等部分组成。

17. 交流异步电动机的优点：转子结构简单、坚固，容易做到高速和小型轻量化；效率高；免维修；可靠性好。

18. 交流异步电动机的缺点：由于励磁电流是必要的，因此会引起功率因数的恶化，特别是在低速区域因数、效率恶化较为严重。另外该种电动机进行转整控制难度较大（调整性差），配套的控制器成本较高。

19. 永磁电动机就是采用永磁材料来替代励磁电动机的励磁绕组（或转子绕组）的电动机。

20. 常用的永磁电动机有永磁交流同步电动机、永磁无刷直流电动机和复合式永磁电动机三种。

21. 永磁无刷直流电动机主要由电动机本体（包括转子位置传感器）和电子开关驱动电

路两部分组成。

22. 永磁无刷直流电动机的优点：由于可以采用稀土磁铁等高性能永磁体，电动机可以实现较大的因数和较高的效率，特别是在低速时明显；能得到较高的磁通密度，可以制成小型高速电动机；容易多极化，可以制成轮毂式电动机。

23. 永磁无刷直流电动机的缺点：在定输出区域内当励磁较弱时效率会恶化，近年来随着嵌入式磁铁的采用，这种恶化正慢慢得以解决；磁铁材料价格较高，而且安装困难，永久磁铁在发热时容易产生减磁现象；逆变器遭短路破坏会造成电动机端子短路，产生很大的制动力。

24. 开关磁阻电动机是一种典型的机电一体化电动机，主要由开关磁阻电动机本体、电力电子功率变换器（简称功率变换器）、转子位置传感器以及控制器四部分组成。

25. 根据励磁方式，开关磁阻电动机分为励磁式和永磁式两种。

26. 开关磁阻电动机的缺点：磁能变化不大时效率恶化、噪声变大；较其他类型的电动机配套逆变器结构复杂。

27. 轮毂电动机动力系统根据电动机的转子形式分为内转子型和外转子型两种结构。

28. 永磁同步电动机为世界范围内的电动汽车驱动电机的主流技术产品。

29. 电动机控制器主要实现以下功能：急速控制；控制电动机正反转，以实现汽车的前进和倒车；控制能量回馈；驻坡；通信和保护。

30. 电机空载电流大的原因：电机内部机械摩擦大，线圈局部短路，磁钢退磁。

31. 电机发热的直接原因是电流大。

32. 无刷电机缺相一般是由无刷电机的霍尔元件损坏引起的。

学习效果检验

一、简答题
1. 纯电动汽车用电动机与工业用电动机的区别有哪些？
2. 说明直流电动机的总体结构与工作原理。
3. 并励直流电动机有哪几种调速方法？各有何特点？
4. 交流异步电动机由哪些零部件组成？各组成件的作用是什么？
5. 永磁直流电动机与励磁直流电动机系统相比具有哪些明显优点？
6. 开关磁阻电动机由哪几部分构成？各部分的作用是什么？
7. 开关磁阻电动机有哪些优点和缺点？主要应用于哪些类型的电动汽车？
8. 比较高速内转子轮毂电动机和低速外转子轮毂电动机的优缺点。
9. 电动机控制器由哪些部分组成？各组成部分的作用是什么？

二、单项选择题
1. 纯电动汽车驱动电机需要有（　　）倍的过载，以满足短时加速或爬坡的要求。
A. 2　　　　　　B. 3～4　　　　　　C. 4～5　　　　　　D. 6
2. 纯电动汽车的最高转速要求达到在公路上巡航时基本速度的（　　）倍。
A. 2　　　　　　B. 3～4　　　　　　C. 4～5　　　　　　D. 6
3. 目前在纯电动汽车上应用最多的电动机是（　　）。
A. 直流电动机　　B. 交流电动机　　C. 永磁无刷电动机　　D. 开关磁阻电动机
4. 直流电动机被应用于纯电动汽车，主要是因为其具有（　　）。
A. 较高的转速　　　　　　　　　　B. 足够大的启动扭矩
C. 质量小　　　　　　　　　　　　D. 良好的调速性能
5. 下列（　　）中是直流电动机定子的组成件。
A. 主磁极　　　　B. 励磁绕组　　　C. 电枢绕组　　　D. 电刷装置
6. 直流电动机中，（　　）的主要作用是产生气隙磁场。

A. 机座　　　　　B. 主磁极　　　　　C. 励磁绕组　　　　D. 电刷装置
7. 直流电动机的主磁极铁芯一般用（　　）mm 厚的硅钢板冲片叠压铆紧而成。
A. 0.5~1.0　　　B. 0.5~1.5　　　C. 0.5~2.0　　　D. 0.5~2.5
8. 直流电动机的主磁极（　　）。
A. 用螺钉固定在机座上　　　　　B. 与机座一体
C. 通过卡槽与机座固定　　　　　D. 与机座焊接固定
9. 直流电动机中，（　　）用来引入或引出直流电压和直流电流。
A. 电枢绕组　　　B. 主磁极　　　C. 励磁绕组　　　D. 电刷装置
10. 直流电动机的转子组成件中，（　　）将电刷上所通过的直流电流转换为绕组内的交变电流。
A. 电枢铁芯　　　B. 电枢绕组　　　C. 换向器　　　D. 风扇
11. 交流异步电动机的三个绕组在空间互相间隔（　　）。
A. 60°　　　　　B. 90°　　　　　C. 120°　　　　D. 180°
12. （　　）kW 以下的异步电动机一般采用铸铝转子。
A. 50　　　　　B. 100　　　　　C. 200　　　　　D. 250
13. 下列对交流异步电动机定子旋转磁场转速与转子转速关系的描述，（　　）正确。
A. 定子旋转磁场的转速高于转子的转速
B. 定子旋转磁场的转速低于转子的转速
C. 定子旋转磁场的转速等于转子的转速
D. 没有规律
14. 交流异步电动机的中心高度在（　　）mm 以上属于大型电动机。
A. 71　　　　　B. 315　　　　　C. 355　　　　　D. 630
15. 电动机型号 Y225S-4-3.7 中，数字 4 表示（　　）。
A. 中心高度　　　B. 铁芯长度　　　C. 极数　　　　D. 功率
16. 下列（　　）不是交流异步电动机的优点。
A. 转子结构简单、坚固　　　　　B. 易实现转矩控制
C. 容易做到高速和小型轻量化　　D. 可靠性好
17. 交流异步电动机应用于纯电动汽车中，最主要的原因是（　　）。
A. 可靠性好　　　B. 容易做到高速　　　C. 价格低　　　D. 小型轻量化
18. 下列（　　）不是永磁同步电动机根据永磁体在转子上安装位置不同的分类。
A. 表面式　　　　B. 内置式　　　　C. 镶嵌式　　　　D. 混合式
19. 在永磁直流电动机中，为逻辑开关电路提供正确的换相信息的是（　　）。
A. 定子绕组　　　　　　　　　　B. 转子
C. 转子位置传感器　　　　　　　D. 电子开关驱动电路
20. 永磁电动机适用于在市内频繁启停的汽车，主要是因为其（　　）。
A. 低速时高效率　　　　　　　　B. 高的磁通密度
C. 容易多极化　　　　　　　　　D. 励磁电流变化对效率影响小
21. 永磁电动机可以制成轮毂式电动机，主是因为其（　　）。
A. 低速时高效率　　　　　　　　B. 高的磁通密度
C. 容易多极化　　　　　　　　　D. 励磁电流变化对效率影响小
22. 下列（　　）是一种典型的机电一体化电动机。
A. 励磁直流电动机　　　　　　　B. 开关磁阻电动机
C. 永磁无刷直流电动机　　　　　D. 三相交流异步电动机
23. 下列对开关磁阻电动机本体结构特点的描述，（　　）不正确。
A. 电动机本体采用定、转子双凸极结构　　B. 定子凸极采用集中绕组励磁
C. 转子凸极为永磁体　　　　　　D. 定子绕组径向相对的极串联构成一相
24. 低于（　　）相的开关磁阻电动机一般没有自启动能力。
A. 三　　　　　B. 四　　　　　C. 五　　　　　D. 六
25. 下列对开关磁阻电动机特点的描述，（　　）不正确。

A. 热量排放较大
B. 耐化学侵蚀能力强
C. 磁能变化不大时效率恶化、噪声变大
D. 较其他类型的电动机配套逆变器结构复杂

26. 通常，外转子型轮毂电动机的最高转速为（　　）r/min。
A. 1000～1500　　　B. 1500～4000　　　C. 2500～5000　　　D. 10000

27. 内转子型轮毂电动机配套的减速机构通常采用（　　）。
A. 直齿轮　　　B. 锥齿轮　　　C. 链轮　　　D. 行星齿轮

28. 在电动机控制器中，（　　）的功能是提供电压隔离和保护功能。
A. DSP　　　B. IGBT　　　C. 控制电源　　　D. 散热系统

三、判断题

1. 纯电动汽车的电动机具有电动和发电两种运行模式。（　　）
2. 直流电动机的机座主要起支撑、保护作用，与电动机内部的磁路无关。（　　）
3. 并励绕组的匝数较多，用较细的导线绕成。（　　）
4. 交流异步电动机的每个定子绕组只有1个线圈，所以三相组共有3个线圈。（　　）
5. 交流异步电动机没有电刷装置。（　　）
6. 直流电动机适合高速、大负载下运行。（　　）
7. 永磁电动机分为永磁交流同步电动机、永磁交流异步电动机和永磁直流电动机三种。（　　）
8. 开关磁阻电动机转子凸极上既无绕组也无永磁体。（　　）
9. 三相6/4极开关磁阻电动机说明电动机转子有6个凸极。（　　）
10. 开关磁阻电动机系统的调速范围宽。（　　）
11. 开关磁阻电动机结构简单、转子转动惯量小、成本低、动态响应快。（　　）
12. 永磁开关磁阻电动机也被应用于纯电动汽车的轮毂驱动系统。（　　）
13. 轮边电动机驱动模式的驱动电机属于非簧载质量，对提高整车行驶平顺性有利。（　　）
14. 通常，外转子型轮毂电动机采用高速外转子电动机。（　　）
15. 高速内转子轮毂电动机没有减速机构、效率高。（　　）

学习任务八　纯电动汽车其他相关技术认识

纯电动汽车除在动力系统与燃料汽车有明显差别外，在其他功能系统方面也有其独特之处，如变速器驱动桥、动力转向系统、仪表、空调系统等。从事纯电动汽车维修的技术人员必须充分熟悉所维修车型各系统的结构特点，方可实施正确的检修与故障诊断。

通过本任务的学习，应该具备以下能力。

（1）能够正确描述纯电动汽车常用变速器的种类及其适用车型。
（2）能够正确描述纯电动汽车单、双向DC/DC转换器的功能及工作原理。
（3）能够正确描述纯电动汽车电动转向助力系统分类、组成及工作原理。
（4）能够正确描述纯电动汽车电动真空助力制动系统组成及工作原理。
（5）能够正确描述纯电动汽车再生制动系统的组成及工作原理。
（6）能够正确描述纯电动汽车空调的制冷和制热方式的种类及其原理。
（7）能够描述纯电动汽车新增仪表种类、功能、显示方式及控制原理。
（8）能够注意培养良好的安全卫生及团队协作意识。

相关知识学习

一、变速器

电动机虽然拥有很宽的工作转速范围，但和发动机一样，电动机也有最佳工作转速区间，高于或低于这一区间效率就会下降。一台 40kW 电动机在刚启动时效率仅有 60%～70%。随着速度提高效率逐步提高，在 3300～6000r/min 区间，效率能够达到 94% 以上；而在接近极限转速 100000r/min 时，效率又降到 70% 左右。可以看出，合理利用变速器，使电动机工作在最佳转速区，对于提高效率十分有意义。纯电动汽车若采用无级变速器会比只使用一挡变速器时的单位里程能耗降低 5%～7%，噪声也减小很多。

从目前电动汽车的发展情况来看，影响纯电动汽车进入市场的最大障碍是电池性能的局限性。尽管电池技术经历了从铅酸电池到镍氢电池再到锂电池一系列技术的进步，但目前电池无论是能量密度，还是单位容量、价格，都达不到大规模商业化的要求。每个研发电动汽车的企业都在竭尽全力降低电池成本和增加车辆单次充电的续驶里程。

如果能够通过使用适合的变速器，并对标定加以优化使效率提高，就意味着在同样行驶里程下，电池用量更少，车辆自重更轻，行驶性能更高，车辆成本更低。

纯电动汽车上变速器只需要三挡、二挡或一挡，因此变速器在一定程度上被简化了，但纯电动汽车对传动系统的要求反而更高，变速器优化设计有利于提升纯电动汽车效率。

图 2-198　电动机集成变速器（后轮式）

1. 一挡变速器

一挡式变速器多为两级减速比，即变速器只有一个传动比，主减速器有一个传动比，总传动比为两个传动比相乘。电动机集成变速器如图 2-198 所示，多使用在低档的小、中型面包车上。

差速器是传统车辆的标准组件，单桥单电动机汽车也采用了这项技术。汽车转弯时，外侧车轮的转弯半径比内侧车轮的大，必须利用差速器来调整两侧车轮的转速，否则，车轮会产生滑移从而引起轮胎磨损加剧、转向困难、道路附着性能变差等。

由于电动机的低速扭矩大、工作转速范围宽的特点，倒挡可不设计，只需电动机反转即可。

2. 一挡集成动力驱动系统

高档电动汽车多采用如图 2-199 所示的电动驱动系统。把电动机、减速器、差速器、功率控制器集成在一起，外部只有强电、弱电线束和冷却的水管。若采用前后轴各一台这样的动力驱动系统则是很好的四轮驱动。

3. 多挡变速器

纯电动客车相比传统燃油客车变速器发生了巨大变化，传统变速器逐渐被取代或者被弱化。

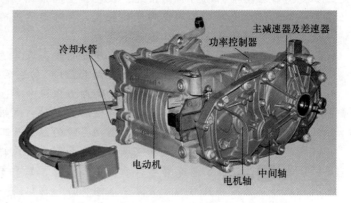

图 2-199　高档电动汽车集成电动驱动系统

例如国内一些企业展出的纯电动客车，都是直接使用电动机控制变速。它们通过电子转矩控制技术直接控制车轮转速，实现对车辆速度的控制。

在电动客车上配装变速器，主要是为解决电动机驱动力不足的问题。设置变速器可以改变传输给驱动车轮的扭矩,提升整车动力。纯电动客车配装的变速器相比燃油车型上的变速器有所变化,突出的特点是变速器挡数由传统五挡、六挡简化成二挡、三挡。一汽客车 CA6120VRBEV21 车型采用的就是一汽开发的二挡自动变速器。苏州金龙海格 KLQ6129GHEV 车型配装的是三挡机械自动变速器。

4. 多挡无同步器电控自动变速器

对于电动客车,为节省成本,同时又考虑无离合器的自动换挡,因此电控的无同步器自动换挡变速器成为首选。无同步器自动换挡动力总成如图 2-200 所示。

图 2-200 无同步器自动换挡动力总成

电控自动变速器 ECU 接收变速器输出轴转速传感器信号,同时也接收电动机转速信号。在换挡前,先调节电动机转速与从动齿轮转速相同,当电动机转速降速/升速至与要换挡的从动齿轮同步时,可采用电控气动、液动或电动三种装置之一推动拨叉,拨叉推动接合套直接挂入相应齿轮。

5. 换挡杆

纯电动汽车由于采用了先进的电子控制系统,其换挡杆已多采用电子式。电子式挡杆与变速器的连接并非传统的机械方式,而是采用了更加安全、快捷的电子控制模式,省去了传统机械式的换挡模式,全部采用电子信号进行代替,因而换挡杆的外形设计空间很大,甚至可以设计为旋钮式,如图 2-201 所示。它的优势就在于驾驶者的换挡错误操作会由电脑判断出是否会对变速器造成损伤,从而更好地保护变速器和纠正驾驶者的不良换挡习惯。

图 2-201 纯电动汽车旋钮式换挡杆

二、功率变换器

功率变换器可分为斩波器(DC/DC)、逆变器(DC/AC)和整流器(AC/DC)三类。斩波器是将电流作直流-直流变换;逆变器是将电流作直流-交流变换;整流器是将电流作交流-直流变换。图 2-202 所示为上述三种功率变换器在纯电动汽车上的应用实例。

一般纯电动汽车动力电源系统的输出特性偏软,难以直接与电动机驱动器匹配。在电源系统加负载的起始阶段,输出电压下降较快,即随着负载的增加,电流增大,电压下降,下降的斜率会出现一个特定的曲线,这种特性使电源系统的输出功率波动进而导致车辆整体效能下降。

在电池系统与汽车驱动系统之间加入功率变换器,使电池系统和功率变换器共同组成电

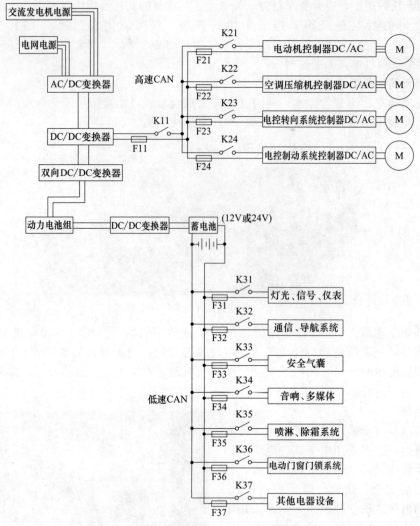

图 2-202 功率变换器在纯电动汽车上的应用实例

源系统对驱动系统供电,从而增强驱动系统的稳定性。因此,采用的功率变换器对纯电动汽车电源系统也具有重要的意义。

1. DC/DC 功率变换器(直流斩波器)

DC/DC 功率变换器是指将一个固定的直流电压变换为可变的直流电压,也称为直流斩波器。DC/DC 不仅能起调压的作用(开关电源),同时还能起到有效地抑制电网侧谐波电流噪声的作用。DC/DC 变换是将原直流电通过调整其占空比(PWM)来控制其输出的有效电压的大小。

实现降压的 DC/DC 的主电路结构有很多,其中 BUCK 型 DC/DC 以其结构简单、变换效率高的优点成为首选的变换电路拓扑结构之一。

功率变换器一般由控制芯片、电感线圈、二极管、三极管、电容器构成。基本 BUCK 电路的原理图如图 2-203 所示,U_{in} 输入电压,U_o 输出电压,C_{in} 是输入电容,S 是主功率开关管,VD 是主功率

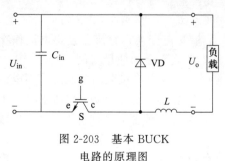

图 2-203 基本 BUCK 电路的原理图

二极管，L 是储能电感。

基本 BUCK 电路的工作过程如下，当开关管 S 导通时，电流经负载、电感 L 流过开关 S 并线性增加，电能以磁能形式存储在电感线圈 L 中，同时给负载供电，电容 C、负载、电感 L、开关 S 构成回路，此时由于二极管 VD 的阳极接负，二极管 VD 处于截止状态，当开关 S 由导通转为截止时存储在电感中的能量释放出来，通过 VD 续流维持向负载供电，电感 L、二极管 VD 和负载构成回路，若周期性地控制开关管 S 的导通与关闭，即可实现能量由 U_{in} 向 U_o 的降压传递，电路的输出电压 $U_o = \delta U_{in}$，δ 为开关管 S 的导通占空比。为达到上述降压传递，开关管 S 与二极管 VD 必须轮流导通与关断，二者之间频繁地进行换流。

在纯电动汽车中，DC/DC 功率变换器主要应用在以下几个方面。

① 在直流电机的功率小于 5kW 的纯电动车辆（如公园的游览车、机场的旅行车等）中，动力电池组直接通过 DC/DC 功率变换器为直流电动机提供直流电。

② 在纯电动汽车及能量混合型电力系统中，用升压型 DC/DC；在功率混合型电力系统中，采用双向升降压型 DC/DC 或全桥型 DC/DC。纯电动汽车在滑行或下坡制动时，车辆的惯性能量经过转换后产生的电能，向储能电源充电时，也采用双向升降压型 DC/DC。

③ 用纯电动汽车上的高压直流电源为辅助电池（低压电源）充电时，采用隔离式降压型 DC/DC。

2. DC/AC 功率变换器（逆变器）

DC/AC 功率变换器又称为逆变器，它的基本功能是将直流电源（车载蓄电池电源或燃料电池电源）变换为交流电动机的驱动交流电源。DC/AC 功率变换器分有源逆变器和无源逆变器，以及多种不同组合的、高性能逆变器等。

有些纯电动汽车运用了交流电机作为驱动电机，部分辅助设备也采用了交流电机，包括空气压缩机、空调系统的压缩机、转向助力器等，它们的电源来自动力电池组或燃料电池组。需要用小型的 DC/AC 功率变换器将直流电源的电能转换为交流电后，来带动辅助设备的电动机运转。DC/AC 功率变换器将动力电池组或燃料电池组的电能转化为三相交流电，并检测辅助装备的运转参数的变化，控制三相感应电动机的启动、运行和停止。

纯电动汽车中，交流驱动电机的 DC/AC 功率变换器一般集成为电机控制器中。

3. AC/DC 功率变换器（整流器）

AC/DC 功率变换器又称为整流器，它的基本功能是将交流电源（包括电网电源和车载交流发电机发电电源）变换为直流电源（包括储能式电源的直流充电电源）。应用在纯电动汽车上的 AC/DC 功率变换器基本形式有三相桥式、三相电压源 PWM 式和三相电流源 PWM 式等。

三、制动助力与再生制动

1. 电动真空助力制动

传统内燃机汽车的制动系统真空助力装置的真空源来自发动机进气歧管，真空度一般可达到 0.05~0.07MPa。对于由传统车型改型而成的纯电动汽车或燃料电池汽车，发动机总成被拆除后，制动系统由于没有真空动力源而丧失真空助力功能，仅由人力所产生的制动力无法满足行车制动的需要，因此需要对制动系统真空助力装置进行改制，而改制的核心问题是产生足够压力的真空源。为了产生足够的真空，除了一个具有足够排气量的电动真空泵外，为了节能和可靠，还要为电动真空泵电动机设计合适的工作时间。为达到与燃油车相同的真空度要求，电动真空泵需在 4~5s 内产生 50kPa 以上的真空度。

如图 2-204 所示，电动真空助力器安装于制动踏板和制动主缸之间，由踏板通过推杆直

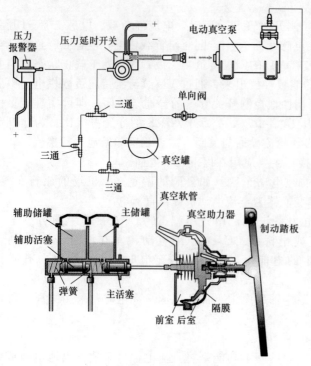

图 2-204 电动真空助力制动系统的基本构成

接操纵。助力器与踏板产生的力叠加在一起作用在制动主缸推杆上,以提高制动主缸的输出压力。真空助力器由带有橡胶膜片的活塞分为前室与后室(大气阀打开时可与大气相通),一般常压室的真空度为 60～80kPa(即真空泵可以提供的真空度大小)。真空助力器所能提供助力的大小取决于其常压室与变压室气压差值的大小。当变压室的真空度达到外界大气压时,真空助力器可以提供最大的制动助力。真空泵所产生的真空度的大小及速度关系到真空助力器的工作状态,真空泵的容量大小关系到助力器的性能,进而影响到制动系统在各种工况下能否正常工作。

电动真空助力制动系统的控制过程如下:

① 接通汽车 12V 电源,压力延时开关闭合,真空泵大约工作 30s 后开关断开,此时真空罐内真空度约为 80kPa。

② 当真空罐内真空度降低到 55kPa 时,压力延时开关再次闭合。

③ 当真空罐内真空度降低到约 34kPa 时,压力报警器发出信号。

④ 如果真空泵控制开关有很明显的短时间开启和关闭,说明发生了泄漏。

根据这个控制策略,设计了间歇性真空发生系统。该系统的基本工作原理如下:当驾驶人发动汽车时,12V 电源接通,压力延时开关和压力报警器开始压力自检,如果真空罐内的真空度小于 55kPa,压力膜片将会挤压触点,从而接通电源,真空泵开始工作;当真空度增加到 55kPa 时,压力延时开关断开,然后通过延时继电器使真空泵继续工作大约 30s 后停止;每次驾驶人有制动动作时,压力延时开关都会自检,从而判断电动真空泵是否应该工作;如果真空罐内的真空度低于 34kPa 时,真空助力器不能提供有效的真空助力,此时压力报警器将会发出信号,提醒驾驶人注意行车速度。

电动真空泵控制也可采用电控单元控制,只要把压力开关换成绝对压力传感器,电动真空泵由控制单元控制继电器控制即可,国内的一些纯电动汽车里,采用了由真空助力器真空度传感器、整车控制器电子控制单元、电动真空泵工作继电器、真空泵电动机组成的一个闭环真空度控制系统,保证制动时真空助力器的正常工作。

2. 再生制动

再生制动是纯电动汽车所独有的,在减速制动(制动或者下坡)时将车辆的部分动能转化为电能,转化的电能储存在储存装置中(如各种蓄电池、超级电容和超高速飞轮),最终增加纯电动汽车的行驶里程。如果储能器已经被完全充满,再生制动就不能实现,所需的制动力就只能由常规的液压制动系统来提供。现在几乎所有的纯电动汽车都安装了再生液压制动系统,从而可实现节约制动能、回收部分制动动能,并为驾驶人提供常规制动性能。图 2-205 所示为纯电动汽车能量转换图。

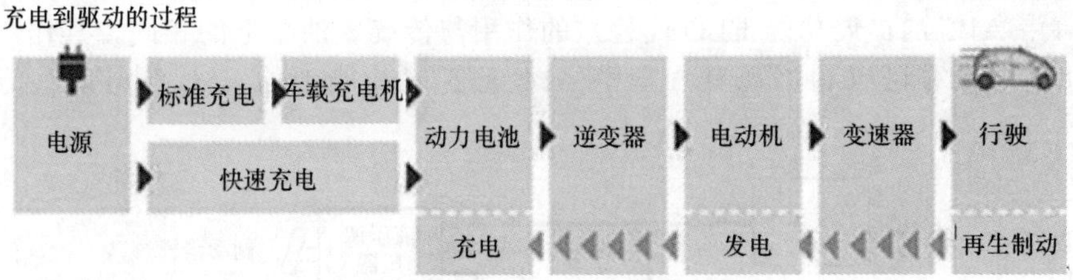

图 2-205 纯电动汽车能量转换图

一般而言，当纯电动汽车减速、在公路上放松加速踏板巡航或踩下制动踏板停车时，再生制动系统启动。正常减速时，再生制动的力矩通常保持在最大负荷状态。纯电动汽车高速巡航时，其驱动电机一般是在恒功率状态下运行，驱动力矩与驱动电机的转速或车辆速度成反比，因此，恒功率下驱动电机的转速越高，再生制动的能力就越低。当踩下制动踏板时，驱动电机通常运行在低速状态，由于在低速时，纯电动汽车的动能不足以为驱动电机提供能量来产生最大的制动力矩，因而再生制动能力也就会随着车速降低而减小。

图 2-206 所示为纯电动汽车的再生制动和液压制动曲线图，纯电动汽车的再生制动力矩通常不能像传统燃油车中的制动系统一样提供足够的制动减速度，所以，在纯电动汽车中，再生制动和液压制动系统通常共同存在。只有当再生制动已经达到了最大制动能力而且还不能满足制动要求时，液压制动才起作用。

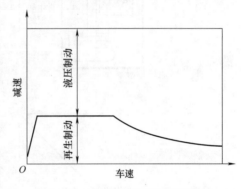

图 2-206 再生制动和液压制动曲线

再生制动与液压制动之间的协调是问题的关键所在，而且，应该考虑如下特殊要求：为了使驾驶人在制动时有一种平顺感，液压制动力矩应该可以根据再生制动力矩的变化进行控制，最终使驾驶人获得所希望的总力矩。同时，液压制动的控制不应引起制动踏板的冲击，因而不会给驾驶人一种不正常的感觉。

可利用 ABS 扩展的 ESP 功能实现电动泵的油压提高。这要求 ABS 的 ESP 模块与整车控制系统要进行通信，可以把再生制动软件写在 ABS 模块驱动油泵、控制摩擦制动和控制制动助力的真空源。ABS 与整车控制器通信控制再生制动的强度即可。液压制动力矩是电控的，将产生的液压传到制动轮缸上，因而再生液压制动系统需要有防止制动失效的机构。为了提高系统的可靠性，满足安全标准，系统一般采用双管路制动，当其中一条管路失效时，另一条管路必须能提供足够的制动力。

当然，由于 ABS 软件不开放，国内一些纯电动汽车生产或改装厂又无 ABS 开发能力，导致国内很多纯电动汽车把再生制动软件做在整车控制器中，传感器连在整车控制器上，加大了整车控制器的信号处理负担，不节省元件，又使系统显得混乱，但也是无奈之举。

为了使车辆能够稳定地制动，前后车轮上的制动力必须很好地平衡分配。此外，为了防止汽车发生滑移，加在前后轮上的最大制动力应该低于允许的最大值（主要由滚动阻力系数决定）。

纯电动汽车采用的再生液压混合制动系统即可满足上述要求，其结构设计如图 2-207 所示。驾驶人踩下制动踏板后，电动泵使制动液增压产生所需的制动力。制动控制与电动机控制协同工作，确定纯电动汽车上的再生制动力矩和前后轮上的液压制动力。再生制动时，再生制动控制回收再生制动能量，并且反充到蓄电池中。纯电动汽车上的ABS及其制动比例控制阀（可由ABS的扩展功能EBD代替）的作用与传统燃油车上的相同，其作用是产生最大的制动力。电动泵可以利用现有汽车中ABS的扩展功能中的ESP的电动供能泵作为压力源。

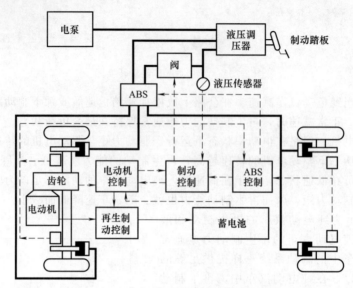

图 2-207　再生液压混合制动系统的基本结构

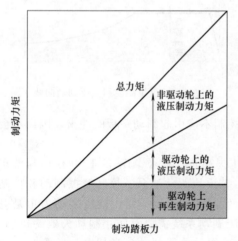

图 2-208　再生制动力矩与液压制动力矩的分配

如前所述，纯电动汽车上的总制动力矩是再生制动力矩与液压制动力矩之和，它们之间的分配比例关系如图 2-208 所示，目的是保持最大再生制动力矩的同时为驾驶人提供与燃油车相同的制动感。当制动踏板力较小时，只有再生制动力矩施加在驱动轮上，并且与制动踏板力成正比。而非驱动轮上的制动力由液压制动提供，液压制动力也与制动踏板力成正比。当制动踏板力超过一定值时，最大再生制动力矩全部加在驱动轮上，同时液压制动力矩也作用在驱动轮上以获得所需的制动力矩。因而最大再生制动力矩可以保持不变，以便能完全回收车辆的动能。

如果制动系统因制动造成的管路压力（或制动踏板踏下深度越深）越高，说明经驾驶人判断需要的总制动力矩越大，非驱动轮的制动力矩一直增加，驱动轮的制动力矩和也在增加。但摩擦力矩增加得多，再生制动扭矩不增加，甚至要有减小，这就要求再生制动和ABS系统要协调工作。

四、电动空调系统

1. 制冷

早期的国产纯电动汽车由于受到蓄电池能力的限制，为了不影响纯电动汽车的续驶里程，大多数纯电动汽车都没有配备空调系统。随着国内纯电动汽车逐步产业化、市场化，纯电动汽车必然要配备空调系统。由于受到纯电动汽车独特性影响，国内汽车厂家从传统燃油汽车空调的基础上进行部分替换设计,将燃油发动机带动的压缩机替换成直流电动机直接驱动的压缩机,控制上相应改变,来完成空调制冷的功能。目前替换设计效果基本能解决纯电动汽车空调的制冷问题,但制冷效率有待提高。

在空调的主要零部件选用上,目前国内的纯电动汽车除了压缩机和控制模式,其他主要零部件还是沿用燃油汽车空调的零部件,冷凝设备主要用的是平行流冷凝器,蒸发设备主要用的是层叠式蒸发器,节流装置仍然是热力膨胀阀,制冷剂仍然是 R134a。据了解,国内纯电动汽车的厂家(如奇瑞、比亚迪、一汽、上汽、江淮等)所生产的纯电动汽车的空调配套情况基本差不多,都处于上述的发展现状。

纯电动汽车制冷系统主要由电动压缩机、冷凝器、储液干燥器、膨胀阀、蒸发箱和控制电路等组成,如图 2-209 所示。低压管路:从节流阀出口至压缩机入口,沿程有蒸发箱、低压加注口、积累器。高压管路:从压缩机出口至节流阀入口,沿程有压缩机、冷凝器、干燥器、高压加注口、高低压开关、节流阀。

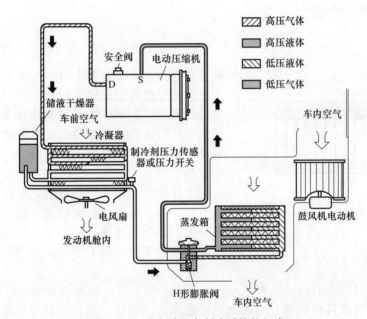

图 2-209 纯电动汽车制冷系统的组成

客车多采用变频器控制高压三相电动机驱动压缩机,因此有独立的电动机变频器,电动机和压缩机之间采用皮带传动方式。而轿车多采用整体式电动压缩机,这种压缩机内部有电动机,一般采用低电压 12V 驱动。

有些纯电动汽车的动力电池采用汽车制冷系统进行冷却,该形式的电动空调系统如图 2-210 所示。

2. 制热

根据纯电动汽车的特有性质,目前纯电动汽车空调制热方式有半导体式(热电偶)、热泵型、燃油加热式、PTC 加热式等,其中燃油加热式制热方式一般用于油电混合动力汽车(此处不再介绍),热泵型空调是最有发展前途的。

(1)半导体式 半导体制冷又称电子制冷,或者温差电制冷,是从 20 世纪 50 年代发展起来的一门介于制冷技术和半导体技术边缘的学科,与压缩式制冷和吸收式制冷并称为世界三大制冷方式。半导体制冷器的基本器件是热电偶对,即把一只 N 型半导体和一只 P 型半导体连接成热电偶,如图 2-211 所示,通上直流电后,在接口处就会产生温差和热量的转

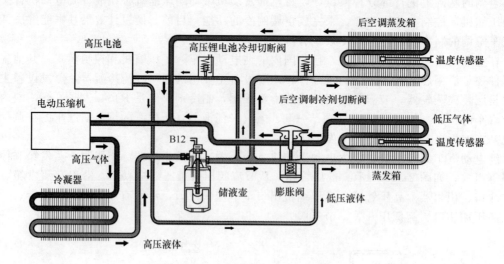

图 2-210 典型的电动空调系统

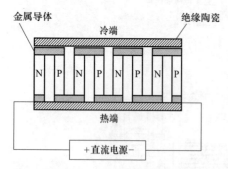

图 2-211 半导体制冷片结构

移。在电路上串联起若干对半导体热电偶对,而传热方面是并联的,这样就构成了一个常见的制冷热电堆。借助于热交换器等各种传热手段,使热电堆的热端不断散热并且保持一定的温度,而把热电堆的冷端放到工作环境中去吸热降温,这就是半导体制冷的原理。

半导体制冷作为特种冷源,在技术应用上具有以下特点:不需要任何制冷剂;可连续工作;没有污染源;没有旋转部件,不会产生回转效应;没有滑动部件,工作时没有震动、噪声;寿命长;安装容易。

半导体制冷片既能制冷又能加热,制冷效率一般不高,但制热效率很高,永远大于1。因此使用一个片件就可以代替分立的加热系统和制冷系统。半导体制冷片是电流换能型片件,通过输入电流的控制,可实现高精度的温度控制,再加上温度检测和控制手段,很容易实现遥控、程控、计算机控制,便于组成自动控制系统。半导体制冷片热惯性非常小,制冷制热时间很快,在热端散热良好冷端空载的情况下,通电不到1min,制冷片就能达到最大温差。半导体制冷片的反向使用就是温差发电,半导体制冷片一般适用于中低温区发电。半导体制冷片的单个制冷元件对的功率很小,但组合成电堆,用同类型的电堆串、并联的方法组合成制冷系统,功率就可以做的很大,因此制冷功率可以做到几毫瓦到上万瓦的范围。半导体制冷片的温差范围,从90℃到−130℃都可以实现。

从空调技术成熟性和能源利用效率比较来看,对于采用半导体制冷片技术的纯电动汽车空调系统,目前存在着热电材料的优值系数较低,制冷性能不够理想,并且热电堆产量受热电元件产量的限制,不具备纯电动汽车空调节能高效的要求。

(2) 热泵型 在理论上,制冷循环逆转可以用于制热。但在环境气温低的情况下,制热性能会下降,无法满足在低温区具备高制热性能的要求。行驶时,利用电动压缩机压缩冷媒并使其循环,冷媒在冷凝器中受风冷却,而且在冬天,当冷凝器(制热时改为蒸发器)结霜时,制热性能也难以发挥。这就需要考虑增加为冷凝器(制热时为蒸发器)加温除霜的系统。

制热原本在某些情况下需要比制冷更高的性能。例如，在冬天制热行驶时，为防止车窗起雾，一般会导入车外空气。汽车因要在行驶的同时向车外排放加热了的空气，此时制热需要比制冷更高的性能。

热泵型空调系统是在原有燃油汽车上进行改进的，压缩机是由永磁直流无刷电动机直接驱动的，其工作原理如图 2-212 所示。该系统与普通的热泵空调系统并无本质区别，由于在纯电动汽车上使用，压缩机等主要部件有其特殊性。而且国外热泵技术具备了一定的基础，该技术最大的优点就是制冷、制热效率高。全封闭电动涡旋压缩机，是由一个直流无刷电动机驱动，通过制冷剂回气冷却，具有噪声低、振动小、结构紧凑、质量小等优点。在测试条件为环境温度 40 ℃，车内温度 27 ℃，相对湿度 50% 的工况下，系统稳定时能以 1kW 的能耗获得 2.9kW 的制冷量；当环境温度为 -10 ℃，车内温度 25 ℃，以 1kW 的能耗可以获得 2.3kW 的制热量。在 -10～40 ℃ 的环境温度下，均能以较高的效率为纯电动汽车提供舒适的驾乘环境。若能在零部件技术上得到改进，相应效率还可以得到提高。

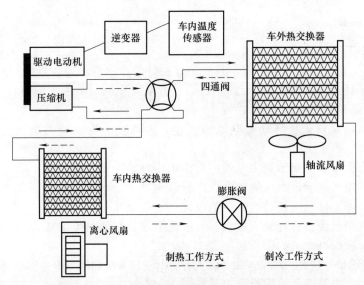

图 2-212　热泵型空调系统工作原理图

目前热泵型纯电动汽车空调最大的瓶颈是低温制热问题，尤其是在我国的东北地区，这也是将来该行业研究的难题之一。为了使热泵型纯电动汽车空调更节能高效，一般从以下几个角度去着重解决：开发更高效的直流涡旋压缩机；开发控制更精准、更节能的硅电子膨胀阀；采用高效的过冷式平行流冷凝器；改善微通道蒸发器结构，使制冷剂蒸发更均匀。此外，纯电动汽车开门的次数以及在行车中受车速、光照等因素的影响，空调湿热负荷大。压缩机乃至整个空调系统都要适应这种多因素变化的工况，因此热泵型纯电动汽车空调系统变工况设计尤为重要。

蒸发器风机的风量与车室内温度、设定温度、环境温度、太阳辐射强度、蒸发器出风口温度之间的关系是非线性的。

汽车空调热泵系统与普通的家用空调比较相近，是对普通家用空调的一种使用场合的扩展。为防止制热时因除霜导致室内舒适性下降，采用了热气旁通不间断制热除霜方式。除霜时，运行原理基本与制热相同，只是将融霜电磁阀打开，让从压缩机出来的高温、高压、过热的气体有一部分被分流到室外换热器的入口，迅速把室外换热器的温度提高到 0 ℃ 以上，融掉室外换热器上的霜层，使换热器保持良好的换热效率。

（3）PTC加热式　PTC（热敏电阻）加热器具有恒温发热特性，其原理是PTC加热片加电后自热升温，使阻值升高进入跃变区（迅速增高），PTC加热片表面温度将保持恒定值，该温度只与PTC加热片的居里温度（电阻陡峭变形点温度）和外加电压有关，而与环境温度基本无关。

若纯电动汽车采用加热器的电制热方式时，加热器（见图2-213）一般配置在驾驶席和副驾驶席之间的地板下方。加热器由PTC加热器元件、风扇、散热剂流路和控制底板等组成。因要求加热器要有较高的制热性，因此，电源使用的是高压动力电池。如果是纯电动汽车专用产品，也可以不使用冷却液，直接用鼓风机吹送经PTC加热器加热的暖风。

图2-213　PTC加热器

五、信息显示系统

1. 纯电动汽车新增仪表及功能

纯电动汽车仪表与传统汽车类似，其故障灯也分为指示灯、警告灯和指示/警告灯三类。故障灯用不同的颜色仪表故障程度，红色表示危险/重要提醒，黄色表示警告/故障，绿色/蓝色/白色表示指示/确认/启用。

① 动力电池指示仪表。与动力电池相连接，为驾驶人提供动力电池电量状态的相关信息。

② 荷电状态指示器。指示动力电池的剩余工作容量。

③ 电压表。用来显示动力电池的电压。

④ 电流表。用来显示流过动力电池的电流。

⑤ 驱动电机指示表。为驾驶人提供驱动电机工作状态的相关信息。

⑥ 转速表。指示电动机的即时转速。

⑦ 警告和指示信号装置。用来告知驾驶人有关电驱动系统和动力电池正确操作条件的信息。

⑧ 过热警告。当某设备温度过高可能会对车辆的安全或性能造成很严重的影响时，向驾驶人发出警告。

⑨ 超速警告。当电动机超速时向驾驶人发出警告。

⑩ 低容量警告。当动力电池剩余容量低于某个百分数（例如25%）时提醒驾驶人。

⑪ 绝缘电阻/爬电距离指示。当绝缘电阻和（或）爬电距离低于规定值时提醒驾驶人。绝缘电阻可包括动力电池绝缘电阻、动力系统和车辆电底盘之间绝缘电阻、动力系统和辅助电路之间绝缘电阻，爬电距离包括动力电池连接端子间的爬电距离、带电部件与电底盘之间的爬电距离。

⑫ "整车控制器打开"指示。向驾驶人显示控制器已打开，踩下加速踏板即可向驱动系统供电。

⑬ 辅助蓄电池充电监测装置。当车辆正常行驶过程中向辅助蓄电池充电时，如果充电元件发生故障，该监测装置可提醒驾驶人。

⑭ 停车指示。当驾驶人离开车辆，如果驱动系统仍处于"可行驶"状态，提醒驾驶人关闭电源开关。

⑮ 动力电池充电指示。当充电器向动力电池充电时提醒驾驶人。

⑯ 互锁监测装置。如车辆互锁机构中有任何一个互锁装置起作用阻止车辆运行，向驾

驶人发出警告。

2. 信息显示方式

纯电动汽车信息显示方式有组合仪表式、数字式和 LCD 式三种。组合仪表显示精确度高、信息刷新快、使用数字进行分时显示，可使仪表盘得到简化且能显示大量信息。采用数字显示和大 LCD 屏幕的好处是只要仪表有足够的存储量和高分辨率的 LCD 显示，LCD 图形造型的自由度会很高。驾驶人手动可以选择仪表的常规显示的内容，大多数系统还能在汽车有潜在危险情况时，让平时不显示的信息自动显示并发出警报，以提醒驾驶人注意。

纯电动汽车电动机转速表一般不单独设计，多用功率表代替。

电动机功率控制器和电动机温度可采用仪表显示，也可采用液晶显示，仪表将测量数据以指针、数字或条形图的形式显示出来。有的高档汽车采用了虚拟仪表的显示方式，这样的仪表内部空间可以得到充分利用，避免了仪表空间的紧张。虚拟仪表如图 2-214 所示，READY 绿色时表示此时怠速启/停功能可用，READY 黄色时表示此时怠速启/停功能停用，仪表中间还可以显示能量流动或动力电池 SOC 水平等。

图 2-214　虚拟仪表

3. 仪表驱动与控制

仪表多采用八位或十六位单片机，包括多路大电流输出的步进电动机驱动控制和十字交叉线圈的驱动控制、可直接驱动 LCD 液晶显示、带有在线可编程 Flash Rom、SRAM 存储器、具有低电压 CPU 复位检测功能、CAN 通道、多通道 8/10 位 A/D 转换器、多路 8/16 位输入捕捉通道等。

指针式仪表多采用步进电动机式和十字线圈驱动，多为步进电动机驱动，步进电动机有四线圈和两线圈式，多为两线圈式。

图 2-215 所示的微型步进电动机是两相永磁步进电动机，由线圈、线圈铁芯、引脚、定子和转子等组成。转子步进角度为 60°。电动机内部有 180∶1 的减速齿轮机构，通过齿轮减速降低转速并且在输出的指针轴上得到 (1/3)°的分辨率。为了减少成本，目前使用单片机的 PWM 端口直接模拟实现微步驱动，微型步进电动机已经成为主流的方案。通常会使用两

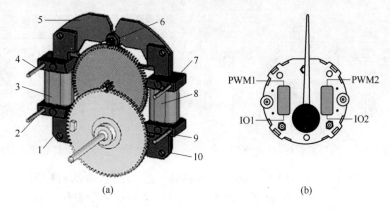

(a)　　　　　　　　　　(b)

图 2-215　微型步进电动机结构

1,10—线圈铁芯；2,4,7,9—销；3,8—线圈；5—定子；6—转子

个 PWM 端口和两个 I/O 口来驱动一个步进电动机。PWM 方式虽然模拟了微步驱动，但是驱动的效果仍然要比专用驱动芯片的效果要差一点。两线圈通电在两定子铁芯上形成不同磁极，推动转子转动，这种转动经多级减速机构传至指针轴，带动指针转动。转子减速方式也可采用丝杆齿轮减速机构带动指针转动。

精确的步进电动机驱动电路如图 2-216 所示。两相线圈中的每一相由两个反向器控制，微控制器只要控制四个反相器的输入端即可实现 L1 线圈、L2 线圈的电流正反向通过，从而在铁芯内产生不同的磁极性，转子转动，经多级减速机构输到表针轴上。

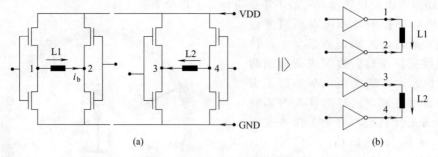

图 2-216 步进电动机驱动电路

LED 显示屏的图形、文字内容是将存储好的一帧一帧数据在显示屏上显示出来，具体显示哪帧数据由外部触发。仪表照明灯、警告灯、指示灯通常采用 LED，对于照明灯 LED 还可由外部触发进行 PWM 调光，几乎所有仪表内都有内置的蜂鸣器进行声音警告，可能存在危险时蜂鸣器才会工作。

纯电动汽车组合仪表显示的内容包括表头（指针）指示灯和报警（指示灯）显示两部分。图 2-217 所示为纯电动汽车主要仪表电路信号输入输出示意图，其中指示灯和报警灯电路又分为控制负极和控制正极两种，如图 2-218 和图 2-219 所示。

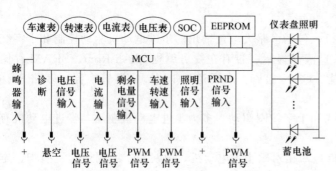

图 2-217 纯电动汽车主要仪表电路信号输入输出示意图

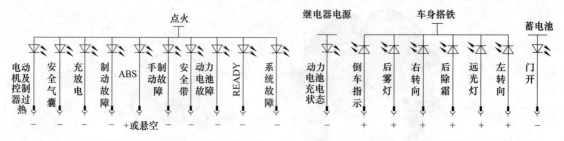

图 2-218 仪表指示灯和报警灯电路控制负极　　图 2-219 仪表指示灯和报警灯电路控制正极

车速表与传统汽车一致，用于显示汽车的车速，信号取自电动机控制器或整车控制器。荷电状态表用于显示动力电池的剩余工作容量，用符号"SOC"表示，显示动力电池剩余电量与总容量的百分比。SOC 与动力电池的放电率、工作环境温度和电池的老化程度有关。当 SOC 低于某一规定值，应当报警。信号多取自电池管理系统。

电压表用来测量（显示）动力电池的电压。在组合仪表的标度盘上应标示出恰当的工作电压范围，通常电压在300V以上，信号取自电池管理系统。

电流表用来测量（显示）动力电池的电流。在组合仪表的标度盘上应规定准确的零位置，对于具有再生制动功能的车辆，在标度盘零位置的两个方向上都应标示出正常工作电流的范围，负电流表示能量回收，信号取自电池管理系统。

电流表、电压表和荷电状态表显示的内容与动力电池有关，其信号都来源于电池管理系统，即电池管理系统输入给仪表的信号。例如纯电动汽车选用了比较成熟的磷酸铁锂动力电池，单体电池52A·h、3.2V，共使用了112块电池，整车电压为360V，所以电压表的电压范围设计为0~400V。电流表电流范围设计为−100~200A，其中负电流方向表示纯电动汽车制动时能量回收。

报警及信号指示装置用来告知驾驶人有关电驱动系统和动力电池正确操作条件的信息，习惯上称作××报警指示灯。纯电动汽车组合仪表中常用的报警指示灯有运行准备就绪、过热、超速、剩余容量低限、绝缘电阻、驱动控制器就绪、能量回馈故障、停车指示、充电指示、互锁指示、系统故障、动力电池故障等。

指示表主要是用来显示动力电池、电动机和整车相关信息，纯电动汽车组合仪表中一般设计有5个指示表头，它们分别用来指示电动机转速、行驶车速、电流表、电压表和荷电状态表（SOC），各个表头采用步进电动机驱动。

电动机转速表用于显示电动机的即时转速，一般在10000r/min以上。

现代汽车仪表为减少通入仪表的导线数量，采用CAN总线共享整车各电控控制单元信号。例如电控发动机控制单元将电动机转速信号放到CAN总线上，仪表可以接收到。近来有整车采用全数字化管理方式，用电控单元把所有的信号全转化为数字量，数据发到CAN总线上共享，这样的仪表只有四根线，即供电和搭铁两根，CAN高和CAN低两根线。有的CAN总线采用三根线，多的一根为唤醒线。

组合仪表的硬件电路主要由电源电路、模拟输入信号电路、数字输入信号电路、诊断功能电路、掉电保护电路组成。

① 电源电路。仪表板电源电压的波动将引起电路中电流的变化，从而造成仪表的指示误差。为了避免这种误差，仪表板内装置了稳压器，用以保持仪表工作电压的恒定。如仪表板线性稳压集成电路IC7812，稳压后输出为12V给仪表板供电，保证仪表板电压不随发电机输出电压的变化而波动。仪表板内稳压方式有稳压二极管稳压、线性稳压电路稳压、开关稳压三种。为防止蓄电池反接损坏仪表，电源输入时加二极管保护。只要仪表外部电源正常、点火开关复位、搭铁线正确，仪表就能正常稳压。由于汽车辅助蓄电池提供的是12V电压，因此要进行电压转换及滤波处理。其中+5V为模拟量电源，VCC为数字量及单片机工作电源。

② 模拟输入信号电路，包括电动机和电动机控制器温度信号、冷却液温度信号、气压传感器、电压表电压信号等。

③ 数字输入信号电路，包括车速信号、ABS故障信号、安全气囊故障信号、能量回馈信号等。开关信号有停车灯开关、左转向开关、右转向开关、远光开关、挡位信号、安全带开关、发电机是否发电、车门开关、制动片故障、驻车制动开关、前雾灯开关、冷却液液位开关、气压不足等。

以上信号在纯电动汽车和混合动力汽车上有所不同。

④ 诊断功能电路，使用CAN总线通信接口。

⑤ 掉电保护电路，是为了在掉电的时候可以及时地记录汽车行驶里程等数据。使用掉电保护电路，在掉电时可以维持一段时间的电压，保证单片机完成里程数据的保存，并调整

指针位置使之回零。为了在掉电的时候也可以及时地保存里程数据,在电源地输入端加一个 1000μF 或 2200μF 的电解电容,外部电源断开时电容可以维持单片机电源足够长的时间,使得单片机可以完成外部中断的服务程序。

六、冷却系统

纯电动汽车主要热源有三类,即能量储存系统,电机控制器、功率变换器等功率元件和驱动电机。能量储存系统中的电池有合适的工作温度,如常用的锂电池的工作温度为 -20~60℃,一般采用自然冷却或强制通风冷却。电机控制器、功率变换器等功率元件的工作温度通常为 40~50℃,允许最高温度为 60~70℃。这些元器件连续工作容易过热,须采取专门的冷却装置控制温度,通常采用循环水冷却。驱动电机的工作电流很大,励磁绕组和电枢绕组在电磁感应的过程中会产生大量的热,加之电流磁通的变化会在定子和转子铁芯内感应产生热量,因此必须合理控制温度,否则会出现绝缘下降、电动机退磁和效率降低等不良状况,驱动电机常采用油或水循环冷却。

纯电动汽车循环冷却系统主要分为两大部分,即对动力电池和车载充电机的冷却,对驱动电机、车辆控制器和功率变换器的冷却。

1. 电池组的冷却

动力电池的常用冷却方法有风冷、液体冷却两种。风冷又分为自然冷却和强制冷却,风冷方法结构简单,成本较低,技术日益成熟;液体冷却有制冷剂冷却和水冷却,一般采用循环水冷却系统,该系统包括电池冷却器、水泵和集成在动力电池组内的冷却板及结构框架,能够有效地进行热交换,效率较高。

2. 驱动电机及控制器的冷却

驱动电机及控制器的冷却通常采用同一冷却回路,即驱动电机冷却系统,由电动水泵、冷却液、循环回路、电风扇、散热器和温度传感器组成,如图 2-220 所示。冷却方式有自然冷却和强制水冷两种,通常采用循环水冷方式。

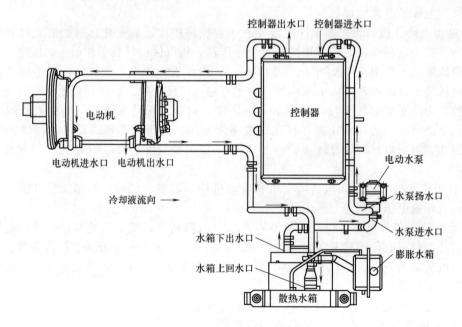

图 2-220 典型驱动电机冷却系统

当冷却液流经驱动电机和控制器等高温热源时,高温热源通过热信号交换方式将热量传递给冷却液，冷却液温度升高，在流经散热器时再将冷却液的热量传递给散热器片，风扇吹风或自然风通过对流热交换带走散热片的热量，使冷却液温度降低。纯电动汽车工作时，上述过程循环往复进行，进而保证驱动电机和控制器在合适的温度下工作。

七、整车控制系统及整车控制器

1. 纯电动汽车控制系统

（1）系统构成　纯电动汽车控制系统是基于车载电子微处理器的硬件和软件以及 CAN 通信网络系统等来实现对整车各个功能单元的控制，是纯电动汽车三大核心系统之一。整车控制系统由整车控制器（Vehicle Control Unit，VCU）、电机控制单元（Motor Control Unite，MCU）、电池管理系统（Battery Management System，BMS）、CAN 通信系统、零部件控制器以及驾驶员操纵系统构成，并能根据驾驶人的操作和当前的整车和零部件工作状况，在保证安全和动力性能的前提下，选择尽可能优化的工作状态和能量输出与回收，以达到最佳的能量经济性。

（2）结构原理　纯电动汽车控制系统包括整车控制器和各子系统控制单元，硬件框架如图 2-221 所示。

纯电动汽车为了满足整车动力性、经济性、安全性和舒适性的目标，一方面必须具有智能化的人车交互接口，另一方面，各系统还必须彼此协作，优化匹配。这项任务由整车控制系统来完成。基于总线的分布式控制网络是使众多子系统实现协同控制的理想途径。整车控制系统经整车控制器通过通信网络与各控制单元连接，系统原理图如图 2-222 所示。

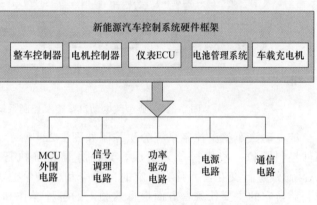

图 2-221　纯电动汽车控制系统硬件框架

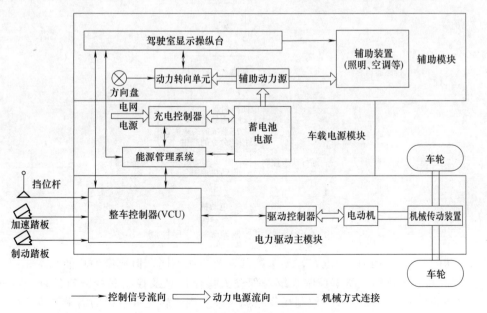

图 2-222　纯电动汽车整车控制系统原理图

典型纯电动汽车整车控制系统单元结构如图 2-223 所示，系统各控制单元都有自己的控制器，形成分布式分层控制体系。分布式分层控制可以实现控制系统的拓扑分离和功能分离。拓扑分离使得物理结构上各个子系统控制系统分布在不同位置上，从而减少了电磁干扰，功能分离使得各个子部件完成相对独立的功能，从而可以减少子部件的相互影响并提高容错能力。

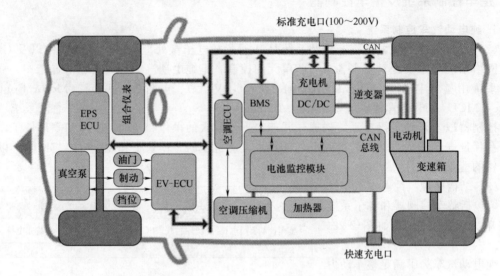

图 2-223 典型纯电动汽车整车控制系统单元结构示意图

纯电动汽车整车控制系统分层控制如图 2-224 所示。整车控制系统最底层是执行层，由部件控制器和一些执行单元组成，其任务是正确执行中间层发送的指令，这些指令通过 CAN 总线进行交互，并且有一定的自适应和极限保护功能；中间层是协调层，也就是整车控制器，它的主要任务一方面根据驾驶人的各种操作和汽车当前的状态解释驾驶人的意图，另一方面根据执行层的当前状态，做出最优的协调控制；最高层是组织层，由驾驶人或者自动驾驶仪来实现车辆控制。

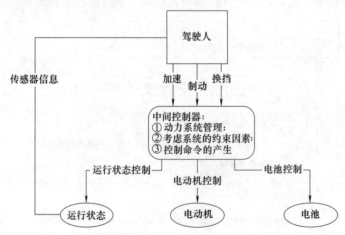

图 2-224 整车控制系统的分层控制

(3) 功能　不同的纯电动汽车，整车控制系统功能不同，但典型的功能基本相同。

① 分析驾驶人意图。整车控制系统对驾驶人操作信息及控制命令分析处理，也就是将驾驶人的加速信号和制动信号等控制操作根据某种规则，转化成电机的需求转矩命令。因而驱动电机对驾驶人操作的响应性完全取决于整车控制的节气门输出结果，直接影响驾驶人的

控制效果和操作感觉。

② 驱动控制。根据驾驶人对车辆的操纵输入（加速踏板、制动踏板及选挡开关）、车辆状态、道路及环境状况，经分析和处理，向 VCU 发出相应的指令，控制电机的驱动转矩来驱动车辆，以满足驾驶人对车辆的动力性要求；同时根据车辆状态，向 VCU 发出相应指令，保证安全性、舒适性。

③ 整车能量优化管理。通过对纯电动汽车的电机驱动系统、电池管理系统、传动系统及其他车载能源动力系统（如空调、电动泵等）的协调和管理，提高整车能量利用率，延长续驶里程。

④ 充电系统控制。整车控制系统与电池管理系统共同进行充电过程中的充电功率控制，整车控制器接收到充电信号后，禁止高压系统上电，保证在充电状态下处于行驶上锁状态；并根据电池状态信息限制充电功率，保护电池。

⑤ 能量回馈控制。整车控制器根据加速踏板和制动踏板的开度、车辆行驶状态信息以及动力电池的状态信息（如 SOC 值）来判断某一时刻能否进行制动能量回馈，在满足安全性、制动性能以及驾驶人舒适性的前提下，回收部分车辆惯性能量。能量回馈控制包括滑行和制动过程中的电机制动转矩控制。

⑥ 整车 CAN 总线网关及网络化管理。在整车网络管理中，整车控制器是信息控制中心，负责信息的组织与传输、网络状态的监控、网络节点的管理、信息优先权的动态分配及网络故障的诊断与处理等功能。通过 CAN 总线协调电池管理系统、电机控制器、空调系统等模块相互通信。

⑦ 车辆状态的实时监测和显示。整车控制器对车辆的状态进行实时监测，并将各子系统的信息发给车载信息显示系统，其过程是通过传感器和 CAN 总线，监测车辆状态及相关各子系统状态信息，驱动显示仪表，将仪表信息和故障诊断信息通过数字仪表显示出来。

⑧ 车辆其他控制。

a. 电动化辅助系统管理。电动化辅助系统包括电动空调、制动辅助、电动转向等。整车控制系统根据动力电池以及辅助电池状态，对 DC/DC、电动化辅助系统进行监控。

b. 高压上下电控制。根据驾驶人对行车钥匙开关的控制，进行动力电池的高压接触器开关控制，以完成高压设备的电池通断和预充电控制。

c. 故障诊断与处理。连续监视整车电控系统，进行故障诊断，并及时进行相应处理。根据传感器的输入及其他通过 CAN 总线通信得到的电机、电池、充电机等信息，对各种故障进行判断、等级分类、报警显示；存储故障码，供维修时查看。故障指示灯提示故障类型和部分故障码。在行车过程，根据故障内容进行故障诊断与处理。

d. 换挡功能控制。在驾驶人出现挡位误操作时，通过仪表等提示驾驶人，使驾驶人能迅速纠正。

e. 防溜车功能控制。纯电动汽车在坡道起步时，驾驶人从松开制动踏板到踩加速踏板过程中，会出现整车向后溜车的现象。在坡道上行驶过程中，如果驾驶人踩加速踏板的深度不够，整车会出现逐渐减速然后向后溜车现象。为了防止纯电动汽车在坡道起步运行时向后溜车现象，在整车控制策略中增加了防溜车功能。防溜车功能可以保证整车在坡道起步时，向后溜车距离小于 10cm；在坡上运行过程中如果动力不足时，整车车速降至零时仍可保证车不会向后溜。

f. 远程控制。通过车联网，整车控制系统具有一定的远程控制功能，如查询电池 SOC 值和充电控制等。

2. 整车控制器

纯电动汽车整车控制器（Vehicle Controller Unit，VCU）是整车控制系统的核心部件，承担数据交换与控制、安全管理和能量分配的任务。不同的车型，整车控制器安装位置不同，图 2-225 所示为比亚迪 e6 纯电动汽车各控制器在整车上的布置图。

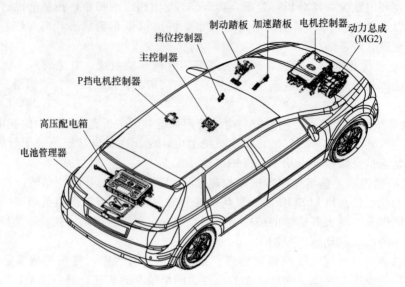

图 2-225　比亚迪 e6 纯电动汽车各控制器布置图

整车控制器原理如图 2-226 所示，纯电动汽车整车控制器包括微控制器、模拟量输入和输出、开关量调理、继电器驱动、高速 CAN 总线接口、电源等模块。整车控制器采集驾驶人发出的驾驶信号，通过 CAN 总线获得电机和电池系统的相关信息，进行分析和运算，通过 CAN 总线给出电机控制和电池管理指令，实现整车驱动控制、能量优化控制和制动回馈控制。整车控制器还具有综合仪表接口功能，可显示整车状态信息；具备完善的故障诊断和处理功能；具备整网关及网络管理功能；对纯电动汽车运输链的上下环节进行管理、协调和监控，以提高整车能量利用效率，确保安全性和可靠性。

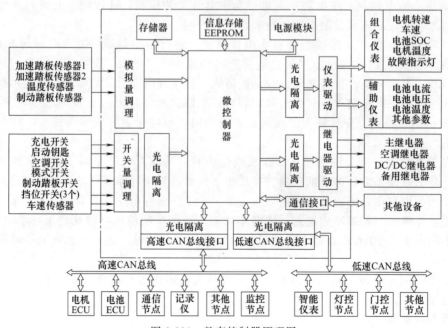

图 2-226　整车控制器原理图

VCU 是纯电动汽车上最主要的控制器,是有控制 MCU、电源管理、自诊断、同其他控制节点(ECU)共享数据信息、电器管理、防盗器管理等功能。

(1) 对 MCU 的控制功能

① 根据加速踏板位置和电动机转速确定向 MCU 传送的扭矩数据。

② 对于固定传动比的变速器,EV ECU 根据变速器换挡手柄传来的位置信号确定扭矩方向。

③ 对于 2 个或 3 个传动比的变速器,EV ECU 根据变速器换挡手柄传来的位置信号确定扭矩方向和大小。

④ 当驾驶人踏下制动踏板时,EV ECU 控制 MCU 关闭逆变桥驱动电路信号,由正信号转为全负信号,并启动再生制动和 ABS 摩擦制动功能,主要是控制制动效果。

(2) 电源管理功能　无整车控制的纯电动汽车在停车时需手动断开直流母线,若手动断开母线将会有很大的电流冲击,同时在修理时会有安全隐患。有整车控制器时,整车控制器中的软件会对正负直流母线进行有区别地断电。电池箱内配有熔断丝的检修塞或空气开关,只有在维修时才用手动的断电方式。直流母线断电继电器位置应设计在蓄电池组的输出的近端,一般采用减缓电流冲击的三继电器控制方式。典型的三继电器高压电源控制系统如图 2-227 所示。

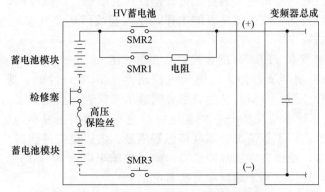

图 2-227　典型的三继电器高压电源控制系统

SMR2、SMR1(系统主继电器)为正极主继电器,SMR3 为系统负主继电器,三个继电器的线圈部分由 EV ECU 控制,图中继电器线圈省略,为防止大的电流冲击,通断电采用缓冲电阻,工作过程如下。

① 电源打开。电路连接时 SMR1 和 SMR3 闭合;而后 SMR2 闭合而 SMR1 断开,如图 2-228 所示。由于这种方式可以控制流过电阻器的电流,电路中的触点受到保护,避免了强电流造成的损害。

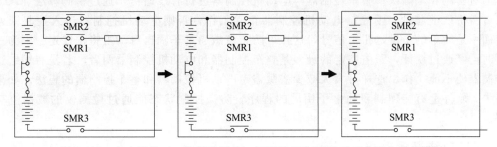

图 2-228　点火开关(一键启动开关)打开时 EV ECU 对三个继电器的控制

② 电源关闭。电路断开时如图 2-229 所示。SMR1 先闭合、SMR2 断开。EV ECU 通过流过 SMR1 的电流可判断 SMR2 是否卡住。如果 SMR1 几乎没有电流,则确定 SMR2 卡住,

将输出故障提示；如果 SMR1 有较大电流，则确定 SMR2 已经断开，再将 SMR3 断开。

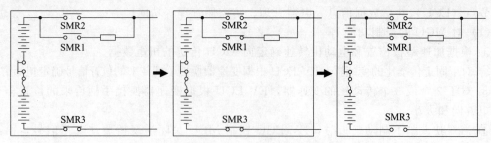

图 2-229 点火开关（一键启动开关）关闭时 EV ECU 对三个继电器的控制

（3）自诊断功能　整车控制器能对接入自身的传感器、执行器、其他控制器进行监测。整车控制器对检测仪的输出数据包括：整车控制器的版本、电动机控制器的版本、防盗电子钥匙的版本、整车控制器存储的故障码、数据流。整车控制器对检测仪输入数据包括：单元编码功能、执行元件诊断、自适应功能。检测仪还要有上网功能，以利于检测仪的数据更新。传感器监测包括：对电动机中冷却液温度、冷却风扇电动机继电器线圈电路、水泵电动机继电器线圈电路及对电动机电源的有无进行监控，有故障生成故障码，有必要时点亮故障指示灯。执行器监测包括：继电器是否能工作，原因在线圈还是开关；电磁阀是否能工作；有无执行元件诊断的程序。

（4）同其他控制节点（ECU）的数据信息共享功能

① 接收电动机控制器节点传来的电动机控制器（MCU）过温、低电压、过电流等故障，对故障信息进行存储，分析后认为有必要则输出至仪表，点亮仪表动力系统故障灯。

② 对来自电池管理系统（BMS）的蓄电池总电压、蓄电池总电流、各蓄电池的电压、电池箱温度、风扇继电器工作情况、烟度传感器信号、内置温度传感器、蓄电池的单块温度等进行处理，必要时，给仪表发送故障信号，向仪表输出电池箱 BMS 分系统确定的电池箱号和蓄电池位置号，这样以利于维修中更换蓄电池。

③ EV ECU 与空调 ECU 交换信号，控制空调的制热和制冷。

④ 从漏电保护器单元接收高压漏电信号，启动高压漏电自动切断主电路开关的功能。

（5）电器管理功能

① 对灯光和加热器等的控制。

② 对电器用电的优先权进行控制。

（6）防盗器功能　将编码机械钥匙（或感应钥匙）、整车控制器和电动机控制器三者联系在一起，采用变码送码防盗技术。整车控制器与编码机械钥匙（或感应钥匙）进行无线通信，通过密码算法确认；整车控制器与电动机控制器进行有线通信，通过密码算法确认。一旦三者身份认证通过，则控制电动机控制器正常工作，否则电动机控制器进入控制锁死状态，而不是简单的不发送扭矩信号，这样可防止盗贼通过车辆自身动力将车盗走。因为三者出厂时已经通过认证，贼盗盗走的最多是整车控制器和电动机控制器两者，若没有钥匙这两个控制器便不能工作，这样可大大减少盗贼盗走电动机控制器和整车控制器的想法。如果钥匙丢失，软件上有能配制新的电子钥匙的程序。防盗控制状态能通过检测仪的数据流功能看到。

八、CAN 总线通信网络

CAN（Controller Area Network）是控制器局域网的简称，是国际上应用最广泛的现场总线之一，是德国博世公司在 20 世纪 80 年代初期，为解决现代汽车中庞大的电子控制装置之间的通信而开发的一种串行数据通信总线。

1. CAN 总线通信网络组成

CAN 总线结构如图 2-230 所示，主要由各控制单元（CAN BUS 节点）、数据传送终端和 CAN 数据传输总线组成。CAN 网络硬件结构主要涉及总线与节点，每一个节点都通过 CAN-H 与 CAN-L 两要线分别连接在总线上，这些节点采用并联方式连接。

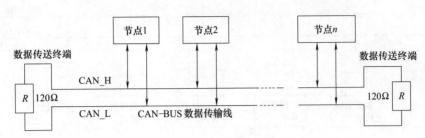

图 2-230 CAN 总线结构

2. CAN 总线通信网络基本结构

纯电动汽车整车控制系统由两条 CAN 总线构成，即高速 CAN 总线和低速 CAN 总线，如图 2-231 所示。高速 CAN 总线和低速 CAN 总线是两个独立的总线系统。为了便于汽车所有功能的管理，通过网关将这两个总线网络连接起来，不同总线间的数据通过网关实现数据共享。这样，两个总线分别独立运行，只有需要在两种总线间交换的数据才通过网关进行传输。这种方式可将不同类型的信息分开，减轻了各网络总线上的负担。

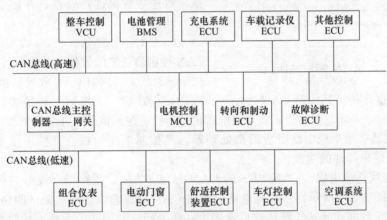

图 2-231 纯电动汽车 CAN 总线网络结构图

高速 CAN 总线主要连接纯电动汽车的驱动系统、安全系统和娱乐系统。其由驱动系统各个子系统和故障分析记录系统节点组成，可以实现对驱动电机、动力电池、转向、制动等关键系统的快速控制。高速 CAN 网速为 500kB/s。

低速 CAN 总线主要用于连接车身系统，连接对象主要为汽车中的联合装配单元，如门窗、照明、空调、温度传感器、中控锁等，通过网关作为子网接入高速 CAN 总线，组成一个统一的多元网络。低速 CAN 网速为 125kB/s。

不同类型的纯电动汽车采用的 CAN 总线通信网络结构有所不同，图 2-232 所示为比亚迪 e6 纯电动汽车 CAN 总线通信网络拓扑结构。

① CAN 总线控制单元（CAN BUS 网络节点）。控制单元（CAN 网络节点）就是纯电动汽车 CAN 数据总线上的控制模块。一般由 CAN 控制器、CAN 收发器、微处理器 ECU 三部分组成，如图 2-233 所示。

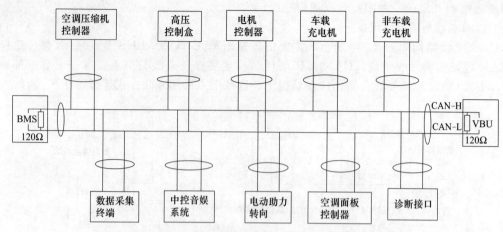

图 2-232　比亚迪 e6 纯电动汽车 CAN 总线通信网络拓扑结构

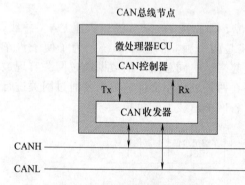

图 2-233　CAN 总线控制单元

a. CAN 控制器。CAN BUS 数据通信总线上的每个控制单元中均设有一个 CAN 控制器和一个 CAN 收发器。CAN 控制器主要用来接收微处理器（控制单元 ECU）传来的信息，对这些信息进行处理并传给 CAN 收发器，同时 CAN 控制器也接收来自 CAN 收发器传来的数据，对这些数据进行处理，并传给控制单元的微处理器。

b. CAN 收发器。CAN 收发器用来接收 CAN 控制器送来的数据，并将其发送到 CAN 数据传输总线上，同时 CAN 收发器也接收 CAN 数据总线上的数据，并将其传给 CAN 控制器。将"0"或"1"逻辑信号转换为规定的电压值（线路传输电平），并向总线输出；将总线电压信号转换为逻辑信号，并向控制器反馈。

c. 微处理器。用集成电路组成的微处理器，是控制单元的核心元件，主要用于执行控制部件和算术逻辑部件的功能。

② 数据总线终端电阻。CAN BUS 的 CAN-H 和 CAN-L 线路端（或节点内）均以终端电阻连接，如图 2-234 所示。一般纯电动汽车在 CAN 数据总线终端电阻的阻值为 120Ω。终端电阻可以防止数据在到达线路终端后像回声一样返回，并因此而干扰原始数据，从而保证了数据的正确传送。

终端电阻装在控制单元内。带终端电阻的节点如图 2-235 所示。其收发器结构有所区别。在节点内部的总线接口处，串联了两个 60 Ω 的电阻，并使用一个电容消除总线的电压波形。

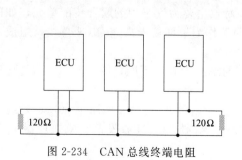

图 2-234　CAN 总线终端电阻　　　　图 2-235　带终端电阻的节点

③ 网关。为了使采用不同协议及网速的数据总线间实现无差错数据传输，必须要用一种特定的控制模块，它就是网关（Gateway）。网关的功能如图 2-236 所示。A 总线与 B 总线属于两个不同的网络。A 总线上各个节点可以直接通信，但 A 总线上的节点无法直接与 B 总线的任何节点通信，即使使用导线直接连接 A、B 两条 CAN 总线也无法正常通信。此时需要借助网关 G 作为网间连接器，以完成协议转换，从而实现跨总线之间的信号共享。节点 G 既属于 A 总线的节点，又属于 B 总线的节点。

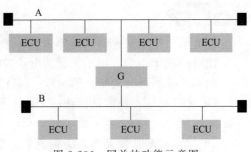

图 2-236　网关的功能示意图

网关控制器有以下三个功能（并包含车速采集功能）。

a. 报文路由：网关具有转发报文的功能，并对总线报文状态进行诊断。

b. 信号路由：信号在不同报文间的映射。

c. 网络管理：网络状态监测与统计、错误处理、休眠唤醒。

网关形式主要有模块组合式和独立式两种。模块组合式网关有网关集成在组合仪表内和网关集成在汽车电气控制单元内部（如整车控制器）两种。

④ 数据传输总线。纯电动汽车数据传输采用双绞线作为数据总线，以增加总线的抗干扰能力，分为高位（CAN-H）和低位（CAN-L）数据线。为了防止外界电磁波干扰和向外辐射，两条数据线缠绕在一起，要求每相隔 2.5cm 就要扭绞一次，两条线上的电位是相反的，电压的和总等于常值。双绞线允许的总长度为 30m（25m 接节点，5m 接诊断仪）；最多允许接 16 个节点（15 个模块和 1 个诊断仪）。

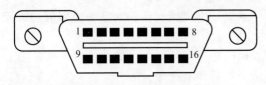

图 2-237　DLC 诊断连接口的针脚

⑤ DLC 诊断连接口。DLC（Data Link Connector）是一个符合 ISO 标准的车载诊断接头，插头由 16 个针脚组成，如图 2-237 所示，每一个针脚均按照 ISO 标准用于特定用途。纯电动汽车使用了其中的部分针脚，具体情况见表 2-23。

表 2-23　纯电动汽车使用的针脚号

针脚号	1 号	2 号	3 号	4 号	5 号	6 号	7 号	8 号
功能				底盘接地	信号接地	CAN-H		
针脚号	9 号	10 号	11 号	12 号	13 号	14 号	15 号	16 号
功能						CAN-L		供电电源

能力提升训练

① 在技能学习工位准备好纯电动汽车及其相关技术资料。工具箱和防护用品柜内需有足够的专用维修工具和各类防护用品。

② 学员在各自工位分组学习。学员在查阅相关技术资料基础上，完成技能学习工作单（见本书配套教学资源包中"技能学习工作单 8"）中规定的工作任务，并记录相关信息。

③ 教师工作。向学员讲解安全注意事项，并要求学员在技能学习工作单中做记录；观察、指导学员进行相关操作，对可能发生危险的事情必须及时制止；结束后审阅学生完成的工作单，并结合其操作情况给出评价。

小结

1. 纯电动汽车上变速器只需要三挡、二挡或一挡。
2. 纯电动汽车由于采用了先进的电子控制系统,其换挡杆已多采用电子式。
3. 功率变换器可分为斩波器(DC/DC)、逆变器(DC/AC)和整流器(AC/DC)三类。
4. DC/DC 功率变换器是指将一个固定的直流电压变换为可变的直流电压,也称为直流斩波器。
5. DC/AC 功率变换器又称为逆变器,它的基本功能是将直流电源(车载蓄电池电源或燃料电池电源)变换为交流电动机的驱动交流电源。
6. AC/DC 功率变换器又称为整流器,它的基本功能是将交流电源(包括电网电源和车载交流发电机发电电源)变换为直流电源(包括储能式电源的直流充电电源)。
7. 纯电动汽车多采用电动真空助力制动。
8. 再生制动是纯电动汽车所独有的,在减速制动(制动或者下坡)时将车辆的部分动能转化为电能,转化的电能储存在储存装置中(如各种蓄电池、超级电容和超高速飞轮),最终增加纯电动汽车的行驶里程。
9. 由于受到纯电动汽车独特性影响,国内汽车厂家从传统燃油汽车空调的基础上进行部分替换设计,将燃油发动机带动的压缩机替换成直流电动机直接驱动的压缩机,控制上相应改变,以完成空调制冷的功能。
10. 根据纯电动汽车特有性质,目前纯电动汽车空调制热方式有半导体式(热电偶)、热泵型、燃油加热式、PTC 加热式等,其中燃油加热式制热方式一般用于油电混合动力汽车,电动热泵式空调是最有发展前途。
11. 纯电动汽车信息显示方式有组合仪表式、数字式和 LCD 式三种。
12. 纯电动汽车主要热源有三类,即能量储存系统,电机控制器、功率变换器等功率元件和驱动电机。
13. 能量储存系统一般采用自然冷却或强制通风冷却。
14. 电机控制器、功率变换器等功率元件通常采用循环水冷却。
15. 驱动电机常采用油或水循环冷却。
16. 纯电动汽车控制系统是基于车载电子微处理器的硬件和软件,以及 CAN 通信网络系统等来实现对整车各个功能单元的控制。
17. 整车控制系统由整车控制器、电机控制单元、电池管理系统、CAN 通信系统、零部件控制器以及驾驶员操纵系统构成。
18. 纯电动汽车控制系统包括整车控制器和各子系统控制单元。
19. 纯电动汽车整车控制系统主要控制功能如下:分析驾驶人意图、驱动控制、整车能量优化管理、充电系统控制、能量回馈控制、整车 CAN 总线网关及网络化管理、车辆状态的实时监测和显示等。
20. 纯电动汽车整车控制器是整车控制系统的核心部件,承担数据交换与控制、安全管理和能量分配的任务。
21. CAN 总线结构主要由各控制单元、数据传送终端和 CAN 数据传输总线组成。
22. CAN 网络硬件结构主要涉及总线与节点,每一个节点都通过 CAN-H 与 CAN-L 两要线分别连接在总线上,这些节点采用并联方式连接。
23. 纯电动汽车整车控制系统由两条 CAN 总线构成,即高速 CAN 总线和低速 CAN 总线。

学习效果检验

一、简答题

1. 在纯电动汽车中应用的变速器有哪几种类型？各适用于哪种车型？
2. DC/DC 是什么？其主要功能是什么？
3. 详细说明纯电动汽车保留了备用电池的必要性。
4. 什么是双向 DC/DC？其主要应用于哪种类型的纯电动汽车上？
5. 应用于纯电动汽车上的电动转向系统有哪些种类？各类型有何特点？
6. 纯电动汽车通常采用哪种类型的制动助力系统？描述间歇性真空发生系统的工作原理。
7. 在具有再生制动功能的纯电动汽车上，为什么还要设置常规制动系统？二者是如何协调工作的？
8. 纯电动汽车的制冷与制热与燃油汽车相比有哪些差别？
9. 纯电动汽车有哪些特殊仪表？各仪表的功能是什么？
10. EV ECU 对 MCU 进行哪些控制？

二、单项选择题

1. 电动机高效率工作区间一般在（　　）。
   A. 刚启动时　　　B. 低转速区　　　C. 中间转速区　　　D. 接近极限转速
2. 在纯电动汽车上，合理利用变速器的主要目的是（　　）。
   A. 保持与燃油车辆的操作相似性　　　B. 使电动机工作在最佳转速区
   C. 容易实现倒挡　　　D. 简化控制系统
3. 对于采用变速器的纯电动汽车，其变速器挡位一般不超过（　　）个前进挡。
   A. 1　　　B. 2　　　C. 3　　　D. 4
4. 单向 DC/DC 的主要功能是（　　）。
   A. 将低压直流电升压为高压直流电　　　B. 将高压直流电降压为低压直流电
   C. 将直流电转换为交流电　　　D. 将交流电转换为直流电
5. 纯电动汽车装备 DC/DC 之后，还可省去原车的（　　）。
   A. 启动电池　　　B. 交流发电机　　　C. 冷却风扇　　　D. 启动机
6. 纯电动汽车 DC/DC 以产生次高压为高功率设备供电，主要目的是（　　）。
   A. 节省备用电池电量　　　B. 充分利用动力电池电量
   C. 高功率设备只能用次电压驱动　　　D. 节约能量
7. 下列纯电动汽车辅助子系统中，（　　）的功耗最大。
   A. 空调系统　　　B. 控制器　　　C. 灯光系统　　　D. 能量管理系统
8. 双向 DC/DC 通常装备在（　　）的纯电动汽车上。
   A. 单一动力电池电源系统　　　B. 动力电池+燃料电池
   C. 动力电池+超级电容　　　D. 双动力电池
9. 液压油泵的驱动与发动机无关，改成由智能电控单元 ECU 控制的高性能直流无刷电动机驱动，可根据转向需要向液压转向助力器提供压力油。此类电动转向系统称为（　　）。
   A. EHPS　　　B. EPS　　　C. AFS　　　D. SBW
10. 全电动且与发动机无关的动力转向助力系统称为（　　）。
    A. EHPS　　　B. EPS　　　C. AFS　　　D. SBW
11. 去掉了转向盘与车轮之间直接的机械连接，通过控制算法以实现智能化车辆转向的电动转向系统称为（　　）。
    A. EHPS　　　B. EPS　　　C. AFS　　　D. SBW
12. 在电动轿车中很少应用的 EPS 类型是（　　）。
    A. 小齿轮型　　　B. 直接驱动型　　　C. 循环球助力型　　　D. 齿条型
13. 应用于电动助力转向系统的电动机发展主流是（　　）。
    A. 有刷直流电动机　　　B. 无刷直流电动机
    C. 永磁同步电动机　　　D. 开关磁阻电动机

14. 电动真空助力器安装于（　　）之间。
   A. 制动踏板和制动主缸　　　　　B. 制动踏板和轮缸
   C. 制动主缸和轮缸　　　　　　　D. 轮缸与制动盘
15. 纯电动汽车与燃油车的制动助力系统最主要的差别是（　　）。
   A. 纯电动汽车制动助力系统需采用大直径的主缸
   B. 纯电动汽车制动助力系统需采用大直径的轮缸
   C. 纯电动汽车通常采用电动真空助力系统
   D. 纯电动汽车通常采用电动压缩空气空助力系统
16. 下列（　　）时，纯电动汽车再生制动系统不会启动。
   A. 减速　　　　　　　　　　　　B. 在公路上放松加速踏板巡航
   C. 踩下制动踏板停车　　　　　　D. 中速均速行驶
17. 在纯电动汽车中，再生制动与常规制动起作用的次序为（　　）。
   A. 先再生制动，后常规制动　　　B. 先常规制动，后再生制动
   C. 再生制动和常规制动同时工作　D. 不同工况下，先后次序不同
18. 纯电动汽车空调系统与燃油汽车空调系统相比较，改动最大的部件是（　　）。
   A. 压缩机　　　B. 冷凝器　　　C. 膨胀阀　　　D. 蒸发箱
19. 应用于纯电动汽车空调制热最好的方式是（　　）。
   A. 半导体式　　B. 电动热泵式　C. 燃油加热式　D. PTC 加热式
20. 下列（　　）制热方式不适合应用于纯电动汽车。
   A. 半导体式　　B. 电动热泵式　C. 燃油加热式　D. PTC 加热式
21. 在纯电动汽车中，（　　）的信号取自电动机控制器或整车控制器。
   A. 荷电状态表　B. 电压表　　　C. 电流表　　　D. 车速表
22. 在纯电动汽车中，（　　）有正负两个方向的数据显示。
   A. 荷电状态表　B. 电压表　　　C. 电流表　　　D. 电动机转速表
23. 在纯电动汽车中，整车控制器对电源的控制一般采用（　　）继电器控制方式。
   A. 一　　　　　B. 二　　　　　C. 三　　　　　D. 四
24. 整车控制器的防盗器功能与（　　）无关。
   A. 编码机械钥匙（或感应钥匙）　B. 整车控制器
   C. BMS　　　　　　　　　　　　D. 电动机控制器

三、判断题

1. 对于纯电动汽车，即使采用手动变速器结构形式，变速器仍可不倒挡。（　　）
2. 单桥单电动机纯电动汽车可以不设置差速器。（　　）
3. 在电动客车上配装变速器，主要是为解决电动机驱动力不足的问题。（　　）
4. 如果纯电动汽车空调系统直接采用动力蓄电池直流电压供电，则可断定该车只有一个 DC/DC。（　　）
5. 纯电动汽车在减速制动工况时，再生制动一直起作用。（　　）
6. 再生制动能力也就会随着车速降低而减小。（　　）
7. 纯电动汽车电动机转速表一般不单独设计，多用功率表代替。（　　）
8. 纯电动汽车信息显示方式有组合仪表式、数字式和 LCD 式三种。（　　）
9. 现代汽车仪表为减少通入仪表的导线数量，采用 CAN 总线共享整车各电控制单元信号。（　　）
10. 在纯电动汽车上，为了显示制动能量回馈状态，电动机转速表必须有正负两个方向的数据显示。（　　）

项目三

纯电动汽车使用与维护

学习任务九　纯电动汽车使用

纯电动汽车与传统燃料汽车使用方法有很多相同之处，但由于纯电动汽车存在高压系统及更为完善的控制系统，所以在使用方面有其独特的一面。

无论是用户还是纯电动汽车维修人员，均应熟练使用纯电动汽车。

通过本任务的学习，应该具备以下能力。

(1) 能够简单描述比亚迪 e6 纯电动轿车整车特点。
(2) 能够详细了解比亚迪 e6 纯电动轿车的典型配置及其主要功能。
(3) 能够进行比亚迪 e6 纯电动轿车的常规使用操作。
(4) 能够注意培养劳动保护意识、安全与环保意识和团队协作意识。

相关知识学习

一、典型纯电动汽车简介（比亚迪 e6）

1. 整车特点

比亚迪 e6 为一款新能源、新动力、零排放纯电动轿车（以下简称比亚迪 e6），是比亚迪着力打造的一部环保产品。比亚迪 e6 所使用的驱动电机、电控、动力电池等均是比亚迪自主研发的产品，且是比亚迪的核心技术产品。

(1) 节能环保　在各种工况下都是由电力驱动，在环保方面完全实现了零排放。动力电池采用比亚迪自主研发和生产的动力电池，其含有的所有化学物质均能以无害的方式被分解吸收，能够很好地解决二次回收等环保问题，不会给环境造成危害。

(2) 操控平稳、动力充沛　整车重心位置低，操控平稳，乘坐舒适性好。75kW 驱动电机可为整车提供高转速、大扭矩，0～50km/h 加速时间为 6s，最高车速可达 140km/h。

(3) 低噪声　整车以完全的纯电动工况行驶，车内、车外噪声极小，为驾乘者提供舒适的乘坐环境。

(4) 安全性好
① 动力电池经过高温、高压、撞击等试验测试，安全性能极佳。
② 整车安全设计时，全面考虑纯电动汽车与传统燃油汽车之间安全性的差异，对主、被动安全进行高优化的设计。
③ 充分考虑车内及电池包防水、防漏电的保护设计。
④ 电源管理系统智能化监控动力电池的运行参数，保证电池的正常运行。

(5) 使用便捷　目前比亚迪 e6 可采用壁挂式交流充电、家用交流充电、直流充电（选装）和车辆对车辆充电，使充电非常方便。

(6) 超长续驶里程　综合工况下具有 400km 的续驶里程，完全能满足日常的城市、城际出行需要。

2. 车辆规格

（1）整车参数　比亚迪 e6 纯电动轿车整车参数，见表 3-1。

表 3-1　比亚迪 e6 纯电动轿车整车参数

产品型号名称				BYD7006BEVH
外形尺寸/mm		长×宽×高		4560×1822×1630
轮距/mm		前×后		1585×1560
轴距/mm				2830
质量参数 /kg		整备质量		2420
		满载质量		2795
	轴荷	空载	前轴	1295
			后轴	1125
		满载	前轴	1445
			后轴	1350
轮胎		规格		225/65R17
		胎压/kPa		250
备胎		规格		T145/90R17
		胎压/kPa		420
车轮动平衡要求（动平衡和配重后）/g				≤10
车轮定位参数（整备质量下）		前轮外倾角		−1.25°~0.25°
		前轮前束		−0.08°~0.08°
		主销内倾角		6.75°~8.25°
		主销后倾角		3.17°~4.67°
		后轮外倾角		−1.5°~0.5°
		后轮前束		0°~0.16°
制动踏板自由行程/mm				≤5
制动摩擦副/mm				前摩擦材料：2~11 后摩擦材料：2~10.6 前制动盘：28 后制动盘：16
接近角（满载）/(°)				21
离去角（满载）/(°)				25
前悬/mm				920
后悬/mm				810
乘员数				5
最高车速/(km·h^{-1})				140
最大爬坡度/%				30

（2）车辆标识　比亚迪 e6 纯电动轿车 VIN 码的位置有后背门内侧、左前门下方和左前侧 VIN 槽内，如图 3-1 所示。

（3）警告标签

① 安全气囊警告标签粘贴在右侧 B 柱上，如图 3-2 所示。

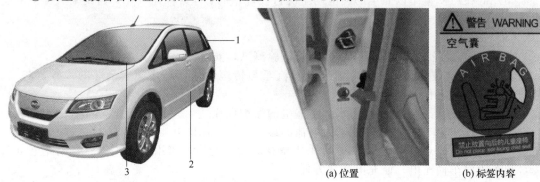

图 3-1　比亚迪 e6 纯电动轿车 VIN 码位置
1—后背门内侧；2—左前门下方；3—左前侧 VIN 槽内

图 3-2　安全气囊警告标签
(a) 位置　　(b) 标签内容

② 空调系统、操作说明、电动机冷却液、冷却风扇、电池位置标签粘贴在前舱盖内侧，如图 3-3 所示。

③ 动力电池警告标签粘贴在动力电池安装壳体盖上，如图 3-4 所示。

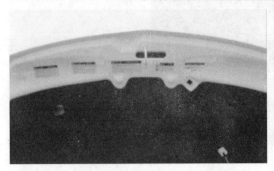

图 3-3　空调系统、操作说明、电动机冷却液、冷却风扇、电池位置标签（从左到右依次）

图 3-4　动力电池警告标签

④ 轮胎气压指示牌粘贴在左 B 柱下方，如图 3-5 所示。

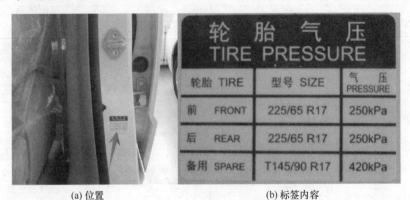

(a) 位置　　　　　　　　　　(b) 标签内容

图 3-5　轮胎气压指示牌

⑤ 空气过滤器标签粘贴在仪表台右侧，如图 3-6 所示。

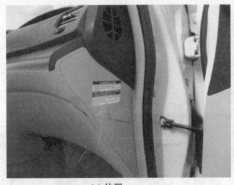

(a) 位置　　　　　　　　　　(b) 标签内容

图 3-6　空气过滤器标签

⑥ 高压系统标签粘贴在右侧仪表台下方，如图 3-7 所示。

3. 相关缩略语

与比亚迪 e6 纯电动轿车相关的缩略语，见表 3-2。

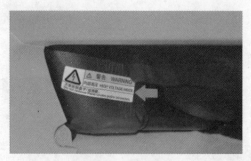

图 3-7 高压系统标签

表 3-2 与比亚迪 e6 纯电动轿车相关的缩略语

缩略语	含义	缩略语	含义
ABS	防抱死制动系统	AUDIO	收音机
AUTO	自动	AUX	辅助信号端子
CD	光盘	Charge	充电
DOOR	门控	DVD-ROM	只读盘
DVD	数字化视频光盘	EBD	制动力分配系统
ECO	经济模式	ECU	电子控制单元
EPB	电子驻车	ESP	电子车身稳定装置
HBA	液压制动辅助	HHC	上坡辅助
HI	高	INT	间歇
ISOFIX	儿童安全座椅固定系统	LO	低
MIST	点刮模式	MODE	模式
ODO	总里程	SD	内存卡
SOC	电量百分比	SPORT	运动模式
SRS	安全气囊系统	TCS	牵引力控制
TPMS	胎压监测系统	USB	通用串行总线
VCD	视频高密光盘	VDC	车辆动态控制
VIN	车辆识别代码	VTOG	双向逆变充放电式电机控制器
VTOL	车对排插放电	VTOV	车对车放电

二、典型纯电动汽车配置与功能（比亚迪 e6）

1. 组合仪表

1）组合仪表显示

比亚迪 e6 的组合仪表显示如图 3-8 所示。

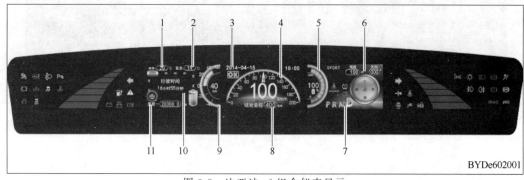

图 3-8 比亚迪 e6 组合仪表显示

1—车外温度指示；2—车内设定温度指示；3—时间指示；4—车速表；5—电池电量表；6—罗盘指示；
7—挡拉指示；8—续驶里程表；9—功率表；10—能量流程图；11—里程表

2) 仪表指示灯

比亚迪 e6 的仪表指示灯图形及功能，见表 3-3。

表 3-3　比亚迪 e6 的仪表指示灯图形及功能

图形	功能	图形	功能
	车门及行李箱状态指示灯		主告警指示灯
	驾驶人座椅安全带指示灯*		前排乘员座椅安全带指示灯*
	SRS 故障警告灯*		前排乘员安全气囊开关状态指示灯*
	充电系统警告灯*		小灯指示灯
	前雾灯指示灯		远光指示灯
	转向信号指示灯		后雾灯指示灯
	电动机冷却液温度过高警告灯*		动力系统故障警告灯*
	制动系统故障警告灯*		ABS 故障警告灯*
	转向系统故障警告灯*		动力电池过热警告灯*
	动力电池充电连接指示灯*		动力电池电量低警告灯*
	OK 指示灯*		动力电池故障警告灯*
	电动机过热警告灯*		胎压系统警告灯（选配）*
	智能钥匙系统警告灯		防盗指示灯
SPORT	运动模式指示灯	ECO	经济模式指示灯
	定速巡航主显示指示灯（选配）	SET	定速巡航主控制指示灯（选配）
	倒车雷达开关状态指示灯（选配）		倒车雷达提示信息（选配）
	制动片磨损警告灯*		电子驻车状态指示灯（选配）
	ESP 故障警告灯（选配）*		ESP OFF 指示灯（选配）

注：表中带"*"的指示标记为保养提示指示灯

(1) 制动系统故障警告灯　整车电源挡位处于"OK"时，此警告灯在下列情况点亮。

① 制动液液位低时。

② 使用了驻车制动器时。

③ 真空压力故障时。
④ 电子制动分配故障时。
⑤ 电子驻车故障时。
⑥ 其他。

(2) 驾驶人座椅安全带指示灯 此指示灯将提醒驾驶人扣好座椅安全带。当整车电源挡位处于"OK"挡时，如果驾驶人座椅的安全带没有扣紧，则指示灯点亮。除非扣紧安全带，否则该指示灯持续点亮。

(3) 前排乘员座椅安全带指示灯 此灯将提醒前排乘员扣好座椅安全带。当整车电源挡位处于"OK"挡时，如果前排座椅的安全带没有扣紧，则指示灯点亮。除非扣紧安全带，否则该指示灯持续点亮。

(4) 充电系统警告灯
① 充电时，此警告灯用于警告充电系统故障。
② 放电时，此警告灯用于警告 VTOG 系统故障（在配备 VTOG 系统的车辆上）。
③ 非充/放电时，此警告灯用于警告 DC 模块的工作状态。
如果在驾驶中此警告灯点亮，表示 DC 系统有问题，应关闭空调、风扇、收音机等。建议将车辆开到最近的汽车授权服务店进行修理。

(5) ABS 故障警告灯
① 当整车电源挡位处于"OK"挡时，此警告灯点亮。如果 ABS 工作正常，则几秒后此警告灯熄灭。此后，如果系统发生故障，此警告灯将再次点亮。
② 当此警告灯点亮时（制动系统警告灯熄灭），ABS 不工作，但制动系统仍将正常工作。但由于 ABS 不工作，在紧急制动或在较滑的路面上制动时车轮将会抱死。
③ 当整车电源挡位处于"OK"挡时，此警告灯不亮或持续点亮，或者在驾驶中此警告灯点亮，表示由警告灯系统监控的部件中发生故障，建议尽快与汽车授权服务店联系检查车辆。
④ 在操作中此警告灯短暂点亮不表示有问题。

(6) SRS 故障警告灯
① 当整车电源挡位处于"OK"挡时，此警告灯点亮。如果 SRS 工作正常，则几秒后此警告灯熄灭。此后，如果系统发生故障，此警告灯将再次点亮。
② 此警告灯系统用于监控 SRS 电子控制单元、碰撞传感器、充气装置、警告灯、接线和电源。
③ 当整车电源挡位处于"OK"挡时，此警告灯不亮或持续点亮，或者驾驶中此警告灯点亮或闪烁，表示由此警告灯系统监控的部件中发生故障。建议尽快与汽车授权服务店联系检查车辆。

(7) 电机冷却液温度过高警告灯
① 当整车电源挡位处于"OK"挡时，此警告灯显示电动机冷却液的温度。正常运转时，指针应自底部标记处上升到中间位置。
② 在酷暑季节或长时间爬坡、高速行驶时，电动机可能产生过热现象。如果冷却液温度表指针移到红色标记区，此警告灯变红，同时信息显示屏显示"电机冷却液温度过高"，应立即将车辆停靠在安全路段，使电动机降温，并建议尽快与汽车授权服务店联系检查车辆。

(8) 动力系统故障警告灯 ⟨!⟩

① 如果动力系统发生故障，此灯点亮。

② 如果当整车电源挡位处于"OK"挡时，此警告灯持续点亮，或驾驶中此警告灯点亮及当整车电源挡位处于"OFF"挡时，此警告灯点亮，均表示由此警告灯系统监控的部件中发生故障，建议尽快与汽车授权服务店联系检查车辆。

③ 在操作中此警告灯短暂点亮不表示有问题。

(9) 电动机过热警告灯

① 如果此警告灯点亮，表示电动机温度太高，须停车并使电动机降温。

② 在下列工作条件下，电动机可能会产生过热现象。

a. 在炎热的天气进行长途爬坡。

b. 在停停走走的交通状态，频繁急加速、急刹车的状况，或长时间车辆运转得不到休息的状况。

c. 拖拽挂车时或冷却液不足。

(10) 转向系统故障警告灯

① 当整车电源挡位处于"OK"挡时，此警告灯点亮。如果电动助力转向系统工作正常，则几秒后此警告灯熄灭。此后，如果系统发生故障，此警告灯将再次点亮。

② 当整车电源挡位处于"OK"挡时，此警告灯不亮或持续点亮，或者驾驶中此警告灯点亮或闪烁，表示由此警告灯系统监控的部件中发生故障。建议尽快与汽车授权服务店联系检查车辆。

(11) 动力电池故障警告灯

① 当整车电源挡位处于"OK"挡时，此警告灯点亮。如果动力电池系统工作正常，则几秒后此警告灯熄灭。此后，如果系统发生故障，此警告灯将再次点亮。

② 当整车电源挡位处于"OK"挡时，此警告灯不亮或持续点亮，或者驾驶中此警告灯点亮或闪烁，表示由此警告灯系统监控的部件中发生故障。建议尽快与汽车授权服务店联系检查车辆。

(12) 动力电池过热警告灯

① 如果此警告灯点亮，表示动力电池温度太高，须停车降温。

② 在下列工作条件下，动力电池可能会产生过热现象。

a. 在炎热的天气进行长途爬坡。

b. 在停停走走的交通状态，频繁急加速、急刹车的状况，或长时间车辆运转得不到休息的状况。

c. 拖拽挂车时。

(13) 动力电池电量低警告灯　当动力电池的电量接近用完时此警告灯点亮，须尽快给电池充电。

(14) 动力电池充电连接指示灯　当连接充/放电枪后，此指示灯点亮。如果需要行驶车辆，须断开充电枪后再上电。

(15) OK 指示灯 [OK]　此指示灯点亮表示车辆系统工作正常，处于可行驶状态。

(16) 前排乘员安全气囊开关状态指示灯　此指示灯点亮表示副驾驶座椅安全气囊处于关闭状态。

(17) 胎压系统警告灯（选配）

① 当整车电源挡位处于"OK"挡时，此警告灯点亮。如果胎压监测系统工作正常，则几秒后此警告灯熄灭。此后，如果系统发生故障，此警告灯将再次点亮。

② 当胎压系统警告灯点亮或闪烁，同时组合仪表显示"请检查胎压监测系统"，胎压显示界面数值显示"---"时，表示胎压系统有故障。

③ 当胎压系统警告灯快速闪烁，同时组合仪表胎压显示界面有一个或多个数值位变红时，表示对应轮胎处于快速漏气状态。

④ 当胎压系统警告灯常亮，同时组合仪表胎压显示界面有一个或多个数值位变黄时，表示对应轮胎处于欠压状态。

⑤ 如果发生上述任何一种情况，建议尽快与汽车授权服务店联系检查车辆。

（18）制动片磨损警告灯　此指示灯点亮表示制动片过薄，须尽快更换制动片。

（19）电子驻车状态指示灯（选配）

① 当整车电源挡位处于"OK"挡时，如果电子驻车启动，则此指示灯点亮。释放电子驻车后，此指示灯熄灭。

② 如果发生任何一种下列情况，均表示由此警告灯系统监控的部件中发生故障，建议尽快与汽车授权服务店联系检查车辆。

a. 当整车电源挡处于"OK"挡时，启动电子驻车后，此指示灯不亮；释放电子驻车后，此灯持续发亮。

b. 释放电子驻车后，在驾驶过程中此指示灯点亮。

（20）ESP故障警告灯（选配）

① 当整车电源挡位处于"OK"挡时，此警告灯点亮。如果ESP工作正常，则几秒后此警告灯熄灭。此后，如果系统发生故障，此警告灯将再次点亮。

② 当ESP警告灯点亮，ESP将不起作用。

③ 当整车电源挡位处于"OK"挡时，此警告灯不亮或持续点亮，或者驾驶中此警告灯点亮，表示由此警告灯系统监控的部件中发生故障。建议尽快与汽车授权服务店联系检查车辆。

④ 在操作中此警告灯短暂的点亮不表示有问题。

3）组合仪表信息

（1）车速表（图3-9）　整车电源挡位处于"OK"挡时，此表显示车辆行驶车速。此表默认显示单位为km/h，可通过菜单中的单位设置选择MPH（iles per hour，每小时英里数）。具体操作方法见本任务技能学习部分内容。

（2）电池电量表（图3-10）　整车电源挡位处于"OK"挡时，此表指示当前车辆动力电池预计剩余的电量。当指示条将要或已经进入红色区域时，应尽快对动力电池充电。另外，如果电动电池警告灯点亮，同时信息显示屏显示"请及时充电"，表示当前动力电池电量低，需尽快对动力电池充电。

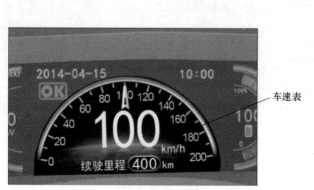

图3-9　车速表

图3-10　电池电量表

(3) 功率表（图 3-11） 功率表显示当前模式下整车的实时功率。此表默认用 kW 来指示整车的功率，可通过菜单中的单位设置选择 HP（英制马力）。在车辆下坡或靠惯性行驶时，功率指示值可能为负值，表示正在能量回收，回收的能量可用于对动力电池充电。

(4) 车外温度指示（图 3-12） 车外温度指示用于显示当前车外温度，可显示的温度范围为 $-40 \sim 50$℃。

(5) 车内温度设定指示（图 3-12） 车内温度设定指示用于显示空调当前设定的车内温度。温度设置值低于 18℃ 时显示"Lo"；温度设置值高于 32℃ 时显示"Hi"。

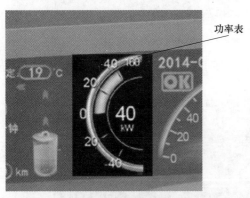

图 3-11 功率表

图 3-12 车外温度表与车内温度设定指示

(6) 里程表（图 3-12） 里程表用于显示已行驶总里程数（odograph，简称 ODO）或短程里程数（TRIP）（可设置两个短程，分别为里程一和里程二）。里程表默认单位为 km，可通过菜单中的单位设置选择 mile（英里）。

① 显示切换。要变换仪表的显示时，迅速按下并释放里程切换开关（图 3-13 中箭头所指）。每按一次，仪表将循环显示总里程（ODO）→里程一（TRIP A）→里程二（TRIP B）→ODO。

② 清零。要使短程表清零时，先显示出该短程表（TRIP A 或 TRIP B）的读数，然后按住里程切换开关直到仪表被设定为零为止。

(7) 时间显示（图 3-14） 时间显示用于显示日期和时钟。

图 3-13 里程切换开关

图 3-14 时间显示

(8) 续驶里程显示（图 3-15） 续驶里程可以显示继续行驶里程的近似值。此表默认单位为 km，可通过菜单中的单位设置选择 mile（英里）。如果显示的续驶里程较低，应及时对动力电池充电。

（9）罗盘指示（选配，见图3-16） 罗盘指示当前车辆行驶方向及当前位置的海拔高度。

图3-15 续驶里程显示　　　　　　图3-16 罗盘指示

（10）能量流程图　能量流程图指示当前电流的流动方向。对于出租版车型和豪华版车型，显示方式不同，具体如图3-17所示。

（11）挡位指示　换挡杆在某挡位时，高亮放大显示当前挡位，如图3-18所示。

(a) 出租版　　　(b) 豪华版

图3-17 能量流程图　　　　　　图3-18 挡位指示

4）菜单调节

通过转向盘按键（图3-19中箭头所指）可进入调节菜单。

① ![确定] 用于确认选定的菜单项。

② ![选择▲] 用于向上滚动菜单选择条。

③ ![选择▼] 用于向下滚动菜单选择条。

显示的菜单结构如图3-20所示。

图3-19 转向盘上的菜单按键　　　　图3-20 菜单结构

菜单的功能如下。

（1）时间或日期设置　设置当前日期和时钟，显示项及功能见表3-4。

(2) 保养设置　设置保养功能及状态界面,如图 3-21 所示。

① 保养功能开启,若保养快到期或已经到期,每次启动车辆时,信息显示屏上会显示相应的提示信息。

② 保养时间和保养里程。设置保养时间和保养里程状态,如图 3-22 所示。该界面显示项及功能见表 3-5 和表 3-6。

表 3-4　时间和日期显示项及功能

显示项	功　能
自动同步卫星时间(选配)	开启/关闭自动同步卫星时间 开启后仪表根据 GPS 时间自动校准
日期	设置当前日期:2015-01-01
时间	设置当前时间:00:00
返回	退出日期设置菜单,返回上一层菜单

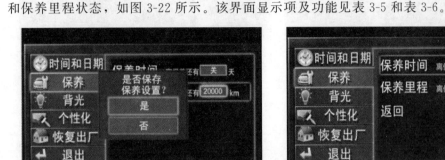

图 3-21　保养设置界面

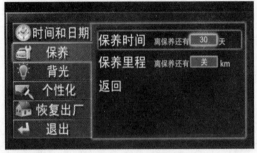

图 3-22　保养时间和保养里程显示界面

表 3-5　保养时间显示界面的显示项及功能

显示项	功　能
保养时间	菜单名
×天 或者"关"	当前设定的保养时间 或如已关闭该功能,则显示"关"
+30 天	以 30 天为步长增加保养时间
-30 天	以 30 天为步长减少保养时间
清零	将保养时间清零
返回	退出保养时间菜单,返回上一层菜单

表 3-6　保养里程显示界面的显示项及功能

显示项	功　能
保养里程	菜单名
×km 或者"关"	当前设定的保养里程 或如已关闭该功能,则显示"关"
开启/关闭	开启或关闭保养里程功能
+500km	以 500km 为步长增加保养里程
-500km	以 500km 为步长减少保养里程
清零	将保养里程清零
返回	退出保养里程菜单,返回上一层菜单

(3) 背光设置　设置两侧装饰效果的主题色彩,如图 3-23 所示。

(4) 个性化设置　设置个性化功能,如图 3-24 所示。

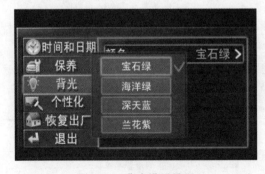

图 3-23　背光设置界面

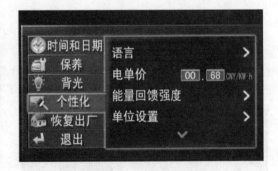

图 3-24　个性化设置界面

① 语言设置。设置显示语言类型,如图 3-25 所示。

② 电单价设置。电单价设置如图 3-26 所示,电单价设置完成后,仪表会根据当前电单价重新计算最近 50km 的平均电耗费用。其显示项及功能见表 3-7。

③ 能量回馈强度设置。能量回馈强度设置如图 3-27 所示,用于设置电池包回馈电量的大小,可选择标准和较大回馈电量。

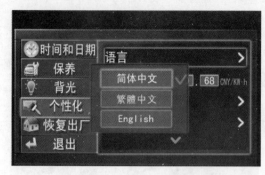

图 3-25 语言设置界面

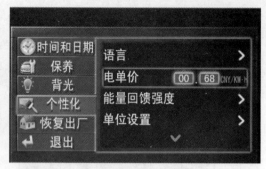

图 3-26 电单价设置界面

④ 单位设置。设置货币种类、距离、温度、功率单位,如图 3-28 所示。该界面的显示项及功能见表 3-8。

表 3-7 电单价设置界面的显示项及功能

显示项	功　　能
电单价	设置当前电单价(市电 1 度电的费用)
00.68	以 1 为步长,通过选择按键向下递减或向上递加,设置范围 00.00~99.99

表 3-8 单位设置界面的显示项及功能

显示项	功能
货币	设置货币的种类:CNY/USD
距离	设置距离的单位:km/mile
温度	设置温度的单位:℃/℉
功率	设置功率单位:kW/HP
轮胎压力(选配)	设置压力单位:kPa/psi/bar

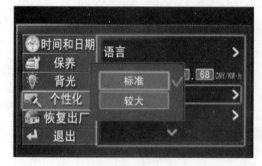

图 3-27 能量回馈强度设置界面

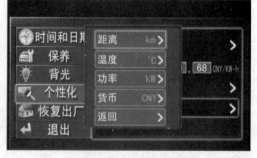

图 3-28 单位设置界面

⑤ 门自动落锁设置(选配,见图 3-29)。用于开启或关闭当车速达到 20km/h 时,系统自动闭锁所有车门的功能。

⑥ 车速提醒设置(图 3-29)。用于设定车速报警值。若车速达到设定的报警值,则仪表显示屏会显示报警信息。该显示界面的显示项及功能见表 3-9。

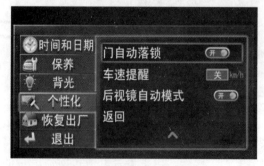

图 3-29 门自动落锁设置界面

表 3-9 车速提醒显示界面的显示项及功能

显示项	功能
车速报警	菜单名
×km/h 或者"关"	当前设定的报警车速 或如已关闭该功能,则显示"关"
开启/关闭	开启或关闭车速报警功能
+10km/h	以 10km/h 步长提高报警车速
−10km/h	以 10km/h 为步长降低报警车速
返回	退出车速报警菜单,返回上一层菜单

⑦ 后视镜自动模式设置（图 3-29）。用于开启和关闭用钥匙锁车时后视镜自动折叠功能。

5）行车信息

通过转向盘上的 [选择] 和 [选择] 键选择查看各类行车信息，如图 3-30 所示。

图 3-30　行车信息显示

（1）最近 50km 平均电耗　自重新设置后至当前状态的最近 50km 平均电耗；长按转向盘上的确定键，可对此信息及电耗费用进行复位。

（2）最近 50km 平均电耗费用　自重新设置后至当前状态的最近 50km 平均电耗费用，由最近 50km 平均电耗和电单价计算所得；长按转向盘上的确定键，可对此信息及电耗费用进行复位。

（3）行驶时间　驱动电机启动或自上次重新设置后的行驶时间；长按转向盘上的确定键，可对此信息进行清零。

（4）平均车速　自上次重新设置后至当前状态的平均车速；长按转向盘上的确定键，可对此信息进行复位。

6）故障、提示信息

（1）充电提示信息

① 充电连接中，请稍候。表示充电设备与车辆正在通信。

② 连接已成功，正在充电。表示充电设备与车辆通信成功，可正常充电。

③ 请按转向盘【选择】、【确定】按键设置预约充电开始时间。表示按说明操作重新设置预约开始时间。

④ 离充电开始还有××小时××分钟。为充电倒计时提醒。

⑤ 充电已结束，请断开充电枪。为充电结束提醒。

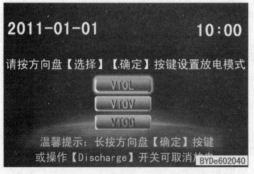

图 3-31　放电模式选择界面

（2）放电提示信息　请按转向盘【选择】、【确定】按键设置放电模式（选配），表示车辆处于"OFF"挡未充电状态，按下放电开关，即可进行放电模式设置。在显示界面上共有 VTOL、VTOV 和 VTOG 三种模式供选择，如图 3-31 所示。

（3）故障提示信息

① 请检查充电系统。在充电时显示此信息，表示充电系统故障；在电源为"OK"挡时出现些信息，表示 DC 转换器故障，应立即停车。

② 请检查充电设备。表示充电柜、充电枪等相关充电设备故障。

③ 请检查放电设备。表示放电设备异常，应检查放电设备是否与选择的放电模式一致。

④ 动力电池电量过低，请停止放电。表示动力电池电量过低，提示用户停止放电。

⑤ 请检查动力系统。表示动力系统相关故障。

⑥ 电机及控制器温度过高。表示电机控制器温度高，应立即停车并与授权服务店联系检查车辆。

⑦ 请检查电网系统。表示充电时电网出现故障，例如停电等。

⑧ 请检查制动系统。表示制动液液位过低或制动系统故障，应立即停车并与授权服务店联系检查车辆。

⑨ 请检查转向系统。表示电动助力转向系统故障，应立即停车并与授权服务店联系检查车辆。

⑩ 请检查胎压监测系统（选配）。表示胎压监测系统故障，应立即停车并与授权服务店联系检查车辆。

⑪ 请检查 ABS 系统。表示 ABS 故障或制动系统故障，应立即停车并与授权服务店联系检查车辆。

⑫ 电机冷却液压温度过高。表示电机冷却液温度高，应立即停车并与授权服务店联系检查车辆。

⑬ 冷却液液位低。表示电池冷却液液位过低，应立即停车并与授权服务店联系检查车辆。

⑭ 请检查车辆网络。表示车辆网络系统异常，应立即停车并与授权服务店联系检查车辆。

⑮ 请检查 SRS。表示 SRS 系统故障，应立即停车并与授权服务店联系检查车辆。

⑯ 请检查 ESP。表示 ESP 系统故障，应立即停车并与授权服务店联系检查车辆。

⑰ 请检查制动片。表示制动片厚度不足，应立即停车并与授权服务店联系检查车辆。

⑱ 驻车制动未解除。车速超过 5km/h，驻车制动开关未完全断开，伴随报警声音提示。

⑲ 请释放电子驻车（选配）。车速超过 5km/h，电子驻车制动开关未完全断开，伴随报警声音提示。

⑳ 切换到 P 挡。提示应该将挡位切换至 P 挡位。

㉑ 车速超过×××km/h。表示实际车速已达到设定的车速报警值。

㉒ 请及时充电。可用的电量较低时显示，并伴随报警声。

㉓ 3G 信号弱。表示车辆当前所在区域的 3G 信号弱。

㉔ 车辆进行限功率模式，请低速慢行。表示动力系统异常，应立即停车并与授权服务店联系检查车辆。

㉕ 离保养还有×××天、离保养还有×××km。保养时间即将到期时显示，提示车主准备保养车辆。

㉖ 立即保养。保养时间或里程已经到期，提示车主及时保养车辆。

㉗ 未检测到钥匙。若钥匙未在可探测到的区域，当按下"POWER"按键后显示此信息。

㉘ 钥匙电池电量低。提示应更换钥匙电池。

㉙ 请踩住制动踏板，解除电子驻车（选配）。电子驻车解除操作提示，当不踩制动踏板按下 EPB 开关时显示此提示。

㉚ 电子驻车已启动（选配）。已启动电子驻车提示。

㉛ 电子驻车已解除（选配）。已解除电子驻车提示。

㉜ 已启动，可挂挡行驶。车辆状态 OK，可以挂 D 挡行驶。

㉝ 车辆处于可行驶状态，请小心驾驶。表示车辆已经启动，可以挂挡行驶。

㉞ 仅停车状态下设置。有车速（行车中）打开菜单界面时显示此信息，表示此时不可进行相关设置。

㉟ 启动时，踩下制动踏板，同时按下启动按钮，待 OK 灯点亮后可挂挡行驶。OFF 挡时操作启动按钮，但没有踩制动踏板时提示。

2. 放电功能

比亚迪 e6 具有车辆对外放电功能（选配），即 VTOG 控制器能够实现为充电桩或壁挂式充电盒提供交流电的功能，通过放电模式设置，即可实现对车外不同种类的负载供电。

比亚迪 e6 有两种对外放电模式，即车辆对用电设备放电模式"VTOL"和车辆对车辆放电模式"VTOV"。"VTOL"放电模式用于车辆对用电设备放电，可实现小功率电网供电功能；"VTOV"放电模式用于车辆对车辆放电，可实现车辆对车辆充电功能。

3. 电子驻车（选配）

在副仪表台上设置有电子驻车（Electrical Park Brake，EPB）开关，如图 3-32 所示。向上拉起此开关，即可实现驻车功能，从而取代传统的操纵杆式手动操作。

4. 定速巡航（选配）

定速巡航控制可以在不踩加速踏板的情况下，保持 40km/h 的默认车速（或人工预设车速）行驶。其控制键位于转向盘右侧，如图 3-33 所示。

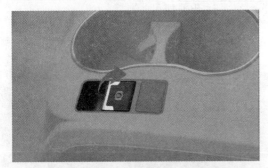

图 3-32　EPB 开关

图 3-33　定速巡航控制键

5. 胎压监测系统（选配）

（1）系统说明　胎压监测系统（Tire Pressure Monitoring System，TPMS）是实时监测轮胎气压等参数，并以视觉信号、听觉信号进行显示和报警，以提高整车行驶安全性和舒适性，并减少因气压不足造成轮胎加速磨损和车辆能耗增加的辅助系统。该系统由胎压监测模块、胎压监测控制模块、胎压监测接收模块和显示部分组成。其中胎压监测模块安装在轮胎的气门嘴上，胎压监测控制模块安装在车厢内部，胎压监测接收模块安装在车厢外部（与胎压监测模块距离位置较近，便于信号的可靠接收），显示部分由仪表实现。

仪表信息分为行车信息和提示信息，没有提示信息时，一直显示行车信息，用户可通过转向盘上的 按键选择胎压的显示界面。比亚迪 e6 的轮胎标准压力值为 250kPa。压力数据根据单位值显示相应内容，共有三个单位供切换，即 kPa→psi→bar。单位为 kPa 或 psi 时，显示精度为 1；在 bar 时，显示精度为 0.1。四个轮胎的压力为同时切换。

温度数据根据单位显示相应内容。共有两个单位供切换，即 ℃→℉，显示精度均为 1。四个轮胎的温度单位为同时切换。

（2）系统功能

① 开机报警。轮胎在车辆断电时已处于低压状态，当车辆上电后，立即发出低压报警，以提示给轮胎充气。

② 胎压过低报警。当四个轮胎中的任意一轮胎压力低于标准胎压值的 75%，且在系统运行的状态下，TPMS 会在 6s 内发出胎压过低报警信号，并指明低压轮胎的位置。低压报警之后就应给轮胎充气至标准压力，当胎压大于标准压力的 90% 时，低压报警自动取消。

③ 快速漏气报警。系统在运行状态，当一个或多外轮胎漏气，且速率大于等于 30kPa/min 时，TPMS 会在 1min 内发出快速漏气报警信号，并指明漏气轮胎的位置。

④ 信号异常报警。在系统运行状态下，系统自检，发现故障 10min 后发出报警信号。

⑤ 实时显示轮胎压力值。TPMS 在运行状态下，能够实时显示每个轮胎的压力值。

6. 驻车辅助系统（选配）

驻车辅助系统是帮助倒车的一种方式。在车辆驻车时，驻车辅助系统通过 DVD（选配）和仪表上的图像显示车辆与障碍物之间的距离，并有蜂鸣器报警提示。驻车辅助系统通过传感器来探测障碍物，比亚迪 e6 的驻车辅助系统共有 6 个传感器，如图 3-34 所示。

7. 倒车雷达（选配）

倒车雷达电源开关位于 CD 下方的开关组上，如图 3-35 所示。当电源挡位为"OK"挡时，倒车雷达电源开关打开，系统工作。

倒车雷达电源开关默认为开启，指示灯点亮。车辆挂入倒挡时，倒车雷达开启，车辆周围有障碍物时，根据障碍物的方位及车辆与障碍物之间的距离，相应的图像将在 DVD 和仪表上显示并有蜂鸣提示。如需关闭系统，按下倒车雷达开关即可。

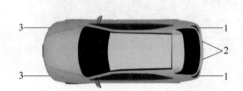

图 3-34 驻车辅助系统传感器布置
1—后角传感器；2—后中央传感器；3—前角传感器

图 3-35 倒车雷达电源开关

后中央传感器工作时，探测距离、显示方式和报警方式见表 3-10。

表 3-10 后中央传感器工作示例

探测距离/mm	DVD 显示方式	仪表显示方式	报警方式
约 1200~800		慢闪	慢速
约 800~500		快闪	快速
约 500 或更小		长亮	长鸣

后角传感器工作时，探测距离、显示方式和报警方式见表 3-11。

表 3-11 后角传感器工作示例

探测距离/mm	DVD 显示方式	仪表显示方式	报警方式
约 600~500		快闪	快速

续表

探测距离/mm	DVD 显示方式	仪表显示方式	报警方式
约 500 或更小		长亮	长鸣

前角传感器工作时,探测距离、显示方式和报警方式见表 3-12。

表 3-12 前角传感器工作示例

探测距离/mm	DVD 显示方式	仪表显示方式	报警方式
约 600～500		快闪	快速
约 500 或更小		长亮	长鸣

各传感器的探测范围如图 3-36 所示。

8. 防抱死制动系统

防抱死制动系统(Anti-lock Braking System,ABS)是一个复杂的系统,其主要功能是在制动时防止车轮抱死,从而提高车辆的稳定性。ABS 对缩短制动距离效果不大。

ABS 具有自检功能,如果系统发生任何故障,仪表盘上的 ABS 指示灯会点亮,这意味着 ABS 功能可能失灵,但常规制动仍然可以正常工作。

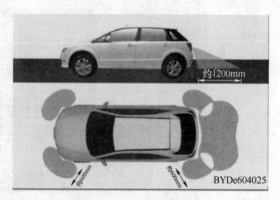

图 3-36 各传感器探测范围

9. 车身稳定控制系统(选配)

车身稳定控制系统集成 ABS、VDC 和 TCS 三个功能模块,另外集成 HAC 和 HBA 两个增值子功能。

(1) VDC(Vehicle Dynamics Control,车辆动态控制) 在车辆行驶过程中突然转向时,VDC 根据转向盘转角和车速等信息确定驾驶人的驾驶意图,并持续与车辆实际状况进行对比,如果车辆出现偏离正常行驶路线的情况,VDC 将通过对相应的车轮施加制动进行修正,以帮助驾驶人控制侧滑,保持车辆的方向稳定。

(2) TCS(Traction Control System,牵引力控制) TCS 通过降低电动机输出扭矩防止车辆的驱动轮在加速行驶时打滑,必要时施加制动力控制,以防止驱动轮空转。在不利的行驶条件下,TCS 可使车辆易于起步、加速和爬坡。

(3) HAC(Hill-start Assist Control,坡道辅助控制) 在松开制动踏板后,HAC 能够保持驾驶人所施加的制动力,约有 1s 时间将脚从制动踏板移动到加速踏板,防止停在坡上的车辆后溜。

(4) HBA(Hydraulic Brake Assist,液压制动辅助) 驾驶人快速踩下制动踏板时,HBA 能识别出车辆处于紧急状态,迅速将制动压力提高至最大值,从而使 ABS 更迅速介入,有效地缩短制动距离。

10. 熔断丝与继电器

比亚迪 e6 共有 2 个位置设置熔断丝盒,分别在前舱和驾驶席仪表板下方,如图 3-37 所示。

(a) 前舱位置熔断丝盒　　　　　　(b) 驾驶席位置熔断丝盒

图 3-37　熔断丝盒位置

前舱熔断丝盒标牌如图 3-38 所示。驾驶席熔断丝盒标牌如图 3-39 所示。

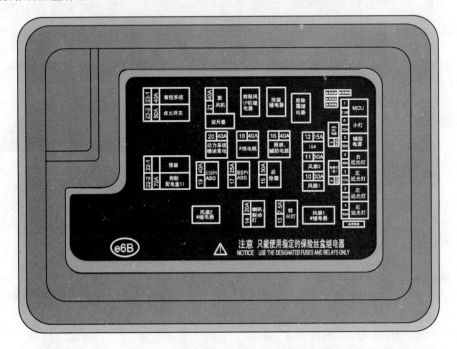

图 3-38　前舱熔断丝盒标牌

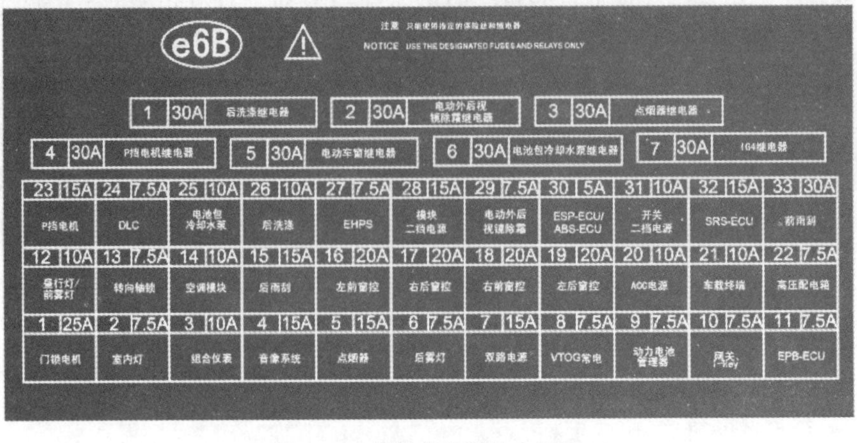

图 3-39　驾驶席熔断丝盒标牌

能力提升训练

一、典型纯电动汽车使用

1. 车门解锁与闭锁

（1）车门钥匙使用 钥匙包括智能钥匙和机械钥匙两种，如图 3-40 所示。其中智能钥匙包括电子智能钥匙和卡式智能钥匙，卡式智能钥匙为选配件。

① 电子智能钥匙。携带电子智能钥匙按左右前门微动开关（外把手上黑色按钮，如图 3-41 所示），可以解锁/闭锁所有车门；按车后背门微动开关（后背门亮饰条上的黑色按钮，如图 3-42 所示），也可以解锁所有车门；还可通过遥控钥匙上的按键进行车门解锁/闭锁、后背门解锁及寻车功能（有效范围为 30m）。

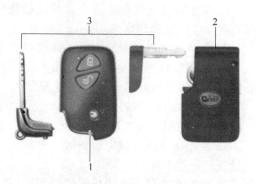

图 3-40 比亚迪 e6 车门钥匙
1—电子智能钥匙；2—卡式智能钥匙；3—机械钥匙

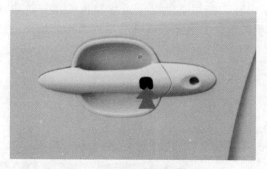

图 3-41 车门上的微动按钮

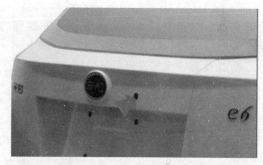

图 3-42 背门上的微动按钮

在下列情况下，按下微动开关按钮，将不进行解/闭锁。

a. 打开或关闭车门的同时。

b. 整车为启动状态。

c. 整车电源挡位处于"OK"挡时。

d. 进入功能激活区域，探测不到钥匙。

② 卡式智能钥匙（选配）。携带卡式智能钥匙通过按左右前门微动开关或后背门微动开关可以解锁/闭锁所有车门以及一键启动。

③ 机械钥匙（在电子智能钥匙和卡式智能钥匙内）。机械钥匙可实现驾驶人侧车门和后背门的解锁/闭锁。钥匙的号码标识在号码牌上，建议车主记下钥匙号码，并将号码牌存放在安全的地方。如果钥匙丢失或需要备用钥匙时，可以委托汽车授权服务店利用钥匙号码来复制钥匙。

（2）钥匙使用注意事项

① 勿将钥匙放置在高温处，例如仪表台上。

② 勿随意拆解钥匙。

③ 勿用钥匙用力敲击其他物体或使其落地。

④ 勿将钥匙浸入水中或超声波洗涤器中清洗。

⑤ 勿将智能钥匙与放射电磁波的装置放在一起，例如移动电话。

⑥ 勿在智能钥匙上附加任何会切断电磁波的物体，例如金属密封件。

⑦ 可给同一辆车登记备用钥匙。有关详细说明，建议与汽车授权服务店联系。

⑧ 如果电子智能钥匙不能在正常距离内操作车门，或钥匙上的指示灯暗淡、不亮时，可能有以下 2 种原因：

a. 附近可能有无干扰电子智能钥匙正常操作的无线电台或机场的无线电发射器；

b. 电子智能钥匙的电池电量可能已耗尽。检查电子智能钥匙内的电池，如需更换，建议与汽车授权服务店联系。

⑨ 如果丢失电子智能钥匙，建议与汽车授权服务店联系。

⑩ 不要擅自更改发射频率、加大发射功率（包括额外加装发射频率放大器），切勿擅自外接探测天线或改用其他发射探测天线。

⑪ 使用时不要对各种合法的无线电通信业务产生有害干扰；一旦发现有干扰现象时，应立即停止使用，并采取措施消除干扰后方可继续使用。

⑫ 使用微功率无线电设备时，必须远离各种无线电业务的干扰或工业、科学及医疗应用设备的辐射干扰。

⑬ 不要在飞机上或机场附近使用。

⑭ 植入心脏起搏器或心脏除颤器的人，应远离智能进入或启动系统的探测天线，因为电磁波会影响此类器械的正常使用。

⑮ 除了植入心脏起搏器或心脏除颤器的用户外，使用其他电子医疗器械的用户，也应向制造商咨询在电磁波的影响下使用该器械的相关信息。电磁波可能会对这类医疗器械的使用产生难以预料的后果。

2. 前排座安全气囊启用与关闭

（1）启用前排座（副驾驶）安全气囊

① 启用条件。如果副驾驶位置坐有成年人，需启用。

② 启用操作。将前排座安全气囊开关旋至"ON"挡，如图 3-43 所示。

当启用前排座安全气囊时，组合仪表上的前排座安全气囊警告灯（图 3-44）熄灭。

图 3-43 前排座安全气囊开关

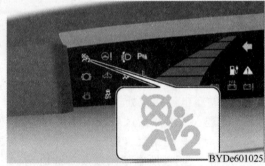

图 3-44 前排座安全气囊警告灯

（2）关闭前排座安全气囊

① 关闭条件。副驾驶席位置无人乘坐或乘坐者身材小于成年人。

② 关闭操作。将前排座安全气囊开关旋至"OFF"挡，同时组合仪表上的前排座安全气囊警告灯点亮。

3. 儿童保护装置使用

（1）种类　儿童保护装置通常有三种类型，即婴儿座椅（图 3-45）、儿童座椅（可转换型座

图 3-45 婴儿座椅

椅，如图 3-46 所示）和青少年座椅（辅助座椅，如图 3-47 所示）。使用时应根据儿童的年龄和体型合理进行选用。

图 3-46　儿童座椅

图 3-47　青少年座椅

（2）安装位置选择　比亚迪 e6 对不同种类儿童座椅的安装位置有明确要求，见表 3-13。从表 3-13 中可以看出，上述三类儿童座椅均应安装在后排座椅位置。

表 3-13　儿童座椅安装位置

质量组	乘坐位置（或其他位置）		
	前排乘员	后排外侧	后排中间
0 组小于 10kg	×	U	×
0+组小于 13kg	×	U	×
Ⅰ组 9～18kg	×	U/UF	×
Ⅱ组 15～25kg	×	UF	×
Ⅲ组 22～36kg	×	UF	×

注：表中×表示本座椅位置不适用本质量组的儿童约束系统；U 表示适用于本质量组认证的通用类儿童约束系统；UF 表示适用于本质量组认证的前向通用类儿童约束系统。

（3）安装使用　在比亚迪 e6 后排外侧座椅上设置有专用的固定锚（ISOFIX 刚性固定锚），如图 3-48 所示；在后排座椅后方设置有固定锚支座，如图 3-49 所示。

图 3-48　专用固定锚

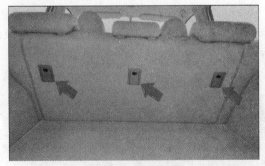

图 3-49　固定锚支座

按儿童座椅制造商提供的安装说明，利用车辆后排座椅的固定锚，将儿童座椅固定在后排座椅上即可。对于有顶部拉带的儿童座椅，需将顶部拉带拉到后排座椅后面，打开固定锚支座盖，将拉带挂钩挂在支座上即可，如图 3-50 所示。

4. 转向盘调节

（1）手动调节转向盘

① 握住转向盘。

② 如图 3-51 所示，按下转向盘调节手柄，将转向盘倾斜至需要的角度，然后将手柄恢复原位。上下移动转向盘以确认可靠锁止。注意：不可在车辆行驶中调节转向盘。

（2）转向盘锁定与解锁

① 所有车门处于关闭状态，使用无线遥控、微动开关关闭或锁住车门时，转向盘将锁定。

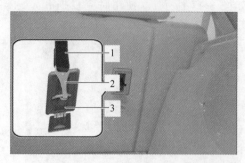

图 3-50 顶部拉带的固定
1—顶部拉带；2—挂钩；3—固定锚支座

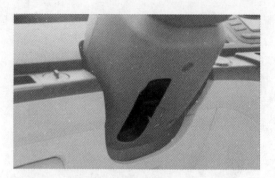

图 3-51 转向盘调节手柄

② 钥匙在车内，按下"POWER"按键时，转向盘锁定自动解除。

③ 如果"POWER"按键上的绿色指示灯闪烁，表示转向锁卡住或故障。此时，按下"POWER"按键的同时，轻晃转向盘即可解锁。

④ 如果指示灯仍然闪烁，则表示转向锁有故障，建议与汽车授权服务店联系。

5. 车辆启动

(1) 驾驶前准备工作

① 上车前应检查车辆周围情况，确认没有任何影响起步行车的障碍物。

② 调节座椅位置、座椅靠背角度、座椅坐垫高度、头枕高度、转向盘角度和高低。

③ 调节内后视镜和外后视镜，达到最佳视野状态。

④ 关闭所有车门。

⑤ 系好安全带。

(2) 正常启动方法

① 携带有效智能钥匙。

② 踩住制动踏板，变速器挡位置于"P"挡或"N"挡，如图 3-52 所示。

③ 等"POWER"按键上面的指示灯变成绿色，慢慢按下"POWER"按键，如图 3-53 所示，即可启动车辆。

图 3-52 车辆挡位

图 3-53 启动车辆

④ 检查驾驶就绪指示灯（OK 指示灯）点亮。如果多次启动后"OK"灯不亮，应注意观察组合仪表的故障指示灯，必要时与授权服务店联系。

⑤ 检查电池电量和计程表上的预估行驶。

⑥ 启动后需等待数秒，待"OK"灯亮后缓慢松开制动踏板，车辆即可起步行驶。

(3) 应急启动方法　当制动开关失效时，可使用如下方法应急启动车辆。

① 牢固施加驻车制动。

② 关闭所有不需要的车灯和附件。
③ 将换挡杆置于"P"挡或"N"挡。
④ 电源挡置于"OFF"挡，携带有效智能钥匙，长按"POWER"按键，即可启动车辆。
⑤ 启动后需等待数秒，待"OK"灯亮后缓慢松开制动踏板，车辆即可起步行驶。

(4) 无电模式启动车辆　无电模式，即智能钥匙电池电量耗尽状态，在这种情况启动车辆，应按下述方法进行。
① 踩下制动踏板并按下"POWER"按键，此时智能钥匙系统警告灯点亮，且车辆中有蜂鸣器响一声。
② 在蜂鸣器鸣响后的30s内，将卡式电子智能钥匙接近"POWER"按键，蜂鸣器会再次鸣响一声，提示可以启动车辆。
③ 在蜂鸣器鸣响后的5s内，按下"POWER"按键即可启动车辆。
④ 启动后需等待数秒，待"OK"灯亮后缓慢松开制动踏板，车辆即可起步行驶。

6. 充电
(1) 注意事项
① 选择在相对较安全的环境下充电（如避免有液体、火源等）。
② 不要修改或拆卸充电端口和充电设备，否则可能导致充电故障，引起火灾。
③ 充电前应确认车辆充电口和充电连接器端口内没有水或杂物，金属端子没有生锈或腐蚀。
④ 如果在充电时发现车里散发出一种异常气味或烟雾，应立即停止充电。
⑤ 不要接触充电端口或充电连接器内的金属端子。
⑥ 当有闪电时，不要给车辆充电或触摸车辆。
⑦ 充电结束后，不要用湿手或站在水里去断开充电器，以免造成触电事故。
⑧ 车辆行驶前，应确保充电连接器从充电口断开。
⑨ 在车内使用任何医学设备之前，应与制造商确认充电是否影响设备的正常使用。
⑩ 不要等到电池电量耗尽时才充电，建议在电量降至警戒红格时即进行充电。
⑪ 家用交流充电（选配），应使用专门的线路。
⑫ 注意以下事项，以防止对充电设备造成破坏：
a. 不要在充电口盖打开的状态下关闭充电口舱门；
b. 不要用力拉或扭转充电电缆；
c. 不要使充电设备承受撞击；
d. 不要在温度高于50℃的环境下存放和使用充电设备；
e. 不要把充电设备放在靠近加热器或其他热源的地方。
⑬ 如果电网断电不超过24h，充电会自动重新启动，不用重新连接充电器。
⑭ 充电时，车内不应该有人。
⑮ 充电时，整车电源挡应处于"OFF"挡。
⑯ 充电时，行李舱内的高压配电箱处于工作状态，此时会发出几次继电器闭合的"咔嚓"声，属于正常现象。
⑰ 动力电池充满电后，会自动停止充电。
⑱ 停止充电时，应先将充电柜或充电桩关闭，再断开充电器；家用交流充电时应先断开交流充电器，再断开插座端电源。
⑲ 启动车辆前应确保充电器已经断开，充电口盖和充电舱门已经关闭。
⑳ 当环境温度低于0℃时，充电时间要比正常时间长，充电能力较低，具体充电时间以仪表显示时间作为参考。

㉑ 如果车辆长时间不使用，为了延长动力电池的使用寿命，建议每 3 个月对车辆充放电一次。

㉒ 为了方便使用，仪表上会提示预计充满电的时间。不同温度、剩余电量、充电设施等情况下，充满电时间可能有一定偏差，属于正常现象。

㉓ 如果充电口舱门因天气等原因导致冻住，应使用热水或不高于100℃的加热装置将冰融化后再开启舱门。

(2) 充电说明

① 充电方式。比亚迪 e6 有四种充电方法，即充电桩或壁挂式充电盒三相（单相）交流充电、家用单相交流充电（选配）、车辆之间相互充电（选配）和充电桩直流充电（选配）。

a. 充电桩或壁挂式充电盒三相（单相）交流充电。需要配备符合当地电网的充电器，支持三相 208V/380V/400V/415V 交流或单相 110V/220V/240V 交流，频率为 50/60Hz。

b. 家用单相交流充电（选配）。需使用随车配备的充电连接装置（三芯转七芯），将车辆与家用标准 220V、50Hz、10A 单相两极带接地插座相连，为车辆充电。

c. 车辆之间相互充电（选配）。比亚迪同种配置车辆之间可以利用该种充电方式相互充电。

d. 充电桩直流充电（选配）。利用直流充电桩对车辆充电，输入电压为 200~350V DC。

② 充电模式。比亚迪 e6 有即时充电和预约充电两种充电模式。

a. 即时充电（一般直接充电）。连接交流/直流充电连接器，充电设备启动充电。

b. 预约充电。在充电过程中，由客户设置充电时间后进行充电。

(3) 充电操作

① 充电桩或壁挂式充电盒三相（单相）交流充电

a. 使整车电源挡位处于"OFF"挡。

b. 解锁门锁开关，打开充电口舱门。

c. 打开交流充电口盖，如图 3-54 所示。

d. 拔下充电桩或壁挂式充电盒上的充电枪。

e. 将充电枪插入车上充电口，如图 3-55 所示，仪表点亮充电连接指示灯。

图 3-54　打开交流充电口盖

图 3-55　插入充电枪

f. 充电桩或壁挂式充电盒设置（如刷卡）启动充电。

g. 停止充电。充电桩或壁挂式充电盒会自动结束充电或根据充电盒使用手册说明自行结束充电。

h. 断开车辆端充电连接器，整理好充电枪并妥善放置。

i. 关闭充电口盖和充电口舱门。

② 家用交流充电（选配）

a. 使整车电源挡位处于"OFF"挡。

b. 解锁门锁开关,打开充电口舱门。
c. 打开交流充电口盖。
d. 先连接供电端三芯插头,控制盒点亮"Ready"指示灯,同时"Charger"指示灯闪烁。
e. 将充电枪插入车上充电口,仪表点亮充电连接指示灯,开始充电。
f. 充电结束,断开车辆端充电连接器,断开充电插头,整理好充电装置并妥善放置。
g. 关闭充电口盖和充电口舱门。

③ 车辆对车辆充电(选配)
a. 将相关的两辆车停放在安全区域,打开紧急警告灯。
b. 使放电车辆电源挡位处于"OFF"挡。
c. 使充电车辆电源挡位处于"OFF"挡,并使用驻车制动。
d. 放电车辆按下放电模式开关,选择"VTOV"放电模式。
e. 打开两辆车的充电口舱门和交流充电口盖。
f. 10min 内通过车辆对车辆放电连接装置将两车辆连接在一起,即启动充电。
g. 充电结束,对放电车辆设置结束"VTOV"放电模式,断开放电车辆端插头,断开充电车辆插头,整理好充电连接装置并妥善放置。
h. 分别关闭两辆车的充电口盖和充电口舱门。

④ 直流充电
a. 使整车电源挡位处于"OFF"挡。
b. 解锁门锁开关,打开充电口舱门。
c. 打开直流充电口盖,如图 3-56 所示。
d. 拔下充电桩或壁挂式充电盒上的充电枪。
e. 将充电枪插入车上充电口,仪表点亮充电连接指示灯。
f. 充电桩或壁挂式充电盒设置(如刷卡)启动充电。
g. 停止充电。充电桩或壁挂式充电盒会自动结束充电或根据充电盒使用手册说明自行结束充电。
h. 断开车辆端充电连接器,整理好充电枪并妥善放置。
i. 关闭充电口盖和充电口舱门。

7. 放电

(1) VTOL 模式放电
① 使放电车辆电源挡位处于"OFF"挡,车辆挡位为"P"挡,启动驻车制动。
② 按下开关组上的对外放电模式开关"DIS CHARGE",如图 3-57 所示。

图 3-56 打开直流充电口盖

图 3-57 放电按钮

③ 在仪表显示屏上弹出的对话框中选择"VTOL"。
④ 打开充电口舱门。
⑤ 打开交流充电口盖。
⑥ 连接随车配备的车辆对插排放电连接装置，将带有车辆插头的一端与车辆插座相连，此时仪表提示相关信息，即实现放电功能。
⑦ 车辆按照用户设置对外放电。
⑧ 放电结束后，断开放电连接线，关闭交流充电口盖和充电口舱门。

（2）VTOV 模式放电　车辆对车辆放电过程与车辆单/三相对外放电过程基本一致，只是充电线改为车辆对车辆放电连接线，有关细节可参阅本任务"车辆对车辆充电"部分相关内容。

8. 驻车

（1）脚驻车
① 完全踩下驻车制动踏板，如图 3-58 所示，等组合仪表上的驻车指示灯长亮，表示已经启动驻车。
② 再踩一次驻车制动踏板，可解除驻车制动。

（2）电子驻车（选配）
① 手动驻车
a. 向上拉起 EPB（Electrical Parking Brake）开关，如图 3-59 所示。仪表上的驻车制动指示灯会闪烁，待其长亮后表示已启动驻车制动，显示屏会有"电子驻车已启动"提示。

图 3-58　驻车制动踏板

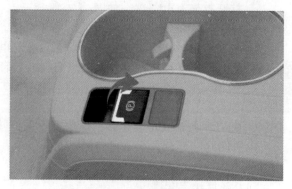
图 3-59　拉起 EPB 开关

b. 若要增大驻车制动力，可再拉一次 EPB 开关。

注意：在坡道上驻车时，一定要等驻车指示灯长亮后，再松开行车制动，以防溜车。

c. 按下"POWER"按键至"OK"挡或启动车辆，持续踩住制动踏板并向下按一下 EPB 开关，直到仪表上的驻车指示灯熄灭，即表示已释放电子驻车，显示屏上会有"电子驻车已解除"提示。

② 自动驻车
a. 电源挡位由"OK"挡转至"OFF"挡，EPB 会自动拉起，仪表上的驻车指示灯会点亮，并提示"电子驻车已启动"。如果按下 EPB 开关后 3s 内进行熄火动作（包括一直按下 EPB 开关同时熄火），EPB 不会自动拉起。

b. 车辆起步，自动释放 EPB。车辆处于驻车状态，启动车辆，持续踩下制动踏板，将换挡杆由"P"挡或"N"挡挂入"D"挡或"R"挡等行驶挡位后，EPB 会自动释放，仪表上的驻车指示灯熄灭，即表示已释放电子驻车，显示屏上会有"电子驻车已解除"提示。

注意：在整个换挡过程中，需要始终踩下制动踏板，待确认仪表显示挡位为目标挡位后松开制动踏板。当车辆已经启动，换挡杆处于"D"挡或"R"挡等行车挡位，EPB处于拉起状态时，只需缓慢踩下加速踏板到一定深度，EPB会自动释放。

9. 坡道起步

① 当车辆需要坡道起步时，先应确认EPB已经拉起（驻车指示灯长亮），如果EPB没有拉起，应先手动拉起。

② 持续踩下制动踏板，启动车辆，将换挡杆由"P"挡或"N"挡挂入"D"挡或"R"挡，EPB会自动释放，仪表上的驻车指示灯熄灭，即表示已释放电子驻车，显示屏上会有"电子驻车已解除"提示。此时即可踩加速踏板起步行车。

10. 定速巡航启用与设置

（1）启用

① 按下转向盘右侧上定速巡航控制总按键"开/关"，如图3-60所示，仪表盘上的定速巡航控制指示灯便会亮起。

② 将车速提高到40km/h以上。

③ 点按"-设置"键，即启动定速巡航控制（系统默认巡航车速为40km/h）。

④ 上、下坡时，定速巡航控制不能维持设定的速度。

a. 上坡车速降低时，可用加速踏板提高车速，定速巡航控制仍然起作用。

图3-60 定速巡航控制总按键

b. 若下坡车速加快时，需利用制动器降低车速，此时定速巡航功能将取消。

c. 若要恢复定速巡航，需按下"+复位"键即可。

（2）增加设定车速

① 方法一：按住"+复位"键，车辆会持续加速。当达到希望的巡航速度后，松开此按键即可。

② 方法二：踩加速踏板，加速至希望的巡航速度后，按压"-设置"键。

③ 若要稍微增加巡航车速，可多次按压"+复位"键，每按一次，车速增加2km/h。

（3）降低设定车速

① 方法一：按住"-设置"键，车速将会降低，当达到所希望的速度时，松开此按键即可。

② 方法二：轻轻踩制动踏板，当车辆减速到希望的速度（40km/h以上）时，按压"-设置"键，车辆即可保持当前车速。

③ 方法三：若要稍微降低巡航车速，可多次按压"-设置"键，每按一次，车速降低2km/h。

（4）取消定速巡航

① 踩下制动踏板。

② 按下转向盘上的"取消"按键。

③ 按压定速巡航控制开关键。

④ 将挡位退出"D"挡。

（5）恢复上一次巡航车速

① 将车辆加速至40km/h以上。

② 点按"+复位"键。

说明：若操作了定速巡航总开关关闭该系统控制，则存储的巡航车速将被取消。

11. EPS 的启用与关闭

（1）工作状态　如果车辆在斜坡上启动时有打滑或倒退的趋势或任何一个驱动轮有空转，则 EPS 指示灯闪烁，表示 EPS 正在工作。

（2）禁用　如果车辆陷入积雪或泥地中，EPS 可能会降低从动力电机输出至车轮的动力。此时按下 EPS 启动键，即可禁用 EPS，从而可提高驱动轮的驱动力，以便摆脱陷车困境，同时组合仪表中的 EPS 指示灯点亮。

（3）关闭　当需要关闭 EPS 时，按下并释放 EPS 启用开关即可。当系统关闭后，如果持续按下 EPS 启用开关超过 10s，系统会认为是误操作，将不执行关闭命令。

（4）自动启动

① 如果再次按下 EPS 启用开关或车速超过阈值（80km/h），EPS 部分功能将会自动开启。

② EPS 关闭后，如果重新启动驱动电机，系统将自动启动。

二、纯电动汽车使用注意事项

1. 车辆磨合期使用注意事项

① 如果动力总成难以启动或经常停止转动，须立刻检查车辆。

② 如果动力总成有异常的响声，应停车检查。

③ 如果动力总成有严重的防冻液或润滑油泄漏现象，应停车检查。

④ 动力总成需要进行磨合，建议在"ECO"模式下的最初 2000km 进行磨合，平稳驾驶、避免高速驾驶，遵守以下简单要领，可延长车辆的使用寿命。

　a. 在启动和驾驶时，避免将加速踏板踩到底。

　b. 使用过程中避免车辆超速行驶。

　c. 在最初的 300km 之内，避免紧急制动。

　d. 不要以单一的速度长时间地进行快速和慢速行驶。

　e. 在最初的 2000km 内，不要拖曳其他车辆。

2. 车辆火灾预防

① 车内禁止存放易燃易爆物品。

② 吸烟后要确认烟头已完全熄灭。

③ 定期到汽车授权服务店进行检查。

④ 禁止改装车辆线路、加装电器部件。

⑤ 严禁使用超出用电设备额定规格的熔断丝或用其他金属丝代替熔断丝。

⑥ 车辆在停放期间，尤其是在夏季，一定要注意车底是否有易燃物，如干草、枯树叶等。

⑦ 车辆在行驶过程中，应尽量避开堆积有干树叶、麦秆、杂草等易燃物的路段，或驶过此类路段后及时停车检查车底是否挂有易燃物等。在停车时，也要尽量避开太阳暴晒的地方。

⑧ 车上要常备轻便的灭火器，并要掌握使用方法。

⑨ 车辆在维修或保养时，需断开辅助电池负极线。

⑩ 应使用本车配套点烟器，禁止用逆变器从点烟器处取电。

三、能力提升训练考核

① 在技能学习工位准备好纯电动汽车及其相关技术资料。工具箱和防护用品柜内需有足够的专用维修工具和各类防护用品。

② 学员在各自工位分组学习。学员在查阅相关技术资料基础上,完成下列操作任务。
   a. 车门解锁与闭锁。
   b. 前排座安全气囊启用与关闭。
   c. 转向盘调节。
   d. 车辆启动。
   e. 充电。
   f. 放电。
   g. 驻车。
   h. 坡道起步。
   i. 定速巡航启用与设置。
   j. EPS 的启用与关闭。

在进行上述工作任务的同时,完成相关的技能学习工作单(见本书配套的教学资源包中"技能学习工作单 9")中规定的工作任务,并记录相关信息。

③ 教师工作。向学员讲解安全注意事项,并要求学员在技能学习工作单中做记录;观察、指导学员进行相关操作,对可能发生危险的事情必须及时制止;结束后审阅学生完成的工作单,并结合其操作情况给出评价。

小结

1. 比亚迪 e6 所使用的驱动电机、电控、动力电池等均是比亚迪自主研发的产品,是比亚迪的核心技术。
2. 比亚迪 e6 在 0~50km/h 加速时间为 6s,最高车速可达 140km/h。
3. 比亚迪 e6 可采用壁挂式交流充电、家用交流充电、直流充电(选装)和车辆对车辆充电。
4. 比亚迪 e6 纯电动轿车 VIN 码的位置有后背门内侧、左前门下方和左前侧 VIN 槽内。
5. 比亚迪 e6 纯电动轿车,如果在驾驶中充电系统警告灯点亮,表示 DC 系统有问题。
6. 动力系统故障警告灯在操作中短暂点亮不表示有问题。
7. OK 指示灯点亮表示车辆系统工作正常,处于可行驶状态。
8. 功率表显示当前模式下整车的实时功率。
9. 在车辆下坡或靠惯性行驶时,功率指示值可能为负值,表示正在能量回收,回收的能量对动力电池充电。
10. 比亚迪 e6 有两种对外放电模式,即车辆对用电设备放电模式"VTOL"和车辆对车辆放电模式"VTOV"。
11. 胎压监测系统的胎压监测模块安装在轮胎的气门嘴上,胎压监测控制模块安装在车厢内部,胎压监测接收模块安装在车厢外部,显示部分由仪表实现。
12. 比亚迪 e6 的轮胎标准压力值为 250kPa。
13. 胎压监测系统的功能有开机报警、胎压过低报警、快速漏气报警、信号异常报警和实时显示轮胎压力值。
14. 比亚迪 e6 的车身稳定控制系统(EPS)集成 ABS、VDC 和 TCS 三个功能模块,另外集成 HAC 和 HBA 两个增值子功能。
15. 比亚迪 e6 的钥匙包括智能钥匙和机械钥匙两种。其中智能钥匙包括电子智能钥匙和卡式智能钥匙,卡式智能钥匙为选配件。
16. 比亚迪 e6 的儿童保护装置通常有三种类型,即婴儿座椅、儿童座椅和青少年座椅。

17. 比亚迪 e6 的制动开关失效时或智能钥匙电池电量耗尽状态均可进行应急启动。

18. 比亚迪 e6 的动力总成需要进行磨合，建议在"ECO"模式下的最初 2000km 进行磨合。

学习效果检验

一、简答题

1. 简要概述比亚迪 e6 纯电动轿车的特点。
2. 比亚迪 e6 纯电动轿车有哪些典型的配置？各配置的主要功能是什么？
3. 制动系统故障警告灯何时点亮？
4. 充电系统警告灯点亮，可能提示哪些信息？
5. 什么是胎压监测系统？比亚迪 e6 纯电动轿车的胎压监测系统由哪几部分组成？各部分分别安装在车辆上的哪个位置？有哪些功能？
6. 在纯电动汽车中，VDC 指的是什么？其基本功能是什么？
7. 对于纯电动汽车，驾驶前有哪些准备工作？
8. 当制动开关失效时，如何应急启动车辆？

二、单项选择题

1. 比亚迪 e6 纯电动汽车，0~50km/h 加速时间为（　　）s。
   A. 5　　　　　　B. 6　　　　　　C. 8　　　　　　D. 10
2. 比亚迪 e6 纯电动汽车，最高车速可达（　　）km/h。
   A. 120　　　　　B. 140　　　　　C. 160　　　　　D. 200
3. 比亚迪 e6 纯电动汽车，可采用（　　）。
   A. 壁挂式交流充电　B. 家用交流充电　C. 直流充电　D. 以上三种充电
4. 比亚迪 e6 纯电动汽车综合工况续驶里程为（　　）km。
   A. 200　　　　　B. 300　　　　　C. 400　　　　　D. 500
5. 比亚迪 e6 纯电动汽车 VIN 码的位置有（　　）。
   A. 后背门内侧　　　　　　　　　B. 左前门下方
   C. 左前侧 VIN 槽内　　　　　　D. 上述 3 个位置都有
6. 比亚迪 e6 纯电动汽车的空调系统、操作说明、电动机冷却液、冷却风扇、电池位置标签粘贴在（　　）。
   A. 前舱盖内侧　　B. 左 B 柱下方　　C. 右侧 B 柱上　　D. 仪表台右侧
7. 比亚迪 e6 纯电动汽车的轮胎气压指示牌粘贴在（　　）。
   A. 前舱盖内侧　　B. 左 B 柱下方　　C. 右侧 B 柱上　　D. 仪表台右侧
8. 对于纯电动汽车，ECO 通常表示（　　）。
   A. 总里程　　　　B. 电子驻车　　　C. 经济模式　　　D. 上坡辅助
9. 对于纯电动汽车，EPB 通常表示（　　）。
   A. 总里程　　　　B. 电子驻车　　　C. 经济模式　　　D. 上坡辅助
10. 对于纯电动汽车，ODO 通常表示（　　）。
    A. 总里程　　　　B. 液压制动辅助　C. 车辆动态控制　D. 车对插排放电
11. 对于纯电动汽车，HAC 通常表示（　　）。
    A. 坡道辅助功能　B. 液压制动辅助　C. 车辆动态控制　D. 车对插排放电
12. 对于纯电动汽车，VDC 通常表示（　　）。
    A. 坡道辅助功能　B. 液压制动辅助　C. 车辆动态控制　D. 车对插排放电
13. 对于纯电动汽车，VTOL 通常表示（　　）。
    A. 坡道辅助功能　B. 液压制动辅助　C. 车辆动态控制　D. 车对插排放电
14. 制动系统故障警告灯的图标是（　　）。
    A. (ABS)　　　　B. ○　　　　　C. (P)　　　　　D. (!)

15. 动力系统故障警告灯的图标是（　　）。

A. 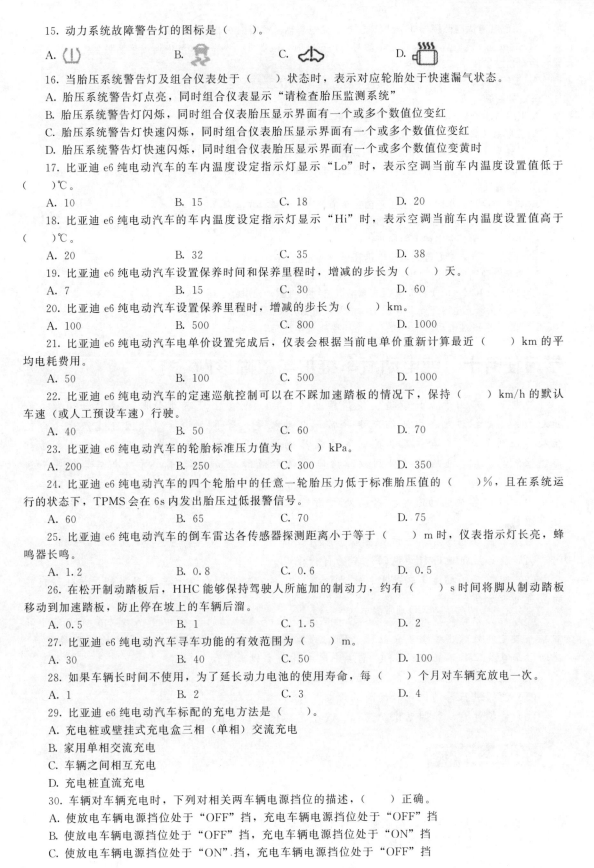　　　B.　　　C.　　　D.

16. 当胎压系统警告灯及组合仪表处于（　　）状态时，表示对应轮胎处于快速漏气状态。
    A. 胎压系统警告灯点亮，同时组合仪表显示"请检查胎压监测系统"
    B. 胎压系统警告灯闪烁，同时组合仪表胎压显示界面有一个或多个数值位变红
    C. 胎压系统警告灯快速闪烁，同时组合仪表胎压显示界面有一个或多个数值位变红
    D. 胎压系统警告灯快速闪烁，同时组合仪表胎压显示界面有一个或多个数值位变黄时

17. 比亚迪 e6 纯电动汽车的车内温度设定指示灯显示"Lo"时，表示空调当前车内温度设置值低于（　　）℃。
    A. 10　　　B. 15　　　C. 18　　　D. 20

18. 比亚迪 e6 纯电动汽车的车内温度设定指示灯显示"Hi"时，表示空调当前车内温度设置值高于（　　）℃。
    A. 20　　　B. 32　　　C. 35　　　D. 38

19. 比亚迪 e6 纯电动汽车设置保养时间和保养里程时，增减的步长为（　　）天。
    A. 7　　　B. 15　　　C. 30　　　D. 60

20. 比亚迪 e6 纯电动汽车设置保养里程时，增减的步长为（　　）km。
    A. 100　　　B. 500　　　C. 800　　　D. 1000

21. 比亚迪 e6 纯电动汽车电单价设置完成后，仪表会根据当前电单价重新计算最近（　　）km 的平均电耗费用。
    A. 50　　　B. 100　　　C. 500　　　D. 1000

22. 比亚迪 e6 纯电动汽车的定速巡航控制可以在不踩加速踏板的情况下，保持（　　）km/h 的默认车速（或人工预设车速）行驶。
    A. 40　　　B. 50　　　C. 60　　　D. 70

23. 比亚迪 e6 纯电动汽车的轮胎标准压力值为（　　）kPa。
    A. 200　　　B. 250　　　C. 300　　　D. 350

24. 比亚迪 e6 纯电动汽车的四个轮胎中的任意一轮胎压力低于标准胎压值的（　　）%，且在系统运行的状态下，TPMS 会在 6s 内发出胎压过低报警信号。
    A. 60　　　B. 65　　　C. 70　　　D. 75

25. 比亚迪 e6 纯电动汽车的倒车雷达各传感器探测距离小于等于（　　）m 时，仪表指示灯长亮，蜂鸣器长鸣。
    A. 1.2　　　B. 0.8　　　C. 0.6　　　D. 0.5

26. 在松开制动踏板后，HHC 能够保持驾驶人所施加的制动力，约有（　　）s 时间将脚从制动踏板移动到加速踏板，防止停在坡上的车辆后溜。
    A. 0.5　　　B. 1　　　C. 1.5　　　D. 2

27. 比亚迪 e6 纯电动汽车寻车功能的有效范围为（　　）m。
    A. 30　　　B. 40　　　C. 50　　　D. 100

28. 如果车辆长时间不使用，为了延长动力电池的使用寿命，每（　　）个月对车辆充放电一次。
    A. 1　　　B. 2　　　C. 3　　　D. 4

29. 比亚迪 e6 纯电动汽车标配的充电方法是（　　）。
    A. 充电桩或壁挂式充电盒三相（单相）交流充电
    B. 家用单相交流充电
    C. 车辆之间相互充电
    D. 充电桩直流充电

30. 车辆对车辆充电时，下列对相关两车辆电源挡位的描述，（　　）正确。
    A. 使放电车辆电源挡位处于"OFF"挡，充电车辆电源挡位处于"OFF"挡
    B. 使放电车辆电源挡位处于"OFF"挡，充电车辆电源挡位处于"ON"挡
    C. 使放电车辆电源挡位处于"ON"挡，充电车辆电源挡位处于"OFF"挡

D. 使放电车辆电源挡位处于"ON"挡，充电车辆电源挡位处于"ON"挡

31. 比亚迪 e6 纯电动汽车进行车辆对车辆充电时，应保证（　　）min 内通过车辆对车辆放电连接装置将两车辆连接在一起启动充电。

A. 5　　　　　　　B. 10　　　　　　　C. 15　　　　　　　D. 20

三、判断题

1. 比亚迪 e6 纯电动汽车不能采用直流充电。（　　）
2. 充电系统警告灯只有在充电系统存在故障时，才会亮。（　　）
3. 前排乘员安全气囊开关状态指示灯点亮表示副驾驶座椅安全气囊处于启用状态。（　　）
4. 当胎压系统警告灯快速闪烁，同时组合仪表胎压显示界面有一个或多个数值位变红时，表示对应轮胎处于快速漏气状态。（　　）
5. 如果纯电动汽车的功率表指示值为负值，表示系统存在故障。（　　）
6. 比亚迪 e6 纯电动汽车在充电时，屏幕显示"请检查充电系统"，表示 DC 转换器故障。（　　）
7. 不可在车辆行驶中调节转向盘。（　　）
8. 对于锂电池，最好等到电池电量耗尽时再充电。（　　）
9. 整车电源挡应处于"OK"挡位时，也可以进行充电。（　　）
10. 停止充电时，应先将充电柜或充电桩关闭，再断开充电器。（　　）
11. 家用交流充电时应先断开插座端电源，再断开交流充电器。（　　）
12. 比亚迪 e6 纯电动汽车各类子车型均要配备车载充电器。（　　）

学习任务十　纯电动汽车维护与故障诊断

纯电动汽车由于设计制造、使用维护等原因，也会出现各类故障，如启动困难、行驶无力、电池组过热、电池组充电异常、电动机发热等。这些故障原因可能产生于电池组及其控制系统、电动机及其控制系统或其他控制系统。对于纯电动汽车故障诊断方法与燃油汽车类似，通常需要使用故障诊断仪读取故障码和数据流，对照车辆维修手册进行故障查找分析与排除；对于一般故障，可借助车辆维修手册提供的方法进行诊断与排除。由于目前各纯电动汽车技术尚处于商业保密时期，大多数故障需由授权汽车服务店负责维修。

通过本任务的学习，应该具备以下能力。

（1）能够规范地进行纯电动汽车的自行保养。

（2）能够正确描述车辆起火、电池泄漏、碰撞、轮胎漏气、行车制动失效等特殊情况下的应急处理方法。

（3）能够分析处理纯电动汽车的一些常规故障，如智能进入和智能启动系统工作不正常、一般充电故障、安全气囊故障、EPB 手动释放功能失效、胎压监测系统故障报警显示、辅助驻车系统工作不正常、VDC 无法正常工作、多媒体系统故障等。

（4）能够进行电池组一般故障的诊断排除。

（5）能够进行电动机一般故障的诊断排除。

（6）能够注意培养劳动保护意识、安全与环保意识和团队协作意识。

能力提升训练

一、整车保养

1. 保养周期与内容（以比亚迪 e6 纯电动汽车为例）

比亚迪 e6 纯电动汽车的保养周期与保养项目，见表 3-14。

表 3-14 比亚迪 e6 纯电动汽车的保养周期与保养项目

保养时间间隔		里程表读数或月数，以先到者为准															
	×1000km	7.5	15	22.5	30	37.5	45	52.5	60	67.5	75	82.5	90	97.5	105	112.5	120
		12	24	36	48	60	72	84	96	108	120	132	144	156	168	180	192
保养项目	月数	6	12	18	24	30	36	42	48	54	60	66	72	78	84	90	96
1. 检查紧固底盘固定螺钉		I	I	I	I	I	I	I	I	I	I	I	I	I	I	I	I
2. 检查制动踏板和电子驻车开关			I	I	I	I	I	I	I	I	I	I	I	I	I	I	I
3. 检查制动摩擦块和制动盘			I	I	I	I	I	I	I	I	I	I	I	I	I	I	I
4. 检查制动系统管路和软管			I	I	I	I	I	I	I	I	I	I	I	I	I	I	I
5. 制动钳总成导向销			I			I			I			I			I		
6. 检查转向盘、拉杆			I	I	I	I	I	I	I	I	I	I	I	I	I	I	I
7. 检查传动轴防尘罩			I	I	I	I	I	I	I	I	I	I	I	I	I	I	I
8. 检查球销和防尘罩			I	I	I	I	I	I	I	I	I	I	I	I	I	I	I
9. 检查前后悬架装置		I	I	I	I	I	I	I	I	I	I	I	I	I	I	I	I
10. 检查轮胎和重启压力（含 TPMS）			I	I	I	I	I	I	I	I	I	I	I	I	I	I	I
11. 检查前轮定位、后轮定位		I	I	I	I	I	I	I	I	I	I	I	I	I	I	I	I
12. 轮胎调换			I		I		I		I		I		I		I		I
13. 检查车轮轴承有无游隙			I	I	I	I	I	I	I	I	I	I	I	I	I	I	I
14. 检查车身损坏情况		每年															
15. 检查前舱盖锁及其紧固件		每年															
油品																	
16. 检查副水箱内冷冻液液面高度			I	I	I	I	I	I	I	I	I	I	I	I	I	I	I
17. 检查转向液			I	I	I	I	I	I	I	I	I	I	I	I	I	I	I
18. 检查制动液		I	I	I	I	I	I	I	I	I	I	I	I	I	I	I	I
19. 更换驱动电动防冻液		每 4 年或 100000km 更换长效有机酸型冷却液，以先到者为准															
20. 更换制动液		每 2 年或 40000km 更换一次															
21. 更换转向液		每 4 年或 100000km 更换一次															
22. 减振器油		免更换															
23. 检查和更换变速器内的齿轮油		首保 6 个月或 5000km 更换，后续 24 个月或 48000km 更换															
高压																	
24. 检查高压模块故障码（记录后清除）		I	I	I	I	I	I	I	I	I	I	I	I	I	I	I	I
25. 检查动力电池托盘、防撞杆		I	I	I	I	I	I	I	I	I	I	I	I	I	I	I	I
26. 检查动力总成是否漏液、磕碰		I	I	I	I	I	I	I	I	I	I	I	I	I	I	I	I
27. 检查高压线束或接插件是否松动，引脚是否烧蚀		I	I	I	I	I	I	I	I	I	I	I	I	I	I	I	I
28. 检查高压模块外观是否变形、是否有油液		I	I	I	I	I	I	I	I	I	I	I	I	I	I	I	I

续表

保养时间间隔	×1000km	7.5	15	22.5	30	37.5	45	52.5	60	67.5	75	82.5	90	97.5	105	112.5	120
	月数	12	24	36	48	60	72	84	96	108	120	132	144	156	168	180	192
保养项目	月数	6	12	18	24	30	36	42	48	54	60	66	72	78	84	90	96
29. 检查各充电连接器接口处是否有异物、烧蚀等情况		I	I	I	I	I	I	I	I	I	I	I	I	I	I	I	I
30. 容量测试及校正		每6个月或72000km															
31. 检查高压系统模块是否有软件更新,有则更新		I	I	I	I	I	I	I	I	I	I	I	I	I	I	I	I
电器																	
32. 检查灯具灯泡、LED是否点亮正常		I	I	I	I	I	I	I	I	I	I	I	I	I	I	I	I
33. 检查前灯调光功能是否正常		I	I	I	I	I	I	I	I	I	I	I	I	I	I	I	I
34. 更换普通滤网		I	I	I	I	I	I	I	I	I	I	I	I	I	I	I	I
35. 更换空调冷却液		每4年或100000km更换长效有机酸型冷却液,以先到者为准															
36. 近光初始下倾度校准		每隔10000km校准一次															
37. 安全气囊模块及ECU、传感器		每10年或100000km更换一次															
备注		在检查第1项时,如发现底盘部件有异常损坏请及时更换。**粗体标示的为严酷工况下的增加项**															

注:表中符号含义如下,I=必要时进行检查、修正或更换。具体以汽车维修手册为准。

2. 自行保养

依照使用情况或所规定的里程,检查下列项目。

(1) 冷却液

① 在每次充电时检查散热器副水箱的液位。如图3-61所示,液位应处于上限(MAX)和下限(MIN)之间,如果低于下限刻度线,应添加冷却液至上限刻度线。

② 如果车辆动力系统为水冷却,则装备有电池冷却液储液罐。每次充电时检查储液罐的液位。如图3-62所示,液位应处于上限(MAX)和下限(MIN)之间,如果低于下限刻度线,应添加冷却液至上限刻度线。

图3-61 检查电动机冷却液液位

图3-62 检查动力电池冷却液液位

(2) 风窗洗涤液 每月检查一次储液罐中的风窗洗涤液存量,因天气不好而频繁使用洗涤液时,应在每次充电时检查液位。风窗洗涤器储液罐位于前舱内右大灯后部,如图3-63

所示，打开盖子，抽出液位计即可查看液位高度，如果不足，加满即可。

（3）雨刮器　每月检查一次雨刮器状况。如果雨刮器不能刮净风窗玻璃，应检查其是否有磨损、龟裂或其他损伤。

（4）制动液　制动液应依照定期保养表中规定的行驶时间与里程数进行更换。每月检查一次液位。如图3-64所示，液位应处于上限（MAX）和下限（MIN）之间，如果低于下限刻度线，应添加制动液至上限刻度线。同时检查制动系统是否存在泄漏现象，如果有泄漏处，应与授权服务店联系维修。

图3-63　检查风窗洗涤液液位

图3-64　检查制动液液位

（5）制动踏板　每次驾驶车辆时，均应检查制动踏板是否操作自如。

（6）电子驻车开关　检查开关是否功能完好。

（7）辅助电池　每月检查一次辅助电池的状况及端子的腐蚀情况。

① 确认电动机和所有附属设备都已处于关闭状态。

② 取下电池负极接头上的搭铁电缆。

③ 检查电池有无腐蚀或接头松动、裂纹及压板松动等现象。如果电池已被腐蚀，须用温水和苏打水的混合溶液进行清洗，在接头外部涂润滑脂。如果接头连接松动，应拧紧。如果压板松动，应按紧。

④ 检查电池内部状态。根据电池外壳上的说明，通过观察窗口可检查电池内部状态。如果电池电解液不足时，需更换电池。

（8）空调系统　每周应检查空调装置的工作情况。

（9）轮胎　每月检查一次轮胎胎压（需在冷态下检查），检查胎面的磨损状况及是否嵌有异物。

（10）风窗玻璃除霜装置　在使用暖风装置和空调时，每月应检查除霜装置出风口。

（11）车灯　每月检查一次前照灯、小灯、尾灯、高位制动灯、转向信号灯、前雾灯、后雾灯、制动灯及牌照灯的状况。

（12）车门　检查行李舱盖及其他车门（包括后排门）是否开关自如、上锁牢固。

（13）喇叭　检查喇叭是否正常。

（14）动力转向液　每月至少检查一次动力转向储液罐的液面高度。查看储液罐侧面，如图3-65所示，液位应处于上限（MAX）和下限（MIN）之间，如果低于下限刻度线，应添加动力转向液至上限刻度线。同时检查系统是否存在泄漏现象，如果有泄漏处，应与授权服务店联系维修。

图3-65　检查动力转向储液罐侧面

二、应急处理

1. 指示灯/警告灯点亮应对措施

指示灯/警告灯点亮、信息显示界面有信息显示或蜂鸣器鸣响时的应对措施,见表 3-15。

表 3-15 指示灯/警告灯点亮的应对措施

序号	指示灯/警告灯	应对措施	序号	指示灯/警告灯	应对措施
1	制动系统故障警告灯	如果没有使用驻车制动器,建议立即停车并与比亚迪汽车授权服务店联系	11	动力电池故障警告灯	该警告灯常亮时,建议将车辆送到比亚迪汽车授权服务店进行检查
2	驾驶员座椅安全带指示灯	驾驶员应系上安全带	12	动力电池过热警告灯	该警告灯点亮时应停车使电池冷却
3	前排乘员座椅安全带指示灯	前排乘员应系上安全带	13	动力电池电量低警告灯	该警告灯点亮时,请及时给车辆进行充电
4	充电系统警告灯	应立即停车并建议与比亚迪汽车授权服务店联系	14	动力电池充电连接指示灯	充/放电枪已连接好,可以开始充/放电
5	ABS 故障警告灯	建议将车辆送到比亚迪汽车授权服务店进行检查;如果此时驻车制动故障警告灯点亮,应立即停车并建议与比亚迪汽车授权服务店联系	15	OK 指示灯	指示车辆可行驶,注意周围情况
6	SRS 故障警告灯	建议将车辆送到比亚迪汽车授权服务店进行检查	16	前排乘员安全气囊开关状态指示灯	如果副驾驶位置坐有成年人,打开副驾驶座安全气囊
7	电机冷却液温度过高警告灯	请将车开到指定维修点,停车冷却动力电机;如频繁出现,建议联系比亚迪相关工作人员	17	胎压系统警告灯(选配)	表示轮胎压力异常或胎压监测系统故障,应立即停车并建议与比亚迪汽车授权服务店联系
8	动力系统故障警告灯	该警告灯常亮时,建议将车辆送到比亚迪汽车授权服务店进行检查	18	制动片磨损警告灯	表示制动片磨损过薄,建议联系比亚迪汽车授权服务店进行检查与更换
9	电机过热警告灯	常亮时表示温度过高,检查冷却液是否充足,停车冷却动力电机。如频繁出现,应立即停车并建议与比亚迪汽车授权服务店联系	19	电子驻车状态指示灯(选配)	表示电子驻车已启动
10	转向系统故障警告灯	建议立即停车并与比亚迪汽车授权服务店联系	20	ESP 故障警告灯(选配)	该警告灯常亮时,建议将车辆送到比亚迪汽车授权服务店进行检查;该警告灯闪烁时,ESP 系统工作正常

2. 系统紧急关闭

车辆处于某些条件时，紧急关闭系统启动，"OK"指示灯将会关闭。

（1）关闭条件

① 前方碰撞后安全气囊没有打开。

② 某些部位的后方碰撞。

③ 车辆某些系统故障。

（2）处理方法　一旦紧急关闭系统被激活，本车系统将不能转换到驾驶就绪状态。建议与授权服务店联系检修车辆。

3. 车辆起火

如果车辆起火，应根据实际状况，按照下以方法对车辆进行操作。

① 将车辆退电至"OFF"挡，并在条件允许情况下断开前舱辅助电池连接线缆。

② 如果火势较小，就近寻找干粉灭火器进行灭火，并立即拨打求救电话。

③ 如果火势较大，发展较快，应立即远离车辆等待救援。

4. 电池泄漏

当车辆使用或碰撞后，电池发生漏液、车内有酸液气味、车外有明显酸液流出、电池包内部出现冒烟，说明发生电池泄漏。此时应采取以下措施。

① 将车辆退电至"OFF"挡，并在条件允许下断开前舱辅助电池。

② 立即与授权服务店联系处理。

5. 碰撞

如果车辆发生碰撞，请根据实际情况按照以下方向对车辆进行操作。

① 将车辆退电至"OFF"挡，并在条件允许的情况下断开前舱辅助电池。

② 建议立即拨打授权服务店电话请求救援。

③ 条件允许的情况下，可自行进行简单检查，包括动力电池托盘边缘是否有开裂、有无明显液体流出等。

a. 如果发生少量泄漏时，应远离火源，使用吸液垫吸附后置于密闭容器中或用焚烧方式处理。注意：操作前应佩戴防腐蚀手套。

b. 发生大量泄漏时，应统一收集泄漏物，按照危险化学品处理，可加入葡萄糖酸钙溶液来处理有毒气体。

注意：在进行上述操作时，注意不要触碰流出的液体。如果人体不慎接触到泄漏液体时，应立即用大量水冲洗 10～15min。如果有疼痛感，可用 2.5% 的葡萄糖酸钙软膏涂敷或用 2%～2.5% 的葡萄糖酸钙溶液浸泡止痛。若无改善或出现不适症状，应立即就医。

6. 轮胎漏气

① 慢慢降低车速，尽量保持直线行驶。小心地将车辆驶离道路至远离交通繁忙地段的安全地点，将车辆停在坚实平坦的地面上。

② 拉起电子驻车开关并按下"P"键。

③ 整车退电，并打开紧急警告灯。

④ 车上的所有人员下车至安全地点。

⑤ 更换备胎。

a. 取出需要的工具和备胎。按图 3-66 中逆时针方向旋转接头，直到千斤顶松动为止。打开行李舱盖及底部装饰板，按图 3-67 中逆时针方向旋转螺母至取下，取出备胎。

b. 在泄漏轮胎对角方向的轮胎正面放置挡块。

c. 用轮胎螺母拆卸夹取下漏气轮胎的螺母装饰盖，如图 3-68 所示。

d. 用轮胎专用扳手拧松车轮螺母，先不要将其拆下。

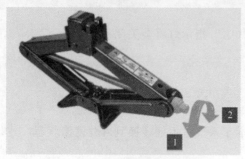

图 3-66 千斤顶的放松与锁紧

图 3-67 备胎的解锁与锁止

e. 在靠近车轮的车辆中间区域底部合适的位置安置好千斤顶。
f. 用摇把摇转千斤顶连接头，将车辆升起到适合安装备胎的高度。
g. 拆下轮胎螺母并更换轮胎。
h. 降下车辆，按图 3-69 所示顺序依次拧紧各螺母，最好用扭矩扳手检查各螺母拧紧力矩，并装上装饰盖。
i. 整理工具和拆下的故障轮胎。检查轮胎气压，视需要到服务店进行充气。

图 3-68 用轮胎螺母拆卸夹拆卸螺母装饰盖

图 3-69 车轮螺母拧紧顺序

7. 应急制动

在行车制动失效或脚制动踏运动受阻情况下，可利用 EPB 实现应急制动。
① 持续拉起 EPB 开关，直到车辆停下来。
② 若想中途取消制动，松开 EPB 开关即可。
③ 若车速降至 5km/h 以下，EPB 将保持拉起状态，此时若想释放 EPB，需持续踩住制动踏板并向下按一下 EPB 开关，直到仪表上的驻车指示灯熄灭，即表示已释放电子驻车，显示屏上会有文字提示"电子驻车已解除"。

三、线路检查

1. 线束插接器检查
① 检查电器插件与线束插件是否对插，并检查是否对插到位。
② 检查线束与插针是否连接牢固、插件内插针是否有退针、插针弯曲等异常现象。
③ 根据线束图引脚定义检查插件线束位置是否正确。

2. 供电电源检查
① 用专用表检测供电电源是否正常，特别注意电源数值是否在用电设备正常工作范围内。
② 检查用电设备对应的熔断丝是否熔断，如熔断则更换。
③ 检查线路是否出现电线保护层破损漏电现象。

3. 搭铁检查
① 检查用电设备线束搭铁是否与车身搭铁牢固。

② 检查线束搭铁点是否与车身接触良好。
③ 用万用表检查搭铁线束是否与车身接通良好。

4. 耗能电源检查

有些用电设备不仅仅有供电电源，且有耗能电源（ACC 电、IG 电等）。对这类用电设备检查时，重点关注以下内容。
① 确认耗能电与挡位对应。
② 检查用电设备插件与线束插件是否对插，并检查是否对插到位。
③ 检查线束与插针是否连接牢固、插件内插针是否有退针、插针弯曲等异常现象。
④ 根据线束图引脚定义检查插件线束位置是否正确。
⑤ 用万用表对相关线路进行导通性测试。

5. 控制器信号线检查

① 了解控制策略及失效模式，初步判断故障点。
② 查看终端插件是否有错针、退针、倒针等现象。
③ 用万用表对两端进行通断检查，看是否与车身短接，是否与插件内其他回路短接。

6. CAN 总线检查

① 查看终端插件 CAN-H 和 CAN-L 是否有错针、退针、倒针等现象。
② 在蓄电池负极不接的情况下，用万用表对任意一个含 CAN 插件的 CAN 线检查电阻，如果不是标准值（通常为 60Ω），则逐一拔掉含 CAN 的插件，直至出现 60Ω 电阻数值时，说明刚拔掉的插件或用电设备存在问题。
③ 使用 PCAN（CAN 监视软件）读取 CAN 总线数据，进行错误帧识别，通过对控制器断电观察错误帧变化情况，当错误帧消失时，则基本确定该模块存在问题。

四、常规故障处理

1. 车辆需要维修的表现

① 异常的电动机启动噪声。
② 冷却水温度持续过高，冷却水不流动、有泄漏现象。
③ 电动机有卡滞现象及异常响声。
④ 电动机运转时有过大振动。
⑤ 电动机无法启动。
⑥ 电动机总成有漏油现象。
⑦ 电动机总成有异味排出。
⑧ 动力性能显著降低。
⑨ 车辆下部漏水（不是空调排水）。
⑩ 车胎漏气、转弯时有过度的轮胎噪声、不均匀的轮胎磨损。
⑪ 在平坦地面上直线行驶时，车辆跑偏。
⑫ 和悬架装置运动有关的异常噪声。
⑬ 制动功能丧失、踩踏制动踏板感觉较软、踩制动踏板时踏板几乎接触至地板、制动跑偏明显。
⑭ 电动机冷却液测试持续偏高。
⑮ 电池容量显著下降。
⑯ 电池温度持续高温、过热保护启动、无动力输出。

若出现上述情况，应尽快与授权服务店联系检修车辆。

2. 智能进入和智能启动系统工作不正常

（1）可能的原因
① 附近有强电磁波发射设备，如电视塔、发电站、广播站等。
② 将智能钥匙与通讯装置一同携带，如与双向无线电通信设备或移动电话同时携带。
③ 智能钥匙与金属物体接触或被其覆盖。
④ 操作微动开关太快。
⑤ 智能钥匙过于接近车门把手。
⑥ 他人在附近的另一辆车上操作无线遥控功能。
⑦ 电池电量耗尽。
⑧ 智能钥匙在高压设备或产生噪声的设备附近。
⑨ 智能钥匙在同其他车辆智能进入和启动系统的钥匙或其他发射无线电波的装置一起携带。
⑩ 智能钥匙放在某些特殊位置，如仪表板上、杂物箱内、地板上等。

（2）处理措施
① 使用附在电子智能钥匙上的机械钥匙解/锁。
② 使用无线遥控功能为所有车门解/锁。
③ 电池电量耗尽，建议与汽车授权服务店联系更换电池。
④ 如果智能进入和智能启动系统因故障不能正常运行，建议与汽车授权服务店联系。

3. 一般充电故障

一般充电故障的原因及解决方法，见表3-16。

表3-16 一般充电故障的原因及解决方法

故障状态	可能原因	解决方法
不能交流充电。物理连接完成，已启动充电	电源置于"OK"挡	将电源挡位置于"OFF"挡
	动力电池已充满	动力电池已充满时，充电会自动停止
	环境温度过低或过高处于特殊环境温度下	在充电前将车辆置于适宜温度的环境内，待温度正常后再充电
	低压电池过放电	寻找其他电源，如搭接其他车辆的低压电池，充电开始后，会同时给动力电池充电
	交流充电器没有正确连接	确认交流充电器的开关已弹起
	车辆或交流充电器有故障	确定仪表盘上电池故障灯点亮，或是有充电系统故障提示语，停止充电。建议与比亚迪汽车授权服务店联系
充电中途停止充电	电源断电	电源恢复后，充电会自动重新开始充电
	充电电缆没有连接好	确认充电连接电缆没有虚接
	充电器开关被按下	充电器开关被按下刚停止充电，则需重新连接充电器。启动充电
	达到预约充电的结束时间	充电前如果没有启动实时充电，且预约充电功能未关闭，则预约结束时间已到，无论动力电池是否充满，充电均会结束
	动力电池温度过高	仪表显示动力电池温度过高报警灯 ，充电会自动停止，待电池冷却后再充电
	车辆或充电柜有故障	确认充电柜或车辆有故障提示，建议与比亚迪汽车授权服务店联系
预约充电不能实现，物理连接完成，已启动充电	预约充电时间没有设置	确认保存预约时间完成设置
	充电站直流充电不能预约充电	充电站直流充电没有预约充电功能
	仪表显示时间错误	由于低压电池过放，会导致仪表初始化，请确认仪表显示时间与GPS时间一致。电源置于"OK"挡后，5min内，仪表会自动校准时间
	车辆仪表故障	建议与比亚迪汽车授权服务店联系

4. 安全气囊检修

出现下列情况时,建议立刻与比亚迪汽车授权服务店联系修理。

① 安全气囊已经充气展开。

② 车辆前部(见图 3-70 中箭头所指的阴影区域)遇到事故时,未能引起安全气囊展开。

③ 安全气囊盖(见图 3-71 中箭头处)已经刮破、裂开或有其他损坏。

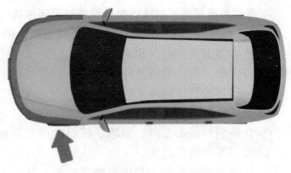

图 3-70 前部碰撞区域

④ 组合仪表上的安全警告灯异常点亮,如图 3-72 所示。说明:整车电源挡位处于"OK"挡时,安全气囊指示灯亮 5s 左右,然后熄灭,表示系统正常。如果安全气囊已关闭,则指示灯常亮,但已不具备保护功能,具体有如下几种情况。

图 3-71 安全气囊盖位置

图 3-72 组合仪表上的安全气囊指示灯

a. 整车电源挡位处于"OK"挡后,5s 之后指示灯不熄灭或熄灭后又重新点亮。

b. 整车电源挡处于"OFF"挡,指示灯点亮。

c. 汽车行驶过程中,指示灯点亮或闪烁。

d. 副驾驶席安全气囊开关指向"ON"挡时,前排座安全气囊指示灯点亮。

e. 副驾驶席安全气囊开关指向"OFF"挡时,前排座安全气囊指示灯熄灭。

5. EPB 手动释放功能失效

持续按住 EPB 开关 2s 以上,即可释放 EPB 功能。释放后应及时到授权服务店检查制动踏板开关信号及相关零件和线路。如果仍然不能释放 EPB 功能,应立即与授权服务店联系维修。

6. 轮胎压力监测系统故障报警显示与措施

轮胎压力监测系统故障报警显示与措施,见表 3-17。

表 3-17 轮胎压力监测系统故障报警显示与措施

报警内容	显示方式	建议相应的操作
胎压过低	①胎压故障灯点亮 ②胎压值变为黄色	请检查相应的轮胎是否有慢漏气的现象,并将气压充到合理的范围
快速漏气	①胎压故障灯常闪 ②胎压值变为红色	请检查相应的轮胎是否有漏气现象
信号异常	①胎压故障灯闪烁后常亮 ②胎压数值显示为:信号异常	请检查相应的胎压监测模块是否正常,是否长时间处于大电场范围内
系统故障	①胎压故障灯闪烁后常亮 ②文字提示:请检查胎压监测系统 ③胎压数值显示为:信号异常	请检查胎压监测模块、胎压控制模块是否正常,更换胎压监测模块或者控制模块

7. 雷达系统探测不到障碍物或探测距离不准确

雷达系统探测不到障碍物或探测距离不准确的原因主要有以下几个方面。

① 传感器上有污垢、积水或雾气。
② 传感器上有积雪或被冻结。
③ 传感器被其他物体遮盖。
④ 车辆明显侧倾或过分超载。
⑤ 在特别颠簸的道路、斜坡、碎石路面和草地上。
⑥ 传感器重新喷过漆。
⑦ 由于车辆喇叭声、其他车辆等产生的噪声干扰。
⑧ 附近有另一辆配有驻车辅助系统的车辆。
⑨ 车辆安装一牵引环。
⑩ 保险杠或传感器受到了强烈冲击。
⑪ 车辆下方接近一个较高或曲折的路缘。
⑫ 在烈日或严寒天气中。
⑬ 安装了非原厂的劣质悬架。
⑭ 障碍物本身的材料和形状使雷达探测困难。如障碍物为电线、栅栏、绳索、棉花、积雪等吸收无线电波的材料,有尖锐棱角的物体,低矮障碍物,上方朝外伸向车辆方向的高障碍物,保险杠上的物体,过于靠近车辆的物体,车辆附近的人员(根据穿衣类型而定)。

8. 车辆周围没有障碍物,但蜂鸣器鸣叫

出现这种现象的主要原因可能是外界电源波对传感器产生了干扰。如果蜂鸣器持续鸣叫,则可能是系统存在故障,应联系授权服务店检修。

9. VDC无法正常工作

VDC无法正常工作,除系统本身可能存在故障外,还可能是以下原因。

① 在坡度极大的路上行驶。
② 在不稳定的路面行驶,如转台、渡轮、升降机等。
③ 使用了非原厂指定的车轮或轮胎。
④ 使用了非原厂指定的驱动电机控制系统相关部件或部件严重老化。
⑤ 使用了非原厂指定的制动系统相关部件或严重老化。
⑥ 使用了非原厂指定的悬架系统部件或严重老化。

10. 多媒体系统故障

多媒体系统故障信息、原因及应对措施,见表3-18。

表3-18 多媒体系统故障信息、原因及应对措施

信息	原因	应对措施
无光盘	DVD内没有光盘	插入光盘
查看光盘	①光盘脏污或损坏 ②光盘反面朝上插入 ③播放机不能播放光盘	①清洁光盘 ②正确插入光盘 ③确认播放机能播放光盘
DVD出现错误	①系统存在故障 ②由于播放机内部温度过高,操作终止	①弹出光盘 ②弹出光盘并使播放机冷却
无音乐数据	表示光盘内没有可播放的数据	弹出光盘

五、能力提升训练考核

① 在技能学习工位准备好纯电动汽车及其相关技术资料。工具箱和防护用品柜内需有

足够的专用维修工具和各类防护用品。

② 学员在各自工位分组学习。学员在查阅相关技术资料基础上，完成技能学习工作单（见本书配套教学资源包中"技能学习工作单10"）中规定的工作任务，并记录相关信息。

③ 教师工作。向学员讲解安全注意事项，并要求学员在技能学习工作单中做记录；观察、指导学员进行相关操作，对可能发生危险的事情必须及时制止；结束后审阅学生完成的工作单，并结合其操作情况给出评价。

小结

1. 在每次充电时检查散热器副水箱的液位。
2. 如果车辆动力系统为水冷却，则装备有电池冷却液储液罐。每次充电时检查储液罐的液位。
3. 每月检查一次储液罐中的风窗洗涤液存量，因天气不好而频繁使用洗涤液时，应在每次充电时检查液位。
4. 每月检查一次雨刮器状况。
5. 制动液应依照定期保养表中规定的行驶时间与里程数进行更换。每月检查一次液位。
6. 每月检查一次辅助电池的状况及端子的腐蚀情况。
7. 每月至少检查一次动力转向储液罐的液面高度。
8. 当车辆使用或碰撞后，电池发生漏液、车内有酸液气味、车外有明显酸液流出、电池包内部出现冒烟，说明发生电池泄漏。
9. 发生电池泄漏时应采取以下措施：①将车辆退电至"OFF"挡，并在条件允许下断开前舱辅助电池；②立即与授权服务店联系处理。

学习效果检验

一、简答题

1. 纯电动汽车自行保养内容有哪些？
2. 当纯电动汽车出现起火、碰撞时，应采取哪些应急措施？
3. 何时可利用EPB实现应急制动？如何操作？
4. 智能进入和智能启动系统工作不正常时，如何处理？
5. 一般充电故障有哪些？各类故障如何处理？
6. 什么情况下需要联系授权服务店检修安全气囊？
7. EPB手动释放功能失效怎么办？
8. 轮胎压力监测系统故障报警显示有哪些内容？各内容的显示方式是什么？各显示的故障如何处理？
9. 辅助驻车系统工作不正常可能有哪些原因？
10. VDC无法正常工作可能有哪些原因？
11. 电动机不转有哪些原因？如何处理？
12. 电动机发热冒烟有哪些原因？如何处理？

二、单项选择题

1. 对于纯电动汽车，（　　）应检查散热器副水箱的液位。
   A. 每周　　　B. 每月　　　C. 每次充电时　　　D. 每次行车前

2. 对于纯电动汽车，（　　）应检查一次雨刮器状况。
   A. 每周　　　B. 每月　　　C. 每次充电时　　　D. 每次行车前

3. 对于纯电动汽车，（　　）应检查一次制动液液位。
   A. 每周　　　B. 每月　　　C. 每次充电时　　　D. 每次行车前

4. 对于纯电动汽车的辅助电池，（　　）检查一次电池的状况及端子的腐蚀情况。
   A. 每周　　　B. 每月　　　C. 每次充电时　　　D. 每次行车前

5. 下列（   ）可由车主自行处理。
   A. 动力电池过热警告灯点亮　　　　B. 充电系统警告灯点亮
   C. 电动机过热警告灯常亮　　　　　D. 胎压系统警告灯点亮
6. 下列（   ）必须由授权服务店处理。
   A. 充电系统警告灯点亮　　　　　　B. 动力电池电量低警告灯点亮
   C. EPS 故障警告灯闪烁　　　　　　D. 动力电池过热警告灯点亮
7. 如果纯电动汽车起火，驾驶人第一要做的事情是（   ）。
   A. 将车辆退电至"OFF"挡　　　　　B. 断开前舱辅助电池连接线缆
   C. 寻找干粉灭火器进行灭火　　　　D. 远离车辆等待救援
8. 下列（   ）不能说明动力电池有泄漏现象。
   A. 车内有酸液气味　　　　　　　　B. 车外有明显酸液流出
   C. 电池包内部出现冒烟　　　　　　D. 电池包温度过高
9. 下列对人体不慎接触到电池泄漏液体时的处理方法中，（   ）不正确。
   A. 应立即用大量水冲洗 10～15min　B. 可用 2.5% 的葡萄糖酸钙软膏涂敷
   C. 用弱碱水中和清洗　　　　　　　D. 用 2%～2.5% 的葡萄糖酸钙溶液浸泡
10. 纯电动汽车充电时，各线路连接完成，但仍不能进行充电。下列针对这一故障可能原因的描述中，（   ）不正确。
    A. 整车电源不在"OK"挡　　　　　 B. 动力电池已充满
    C. 环境温度过低　　　　　　　　　D. 辅助电池严重亏电
11. 下列（   ）不属于安全气囊警告灯异常点亮。
    A. 整车电源挡位处于"OK"挡后，5s 之后警告灯不熄灭或熄灭后又重新点亮
    B. 整车电源挡位处于"OFF"挡，警告灯点亮
    C. 汽车行驶过程中，警告灯点亮或闪烁
    D. 副驾驶席安全气囊开关指向"OFF"时，前排座安全气囊警告灯点亮
12. 对于比亚迪 e6 纯电动汽车，胎压故障灯常闪，胎压值变为红色，此时说明（   ）。
    A. 胎压过低　　　B. 快速漏气　　　C. 信号异常　　　D. 系统故障
13. 下列（   ）不可能是 VDC 无法正常工作的原因。
    A. 使用了非原厂指定转向器
    B. 使用了非原厂指定的驱动电机控制系统相关部件或部件严重老化
    C. 使用了非原厂指定的制动系统相关部件或严重老化
    D. 使用了非原厂指定的悬架系统部件或严重老化
14. 车辆经较长时间搁置（如晚上停车），能够较明显感觉电池电量有下降，搁置前后系统 SOC 显示差别过大，说明电池系统存在（   ）。
    A. 电池组充电异常　　　　　　　　B. 自放电大
    C. 电源系统单体电压一致性较差　　D. 电池组容量降低
15. 系统应用或搁置过程中，经常出现单体电池放电保护或充电保护，而其他电池电压仍较正常，说明电池系统存在（   ）。
    A. 电池组充电异常　　　　　　　　B. 自放电大
    C. 电源系统单体电压一致性较差　　D. 电池组容量降低
16. 若电压均匀一致性比较好，检查单体电池电压之和与总电压数据比较相差过大，可能的原因是（   ）。
    A. 环境温度低　　　　　　　　　　B. 充电机有故障
    C. 单体电池内阻增大　　　　　　　D. 电池组内部线路连接松动
17. 电源系统局部高温的表现：车辆行驶过程中，电源系统某部位温度高于其他部位（   ）℃以上，并且多次表现为同一部位。
    A. 3　　　　　　　B. 5　　　　　　　C. 10　　　　　　　D. 15
18. 对于锂电池，下列故障中，（   ）不能检测出故障码。
    A. 单体电池极板短路　　　　　　　B. 电池管理系统失效

C. 电池包冷却内机损坏　　　　　　D. 电池组漏电

三、判断题

1. 不是所有的纯电动汽车都装备有电池冷却液储液罐。（　　）
2. 紧急关闭系统被激活后,"OK"指示灯关闭 5min 后可重新启动车辆。（　　）
3. 如果动力电池发生少量泄漏时,可使用吸液垫吸附后置于密闭容器中或用焚烧方式处理。（　　）
4. 对于纯电动汽车,将智能钥匙与通信装置一同携带可能导致车辆无法启动。（　　）
5. 在解锁纯电动汽车车门时,智能钥匙应尽量接近车门把手。（　　）
6. 由于纯电动汽车有自动识别功能,所以同时携带两辆车的智能钥匙对于智能进入和启动车辆的操作无影响。（　　）
7. 对纯电动汽车充电时,如果设置了预约充电结束时间,但电池尚未充满,则充电系统不会自动中断充电。（　　）
8. 如果动力电池的温度过高,充电系统会中断充电。（　　）
9. 车辆明显侧倾或过分超载可能会造成雷达系统探测不到障碍物。（　　）
10. 附近有另一辆配有驻车辅助系统的车辆可能会造成雷达系统探测不到障碍物。（　　）
11. 车辆安装了牵引环可能会造成雷达系统探测不到障碍物。（　　）
12. 在烈日或严寒天气中可能会造成雷达系统探测不到障碍物。（　　）
13. 以充电过程中,如果某单体电池被启用了电压或温度保护,说明该单体电池性能不良。（　　）
14. 如果电池实际容量已下降,应适当调低充电倍率。（　　）
15. 动力电池的充电温度低于 0℃,充电电压会明显降低。（　　）
16. 如果纯电动汽车存在严重的制动拖滞,可能会引起驱动电机过热。（　　）

参 考 文 献

[1] 刘遂俊. 图解电动汽车维修速成 [M]. 北京：机械工业出版社，2013.
[2] 殷承良，张建龙. 新能源汽车整车设计：典型车型与结构 [M]. 上海：上海科学技术出版社，2013.
[3] 刘遂俊. 图解电动车维修速成 [M]. 北京：机械工业出版社，2013
[4] 曹振华. 混合动力汽车原理与维修技术 [M]. 北京：电子工业出版社，2014.
[5] 朱帆. 混合动力汽车使用与维修 [M]. 北京：金盾出版社，2012.
[6] 吴基安，吴洋. 新能源汽车知识读本 [M]. 北京：人民邮电出版社，2009.
[7] 陈黎明. 电动汽车结构原理与故障诊断 [M]. 北京：机械工业出版社，2015.
[8] 陈全世，朱家琏，田光宇. 先进电动汽车技术 [M]. 北京：化学工业出版社，2007.
[9] 王成元，夏加宽，杨俊友，等. 电动机现代控制技术 [M]. 北京：机械工业出版社，2006.
[10] 刘刚，王志强，房建成. 永磁无刷直流电动机控制技术及应用 [M]. 北京：机械工业出版社，2008.
[11] 夏长亮. 无刷直流电动机控制系统 [M]. 北京：科学出版社，2009.
[12] 李兴虎. 混合动力汽车结构与原理 [M]. 北京：人民交通出版社，2009.
[13] [美] 梅尔达德·爱塞尼等. 现代电动汽车、混合动力电动汽车和燃料电池车：基本原理、理论和设计 [M]. 倪光正，倪培宏，熊素铭，译. 北京：机械工业出版社，2010.
[14] 许崇良，张传发. 电动汽车与混合动力 [M]. 济南：山东大学出版社，2013.
[15] 李相哲，苏芳，林道勇. 电动汽车动力电源系统 [M]. 北京：化学工业出版社，2011.
[16] 胡骅，宋慧. 电动汽车 [M]. 北京：人民交通出版社，2003.
[17] 张金柱. 混合动力汽车结构、原理与维修 [M]. 北京：化学工业出版社，2011.
[18] 姚科业. 看图学修汽车混合动力系统 [M]. 北京：机械工业出版社，2013.
[19] 张进华. 中国汽车技术发展报告 [M]. 北京：北京理工大学出版社，2015.
[20] 蔡兴旺. 新能源汽车结构与维修 [M]. 北京：机械工业出版社，2014.
[21] 银石立方科技（北京）有限公司. 新能源汽车概论 [M]. 北京：人民交通出版社，2016.
[22] 崔胜民. 新能源汽车技术 [M]. 北京：北京大学出版社，2014.
[23] 段敏. 电动汽车技术 [M]. 北京：北京理工大学出版社，2015.
[24] 李传. 新能源汽车构造原理与故障检修 [M]. 北京：化学工业出版社，2015.
[25] 王庆年，曾小华. 新能源汽车关键技术 [M]. 北京：化学工业出版社，2016.
[26] 北京教盟博飞汽车科技有限公司. 新能源汽车高压安全与防护 [M]. 北京：人民交通出版社，2017.
[27] 徐艳民. 电动汽车动力电池及电源管理 [M]. 北京：机械工业出版社，2014.